La légende d'Alexandre le Grand
dans la littérature française du 12ᵉ siècle

FAUX TITRE

Etudes
de langue et littérature françaises
publiées

sous la direction de Keith Busby,
M.J. Freeman, Sjef Houppermans,
Paul Pelckmans et Co Vet

No. 133

Amsterdam - Atlanta, GA 1997

La légende d'Alexandre le Grand dans la littérature française du 12ᵉ siècle

Une réécriture permanente

Martin Gosman

♾ Le papier sur lequel le présent ouvrage est imprimé remplit les prescriptions de "ISO 9706:1994, Information et documentation - Papier pour documents - Prescriptions pour la permanence".

ISBN: 90-420-0213-1 (bound)
ISBN: 90-420-0191-7 (paper)
©Editions Rodopi B.V., Amsterdam - Atlanta, GA 1997
Printed in The Netherlands

littérature française du Moyen Age) mérite d'être mentionnée à part. Quant aux études de détail, elles sont fort nombreuses: tantôt on a considéré l'aventure du héros comme une affaire de signature initiatique (le héros élu réalisera l'exploit impossible), tantôt on l'a interprétée dans une perspective socio-politique (Alexandre est le prototype du prince idéal), et ainsi de suite.

Le travail que je présente ici décrit pour la première fois l'évolution des textes consacrés à Alexandre le Grand dans la littérature française du 12e siècle depuis le texte d'Albéric (début du siècle) jusqu'au *Vengement Alixandre* de Gui de Cambrai (vers 1191). Entre ces deux textes-là on trouve l'*Alexandre décasyllabique*, le *Fuerre de Gadres*, l'*Alexandre en Orient* de Lambert le Tort, la *MortAlix*, les versions intermédiaires présentées par les manuscrits Arsenal et Venise, le *Roman de toute Chevalerie* attribué à Thomas de Kent, la *Venjance Alixandre* de Jehan le Nevelon ainsi que la grande compilation réalisée, vers 1184/5, par Alexandre de Bernai dit de Paris. Ce dernier texte, la vulgate de la tradition française, se trouve au centre de cette étude. Comme les versions livrées par les manuscrits Arsenal et Venise ainsi que celle qu'on attribue à Thomas de Kent appartiennent, elles aussi, à la tradition française du 12e siècle, elles retiendront également mon attention.

Les chapitres IV-XI, XIII, et XIV sont des réécritures complètes d'articles que j'ai publiés depuis 1978. Au début de chaque chapitre je fournirai le renvoi bibliographique relevant. Les chapitres I, II, III, XII et XV, par contre, sont entièrement neufs.

Groningue, mars 1997

AVANT-PROPOS

Celui qui désire étudier la légende d'Alexandre le Grand dans la littérature de l'Antiquité ou dans celle du Moyen Age devra bien vite admettre ses limites. C'est que la légende du conquérant macédonien a exercé une fascination constante dans presque toutes les régions du globe et cela à presque tous les moments de l'histoire; le résultat de cette fascination est un conglomérat de textes inextricable: il y a un 'Alexandre' grec, latin et français; il y a également un 'Alexandre' hébreux, syriaque et éthiopien. Et il y en a d'autres. La destinée merveilleuse du conquérant ainsi que son aventure extraordinaire ont été accaparées par l'historiographie, par la littérature et par le panégyrique. Chacun de ces trois *modi scribendi* a travaillé la légende et l'a interprétée à sa guise. N'y avait-il pas là un héros hors du commun auquel on pouvait et devait se comparer? D'innombrables auteurs ont considéré le Macédonien comme un guerrier au-delà de la norme humaine, comme un roi *gratia Dei*, puisqu'il était le maître de la troisième monarchie universelle mentionnée par le prophète Daniel. Une fois confiée au papyrus, parchemin ou papier, sa vie pleine de succès et d'aventures adoptait bien vite le statut d'exemple.

Au cours de l'histoire la légende du Macédonien a rencontré des interprétations bienveillantes et enthousiastes aussi bien que des commentaires négatifs. Pour les uns Alexandre était le roi modèle que les princes de ce monde feraient bien d'imiter: tout succès serait alors garanti; pour les autres le comportement du jeune roi constituait un anti-exemple: son arrogance, son hybris étaient inacceptables, voire pernicieux. Des exploitations parfois donc fort différentes les unes des autres (les besoins de l'historiographe n'étaient pas toujours identiques à ceux du romancier, etc.) aussi bien que des interprétations fort diverses — et cela dans de nombreuses aires culturelles également bien diverses — ne manquent pas de compliquer la tâche de celui qui s'occupe de la vie d'Alexandre le Grand.

Au cours des temps ont été publiées de nombreuses études générales de qualité impressionnante; les travaux d'Abel, Cary, Magoun, Merkelbach, Müller, Pfister, Ross et Zacher (et j'en passe) en sont les illustrations. Il y a aussi de nombreuses études 'nationales' de l'aventure du Macédonien; on en retrouvera des reflets dans la bibliographie. Pour ce qui est du domaine français l'étude bien connue de Paul Meyer (*Alexandre le Grand dans la*

Pour Nella

Quicquid recipitur ab alio recipitur per modum rei accipientis et non receptae (Anonymus, *Liber de Causis*, ix, 99, 46-9)

Liste d'abréviations utilisées

ADéca	*Alexandre Décasyllabique*
AOr	*Alexandre en Orient*
DACL	*Dictionnaire d'Archéologie Chrétienne et de Liturgie*
DTCh	*Dictionnaire de Théologie catholique*
Enéas	*Roman d'Enéas*
FG	*Fuerre de Gadres*
LGE	*La Grande Encyclopédie*
LMA	*Lexikon des Mittelalters*
MortAlix	*Mort Alixandre*
Parf	*Parfait du Paon*
PD	*Prise de Defur*
RAlix	*Roman d'Alexandre*
RTCh	*Roman de Toute Chevalerie*
Rest	*Restor du Paon*
Thèbes	*Roman de Thèbes*
Troie	*Roman de Troie*
Vag	*Vengement Alixandre*
VAj	*Venjance Alixandre*
Vœux	*Vœux du Paon*
VPT	*Voyage au Paradis terrestre*

I

INTRODUCTION

Dans la littérature française du 12ᵉ siècle les quatre soi-disant romans antiques occupent une position à part, car leur sujet est bien différent de celui des autres romans de l'époque.[1] De temps en temps on repère certaines ressemblances entre ces romans antiques et les créations littéraires qu'on considère traditionnellement comme des romans proprement dits, mais il est pratiquement impossible de se prononcer de façon péremptoire sur les rapports exacts entre les deux groupes. Car il y a deux problèmes majeurs: 1) le lieu d'origine ainsi que l'attribution des textes de l'époque — et peu importe qu'ils soient antiques ou non — est bien souvent inconnu et 2) la datation des textes est presque toujours approximative.

Le premier problème amène la question de la circulation des textes: est-ce que les auteurs de l'époque ont pu et voulu prendre connaissance des travaux de leurs concurrents qui se sont occupés du même sujet? La question ne manque pas d'importance: Alexandre de Bernai à qui l'on attribue le *Roman d'Alixandre* (= *RAlix*) a bel et bien connu le *Cligès*, mais semble avoir ignoré les autres textes de Chrétien de Troyes. Du moins, on n'en trouve pas d'échos dans le *RAlix* terminé probablement vers 1184/5. Pour ce qui est des concurrents qui se sont occupés de l'aventure du Macédonien, il est à exclure qu'Alexandre de Bernai ait connu le *Roman de toute Chevalerie* (= *RTCh*) de Thomas de Kent, texte écrit probablement après 1175, ou qu'il ait eu entre ses mains la version conservée par le manuscrit Venise où les douze pairs vengent la mort du roi (si vraiment cette dernière compilation est antérieure à

---

[1] Comme la présente étude ne vise que l'analyse de la façon dont les textes étudiés ici reflètent les idées courantes de leur contexte socio-politique, je ne m'occuperai pas de la question des genres. Bien que le *modus dicendi* puisse influencer le contenu (et vice-versa), j'opte ici pour l'analyse du contenu. Aussi parlerai-je ici de romans antiques tout en me rendant compte du fait que cette dénomination bien équivoque n'est que le résultat d'une classification *post factum*: les romans antiques sont des textes qui travaillent la *matiere de Rome* (Jean Bodel). Les catégorisations modernes ont beau suggérer une logique organisatrice, toujours est-il qu'une classification en cache une autre. Voir, entre autres, Beumann 1982: 149; Le Goff 1988: 39-103; Schaeffer 1983. Pour la perception à cette époque de ce qu'on nomme *Antiquitez*, voir chapitre IV.

celle d'Alexandre de Bernai), car on en aurait repéré des échos.[2] Quant à Thomas de Kent, il est évident qu'il a ignoré le *RAlix* aussi bien que la version Venise.[3] Comme les versions mentionnées ici exploitent bien souvent les mêmes sources, elles ont beaucoup de choses en commun. Ce n'est pas vraiment un problème: l'originalité auctorielle ne joue pas au Moyen Age où un bon auteur est un continuateur qui 'prend son bien où il le trouve'.[4] Les remarques parfois peu aimables à l'adresse des concurrents présentés comme incapables de bien organiser une œuvre ou d'y introduire une bonne *dispositio* porteuse de sens sont légion et suggèrent une certaine connaissance, directe ou indirecte, du travail de ces concurrents.

Lorsque le compilateur du *RAlix* vante les mérites de sa réécriture à lui et critique celle des autres, il est évident qu'il se réfère à des créations antérieures et/ou contemporaines. Il se peut que l'attaque contre les concurrents (I: 32 sqq)[5] soit plus qu'un cliché et qu'elle concerne effectivement Thomas ou les personnes responsables des compilations conservées par les manuscrits Arsenal et Venise ou qu'elle vise cet Eustache et ce Lambert le Tort dont le *Fuerre de Gadres* (= *FG*) et l'*Alexandre en Orient* (= *AOr*) sont exploités. La même remarque doit être faite au sujet des anonymes dont il reprend les travaux, à savoir l'auteur/adaptateur de l'*Alexandre Décasyllabique* (= *ADéca*) et celui qui a écrit la *Mort Alixandre* (= *MortAlix*). Ce qui compte cependant, c'est que le régisseur du *RAlix* se considère mieux qualifié que tous ses collègues. Cela ne l'a d'ailleurs aucunement empêché de leur emprunter des détails ou des idées. Rien de surprenant ici non plus: l'opération est du

---

[2] Pour cette version, voir chapitre XII.

[3] Voir chapitres VI et XIII.

[4] Bien que les remarques de Paul Zumthor (1972: 75 sqq) à ce sujet soient toujours valables, il n'est pas impossible d'y introduire quelques nuances: la notion d''auteur' a plusieurs sens: il peut s'agir d'un 'créateur *ex nihilo*' (concept peu utilisable dans un contexte médiéval où prime le traditionalisme), d'un 'traducteur/adaptateur', d'un 'copiste inventif' ou d'un 'compilateur doué d'une certaine créativité'. Cf. Halàsz 1992. Quant à 'compilateur', je le prends ici dans l'acception positive de 'celui qui combine plusieurs textes préexistants dans l'idée d'en faire un ensemble cohérent'. Pour les connotations parfois négatives rattachées à ce mot, voir chapitre VI.

[5] Le chiffre romain renvoie aux branches du *RAlix*, les chiffres arabes aux vers.

métier: on n'a qu'à confronter l'épisode du bain rituel du jeune Alexandre, le père de Cligès, et ses jeunes compagnons lors de leur adoubement dans le *Cligès* avec l'épisode correspondant du *RAlix* où Alexandre et les chevaliers nouvellement adoubés se jettent dans la mer.[6] Alexandre de Bernai, le compilateur du dernier texte, doit avoir connu d'autres créations littéraires, mais à en juger d'après le contenu, le style ainsi que la disposition dans le *RAlix* même des données appartenant à la légende du Macédonien, il semble quand même avoir travaillé dans un certain isolement professionnel. Si influence extérieure il y a eu — et l'épisode du bain rituel en est un signal — elle reste fort limitée. Sans y rattacher d'ailleurs un jugement de valeur, il faut tout simplement constater que le *RAlix* ignore — et cela de façon presque complète — l'évolution du genre romanesque: il n'y a que quelques petits épisodes où il est question de sentiments: ici il faut penser surtout au passage où Alexandre rencontre la reine Candace (III: 4429-864) ainsi qu'à celui où deux pairs macédoniens courtisent deux Amazones (III: 7308-7707). Ce que produit le compilateur du *RAlix*, c'est une réécriture en bonne et due forme du matériel que la tradition avait conservé et que ses prédécesseurs avaient déjà mis en texte.

Quant au deuxième problème, à savoir le moment où les romans antiques auraient été écrits, on reste là aussi dans le domaine de l'hypothèse; la critique en est cependant arrivée à accepter, avec une certaine réserve d'ailleurs, les datations suivantes: le *Roman de Thèbes* (= *Thèbes*) doit être situé autour de 1150, le *Roman d'Enéas* (= *Enéas*) autour de 1160. Les auteurs de ces deux romans sont inconnus. Le *Roman de Troie* (= *Troie*) de Benoît de Sainte-Maure semble avoir vu le jour vers 1165 et le dernier roman antique, le *RAlix* attribué à Alexandre de Bernai dit de Paris, doit avoir été terminé vers 1184-5. L'*ADéca*, le *FG* et l'*AOr* précèdent le *RAlix*. Le *Roman de toute Chevalerie* (= *RTCh*) de Thomas de Kent semble avoir été terminé dans les années '70 ou '80 du 12e siècle. Les dates des versions Venise et Arsenal sont inconnues, mais il n'est pas impossible que les originaux aient été produits pendant la deuxième moitié du 12e siècle. Le *Vengement Alixandre*

---

[6] Micha 1965: vv. 1134-8; *RAlix*, I: vv. 533-43. Pour cet épisode, voir Lyons 1973: 85-90.

de Gui de Cambrai semble avoir été terminé avant 1191; la date de la *Venjance Alixandre* de Jehan le Nevelon, par contre, est inconnue. On le voit: il n'y a aucune date sûre. Toute comparaison devra en tenir compte.

Les sujets traités dans ces romans proviennent ou bien de textes authentiquement classiques (c'est le cas pour *Thèbes* et *Enéas*) ou bien de textes écrits quelques siècles après le début de notre ère (c'est là la situation des sources exploitées par *Troie* et le *RAlix*). La prétention des auteurs/adaptateurs de récrire l''histoire' n'a pas manqué de provoquer des discussions sur le statut de leurs créations: s'agirait-il d'œuvres purement fictionnelles ou de traductions fiables à valeur historique?[7] La question ne manque pas d'importance, car les réponses qu'elle provoque expliquent les appréciations variées auprès des historiens de la littérature médiévale. Pour les uns les romans antiques sont les premières manifestations de ce qui deviendra le genre romanesque, pour les autres il s'agirait plutôt des premiers pas d'une écriture historiographique en langue vulgaire. D'autres historiens de la littérature leur refusent la première étiquette aussi bien que la deuxième.[8]

Il va de soi que toutes ces tentatives de classification ont produit des jugements fort différents. La plupart des travaux parus avant 1970 émettent des jugements de valeur inspirés par des vues normatives; leurs auteurs jugent les romans antiques sur la base de

---

[7] Je laisse de côté le problème provoqué par les manuscrits où les rubriques donnent parfois des renseignements curieux: l'annonce d'un *roman*, d'un *fabliau*, d'un *dit*, etc. peut cacher bien des surprises (Zumthor 1972: 157-61).

[8] C'est l'éternel débat entre la littérature et l'histoire qui occupera encore Corneille et ses contemporains. Dans l'abrégé de son *Polyeucte* Corneille dit: 'L'ingénieuse tissure des fictions avec la vérité, où consiste le plus beau secret de la poésie, produit d'ordinaire deux sortes d'effets, selon la diversité des esprits qui la voient. Les uns se laissent si bien persuader à cet enchaînement, qu'aussitôt qu'ils ont remarqué quelques événements véritables, ils s'imaginent la même chose des motifs qui les font naître et des circonstances qui les accompagnent; les autres, mieux avertis de notre artifice, soupçonnent de fausseté tout ce qui n'est pas de leur connaissance: si bien que quand nous traitons quelque histoire écartée dont ils ne trouvent rien dans leur souvenir, ils l'attribuent tout entière à l'effort de notre imagination, et la prennent pour une aventure de roman' (Lièvre 1957:964). Abstraction faite des précautions prises par le dramaturge pour éviter les critiques de théoriciens trop zélés aussi bien que les reproches de la part des dévots, la constance de l'argumentation ne laisse pas de nous surprendre.

normes puisées dans les travaux des grands auteurs du 12e siècle. Parmi ces auteurs-là il faudra mentionner surtout Chrétien de Troyes. Confrontés avec les ouvrages de l'écrivain champenois les romans antiques manifesteraient de nombreux défauts au niveau du style et leur organisation narrative serait relativement pauvre. Auprès des experts ès lettres classiques, les romans antiques n'ont pas bénéficié non plus d'une bonne réputation: une comparaison avec l'ouvrage de Stace ou encore avec celui de Virgile montrerait que les adaptations en langue vulgaire manquent de sens historique à cause de leurs innombrables anachronismes.[9] On s'est également demandé si les romans antiques étaient vraiment des romans ou tout juste de simples avatars du genre épique ou des produits d'une *translatio* pure et simple.[10] La discussion a été inévitable. Ici encore la critique a comparé les quatre textes en question avec les chefs-d'œuvre des modes épique et romanesque et elle y a rattaché ses conclusions. C'est oublier que la notion même de genre est équivoque: la réponse à la question si un texte appartient oui ou non à tel ou tel genre dépend de la tension entre le soi-disant 'programme prescriptif' (abritant la norme) et la façon dont l''appareil déclaratif', c'est-à-dire la mise en texte, le réalise.[11]

De temps en temps la critique a commis une autre erreur: en prononçant son verdict sur les romans antiques, elle n'a pas vraiment différencié les quatre romans en question. Or il s'avère que ces textes sont loin de constituer un ensemble homogène. *Thèbes* et *Enéas* forment groupe à part: ce sont des traductions/adaptations d'un seul texte classique (respectivement la *Thébaïde* de Stace et l'*Enéide* de Virgile).[12] *Troie* est une adaptation assez libre d'au

---

[9] Evidemment Stace et Virgile ne sont pas des historiens au sens moderne. Pour l'état de la question voir Petit 1985 et Schöning 1991.

[10] Blumenfeld-Kosinski 1980: 145.

[11] Schaeffer 1983: 6.

[12] Gerritsen (1967) a proposé des définitions de 'traduction', 'adaptation' et 'remaniement'. Une adaptation serait 'un type de version étrangère dont l'auteur a abrégé, amplifié ou altéré, dans le dessein d'y mettre ses propres accents, le texte de son original, aussi longtemps qu'il s'en tient, dans ses écarts, à la 'fable' de cet original'. En elle-même la définition n'est pas incorrecte. Je me demande seulement si la volonté de 'mettre ses propres accents' joue vraiment un rôle si déterminant. Pour ma part j'attribuerais un rôle beaucoup plus important aux traditions ainsi qu'aux automatismes professionnels amenés ou imposés d'abord par

moins deux textes: l'*Ephemeris belli trojani* de Dictys de Crète (probablement 4ᵉ siècle) et l'*Historia de excidio Trojae* de Darès le Phrygien (6ᵉ siècle?); le *RAlix*, lui, est un amalgame de sources multiples. Ce fait-là ne peut pas ne pas avoir influencé la *dispositio* des deux derniers textes: on relève de nombreuses 'erreurs' d'organisation dans *Troie* aussi bien que dans le *RAlix*.[13] La longueur des textes doit avoir joué: *Thèbes* compte 10562 vers (édition Raynaud de Lage), *Enéas* en compte 10156 (édition Salverda de Grave). *Troie*, par contre, compte 30316 vers (édition Constans) et le *RAlix* (édition Armstrong e.a.) en totalise 15924. Tout cela n'a pas manqué d'engendrer des problèmes de contrôle. Il y a d'autres différences: l'impact du mode épique dans les deux derniers romans est beaucoup plus significatif que dans les deux premiers. Le *RAlix*, lui, peut même être considéré comme un texte épique avec quelques éléments romanesques. Quant à la versification, on constate que les trois premiers romans pratiquent l'octosyllabe 'romanesque' couplée et que le *RAlix* se sert du vers dodécasyllabique en laisses rimées, vers pratiqué également par le *RTCh*.[14] Les sujets ne sont pas identiques non plus: les trois premiers textes se concentrent sur l'histoire de villes illustres et les péripéties de leurs dynasties (*Thèbes* et *Troie*) ou bien sur celle d'un peuple entier (*Enéas*). Le *RAlix* se distingue encore des trois autres textes de par le fait que sa perspective est surtout biographique: c'est la *vita* d'Alexandre le

---

la dépendance des auteurs vis-à-vis du mécénat (quelque forme que celui-ci puisse adopter) et ensuite par le fait que destinateur et destinataires partagent le même code qui, pour des raisons de lisibilité sociologique, se respectera toujours. Pour des spécifications, voir chapitre IV. Quoi qu'il en soit, dans la suite je préférerai parler d'auteurs/adaptateurs pour bien marquer et la volonté créatrice et la dépendance auctorielle vis-à-vis du déjà donné: le *rafreschir* qu'emploie Alexandre de Bernai dans son prologue (I: 11) renvoie aux deux activités mentionnées. Voir chapitre V.

[13] Pour *Troie* on consultera, entre autres, Vaughn 1979: 25 sqq. L'organisation du *RAlix* sera discutée au chapitre VI.

[14] Le fait que le vers de douze syllabes est bien souvent celui de la poésie didactique et religieuse explique certains rapprochements faits par la critique moderne entre le *RAlix* et le genre hagiographique. Le héros du *RAlix*, une 'chanson biographique' (Jodogne 1964: 57-8), a même été considéré comme un saint: l'épisode du Val Périlleux (III: 2471-2895) montrerait ainsi Alexandre se sacrifiant pour sauver les autres (Collet 1994: 323). Cela, c'est quand même aller un peu vite.

Grand qui en est le sujet. A l'intérieur de la tradition romanesque le *RAlix* occupe donc une position particulière non seulement comme roman à sujet antique parmi les autres romans de l'époque, mais également comme texte archaïsant parmi les romans antiques proprement dits.

Le roman antique a donc placé la critique devant un certain nombre de problèmes qu'il est inutile de commenter, puisque je me limiterai ici à l'analyse et au commentaire de quelques caractéristiques pertinentes de la légende du Macédonien dans la littérature française du 12e siècle.[15] Ce qu'il convient pourtant de signaler rapidement, c'est le changement dans les opinions des historiens de la littérature. De nos jours la production littéraire et artistique du Moyen Age est étudiée pour elle-même et elle a été délivrée de ces jugements normatifs cherchant leur motivation ou bien dans la production littéraire contemporaine ou bien dans celle d'une époque antérieure. Ce genre de jugements a pratiquement disparu. C'est

---

[15] Dans ce qui suit je parlerai de 'Macédoniens' et/ou de 'Grecs' sans me soucier vraiment de la différence entre les deux qualifications. C'est que la question ne saura jamais trouver de réponse satisfaisante: aux yeux des Grecs les Macédoniens n'étaient que des barbares, puisque leur mode de vie (comme celui de tant d'autres peuples d'ailleurs) était différent du leur. Il fallait donc marquer la différence. C'est un premier problème. Mais il y en a un autre: dans l'armée d'Alexandre les Macédoniens autochtones étaient minoritaires. Avant de partir en Asie, Alexandre avait déjà levé des troupes dans tous les Etats grecs membres de la Ligue de Corinthe. Son armée n'était donc point exclusivement macédonienne. Pendant l'expédition en Asie la situation changera davantage: les pertes immenses en hommes seront compensées par des contingents pris sur les peuples que le conquérant s'était soumis. Tout cela ne manqua pas de provoquer de grands problèmes avec les Macédoniens de souche qui voyaient leur position privilégiée menacée par des étrangers (Briant 1987: 36, 69,82; Hammond 1994: 3). Quant au compilateur du *RAlix*, on constate qu'il ne fait pas non plus de distinction entre Grecs et Macédoniens; de temps en temps il distingue la *Macidoine* de la *Gresse* (I: 145-6; IV: 241). Ailleurs il semble les confondre: il parle de *Grece* (I: 205, 525, 548, 607), de *Macedoine* (I: 1685), de *roy macedonas*, de *roi Mascedonés* (I: 1795, IV: 104), de *Macedonour* (I: 244), etc. A d'autres endroits il combine les deux appellations: *Grieu et Mascedonois* et *Mascedonois et Grieu* (IV: 204, 216), etc. On le constate: tantôt il y a distinction, tantôt il y a confusion. Je suis incapable de dire si ce flou descriptif est à mettre sur le compte d'Alexandre de Bernai ou sur celui des sources qu'il met à contribution. Bien que le *RTCh* soit beaucoup moins généreux dans le domaine des identifications, il produit le même type de renseignements (cf. vv. 85: *Macedoine*; 1045: *Grece*, etc.).

ainsi que l'anachronisme déprécié autrefois comme un élément stylistiquement impur et ahistorique a été réhabilité. La critique moderne a fini par comprendre que l'anachronisme médiéval est un élément créateur de premier ordre et peu importe que cet anachronisme soit conscient ou non. Ce qui compte, c'est son effet. L'anachronisme n'est d'ailleurs pas seulement un élément qui relève de la mise en texte; c'est aussi et surtout une donnée philosophique de la première importance. Il ne s'agit plus de confronter l'ouvrage de tel ou tel auteur avec des modèles plus ou moins parfaits (opération purement abstraite et aucunement conforme à quelque réalité médiévale que ce soit), mais de situer chaque création dans son contexte à lui, d'en apprécier la technique dispositionnelle ainsi que la valeur poétique et persuasive, etc., car le texte est toujours 'en situation', c'est-à-dire dans sa propre *RÉALITÉ historique*.[16] Bien sûr, tout ceci n'exclura jamais la confrontation avec des créations antérieures, contemporaines ou postérieures. D'abord, parce que toute évolution ou développement — et je ne parle donc pas de déclin ou de progrès, termes ontologiquement normatifs — ne se dépiste que par rapport à ce qui précède ou suit. Ensuite — et c'est vraiment plus intéressant — parce que la production artistique médiévale ne s'étudie pas sans tenir compte de la sacro-sainte tradition: l'artiste médiéval n'a jamais ignoré son prédécesseur, même pas son contemporain. On ne déprécie donc plus tel ou tel texte à cause d'une disposition un peu maladroite de ses passages constituants ou de la pauvreté de son style. Tout texte, même le texte raté, signifie et garde sa pertinence.[17]

Le lecteur (moderne) du *RAlix* s'en rendra compte: la compilation d'Alexandre de Bernai — et je me limite ici à ce texte — ne brille pas vraiment par son style ou par sa *dispositio* et il faut bien admettre que ce n'est pas un chef-d'œuvre littéraire. Prétendre le contraire serait aller un peu loin. Mais ce *RAlix* est un jalon remarquable dans l'histoire littéraire du 12e siècle, car son impact a été tellement considérable que de nombreux continuateurs y ont rattaché d'autres aventures que la légende attribuait ou était supposée attribuer au Macédonien. En témoignent — et je ne donne que les

---

[16] Jauss 1970: 91; Zumthor 1972: 42. Pour les *RÉALITÉS* opérationnelles dans le processus de la réception et de la réécriture, voir chapitre IV.

[17] Zumthor (1972).

textes les plus importants — le *Voyage au Paradis terrestre* et la *Prise de Defur*, interpolations anonymes du 13ᵉ siècle, et les interpolations du 14ᵉ siècle centrées sur les aventures du paon cérémoniel et le thème des Neuf Preux: les *Vœux du Paon* de Jacques de Longuyon, le *Restor du Paon* de Jean le Court dit Brisebarre ainsi que le *Parfait du Paon* de Jean de le Mote.[18] Le 15ᵉ siècle donnera naissance à deux grandes compilations: la première, anonyme, est les *Fais et Concquestes du noble roy Alexandre*, la deuxième est l'*Histoire du bon roy Alixandre* de Jean Wauquelin. Le présent livre sera surtout une tentative de réhabilitation de la grande compilation d'Alexandre de Bernai qui peint un roi modèle que tous les princes de ce monde ont considéré digne d'imitation.[19]

Avant le 15ᵉ siècle où s'annonce et cela encore avec beaucoup d'hésitation un 'je' auctoriel, les auteurs ne sont au fond que des artisans supposés continuer la tradition des prédécesseurs: un bon auteur est un continuateur. Je l'ai déjà dit. Dans la pratique on voit donc l'auteur exploiter parfois fort rigoureusement (pour ne pas dire: servilement) les *auctoritates* traditionnels.[20] Mais tout cela se

---

[18] Voir chapitre II, section 3. La fortune littéraire et iconographique de ces Neuf Preux et, plus tard, des Neuf Preuses due à Jacques de Longuyon est une autre preuve de l'impact réel de la légende du Macédonien. Pour la réception du thème en général, consulter Schroeder 1971; pour ce qui est des littératures anglaise et écossaise du Moyen Age, on se référera à Bunt 1994: 53-60.

[19] Je parle évidemment des *principes* ('princes') que sont les empereurs et les rois (et parfois d'autres grands). Au cours des siècles la qualification *princeps/principes* s'emploiera aussi pour désigner l'autorité des villes (surtout en Italie). Il va de soi que cette acception n'est pas de mise ici. Voir Pennington 1993: 90-1.

[20] Le poids de l'*auctoritas* est là. Impossible de le nier. Ce qui ne veut cependant pas dire que les échos en soient toujours directs: l'enseignement scolaire de l'époque privilégie encore bien souvent le florilège. Si dans ce qui suit je renvoie de temps en temps à l'opinion de telle ou telle *auctoritas*, je ne prétendrai aucunement que les auteurs/adaptateurs l'ont connue. Je pars seulement de la prémisse qu'ils puisent dans ce même fonds d'idées dont la pensée auctorielle susmentionnée est censée être un reflet. Prétendre, par exemple, que tous les auteurs/adaptateurs discutés ici aient connu la fameuse formule *Quod principi placuit, legis habet vigorem* employée par Justinien et Ulpien est un non-sens. Mais l'idée exprimée par la formule ne leur aura été aucunement étrangère, puisque la RÉALITÉ historique le leur aura bien appris. Pour cette formule, voir Pennington, 1993: 28.

fait quand même avec une certaine liberté pour ce qui concerne le choix des passages à insérer dans la propre création et les moyens stylistiques à exploiter.[21] C'est là une donnée de la plus haute importance, car elle 'explique' les variations les plus politiques et les plus poétiques. Ce n'est même pas tout, car il faut relever deux autres facteurs psychologiques qui ne manquent pas de pertinence pour l'interprétation et l'appréciation des romans antiques: 1) pour l'homme du Moyen Age les produits de l'Antiquité païenne sont des *spolia* dont il peut faire ce qu'il veut; c'est ce qui explique pourquoi il ne respectera pas la spécificité du savoir païen et ce malgré la vénération dont bénéficie, entre autres, l'auteur de l'*Enéide* et de la IVe *Eclogue*;[22] 2) pour ce même homme l'exactitude traduisante n'est jamais un but en soi.[23]

Sauf rare exception, l'auteur n'est jamais un simple traducteur; il fonctionne plutôt comme intermédiaire entre la matière à travailler et le public visé. Intermédiaire, il l'est déjà au moment où il s'agit de la mise en texte de données bien connues de l'audience comme, par exemple, des légendes et des récits contemporains. Il le sera davantage dès que l'auteur/adaptateur s'occupe de textes provenant de polysystèmes appartenant au passé ou à des cultures différentes et écrits en d'autres langues.[24] Ici on peut penser aux traducteurs et adaptateurs de textes latins (l'auteur de *Thèbes*, par exemple) ou de textes français (un Wolfram d'Eschenbach traduisant le *Perceval* de Chrétien). Il n'y a pas de transfert de documents

---

[21] Le fait que les versions Arsenal et Venise ignorent le passage où Alexandre se fait porter dans les cieux par les griffons ainsi que celui qui le montre explorant les profondeurs de la mer ne change pas vraiment la nature de ces textes. Malgré ces 'absences', nous avons toujours affaire à des *vitae* du grand Macédonien. Pour ce qui est du *modus dicendi*, on rencontre le décasyllabe et l'alexandrin (*ADéca, RTCh, RAlix*, Arsenal, Venise) aussi bien que la prose (*Roman d'Alexandre en prose, Fais et Concquestes du noble roy Alexandre, Histoire du bon roy Alixandre*, etc.).

[22] L'exode du peuple juif d'Egypte fournit l'arrière-fond typologique (*Exode*, 3, 22). Tout cela changera au moment où l'Antiquité se profile à l'aide de la philologie et de l'archéologie (Weiss 1988). Voir aussi chapitres IV et V. Pour le prestige immense de Virgile au Moyen Age, voir Holz 1985; Munk Olsen 1985.

[23] Abstraction faite, bien sûr, de ce que l'exactitude traduisante n'est qu'un leurre. Consulter pour ceci Mounin 1963: 173-92; Van den Broeck/Lefevere 1979; Wittlin 1976; Newman 1980.

[24] Pour la notion de polysystème, voir Patte/Patte 1976; Even-Zohar 1978.

littéraires ou historiographiques d'une aire culturelle dans une autre sans heurts, sans changements. Parfois les auteurs/adaptateurs se rendent compte des pièges qui les guettent sur le chemin de la *translatio*, parfois non. Les causes des variations sont multiples; elles sont parfois purement techniques: celui qui effectue la *translatio* peut ne pas maîtriser complètement la langue-source: les erreurs de traduction s'imposent donc de façon presque naturelle. Celui qui reprend une histoire du passé peut également ne pas être au courant du polysystème qui a donné naissance à son texte-source, ce polysystème que je nomme ici RÉALITÉ *'historique'* (dans le cas de notre *RAlix* la société macédonienne de Philippe II, Olympias et Alexandre) et il tombera d'un anachronisme dans un autre. Un autre problème connu de tous les traducteurs se présente quand la langue cible manque d'équivalent; l'intermédiaire se tirera d'affaire à l'aide de périphrases ou d'approximations du type *id est* (fournissant ou suggérant des explications, des analogies, etc.), car les destinataires exigent un texte compréhensible: la non-lisibilité se punit immédiatement par le rejet du texte. On rencontre également des interventions délibérées dans des textes légués par la culture gréco-latine dont le paganisme risquerait de choquer une sensibilité chrétienne: une certaine (auto)censure garantit ainsi la lisibilité sociologique requise.

Il s'y ajoute un autre problème, qui sera traité plus amplement dans le chapitre IV, mais qu'il faut annoncer déjà ici: le Moyen Age n'a jamais poursuivi l'imitation empirique de la réalité environnante (la RÉALITÉ *historique*, celle qui abrite le destinateur et le ou les destinataires), puisque celle-ci était considérée comme le reflet d'une perfection divine que les mortels ne sauraient jamais saisir complètement et qu'ils seraient donc bien incapables de représenter de façon adéquate. Il était donc parfaitement inutile de pourchasser des descriptions précises et appropriées de cette *RÉALITÉ*-là. C'était même tout à fait superflu, puisqu'une plausibilité approximative pouvait faire l'affaire: la familiarité du monde médiéval avec les possibilités créatrices de la connotation palliait tout flou informationnel conséquence du refus ou de l'impossibilité de la précision. L'écriture romanesque médiévale sera donc naturellement elliptique: bien souvent les auteurs se contentent de la seule juxtaposition d'éléments pertinents, puisque le destinataire pourra toujours supposer une certaine causalité dans le hors-texte, domaine de la connotation.

    Cette causalité ne sera ni explicite ni univoque. Le lecteur moderne constatera que l'artiste de l'époque qui nous concerne donne encore une certaine précellence à la simple juxtaposition d'images plutôt qu'à la présentation organisée. les vitraux d'église sont une belle illustration de cette première possibilité.[25] En littérature le téléscopage d'éléments signifiants amène un va-et-vient de sens: pensons au *Jeu d'Adam* où les différents épisodes évoquent le destin de l'homme. Bien que les épisodes de ce texte aient chacun un sens bien à eux, ils subissent également l'impact de ceux des autres épisodes qu'ils conditionnent d'ailleurs à leur tour.[26] Au destinataire visé de se débrouiller. Il va de soi que l'érudition du dernier ne manquera pas de canaliser et d'influencer ses conclusions, car les niveaux d'interprétation qu'on distingue traditionnellement (le littéral, l'allégorique, le tropologique et l'anagogique) n'auront pas été l'affaire de tous.[27] Quant à la littérature romanesque — et je me limite ici à ce mode spécifique — elle exploite à cœur joie les possibilités dispositionnelles et poétiques offertes par le jeu des connotations. C'est ce que l'on constate, entre autres, dans l'emploi du merveilleux (chrétien ou non): grâce à la logique autre, on n'a pas besoin d'expliquer tout. Dans les œuvres de Marie de France et de Chrétien de Troyes le merveilleux celtique régit la narration et apporte parfois la solution. Le pur merveilleux chrétien se trouve, bien sûr, dans l'hagiographie et les innombrables miracles de la Vierge où il engendre bien souvent des solutions du type

---

[25] Evidemment je suis loin de suggérer que ces programmes iconographiques manquent de sens. Le contraire est plutôt le cas. La disposition des différentes scènes (bien souvent chronologique) est cependant à doubler d'une capacité interprétative qui, elle, ne sera certainement pas l'affaire du premier venu (Brenk 1994; Cox-Rearick 1984; Kipling 1977; Lecoq 1993; Buunk 1994).

[26] Noomen 1971.

[27] En vérité il s'agit d'une approche théorique plutôt que d'un système concret applicable par tous dans toutes les situations. Voir De Lubac 1959-64. Le cas de l'*Alexandreis* de Gautier de Châtillon que je ne discuterai pas ici mérite d'être mentionné. Ecrit, semble-t-il, entre 1178 et 1180, ce texte offre une telle poétisation de la distanciation auctorielle qu'il est illisible dans un milieu non scolaire. De par son style épique relativement simple le *RAlix* doit avoir visé une autre catégorie de destinataires. Cf. Zwierlein 1987.

deus ex machina. Le *RAlix* est également plein d'éléments merveilleux: on n'a qu'à penser aux manifestations météorologiques et telluriques accompagnant la naissance du héros, à l'épisode du *Val Perilleus*, à l'aventure avec les filles-fleurs, à l'oracle des arbres du Soleil et de la Lune, aux monstres exotiques, à l'enfant monstrueux qui naît à Babylone, etc.[28] Et ce merveilleux conditionne le héros. La littérature médiévale ne produira donc jamais un descriptif analytique pouvant fournir des réponses à toutes les questions qu'on lui pose. D'abord, et je le répète, parce que la perfection de Dieu ne s'imite pas; ensuite parce que le jeu des connotations et l'apport du merveilleux offrent des possibilités d'économie narrative et poétique non négligeables. Comme l'écriture de nos textes prédilectionne bien souvent le détail isolé non spécifié, le destinataire devra se tirer d'affaire à l'aide des connotations qu'il pourra identifier et il finira par (re)trouver un ou plusieurs sens qu'il jugera acceptables. Le roi modèle qu'est Alexandre n'est pas vraiment décrit: son nom seul suffit et fonctionne comme 'icône'. Dans la suite je donnerai d'autres exemples de l'écriture iconique fonctionnelle dans les textes étudiés ici.[29]

Dans le roman, et à fortiori dans le roman médiéval, le descriptif manque pratiquement d'autonomie: il sert toujours à marquer, de façon directe ou indirecte, une importance narrative, psychologique ou sociologique. Il situe le héros par rapport aux autres acteurs du texte (adjuvants ou opposants), etc. Ce descriptif peut être concret ou abstrait. Des exemples d'un descriptif concret sont les mets exotiques exposés dans le château du Roi-Pêcheur dans le *Conte du Graal*, la tombe de Camille dans l'*Enéas* ou la tente d'Alexandre dans le *RAlix*.[30] L'abondance alimentaire décrite par Chrétien signale une richesse et une puissance au-delà de la norme humaine; la tombe de Camille est une merveille architecturale qui rend honneur à la demoiselle qui y a trouvé sa dernière

---

[28] Respectivement Branches I: 23-9; III: 2471-2895; III: 3286-3544, 3718-3877 et IV: 1-32.

[29] Inutile d'ajouter qu'il est impossibile de réaliser une description adéquate et conforme d'une réalité multidimensionnelle. En littérature une tentative pareille est une pure chimère. Pour ce genre de problèmes, voir Hamon 1977; 1981.

[30] Respectivement Roach 1959: 3312-33; Salverda de Grave 1964-8, II: 7531-724; *RAlix*, I: 1948-2070.

demeure; les images sur les pans de la tente d'Alexandre fournissent des bribes d'un savoir traditionnel évoquant — et c'est ce qui compte — la mission du conquérant macédonien ainsi que son origine divine.[31] Mais c'est l'abstraction qui domine le descriptif. Comme le didactisme de la littérature médiévale impose l'exemplaire, le héros incarnera toujours une conduite modèle imitable (sens étymologique). La conséquence en est simple: puisque le détail individualise trop, le descriptif sera volontiers abstrait: se fera donc l'inventaire des vertus morales et psychologiques comme l'héroïsme, l'abnégation, la loyauté, l'honnêteté, l'amour, la religiosité, l'érudition, le discernement, la conscience de caste, etc. Voilà les détails qui font le portrait des héros et des héroïnes ou (et cela de façon négative) de leurs opposants.[32]

Il y a encore un autre élément qui distingue les *vitae* d'Alexandre des trois autres romans antiques et qui conditionnera donc toute tentative d'interprétation. C'est le problème des textes-source. Les auteurs de *Thèbes*, d'*Enéas* et de *Troie* avaient affaire à une tradition textuelle relativement simple. Par contre, le cas du *RAlix* et des autres versions (Arsenal, Venise et *RTCh*) est fort complexe: la légende a été léguée par de nombreuses versions différant considérablement les unes des autres et ce fait a influencé la réception de la matière macédonienne. Il y a les versions romanesques (pensons au Pseudo-Callisthène grec et ses avatars latins parmi lesquels le texte de Julius Valerius et les épitomés qui en ont été faits) et les versions dites historiques.[33] Si l'on y ajoute les nombreux commentaires des Pères de l'Eglise au sujet du maître du *regnum* gréco-macédonien, on comprendra qu'il est impossible de parler d'une tradition homogène.[34] Ni pour ce qui concerne les détails fournis, ni

---

[31] Pour le rôle de cette tente, voir chapitre IX.

[32] Voir chapitre VIII.

[33] Pour un résumé de la tradition extrêmement compliquée, voir chapitre II, section 2.

[34] Dans ce qui suit je parlerai encore bien des fois de la théorie (si c'est là le mot qui convient: les idées à ce sujet ne brillent pas vraiment par une cohérence exemplaire) des quatre *regna*. J'emploie ce mot dans le sens de 'monarchie universelle'. Je ne prétends aucunement que tous les traducteurs et compilateurs des textes étudiés ici se sont rendu compte du véritable mécanisme de la succession des *regna*. En tout cas, Alexandre de Bernai, lui, n'en parle pas en des termes bien explicites. Thomas de Kent, par contre, introduit la visite du roi à Jérusalem

pour ce qui est de la façon dont ces détails ont été perçus par les auteurs médiévaux et les destinataires de leurs ouvrages. La conséquence en est qu'il est impossible d'établir des liens généalogiques entre la tradition latine (la grecque ne joue pas de rôle: *graeca non leguntur*) et les textes en langue vulgaire.

Dans le *RAlix* le problème s'annonce immédiatement: Alexandre de Bernai a travaillé avec au moins quatre textes antérieurs, à savoir l'*ADéca*, le *FG*, l'*AOr* et la *MortAlix*. Ce sont tous des textes à signature biographique: l'*ADéca* donne l'enfance du héros et ses premiers exploits, le *FG* se limite à l'aventure d'un petit groupe de fourrageurs de l'armée macédonienne dans le Proche-Orient, l'*AOr* raconte ce qui se passe en 'Inde' et le dernier texte, la *MortAlix*, décrit les derniers jours du roi. L'*ADéca* et la *MortAlix* sont des textes où le Macédonien se trouve bel et bien au centre de l'intérêt. Par contre, dans le *FG* il reste dans la coulisse et n'interviendra qu'au dernier moment pour sauver ses hommes; dans l'*AOr* c'est l'ensemble de l'armée macédonienne qui vit les aventures les plus bizarres et les plus dangereuses dans l'Orient exotique. Dans la *MortAlix* c'est évidemment le roi qui occupe le devant de la scène. Alexandre de Bernai a donc eu affaire à des sources assez différentes et il a dû faire de son mieux non seulement pour doter l'ensemble d'une charpente solide, mais aussi — et c'est bien ce qu'il y avait de plus important — d'une axiologie suffisamment claire pour que ses intentions auctorielles puissent être saisies par les destinataires nobles qu'il mentionne à la fin de la branche IV, car il fallait bien que le héros dont il allait raconter la vie domine la narration.

Pour autant qu'on puisse encore en juger — la tradition textuelle compliquée et fort fragmentaire ne permet pas vraiment des comparaisons fiables — on peut dire qu'Alexandre de Bernai respecte en principe assez fidèlement la trame fournie par les (ré)écritures de ses prédécesseurs parmi lesquelles peut-être le fameux 'archétype' que je discuterai au chapitre XII. Au macro-

---

où se mentionne la prophétie de Daniel (voir chapitre XIII). Les aspects idéologiques du concept *regnum* (dans le sens de 'monarchie universelle') seront discutés au chapitre III. Le mot *regnum* couvre d'ailleurs bien des sens; il peut signifier: *corona regalis, Imperium, regnum apostolicum*, 'majesté', 'fisc', 'trône', 'comté', 'territoires emboîtés', etc. Pour ceci, voir DuCange 1937-8; Baumgartner 1945; Niermeyer 1954-76; Barthélemy 1990: 230; Favier 1993: 80.

niveau les différences sont parfois bien intéressantes (il y a des épisodes considérablement amplifiés) et au micro-niveau on relève des fluctuations textuelles non dénuées d'intérêt. C'est que l'intégration de plusieurs textes à signature purement épisodique dans un ensemble cohérent à perspective biographique globale ne pouvait pas ne pas influencer la signification première de ces textes originellement indépendants: inséré une fois dans le *RAlix*, le *FG*, une aventure relativement isolée, se percevra selon la taxinomie destinée à régir l'ensemble. On dépiste ici le télescopage signifiant fonctionnalisé dans le *Jeu d'Adam* mentionné tout à l'heure. Il en sera de même des autres parties constituantes du *RAlix*. C'est dans ce domaine-ci que la vulgate se distingue non seulement des versions Arsenal et Venise, mais aussi du *RTCh*. Ces trois réécritures se basent, elles aussi, sur de nombreuses versions épisodiques. Le *RTCh* utilise des sources spécifiques; Arsenal et Venise ont recours aux mêmes sources que le *RAlix*.[35]

La cohérence interne du *RAlix* trouve sa motivation dans un jeu taxinomique global visant à mettre en lumière l'exemplarité du héros macédonien. Il va de soi que la significabilité[36] de cette grande compilation dépend étroitement de la consistance avec laquelle le compilateur respecte la taxinomie signifiante, de la façon dont il jalonne son discours de marqueurs fonctionnels ainsi que des endroits où il les introduit. A l'intérieur du *RAlix* ce sont surtout le prologue, les premières laisses de la branche I ainsi que les plaintes funèbres et l'identification des destinataires dans la branche IV qui marquent de façon relativement explicite la taxinomie régissant le texte. Les épisodes cruciaux comme, par exemple, les conflits avec Nicolas et Darius III les mettent en lumière. L'unité de l'ensemble est centrée sur ce qu'on nomme l'*utilitas* royale dont Alexandre le Grand semble être l'incarnation même.[37] Dans le *RAlix* ce concept, qui domine d'ailleurs également les innombrables miroirs de prince, se valorise surtout à l'aide de thèmes purement abstraits comme: prédestination, royauté *gratia Dei*, conscience de caste au-

---

[35] Les capacités organisatrices d'Alexandre de Bernai seront commentées aux chapitres VI et VII. Pour les versions Arsenal et Venise, voir chapitre XII. Le *RTCh* se discute au chapitre XIII.

[36] De Certeau 1974: 46.

[37] Pour ce concept, voir Peters 1970. J'y reviens au chapitre IX.

dessus de tout soupçon, bravoure militaire, largesse proverbiale, loyauté à toute épreuve. Et ainsi de suite.

Telle qu'elle se reflète dans le *RAlix* et les versions Arsenal et Venise, la légende d'Alexandre le Grand pourrait se comprendre sans trop de difficultés dans le contexte socio-politique de la France capétienne du 12e siècle. Le *RTCh*, lui, appartiendrait plutôt au contexte des Plantagenêt de la même époque.[38] Mais ce genre de rapprochements ne peut jamais être automatique car la tradition compliquée parle avec plusieurs voix. Les premiers vers du *RAlix* marquent fort bien que celui qui veut ... *conoistre raison d'amer et de haïr,/ De ses amis garder et chierement tenir,/ Des enemis grever ...*, etc., doit écouter la vie d'Alexandre (I: 1-4. Tout cela appartient à la tradition des miroirs de prince, mais le passé a également produit des interprétations négatives. L'opinion peu favorable d'un Orose sera reprise par l'auteur de l'*Histoire ancienne jusqu'à César* qui dit: *Orosiès dit et tesmoigne, cui on en doit mout bien croire, qu'il* [= Alexandre] *n'estoit mie mains cruaus ne mains felons a ses freres ne a ses amis ne a ses parens que il estoit a ses anemis estranges*.[39] Un autre exemple confirme ce que je viens de dire: la première version française de la légende, celle qu'on attribue à Albéric de Pisançon, donne un portrait positif du héros: il est beau, fort, érudit et il est d'extraction noble. Cette même version renvoie cependant à un passage fort connu du livre de l'*Ecclésiaste*: *Est vanitatum vanitas. Et universa vanitas.* Albéric

---

[38] La littérature produite dans ce contexte est bien 'française'. Non seulement de par sa langue, mais aussi de par les conditions qui l'engendrent: un Henri II Plantagenêt, par exemple, a passé la plus grande partie de sa vie en Anjou, en Normandie et en Aquitaine (Le Patourel 1984: 290). Pour ce qui est des versions conservées par les manuscrits Arsenal et de Venise, j'accepte qu'elles remontent à des adaptations originales du 12e siècle probablement antérieures au *RTCh* et au *RAlix*. Selon les éditeurs du *Medieval French Roman d'Alexandre*, ces deux adaptations seraient proches de l''archétype' qui se trouverait également à la base de la grande compilation d'Alexandre de Bernai (Armstrong/Buffum 1937: ix-xxii). Ce n'est pas impossible. D'ailleurs, si vraiment elles étaient postérieures au 12e siècle, elles auraient pu (et dû) subir l'influence de ces *vitae* complètes produites par Thomas de Kent et Alexandre de Bernai. Or il n'y a aucune trace de quelque impact que ce soit de ces deux dernières compilations dans les témoins subsistants Arsenal et Venise.

[39] Raynaud de Lage 1957: 269, 305. Pour les différentes réceptions de la matière macédonienne, voir Cary 1967 et Ross 1988.

aurait-il eu des visées moralisatrices quelque peu critiques? Les 105 vers qui subsistent de son texte ne permettent aucune réponse définitive. L'*ADéca*, la base même de la première branche du *RAlix*, ignore le renvoi au livre biblique. Sommes-nous confrontés avec un refus de moralisation parce que cela déplairait au roi capétien du moment? Il n'y aura pas de réponse. Il va de soi que ce genre de contradictions pose de sérieux problèmes pour la mise en contexte de nos textes. C'est là la conséquence des différentes réceptions et interprétations de l'histoire d'Alexandre ainsi que des contradictions véhiculées par les textes-source de langue française.

Il y a plus: les différentes versions (épisodiques ou non) n'ont pas ignoré les conceptions sur la royauté idéale ni les idées et les traditions de la société dite féodale ni les idéaux et les prétentions de la chevalerie. D'une façon ou d'une autre toutes ces idées, pas toujours bien claires, ont circulé dans le milieu dont ont fait partie nos auteurs/adaptateurs. Les idées sont là. Certes. Mais elles se présentent sous des facettes bien différentes, puisque la réalité de tous les jours, la *RÉALITÉ historique* (où habitent destinateur et destinataires) montre, elle aussi, des visages multiples. Il y a une belle distance entre les théories des intellectuels prônant (ou devant prôner) une royauté forte et les idées parfois bien terre à terre des vassaux nobles peu enclins à se plier aux exigences d'un pouvoir royal qui se veut de plus en plus autoritaire. La chevalerie n'est pas non plus un ensemble homogène: il y a des chevaliers riches et il y en a qui sont pauvres. Et ainsi de suite. Les idées véhiculees par nos textes reflètent de façon bien fragmentaire et peu précise les pensées des ancêtres. Mais elles se ressentent également de ce qui est considéré comme normal ou souhaitable par une royauté médiévale en train de s'imposer. Tout ce que nos textes contiennent d'idéologique ne sera donc qu'un mélange d'éléments aucunement originaux ni bien précis, mais jugés fonctionnels par la caste dirigeante. Car à l'époque qui nous concerne l'idéologie dans un sens moderne n'existe pas. La véritable idéologie, celle qui vise le contrôle de l'homme transformé en sujet d'un Etat absolu ou totalitaire, sera l'affaire des temps modernes. La pratique médiévale, elle, ne nous livre que des collections de concepts idéologiques flous mis en parataxe soumis au régime de la omniprésente connotation. Au destinataire de chercher ce qui lui convient.

Ensuite, et j'y ai déjà fait allusion, l'écriture est non seulement elliptique, elle est aussi iconique. Je donne ici un seul exemple de ce mécanisme fascinant si difficile à saisir. Dans son *Conte du Graal* Chrétien utilise la formule ... *li quens Phelipes de Flandres,/ ... valt mix ne fist Alixandres.*[40] Pour Chrétien et ses contemporains l'"icône' *Alixandre* doit avoir contenu toute une série de qualités positives. Mais l'auteur champenois ne dit pas lesquelles. Le destinataire doit actualiser un savoir disponible conservé, paraît-il, dans un catalogue d''idées reçues' pour saisir la portée de la comparaison. Je renonce à fournir ici d'autres exemples de comparaisons 'iconiques' où comparant et comparé sont évoqués plutôt que décrits. J'y reviens au chapitre III. Ce qui est indubitable, c'est que les auteurs/adaptateurs des *vitae* d'Alexandre s'inspirent des traditions anciennes et des traditions contemporaines. Comme ils n'ajoutent pratiquement aucune spécification aux détails iconiques que le destinataire glanera dans leurs textes, leur écriture sera, à son tour, icône pour leurs destinataires. Les contemporains de nos auteurs peuvent bien vivre avec ce va-et-vient continuel entre ce que suggèrent ou évoquent les différentes créations artistiques et leur propre perception de la *RÉALITÉ historique*. Mais, eux, ils disposaient de tout un système de références connotatives permettant une ou plusieurs interprétations acceptables et utilisables. Tout ceci ne veut point dire que les possibilités qu'auraient les auteurs de réorienter les données traditionnelles ont été illimitées: la distance entre la *'RÉALITÉ' littéraire* (celle de la réécriture en question), et la *RÉALITÉ historique* (celle de l'auteur et ses destinataires) n'a pas pu être trop grande: l'œuvre serait devenue illisible.

Compte tenu de ce que la littérature de l'époque ne s'adresse en première instance qu'aux grands de ce monde, on ne s'étonnera pas de ce que les différentes *vitae* d'Alexandre ne présentent que ce qui intéresse ces grands et qu'elles escamotent tout ce qui pourrait leur déplaire. Ce que produiront les auteurs/adaptateurs, ce sont des narrativisations de ces catalogues d''idées reçues' déjà mentionnés. Voilà pourquoi le compilateur du *RAlix* insiste sur la royauté par la grâce de Dieu, sur les rapports excellents entre Alexandre et ses compagnons nobles et sur les qualités de la chevalerie, puisque ce ne sera qu'avec ses compagnons que le roi de

---

[40] Roach 1959: vv. 13-4.

Macédoine remplira sa mission universelle et qu'il pourra être reconnu par les destinataires comme un *rex utilis*. C'est précisément la raison pour laquelle Alexandre de Bernai ignore les conflits entre la couronne et la vassalité, les divisions internes déchirant la dernière, l'existence même des villes avec leur pouvoir financier ainsi que les classes inférieures de la société. C'est ce qui explique également pourquoi les auteurs/adaptateurs du *RAlix*, d'Arsenal et de Venise ainsi que du *RTCh* obnubilent autant que possible les problèmes liés à la confrontation des deux systèmes religieux impliqués, celui des païens et celui des chrétiens. Le descriptif flou camoufle tout ce qui choque. Tout semble être pour le mieux dans le meilleur des mondes (nobles) possibles.

Les textes éudiés ici ne se réfèrent donc aucunement à un polysystème macédonien identifiable et vérifiable. Il n'est pas sûr si les auteurs de nos textes s'en sont rendu compte. Quoi qu'il en soit, il n'est pas impossible qu'ils aient considéré la matière de Rome tout juste comme une matière à travailler et ce afin de fournir aux destinataires un moment de distraction ou un enseignement, ou tous les deux: la bien connue formule *docere et delectare* implique la coexistence des deux options.[41] Quelle qu'ait pu être l'intention de nos compilateurs: évoquer la RÉALITÉ 'historique' de la Macédoine d'antan, proposer une conduite typologique (Alexandre de Bernai), offrir un divertissement (Thomas de Kent) ou même tout cela ensemble, toujours est-il que leurs ouvrages ne sont point gratuits. Les destinaires de l'époque n'auraient pas compris une attitude autre. Il y a donc eu utilité didactique. Mais laquelle? Les destinataires auront interprété les données textuelles selon leurs capacités et ils auront entouré les icônes livrées par la narration de toutes les connotations adéquates pour arriver à une certaine typologie.

Il ne faut cependant pas déduire de tout ceci que toute œuvre littéraire de l'époque ait éveillé à tout moment une capacité interprétative permettant des mises en contexte utiles. Les *vitae* d'Alexandre ont une certaine fonctionnalité pour les princes de ce monde. Cela doit avoir été l'opinion de tous ces plumitifs nécessiteux qui ont voulu se faire un revenu acceptable. Mais les princes dont la silhouette se profile sur l'horizon des polysystèmes abritant

---

[41] La combinaison du *prodesse* et du *delectare* se trouve déjà dans l'*Art poétique* d'Horace (Färber 1967: v. 333).

nos textes ne sont pas tous des littéraires: un Philippe Auguste ne semble pas s'être intéressé trop aux belles lettres et un Henri II Plantagenêt est dit avoir préféré surtout des textes de signature généalogique et ce afin de rehausser l'éclat de sa propre dynastie.[42] Il est cependant hors de doute que ces deux rois, auxquels l'histoire n'a pas refusé un certain pragmatisme, ont pu être contents des possibilités publicitaires des œuvres littéraires dont le discours prône toujours l'intégration (du moins, à l'époque qui nous occupe ici).[43] Mais le *RAlix* ne vise pas uniquement un destinataire royal; il s'adresse à une audience noble plutôt hétérogène abritant non seulement le roi, mais aussi les *magnates* de la société, les barons, les chevaliers, les dames, les demoiselles. Et même les clercs. Toutes ces catégories auront interprété les données textuelles d'une façon spécifique: les seuls chevaliers ont des intérêts tout à faits différents de ceux des grands de la société; il en est de même des dames et demoiselles, etc. Le *RTCh*, par contre, ne semble s'adresser qu'à une seule catégorie, celle des chevaliers; c'est ce que suggèrent les premiers vers du texte. La vérité sera cependant plus nuancée.[44] Il va de soi que ces différentes positions de départ produiront de nombreuses variations dans l'interprétation de la *RÉALITÉ* évoquée, mais l'interprétation respectera quand même les notions ayant cours à l'intérieur de l'*ordo* des *bellatores*, car ce seront les membres mêmes de cet *ordo* qui détiennent les clefs du pouvoir et qui récompensent les auteurs/adaptateurs. Toute lecture devra tenir compte des modalités sociologiques que voici. Le *RAlix* et les autres versions étudiées ici manquent de repères précis permettant une insertion dans un contexte spécifique. Mais cela, ce n'est pas bien grave: l'absence de renseignements pertinents les élève au-dessus de la contingence, leur confère une certaine exemplarité universelle, atemporelle. C'est ainsi que l'aventure du Macédonien se fait de temps en temps exemple typologique: le

---

[42] Ce qui n'empêchera aucunement Guillaume le Breton de présenter dans sa *Philippide* Philippe Auguste comme un nouvel Enée (Delaborde, 1882. I: 100). Pour Philippe Auguste, voir aussi Baldwin 1982, 1991; Bordonove 1986. Pour Henri II, voir Boussard 1956: passim; Schlight 1973: 23-37; Kelly 1978.

[43] Je prends l'adjectif 'publicitaires' ici dans le sens de 'manifester au public tout ce qui est conforme aux idées politiques du pouvoir en situation'.

[44] Voir chapitre XIII.

comportement du roi est imitable (*-abilis*).

Voilà pourquoi Alexandre de Bernai présente la *riche istoire* d'Alexandre comme l'*example* (I: 1-2) d'une conduite à succès. C'est donc d'abord un *exemplum* dans le sens qu'y confère la tradition homilétique, mais c'est aussi un compte rendu de ce qui s'est passé ou supposé s'être passé, une *narratio rei gestae*.[45] Le métacommentaire qui se repère dans le texte (surtout dans le prologue et l'épilogue) propose à tout ceux qui *sont de haut parage et ont terre a baillir* IV: 1630-1) une lecture sociologique de grande utilité. En ceci le *RAlix* se distingue des versions Arsenal et Venise et même de celle du *RTCh*. Bien que les *vitae* d'Arsenal et de Venise montrent des traits spécifiques leur conférant une position caractéristique à l'intérieur de la tradition française, elles n'offrent pas de métacommentaire proprement dit censé conditionner une réception. Le *RTCh*, lui, présente la vie d'Alexandre comme un *confort*, une *joie* pour les destinataires *chevalerus* qui aiment les *romanz* (vv. 14-7), mais ne fournit pas d'épilogue spécifiant les destinataires visés. Sur la base de ce que je viens de dire il est donc déjà possible de dire que la compilation d'Alexandre de Bernai occupe une position à part. Mais il y a plus. Le *RAlix* ne donne non seulement la version la plus complète de la *vita* du Macédonien, il est devenu aussi la base de toutes les interpolations des 13e et 14e siècles. C'est bien la raison pour laquelle ce *RAlix* se trouvera au centre de cette étude.

Au chapitre II je fournirai quelques repères utiles. La première section de ce chapitre donne les points les plus importants de la vie du héros, la deuxième présente les grandes lignes de la tradition textuelle en grec et en latin avant le 12e siècle,[46] la troisième fournit la liste des versions françaises qui s'insèrent dans la lignée Albéric de Pisançon: Alexandre de Bernai; la quatrième donne un tableau synoptique montrant la mouvance des réécritures étudiées ici. Ce chapitre n'a qu'un statut purement informatif. Dans

---

[45] Goetz 1985: 172 sqq.

[46] Je ne comparerai pas les versions étudiées ici avec des versions latines (lesquelles d'ailleurs?). Si jamais je me réfère à des versions en latin, ce n'est que pour montrer la mouvance textuelle impressionnante caractérisant les *vitae* d'Alexandre qui m'occupent ici. Ce sera donc uniquement dans ce but-là que je ferai de petites excursions en territoire latin aux chapitres XI et XIII.

les chapitres III à VIII je décrirai quelques aspects essentiels pour une interprétation plausible et adéquate des textes consacrés au Macédonien: les chapitres III et IV focalisent l'attitude des hommes de l'époque devant la royauté idéale et leur passé. Le chapitre III insiste sur la façon dont les éléments idéologiques relevants se manifestent dans les textes médiévaux en général (quelle que soit d'ailleurs leur origine ou leur fonction) et dans les textes centrés sur le Macédonien en particulier; ces éléments constituent ce que je nomme le filigrane idéologique. Le chapitre IV analyse les rapports entre les différentes *RÉALITÉS* se télescopant dans des textes où les auteurs/adaptateurs prétendent décrire un passé glorieux, en l'occurrence celui de la Macédoine d'Alexandre le Grand. Il s'avérera qu'ils ne proposent qu'une interprétation de leur *RÉALITÉ historique* à eux dont les destinataires devront bien s'accommoder. Au chapitre V l'attitude spécifique des auteurs/adaptateurs du 12e siècle vis-à-vis de ce que Jean Bodel a nommé la *matiere de Rome* retiendra mon attention: la distanciation auctorielle revêt certains aspects qu'il est utile de commenter, car elle motive et explique les mécanismes et les possibilités de la réception. Les deux chapitres qui suivent se concentrent sur le *RAlix* comme terminus d'une évolution. Le chapitre VI sera assez technique: il y sera question des données livrées par les créations antérieures au *RAlix* exploitées par l'auteur/adaptateur de cette réécriture importante. Le chapitre suivant (VII) visera le contenu et la façon dont la *vita* du Macédonien a été récrite par Alexandre de Bernai; j'y parlerai surtout des tentatives d'adapter le discours aux besoins de plus en plus pressants de la société noble qui ne s'intéresse qu'à des récits euphoriques et conformes. Tant que ces éléments sont conformes, ils passeront. J'y focalise la conduite du roi exemplaire. Il est évident que cette analyse concernera des questions de détail. Au chapitre VIII j'étudie la façon dont le filigrane idéologique, commenté déjà au chapitre III, s'est infiltré dans le descriptif du *RAlix* et réussit à produire la suggestion d'une systématique cohérente, logique et sociologiquement adéquate. Ce que produisent les différentes réécritures, ce ne sont que des jeux, fascinants d'ailleurs, avec des icônes apparemment insaisissables, mais hautement fonctionnelles.

Les chapitres IX-XI forment une certaine unité: dans le premier des trois s'étudiera le roi modèle dont la conduite se traduit en icône de perfection. Il s'y montrera aussi que cet Alexandre 'recréé', 'récrit' est l'incarnation même d'une royauté qui s'appuie lourdement sur la noblesse tout en s'efforçant de cacher autant que possible son côté discrétionnaire. Cette attitude aura intéressé les rois et les grands de la société mentionnés à la fin du *RAlix*. Les chapitres X et XI insistent sur ce qui aura occupé les autres destinataires du texte mentionnés au même endroit: les chevaliers, les dames et les jeunes filles nobles. Au chapitre X je décris la situation des compagnons d'Alexandre et au chapitre XI j'analyse les présences féminines dans ce roman si épique. Ce chapitre sera le dernier à être exclusivement consacré au *RAlix*, car à partir de ce moment-là l'analyse des versions Arsenal et Venise et du *RTCh* occupera le devant de la scène. Le chapitre XII discute les rapports des deux premières versions avec la création d'Alexandre de Bernai. L'analyse montrera que cette dernière réécriture est plus complète, plus cohérente parce que son auteur/adaptateur a fait de son mieux pour respecter autant que possible l'axiologie pertinente annoncée dans son prologue et que ce sont là les raisons qui expliquent qu'elle est devenue la vulgate. Les différences entre Venise et Arsenal sont impressionnantes: bien qu'elle partage de nombreuses caractéristiques avec la version conservée par le manuscrit Arsenal, celle de Venise se profile de par le fait que son auteur/adaptateur n'a pas voulu laisser passer l'assassinat du roi sans punition. Pour des raisons pratiques je remettrai cependant la discussion de cet épisode spécifique au chapitre XIV où se commenteront également les vengeances de l'assassinat du roi offertes par la *Venjance Alixandre* attribuée à Jehan le Nevelon et le *Vengement Alixandre* mis sur le compte de Gui de Cambrai. Comme le *RTCh* occupe une position tout à fait à part à l'intérieur de la tradition française du 12e siècle (Thomas de Kent s'est servi de 'sources' qu'ont ignorées Alexandre de Bernai et ses prédécesseurs), je me pencherai sur le *RTCh* au chapitre XIII. La conclusion suivra au chapitre XV.

II

LA LÉGENDE

Afin de familiariser le lecteur avec les données de la légende, je procure ici quelques renseignements de base. Il y a quatre sections. Dans la première je donne quelques repères historiques. Dans la deuxième je fournis un inventaire des textes grecs et latins les plus importants pour la réception des événements historiques et légendaires; ces textes inspireront directement ou indirectement les traducteurs des textes en langue vulgaire. Il va de soi que cet inventaire qui ne prétend d'ailleurs aucunement à l'exhaustivité ne sera pas spécifiquement enté sur la tradition française. Ensuite — et ce sera la troisième section — je mentionnerai les textes qui, dans la littérature française du Moyen Age, appartiennent à la série qui commence avec l'ouvrage d'Albéric de Pisançon et qui aboutit au *RAlix* et ses suites et/ou interpolations. Cet inventaire sera suivi, dans la quatrième section, d'un tableau synoptique des éléments les plus importants des différentes versions étudiées ici. Sur les pages de gauche je donne les passages du *RAlix*, sur celles de droite les passages correspondants ou non des versions Arsenal et Venise ainsi que du *RTCh*. Ce dernier tableau permettra au lecteur de se faire une certaine idée des fluctuations de la légende dans la littérature française du 12e siècle et de se rendre compte de la position dominante du *RAlix*.

1: *les événements historiques*[1]

359   Philippe II monte sur le trône de Macédoine; il réforme l'armée dont l'élite reçoit le nom honorifique de 'Makedones'. Avec cet instrument le roi crée le noyau dur du pouvoir militaire macédonien.

357   Philippe épouse Olympias, fille de Néoptolème, roi d'Epire. Olympias est la quatrième de ses sept ou huit épouses.

---

[1] Je fais abstraction de ce que la légende y a apporté (du moins, pour autant que cela est possible). Pour les données qui suivent, voir, entre autres, De Gravière 1883-4; Bamm 1965; Lane Fox 1974; Yardley/Heckel 1984; Nederlof 1986; Briant 1987; Green 1991; O'Brien 1992; Hammond 1994. Comme ces érudits ne sont pas toujours d'accord au sujet des dates repères de la vie d'Alexandre, il faudra manier les données fournies ici avec une certaine prudence.

356	Alexandre naît à Pella, capitale de la Macédoine. Ses précepteurs sont Léonidas et Aristote. Le jeune prince dompte Bucéphale.
338	Dans la bataille de Chéronée Philippe bat les troupes des villes grecques. Alexandre s'y distingue. Se fonde la Ligue de Corinthe pour faire la guerre contre les Perses. A la suite d'intrigues à la cour macédonienne Olympias et Alexandre sont bannis.
337	Alexandre et sa mère rentrent à Pella.
336	Philippe répudie Olympias et épouse Cléopâtre. Alexandre n'apprécie point ce nouveau mariage, puisqu'il menace ses droits à la couronne de Macédoine. Un peu plus tard Philippe est assassiné par Pausanias. Alexandre triomphe des autres héritiers et élimine toute opposition. Avec le consentement des nobles il est couronné roi.
335	Les villes grecques se rebellent. Alexandre part en guerre et les soumet; Thèbes est détruite de fond en comble. Le jeune roi est reconnu commandant en chef de la Ligue.
334	Désirant faire la guerre contre l'empereur perse Darius III, Alexandre confie la Macédoine à Antipater. Il franchit l'Hellespont, bat un contingent de l'armée perse commandé par quelques satrapes sur les bords du Granique. Les compagnons les plus importants du roi sont Parménion, Antigone, Héphestion, Ptolémée, Perdiccas et Clitus. Ce dernier, son frère de lait, commandera le bataillon du roi. A Gordion Alexandre aurait coupé le fameux nœud.
333	Alexandre tombe malade après un bain dans le Kydnos. Guéri, il bat Darius III pour la première fois à Issos en Cilicie. Le Grand Roi prend la fuite et abandonne sa famille ainsi qu'un butin immense avec lequel Alexandre peut payer ses troupes.
332	Les Grecs assiègent et prennent Tyr.
332	Alexandre entre en Egypte. Il y fonde Alexandrie et consulte l'oracle d'Ammon.
331	La deuxième bataille contre Darius, à Gaugamèles en Mésopotamie, se termine également par la fuite du Perse.
331	L'armée marche sur Babylone; la ville se rend: entrée triomphale d'Alexandre. Ensuite, c'est le tour de Suse. En Grèce Antipater réprime la rébellion de quelques villes,

	parmi lesquelles Sparte.
330	Alexandre prend Persépolis.
330	Le Grand Roi Darius III est assassiné par le satrape Bessos aidé en ceci par les nobles Barsaentès et Satibarzanès. Alexandre jure de venger cet assassinat honteux. Les Grecs détruisent Persépolis. Un conflit entre Alexandre et ses barons amène l'exécution de Philotas et de Parménion.
329	Les Macédoniens pénètrent en Bactriane. Bessos et ses acolytes sont tués.
328	L'armée entre dans la Sogdiane où elle rencontre une résistance farouche. Clitus, ayant reproché au roi de se comporter comme un tyran perse, est tué par Alexandre même.
327	Le roi épouse Roxane, fille du satrape bactrien Oxyarthès; de nombreux combattants macédoniens épousent des bactriennes. L'armée progresse vers l'Indus.
326	Alexandre marche contre Porus qui se rend. L'armée va au-delà du Gange où les soldats d'Alexandre prennent peur et expriment le désir de rentrer en Macédoine. Le roi cède, mais avant de rebrousser chemin il fait construire 12 autels pour marquer les limites de ses conquêtes.
325	Une partie de l'armée rentre par voie de terre. Une autre partie sous le commandement du roi lui-même descendra l'Indus. Néarque, l'amiral d'Alexandre, ramène la flotte par le golfe Persique.
324	A Suse Alexandre épouse deux princesses achéménides: Stateira, la fille de Darius, et Parysatis, la fille d'Ochos; les Grecs livrent d'autres combats. Mort, à Ecbatane, d'Héphestion.
323	Arrivé à Babylone, Alexandre reçoit des ambassades venues de toutes les régions du monde. Il semble avoir nourri le projet de diriger l'armée et la flotte en direction occidentale, mais il tombe malade. Sa mort s'annonce. Les soldats exigent de voir leur maître mourant. Après sa mort, le roi est enterré à Alexandrie.
323	La naissance d'Alexandre Aegos, fils d'Alexandre et de Roxane. Selon les volontés du père même, Alexandre Aegos et Philippe Arrhidée, autre fils de Philippe II engendré auprès d'une autre épouse du nom de Philinne, se partageront le pouvoir. Philippe Arrhidée est proclamé roi

	de Macédoine sous le nom de Philippe III.
322	Antipater, en conflit avec Olympias, prend Athènes. Son fils, Cassandre, poursuivra le conflit avec la mère d'Alexandre. Celle-ci protège Roxane et son fils.
316	Olympias et Roxane (qui avait déjà fait éliminer Stateira) sont faites prisonnières à Pydna.
315	Olympias est tuée par Cassandre qui, quelques années plus tôt, avait déjà fait tuer Hercule, fils qu'Alexandre avait eu auprès d'une autre épouse.
311	Roxane et son fils sont tués.

2: *L'historiographie et la littérature antique.*[2]

Les auteurs médiévaux puisent les renseignements sur les faits et gestes d'Alexandre principalement dans deux canaux d'information: dans un canal dit 'historique' et dans un autre dit 'légendaire'. Cette distinction, pas bien nette d'ailleurs, n'est pas vraiment le produit d'une attitude médiévale: elle existe dès le début de l'aventure macédonienne. Pour que ses exploits héroïques ne passent pas inaperçus, Alexandre avait fait de Callisthène son historiographe officiel. Le récit que celui-ci a fait de l'expédition ne nous est parvenu que sous forme fragmentaire (en 327 l'homme fut exécuté pour avoir trempé dans une conspiration), ce qui fait que son compte rendu ne décrit que les premières aventures. Ce qui en reste montre cependant bien que cet historiographe de cour avait fait un appel assez important à sa fantaisie. C'est du panégyrique pur: Alexandre y est dépeint comme un descendant de Zeus lui-même. D'autres renseignements sont fournis par Onésicrite, Aristobule et Néarque. Vers 300 Ptolémée, le compagnon d'Alexandre devenu roi d'Egypte, rédige ses mémoires; tout en ne pas oubliant ses propres mérites, il y parle longuement de son maître défunt. Son texte nous est connu à travers l'*Anabase* que composera Arrien. Ptolémée ne s'est d'ailleurs pas limité à l'écriture: il a même fait exécuter des portraits du héros. Clitarque fait, lui aussi, le récit des conquêtes macédoniennes dans son *Histoire d'Alexandre*. Malheu-

---

[2] Pour ces renseignements, voir Cary 1967, Seibert 1972; Weigall 1976; Schmelter 1977; Frugoni 1978; Hammond 1983, Pédech 1984, Ross 1988; Stewart 1993.

reusement son texte n'est plus complet. On en repère cependant l'impact chez Quinte-Curce que nous rencontrerons tout à l'heure. D'autres textes consacrés à la vie du Macédonien d'avant notre ère subsistent également sous forme de fragments. Au 1er siècle avant notre ère la gloire du Macédonien attire l'attention de Diodore de Sicile: dans sa *Bibliothèque historique* (livre vii) celui-ci parle longuement du Macédonien. Au siècle suivant deux autres auteurs grecs font également l'inventaire des aventures du roi: Arrien écrit l'*Anabase d'Alexandre le Grand* et Plutarque les *Vies parallèles* où il compare Alexandre et César. Le grec utilisé comme véhicule de leurs pensées rend cependant leurs travaux inaccessibles aux auteurs du Moyen Age: *graeca non leguntur*. Ce sera à la Renaissance que ces textes refont surface. Plus importants pour la réception de la *vita* du Macédonien dans le monde médiéval sont les textes en latin. Une place d'honneur revient, bien sûr, à Quinte-Curce, auteur des *Res gestae Alexandri Magni* (1er siècle). Les données inventoriées, presqu'au même moment, par le grec Trogue-Pompée sont reprises et retravaillées avant le 5e siècle (?) dans l'épitomé que fait Justin de ses *Historiae Philippicae*. L'ouvrage de Justin sera exploité, vers 417-8, par Orose dans ses *Historiarum adversum paganos libri septem* (livre III). Ce sont là les moments les plus importants de la tradition dite 'historique'.

Vers la fin du 3e siècle la perspective change: le romanesque et le légendaire s'emparent définitivement de la légende. *La vie et les hauts faits d'Alexandre de Macédoine*, texte faussement attribué à Callisthène, décrit la naissance du héros (Alexandre ne serait pas le fils de Philippe II, mais de Nectanébus d'Egypte), ses enfances ainsi que ses exploits en Orient. L'ouvrage dudit Pseudo-Callisthène est tellement populaire qu'il est régulièrement retravaillé; on en connaît plusieurs rédactions fort différentes les unes des autres qui provoqueront des séquelles dans de nombreuses langues. Pour ce qui concerne la tradition européenne, c'est la réaction alpha qui est la plus importante, mais la rédaction delta (dont on n'a plus de représentant, mais qu'on peut reconstituer avec un degré de plausibilité acceptable) joue également un rôle. Très vite le texte grec du Pseudo-Callisthène engendre des suites en latin évoquant les aventures en Inde. La fameuse *Epistola Alexandri ad Aristotelem* ainsi la correspondance fictive entre Alexandre et Dindymus, roi des Brahmanes, en sont les illustrations les plus intéressantes (les textes rendant compte de cette correspondance sont le *Commonitorium Palladii* et la *Collatio Alexandri cum Dindimo per litteras facta*). Déjà de bonne heure les différentes rédactions de la création du Pseudo-Callisthène grec sont traduites et adaptées en plusieurs langues. Les interpolations mentionnées deviennent, elles aussi, très populaires. Dans le domaine latin le *Res gestae Alexandri Macedonis* de Julius Valerius (4e siècle) adapte la rédaction alpha du texte de Pseudo-Callisthène. Un abrégé de ce texte, fait au 9e siècle et connu comme l'*Epitome Julii Valerii*, se trouve à la base même des traditions en langue vulgaire. Au 10e siècle paraît la *Nativitas et victoria Alexandri Magnis regis*, traduction/adaptation en latin faite par un certain Léon de Naples de la rédaction delta du texte du pseudo-Callisthène. Ce texte donnera naissance à la riche tradition de l'*Historia de Preliis* dont on connaît trois rédactions: la J[1] du 11e siècle, la J[2] du 12e et la J[3], probablement, du début du 13e. Voilà, en très grandes lignes, l'évolution de la légende du Macédonien dans la tradition latine.

Dans tous ces textes le merveilleux se taille la part du lion: au cours des siècles la partie orientale ou 'indienne' de la légende s'enrichit considérablement de renseignements puisés dans la *Naturalis Historiae* de Pline l'Ancien (1er siècle), dans les *Collectanea rerum memorabilium* de Solin (3e siècle), dans la traduction en latin de la *Cosmographia* d'Aethicus Ister (4e siècle?), dans les *Etymologiae* d'Isidore de Séville (7e siècle) et dans beaucoup d'autres textes. Ce qu'il faut signaler, c'est l'influence des *Res gestae Alexandri Magni* de Julius Valerius sur la tradition en langue française. Quelle qu'en soit d'ailleurs la forme, car de bonne heure le texte est adapté et doté de renseignements d'autre provenance. Albéric dont la création conditionnera la réception en territoire français y puise à pleines mains. Toutes les versions françaises du 12e siècle dérivant d'Albéric gardent une attitude positive envers le héros. C'est ainsi qu'elles refusent catégoriquement la bâtardise éventuelle du jeune conquérant, donnée inacceptable dans le polysystème français de l'époque; en ceci elles s'écartent donc délibérément de la tradition romanesque incarnée, entre autres, par les différentes rédactions du Pseudo-Callisthène et sa version latine, l'*Historia de Preliis*. Cette dernière version des aventures macédoniennes jouera toujours un rôle non négligeable dans le *RTCh*: le sorcier Nectanébus y est bel et bien considéré comme le père d'Alexandre.³

Les réécritures françaises étudiées ici (*RTCh* inclus) ignorent les violentes critiques à l'adresse du héros proférées, entre autres, par Justin dans l'épitomé que celui-ci avait fait des *Historiae Philippicae* de Trogue Pompée ou par Orose dans son *Historia adversus paganos*. Il se peut que ces remarques négatives aient été motivées par des écrits d'origine stoïque. Ce n'est même pas impossible: les conquêtes du Macédonien ont inspiré maint philosophe. Ce sera cependant surtout l'attitude négative du Christianisme face à tout ce qui appartenait au monde païen qui aura inspiré Orose. Pour lui, et je me limite à ce seul exemple, Alexandre est un ... *gurges miserarium ... atrocissimus turbo totius Orientis*.⁴ Cette perception normative des faits et gestes du Macédonien persistera surtout dans les chroniques universelles du Moyen Age décrivant l'histoire du Salut. En territoire français ce sera surtout l'*Histoire ancienne jusqu'à César* (début 13ᵉ siècle) qui reprendra ce commentaire négatif d'Orose. Les réécritures de la *vita* du Macédonien qui se trouvent au centre de mon étude gardent cependant toutes une approche positive du héros: Alexandre y est un roi modèle.⁵

3: *les textes français*⁶

---

³ Voir chapitre XIII. La rédaction J² de l'*Historia de Preliis* influence non seulement le *RTCh*, elle occasionnera également une autre traduction/adaptation en français qui accepte également la bâtardise d'Alexandre. Ce sera le *Roman d'Alexandre en prose* (début 13ᵉ siècle). Pour des renseignements supplémentaires sur cette réécriture particulière des aventures macédoniennes, voir mon étude 1985b.

⁴ Zangemeister 1882: 151.

⁵ Ce sera aussi le cas du *RTCh* et ce malgré le fait que son auteur/adaptateur considère Alexandre comme le fils d'Olympias et de Nectanébus. Voir chapitre XIII.

⁶ Je n'énumère ici que les textes liés à la création d'Albéric. Les mises en prose des 13ᵉ et 15ᵉ siècles ne figureront pas dans l'inventaire que voici. L'*Alexandreis* de Gautier de Châtillon non plus d'ailleurs, bien que cette réécriture scolaire et érudite témoigne également de la fascination exercée par l''icône' Alexandre. Il est vrai que le curé allemand Lamprecht se base, lui aussi, sur la création d'Albéric; les différentes rédactions de sa réécriture ne seront cependant pas discutées ici. Si jamais j'ai recours à Lamprecht, je le fais pour mieux situer les réécritures françaises. Les textes que je nomme ici ont été édités dans la série *The Medieval French Roman d'Alexandre*. Les textes d'Albéric et de l'*ADéca* se

1110-25?	L'*Alexandre* d'Albéric (il en reste 105 vers).
1160?	L'*Alexandre Décasyllabique* (= *ADéca*): description de la jeunesse du héros et de ses premiers exploits.
1170?	Le *Fuerre de Gadres* (= *FG*) attribué à un certain Eustache: récit d'une sortie des troupes du roi pendant le siège de Tyr; ce texte n'est accessible que dans la version qu'en conserve le *RAlix*.
1170?	L'*Alexandre en Orient* (= *AOr*) attribué à Lambert le Tort: présentation des aventures en 'Inde'; accessible seulement dans la version donnée par le *RAlix* ou à travers celles d'Arsenal, de Venise ou du *Roman de toute Chevalerie*.
1170?	La *Mort Alixandre* (= *MortAlix*): 159 vers du texte

---

trouvent dans le vol III (Foulet 1965: 37-60; 61-100). L'*AOr* et la *MortAlix* se sont perdus; on n'en trouve que des échos dans le *RAlix*, le *RTCh* ou dans les versions offertes par les mss Arsenal et Venise. Une tentative de reconstruction de la *MortAlix* se trouve dans le volume VII de la série (Bateman Edwards/Foulet 1965: 27-30). Il en est de même du *FG* dont la tradition manuscrite est extrêmement compliquée; une tentative de reconstruction a été entreprise par Armstrong/Foulet dans le volume IV de la série (1965). Les variantes et les notes ayant rapport à ce texte-ci se trouvent dans le volume V (Agard 1965). Pour les variantes de la branche III du *RAlix* (les aventures en Orient) on consultera le volume VI (Foulet 1976). Le texte complet du *RAlix* est présenté dans le volume II (Armstrong/Buffum/Bateman Edwards/Lowe 1937). Le volume I donne les textes d'Arsenal et Venise (La Du 1965); aux pages 390-448 de ce dernier volume on trouve une partie, à savoir les laisses 50-71, de la version du ms L dont certaines leçons sont bien caractéristiques. Les laisses 1-49 de cette même version ont été publiées dans le volume III déjà mentionné qui donne aussi les variantes et les notes de la branche I (Foulet 1965). Pour le *RTCh* voir Foster/Short 1976-7. La *Vaj* a été publié par Billings Ham (1931, le *VAg* par Ham 1931; la *PD* et le *VPT* par Peckham/La Du 1935. La rédaction P des *Vœux* a été éditée par Casey 1956; la première partie de la rédaction S par Magill 1964. Le *Rest* ainsi que le *Parf* ont été publiés par Carey (resp. 1966 et 1972). Dans ce qui suit je fais abstraction ici de l''archétype' présumé par les éditeurs du *Medieval French Roman d'Alexandre* ainsi que des modèles théoriques 'Arsenal' et 'Venise' que j'introduis pour expliquer, au chapitre XII, les fluctuations textuelles séparant les versions offertes par les manuscrits Arsenal et Venise de celle de la vulgate.

original ont été conservés; le reste ne se retrouve que sous forme fortement travaillée dans le *RAlix*.

av. 1184?	*Le Roman de toute Chevalerie* (=*RTCh*) de Thomas de Kent: c'est une *vita* complète du Macédonien.
1180?	La *Venjance Alixandre* (= *VAj*) de Jehan le Nevelon/Venelais: description de la vengeance de la mort du roi.
1184/5?	Le *RAlix*) d'Alexandre de Bernai dit de Paris: ce texte assimile et retravaille l'*ADéca*, le *FG*, l'*AOr* et la *MortAlix*; il donne la vie complète du Macédonien, mais n'utilise pas la *VAj*.
av. 1191	Le *Vengement Alixandre* (= *VAg*) de Gui de Cambrai: présentation d'une autre version de la vengeance des pairs.
1250?	La *Prise de Défur* (= *PD*): interpolation relatant le siège et la prise de Défur.
1260?	Le *Voyage au Paradis terrestre* (= *VPT*): interpolation présentant le voyage d'Alexandre au Paradis terrestre.
1313/4	Les *Vœux du Paon* (= *Vœux*) de Jacques de Longuyon: il s'agit d'une longue interpolation décrivant le siège d'Ephézon où se déroule la fameuse cérémonie des vœux du paon.
av. 1338	Le *Restor du Paon* (= *Rest*) de Jean Brisebarre: autre interpolation liée au *Vœux*.
1340	Le *Parfait du Paon* (= *Parf*) de Jean de le Mote: encore une interpolation rattachée au *Vœux*.

4: *Le tableau synoptique.*

ép.	*RAlix* branche I	vv.
1	le prologue	1 - 144
2	la naissance du héros, le refus des racontars au sujet de son engendrement illégitime par le sorcier Nectanébus.	145 - 249
3	le songe d'Alexandre et les explications des devins.	250 - 322
4	son éducation	323 - 349
5	Alexandre tue Nectanébus.	350 - 368
6	Alexandre dompte Bucéphale.	369 - 483
7	l'adoubement du héros.	484 - 582
8	les premiers exploits: la création des 12 pairs et la guerre contre le roi Nicolas	583 - 1656
9	le siège d'Athènes.	1657 - 1790
10	Alexandre empêche son père de répudier Olympias.	1791 - 1884

4: *Le tableau synoptique*

	Arsenal	Venise	RTCh
1	1 - 8	1 - 10	1 - 45
- Nectanébus s'enfuit d'Egypte et arrive en Macédoine.			46 - 95
- Olympias, qui remplacee Philippe absent, le reçoit.			96 - 159
- Nectanébus prédit la répudiation de la reine et la séduit.			160 - 299
- Nectanébus trompe Philippe qui soupçonne l'adultère.			300 - 359
2	9 - 47	11 - 62	
3 Philippe est confronté avec un œuf dont sort un serpent.			360 - 383
2			384 - 426
4	48 - 57	63 - 73	327 - 457
- Bucéphale est annoncé.			458 - 475
5	58 - 68	74 - 83	476 - 509
- le portrait d'Alexandre	69 - 82		
6	83 - 173	84 - 168	510 - 532
7	174 - 326	169 - 313	533 - 563
- Alexandre refuse la soumission à Darius.	327 - 353	314 - 344	
- ses vêtements et *eslais*.	354 - 445	345 - 438	
8	446 - 785	439 - 804	564 - 630
- la création des 12 pairs.		805 - 847	
10			631 - 823
- Alexandre détruit Mathona			824 - 915
- Darius envoie des messagers; Alexandre refuse de payer le tribut.			916 - 972
- Pausanias tue Philippe.			973 - 1011
- le couronnement d'Alexandre; départ de l'armée en direction d'Italie et d'Afrique.			1012 - 1014
17 en Egypte Alexandre trouve la statue de Nectanébus; il achète le prêtre de l'oracle pour faire taire les rumeurs sur sa bâtardise.			1015 - 1160
- la fondation d'Alexandrie.			1161 - 1167
19			1168 - 1317

ép.	RAlix branche I	vv.
11	Darius III exige la soumission d'Alexandre; il lui envoie des cadeaux symbolisant son insignifiance. Alexandre, en fureur, s'installe sous sa tente.	1885 - 1947
12	la description de cette tente.	1948 - 2070
13	Alexandre interprète les cadeaux en sa faveur et décide de faire la guerre à Darius.	2071 - 2188
14	l'armée macédonienne se met en route; le roi détruit une forteresse ennemie.	2189 - 2378
15	Alexandre se baigne dans une rivière et est pris d'un malaise.	2379 - 2492
16	première confrontation avec le merveilleux: la montagne qui change le comportement des hommes.	2493 - 2573
17	en Egypte Alexandre trouve la statue de Nectanébus.	2574 - 2610
18	la prise de Trage.	2611 - 2654
19	la première partie du siège de Tyr.	2655 - 3284

	branche II	vv.
20	Alexandre envoie 700 hommes fourrager dans la vallée de Josaphat.	1 - 53
21	ceux-ci sont attaqués par un seigneur local.	54 - 108
22	ils sont menacés ensuite par Bétys, le seigneur de Gadres, et confrontés avec une supériorité numérique; aucun des Macédoniens n'accepte cependant de quitter les lieux pour aller avertir Alexandre.	109 - 487
23	le combat commence: les hommes du roi ont la vie dure.	488 - 1123
24	Alexandre averti, intervient. Son lieutenant Emenidus, tue Gadifer de Larris. Le roi chasse Bétys. L'armée retourne à Tyr. N.B. cet épisode motivera les *Vœux du Paon* de Jacques de Longuyon.	1124 - 1874
25	la prise de Tyr; Alexandre investit Antipater du gouvernement.	1875 - 2015
26	la prise d'Arène.	2016 - 2135
27	la prise de Gadres et la mort de Bétys.	2136 - 2424
28	Alexandre accepte l'hommage de la ville d'Ascalon.	2425 - 2435
29	Alexandre respecte le statut de Jérusalem.	2436 - 2455
30	Darius envoie maintenant une grande quantité de grain symbolisant sa puissance à lui; Alexandre s'en amuse et lui renvoie une poignée de poivre: c'est la qualité qui compte, pas la quantité.	2456 - 2548
31	les préparations pour la bataille.	2549 - 2586

4: *Le tableau synoptique*

	Arsenal	Venise	*RTCh*
11			1318 - 1470
12			
13			1471 - 1555
14			
36	786 - ...	848 - 1000	
37	... - ...	1001 - 1064	
38	... - 1063		
- le siège de Tyr.		1065 - 1092	
20		1093 - 1146	
21		1147 - 1200	
22		1201 - 1595	
23		1596 - 2129	
24		2130 - 3002	
25		3003 - 3142	
26		3143 - 3257	
27		3258 - 3319	
28			
29			
30 des messagers perses arrivent avec des cadeaux.		3320 - 3382	
12		3383 - 3483	
30 le roi interprète les cadeaux; départ des Perses.		3484 - 3569	
31			1556 - 1751

ép.	*RAlix* branche I	vv.

32	Darius tente d'acheter le roi grec en lui proposant la moitié de ses terres et sa fille; Alexandre refuse.	2587 - 2694
33	la reprise de la bataille. Blessé, Darius doit prendre la fuite et abandonner sa famille.	2695 - 2976
34	Alexandre traite les parents de Darius fort courtoisement.	2977 - 3074
35	une laisse de transition; le compilateur se nomme.	3075 - 3100

	branche III	vv.
36	le 'prologue' de Lambert le Tort.	1 - 15
37	les conseils d'Aristote.	16 - 116
38	Darius essaie de rassembler des troupes fraîches, mais les vassaux abandonnent leur seigneur félon. Même Porus, roi des Indes, refuse de venir. Darius est assassiné par ses propres hommes. Alexandre honore son ennemi et fait exécuter les assassins.	117 - 363
39	une laisse de transition.	364 - 388
40	voulant explorer les profondeurs sous-marines, Alexandre se fait descendre dans une espèce de bathysphère. Ses hommes ont peur qu'il ne se noie.	389 - 541

4: *Le tableau synoptique*

	Arsenal	Venise	*RTCh*
32			
33			1752 - 2069
34			2070 - 2116
- destruction de Thèbes.			2117 - 2288
- Alexandre menace Athènes; Demosthène calme la fureur du conquérant.			2289 - 2593
- Alexandre prend Sparte; l'armée repart en Cilicie.			2594 - 2632
35			
36			
37			
38		3570 - 3746	
- Darius rassemble d'autres troupes.			2633 - 2771
15			2772 - 2847
- la suite de la guerre.			2848 - 3099
- le Perse met un prix sur la tête d'Alexandre. Un de ses hommes tente (et rate) le coup.			3100 - 3296
- avec une ruse Alexandre trompe les Perses.			3297 - 3324
- Alexandre déguisé s'introduit dans la cour de son ennemi; démasqué, il s'enfuit.			3225 - 3473
- troisième bataille contre Darius.			3474 - 3580
- Darius offre la soumission et cherche du secours auprès de Porus.			3581 - 3657
38			3658 - 3777
- Alexandre à Jérusalem où il honore Dieu.			3778 - 3921
- dans une laisse de transition Thomas de Kent s'identifie.			... - ...
- Porus menace Alexandre qui lui déclare la guerre.			... - 4005

4: Le tableau synoptique.

ép.	RAlix branche III	vv.
41	la première bataille avec les armées de Porus. Ce dernier s'enfuit en abandonnant ses richesses.	542 - 870
42	la splendeur du palais de Porus.	871 - 950
43	en s'engageant dans l'Inde merveilleuse, les hommes sont confrontés avec une faune tératologique dangereuse.	951 - 1479
44	Alexandre déguisé se présente à la cour de Porus.	1480 - 1665
45	Alexandre gagne la deuxième bataille contre Porus; l'Indien accepte de devenir son vassal.	1666 - 2148
46	Alexandre chasse les peuples Gog et Magog et les emprisonne derrière un grand mur.	2149 - 2194
47	Alexandre fait fi des trésors de Porus.	2195 - 2303
48	l'entrée de l'armée dans les déserts: les colonnes d'Hercule.	2304 - 2432
49	les Liotifal.	2433 - 2470
50	le *Val Perilleus*: Alexandre risque sa vie pour faire sortir ses hommes d'une vallée sans issue.	2471 - 2895
51	les femmes qui vivent dans l'eau.	2896 - 2932
52	les fontaines magiques.	2933 - 3107
53	l'armée est confrontée avec d'autres dangers.	3108 - 3253
54	nouvelle attaque des Liotifal; les filles-fleurs.	3254 - 3550
55	la fontaine de jouvence.	3551 - 3712
56	l'oracle des arbres du Soleil et de la Lune qui annonce la mort d'Alexandre.	3713 - 3877
57	Porus, au courant de ce qu'a dit l'oracle, se rebelle et est tué. Alexandre perd Bucéphale.	3878 - 4350

4: *Le tableau synoptique*

	Arsenal	Venise	RTCh
41 - Alexandre fonde une ville en l'honneur de Bucéphale. - Alexandre reçoit deux lévriers merveilleux.	1064 - 1316	3747 - 4019	4006 - 4164 4165 - 4199 4200 - 4260
42 - l'armée se met à la poursuite de Porus. - les Portes Caspiennes.	1317 - 1376	4020 - 4080	4261 - 4416 4417 - 4476 4477 - 4438
- le roi se rend compte des conséquences de son entreprise. - Thomas et ses sources.			4439 - 4603 4607 - 4631
43 - les Grecs dressent leur camp devant la ville de Porus.	1377 - 1857	4081 - 4544	4632 - 5206 5207 - 5236
44	1858 - 1953	4546 - 4647	5237 - 5310
45	1954 - 2292	4748 - 5105	5211 - 5365
46	2293 - 2331		
47	2332 - 2423	5106 - 5152	
46	.	5153 - 5196	
47		5197 - 5246	
48 - l'armée s'engage davantage dans l'Orient merveilleux. - Alexandre devant le Paradis Terrestre; on lui apprend que rien n'est durable.	2444 - 2534	5247 - 5369	5366 - 5411 5412 - 5531 5532 - 5619
49 50	2535 - 2570	5370 - 5408	
51 52	2571 - 2599	5409 - 5447	
53	2600 - 2716	5448 - 5566	5620 - 5973
54	2717 - 2951		
- l'armée vit d'autres aventures.			5974 - 6137
55 les reines de Scythie et d'Amazonie.			6138 - 6211
- les premières escarmouches			6212 - 6361

ép.	R*Alix* branche III	vv.
58	Antipater et Divinuspater commencent à tramer leur complot contre leur seigneur.	4351 - 4417
59	Alexandre rencontre la reine Candace (avec laquelle il vit des moments d'amour); il vient au secours d'un des fils de la reine.	4418 - 4864
60	le roi veut se faire couronner à Babylone; l'armée se met en marche.	4865 - 4948
61	Alexandre interrompt le voyage pour monter vers le ciel dans une nacelle portée par des griffons.	4949 - 5078
62	l'armée poursuit son chemin, se heurte à la résistance de l'émir de Babylone.	5079 - 5122
63	celui-ci prépare sa défense.	5123 - 5293
64	l'émir tente d'acheter sa liberté, mais Alexandre refuse.	5294 - 5404
65	après d'âpres combats, Alexandre le tue et prend la ville.	5405 - 7211
66	Alexandre ne veut pas être couronné s'il n'a pas assujetti la terre des Amazones; l'expédition vers ce pays se termine en douceur; la reine des Amazones l'accepte comme suzerain.	7212 - 7707
67	Alexandre est averti par sa mère de la félonie d'Antipater et de Divinuspater. Il les somme de se présenter à sa cour. Apeurés, les traîtres décident de frapper.	7708 - 7839

4: *Le tableau synoptique*

	Arsenal	Venise	*RTCh*
avec les peuples exotiques. - l'armée est confrontée avec des merveilles.			6362 - 6487
46			6488 - 6581
- les aventures en Arménie et en Ethiopie; encore du merveilleux.			6582 - 6882
- l'oracle du *mont ardant* annonce au roi qu'il ne reverra pas la Grèce. On retourne en Inde.			6883 - 6933
- Candace invite Alexandre; elle dit l'aimer.			6934 - 7018
56	2952 - 3107	5567 - 5616	7019 - ...
- l'armée entre dans le pays des Seres (la Chine?).			... - 7251
54 - les Liotifal.		5617 - 5675	
50		5676 - 5925	
54		5926 - 6180	
55		6181 - 6382	
56		6383 - 6491	
57	3108 - 3367	6492 - 6847	7269 - 7479
58	3368 - 3408	6848 - 6902	
59	3409 - 3777	6903 - 7326	7450 - 7831
60	3778 - 3828	7327 - 7376	7832 - 7883
61			
62	3829 - 3852	7377 - 7400	
N.B.		7401 - 8099	
63	3853 - ...	8100 - 8194	
64	... - 4057	8195 - 8310	
65	4058 - 4593	8311 - 8859	
79	4594 - 4676		
66			

4: *Le tableau synoptique*.

ép.	*RAlix* branche III	vv.
68	la naissance, à Babylone, d'un être monstrueux.	1 - 40
69	Antipater et Divinuspater arrivent à la cour.	41 - 52
70	le couronnement d'Alexandre et les festivités; on prend des mesures de sécurité.	53 - 140
71	l'empoisonnement du roi provoque la consternation parmi ses fidèles.	141 - 205
72	avant de mourir, le roi fait élire un successeur et distribue ses terres parmi ses pairs.	206 - 563
73	Alexandre meurt.	564 - 604
74	les complaintes de la reine Roxane, des 12 pairs et d'Aristote.	605 - 1399
75	la reprise de la scène où Alexandre se meurt.	1400 - 1430
76	le corps du roi est transporté à Alexandrie.	1431 - 1485
77	la description de la tombe.	1486 - 1551
78	le rappel des faits et gestes du roi.	1552 - 1606
79	le commentaire moralisateur du compilateur au profit de son audience noble.	1607 - 1689
80	l''épilogue' et la 'signature' du compilateur.	1690 - 1701

4: *Le tableau synoptique*

	Arsenal	Venise	*RTCh*
68	4677 - 4723		
70	4724 - 4770		
65 l'émir se retire dans Babylone; Alexandre prend la ville et tue l'émir.	4771 - 4843		
- les aventures en Inde et à Jérusalem.	4844 - 4880		
- le roi fait enterrer l'émir	4881 - 4940		
45	4941 - 4996		
66	4997 - 5522		
67	5523 - 5686		
67 la trahison d'Antipater.			7884 - 7898
68	5687 - 5722	8860 - 8898	
69	5723 - 5733	8899 - 8910	7899 - ...
70	5734 - 5819		... - ...
71	5820 - 5884	8911 - 8928	
- la panique frappe les Grecs.		8929 - 8965	
70		8966 - 9053	
71		9054 - 9112	
72	5884 - 6240	9113 - 9529	... - ...
- la complainte d'Alexandre.			7917 - 7953
73		9530 - 9539	7954 - 7961
74	6241 - 6670	9540 - 10162	
75		10163 - 10193	
76	6671 - 6760	10194 - 10208	7962 - 7983
77	6761 - 6823	10209 - 10314	
- les pairs vengent leur maître.		10315 - 10601	
78	6824 - 6877	10602 - 10656	
79		10657 - 10739	
79 la moralisation des aventures d'Alexandre.			7984 - 8024
- l'allusion aux malheurs qui viennent.			8025 - 8054
80 'épilogue' sans 'signature'.		10740 - 10747	
80	6878 - 6890		

III

LE FILIGRANE IDÉOLOGIQUE.

Dans la bien autoritaire société médiévale les structures socio-politiques sont considérées comme étant données une fois pour toutes. A l'intérieur de cet *ordo naturalis*, formule bien augustinienne, les hommes se classeraient en trois *ordines*: il y a l'*ordo* des *bellatores*, celui des *oratores* et celui des *laboratores*.[1] Cette tripartition proposée par les théoriciens de l'époque n'a jamais correspondu à une réalité empiriquement vérifiable. Mais qu'à cela ne tienne: ce qui compte, c'est la sacro-sainte vérité normative qui s'insère et qui s'exploite. Cette vérité se déduira des rapports qu'entretient chaque destinataire individuel avec sa *RÉALITÉ historique* environnante.[2] A l'intérieur des trois *ordines* distingués chaque homme est censé non seulement se conformer aux normes imposées, mais il est aussi supposé veiller à ce que la belle bâtisse socio-politique qui bénéficie du consentement de Dieu ne soit pas menacée. La conséquence en est que le statu quo socio-politique est jugé essentiel et que toute volonté de changement est considérée comme diabolique. Voilà en quelques lignes la quintessence des théories sociopolitiques circulant (encore) au 12e siècle. Bien que les formules véhiculant les pensées des théoriciens sentent de temps en temps l'huile (à l'époque qui nous occupe un style rhétoriquement conforme est facilement plus 'vrai' qu'un style soigné),[3] la nuance en tant que principe régisseur de la *ratio* est quand même rare dans les travaux des penseurs de l'époque facilement enclins à honorer le déjà dit, symbole et garant de l'immutabilité des choses.

Voilà pourquoi le panégyrique servant les intérêts des princes focalise uniquement les concepts clefs jugés universels et éternels: la couronne est le symbole du pouvoir royal héréditaire

---

[1] La littérature consacrée à ce sujet est incontrôlable. Voir, entre autres, Duby 1978.

[2] Foulkes 1983: 4; Durandin 1982: 19-39. Tout ceci est essentiel pour l'interprétation de données provenant d'autres polysystèmes (authentiques ou non). J'y reviens au chapitre IV.

[3] Le mouvement est esthétique aussi bien que philosophique: Robert le Moine, Baudri de Bourgueil et Guibert de Nogent reprochent à l'auteur anonyme des *Gesta Francorum et aliorum Hierosolimitarum* sa langue fruste: écriver mal équivaut à rapporter mal (Riley-Smith 1969: 137-8). On reconnaît le *bien dire bien aprandre* de Chrétien de Troyes (Roques 1970a: vv. 12).

gratia Dei. Puisque le trône donne naissance au roi, celui qui l'occupe restera roi jusqu'à la mort: impossible de le déposer. Le roi qui se trouve au sommet de la pyramide socio-politique n'a de comptes à rendre à personne, puisqu'il est censé être *legibus solutus* (du moins, c'est ce que suggèrent les clercs qui le servent).[4] Ces concepts-là font non seulement partie de la panoplie des plumitifs au service de la royauté, ils reviennent aussi sous la plume de tous les auteurs désireux de plaire à un mécène. Il va de soi que le *modus scribendi* conditionne la présentation des topoï: un traité sur les rapports entre les différentes catégories sociales de la société a d'autres visées et d'autres possibilités qu'un texte littéraire où la propagande ne se trouve pas nécessairement sur la ligne principale du discours.[5] On n'a qu'à confronter le *Policratique* de Jean de Salisbury avec la *Chanson de Roland* pour se rendre compte des différences entre les deux textes et de ce qu'ils ont en commun.

Mais entre la théorie et la pratique il y a toujours une belle distance. La société des hommes n'a jamais été immobile et elle ne le sera jamais. Elle bouge de tous les côtés et la façon dont elle fonctionne ne manque pas de provoquer des critiques, voire des contestations. A l'intérieur des *ordines* la mobilité n'est pas impossible non plus. Abstraction faite de l'*ordo* des *oratores* où les fonctions les plus hautes ne sont pas inaccessibles aux gens de basse extraction (les mérites s'y récompensent), les deux autres sont constamment en proie à des secousses violentes: le pouvoir des rois n'est pas toujours sûr et il se conteste pour les raisons les plus diverses; la noblesse n'est pas non plus à l'abri des surprises: des clans entiers peuvent disparaître par déshérence et à cause d'endettements chroniques des domaines entiers peuvent tomber dans d'autres mains, etc. La petite noblesse a la vie bien difficile: ses

---

[4] Cf. Christian/De la Perrière 1981; Lot 1904; Lemaire 1907; Lewis 1986. Pour le traité *Digna vox*, voir Pennington 1993: 47, 58 sqq.

[5] Je prends 'propagande' dans son sens fonctionnel de 'propagation de certaines idées en vue d'obtenir un résultat qui se conforme aux désirs d'une personne ou d'une institution' et non pas dans le sens d''une opération bien montée exploitée consciemment par ceux qui détiennent le pouvoir'. Pour ce qui est de l'époque qui nous concerne ici, il faut surtout penser à la mise en évidence continue des éléments clefs du 'catalogue des idées reçues', dont je parlerai encore dans ce qui suit. Ce n'est qu'avec l'entrée en scène de l'Etat que s'annonce la propagande dans le sens moderne. Cf. Foulkes 1983: 42 sqq; Jowett/O'Donnell 1986: 13.

moyens limités la placent dans la dépendance des grands. La coutume successorale respectée dans presque tous les milieux nobles jette sur le pavé les puînés qui, s'ils ne sont pas absorbés par un autre clan (sur la base d'un mariage) ou par l'Eglise, constituent un facteur constant de troubles dans la fragile bâtisse sociale. Contraints de se louer à celui qui veut et peut se servir de leurs capacités militaires ou administratives, ils doivent — et c'est le comble de la misère — entrer en concurrence avec des gens appartenant aux deux autres *ordines* parfois moins exigeants et bien souvent plus qualifiés. C'est la catégorie des *juvenes* dont a parlé Georges Duby.[6] Les mêmes remarques peuvent être faites au sujet du troisième *ordo* sans aucun doute l'*ordo* le plus bariolé qui soit. Les *bellatores* et les *oratores* qui ont des intérêts parfois bien opposés (pensons aux querelles des investitures opposant les rois et les papes), feront cependant toujours cause commune dès que des membres du troisième *ordo* menacent le statu quo.

Comme toutes les autres manifestations culturelles (sens large) dans les sociétés autoritaires, nos textes subissent l'impact de leurs *RÉALITÉS historiques* environnantes: la lisibilité pourchassée l'impose et l'exige. Ce qui surprend quand même un peu dans la *'RÉALITÉ' littéraire* des textes que j'étudie ici, c'est qu'ils ne font aucunement mention des conflits traditionnels entre le glaive temporel et le glaive spirituel. Qui plus est, il n'y est même pas question d'un rôle bien déterminé pour les représentants des *oratores*. Des prêtres, il y en a (qu'on pense à l'épisode de l'oracle des arbres du Soleil et de la Lune ou au mariage de deux pairs macédoniens avec des Amazones consacré par un religieux),[7] mais leur présence éphémère n'est qu'instrumentale. D'ailleurs, tout comme dans les autres romans antiques l'élément religieux n'est qu'un coloris fade: on ne sait même pas toujours si l'on a affaire à des données chré-

---

[6] Il est difficile de calculer ce dont un chevalier avait besoin pour vivre convenablement et pour pouvoir tenir son rang. D'après les estimations les plus fiables, il lui fallait un fief dont les revenus seraient l'équivalent de 4 ou 5 prébendes de chanoine, soit un revenu produit par 400-500 hectares. C'était probablement le minimum. Encore fallait-il que les conditions extérieures ne soient pas vraiment défavorables (Boussard 1957: 47-9). Les textes étudiés ici reflètent bien la problématique entrevue ici. J'y reviens au chapitre X.

[7] Respectivement les épisodes 56 et 66 de mon tableau synoptique (chapitre II, section 4)

tiennes ou à des traces d'une religion païenne. Quant à la présence des membres de l'*ordo* des *laboratores*, elle ne se dépiste que dans les diatribes bien traditionnelles contre les *usuriers*. Ceux-ci sont accusés d'amasser l'argent et d'en empêcher ainsi la circulation; de ce fait ils limitent les possibilités des nobles de remplir dûment leur mission dans la société. Et comble du malheur: à la cour du maître ces indignes s'accaparent même des postes qui, de par leur nature même, devraient échoir aux seuls nobles. Mais ce sont là des topoï traditionnels qu'actualise volontiers une littérature qui prend ses racines dans une RÉALITÉ *historique* trop dure. Comme les profils narratifs du clergé et des roturiers sont absolument insignifiants dans l'axiologie des textes analysés ici, je ne focaliserai ici que les problèmes concernant l'*ordo* des *bellatores* sans pour autant perdre de vue que ces problèmes ne peuvent pas vraiment être perçus en-dehors des rapports mêmes que cet *ordo* entretient avec les deux autres catégories sociales mentionnées.

Comme je l'ai déjà dit, ce monde des *bellatores* abrite des oiseaux au plumage bien varié: il y a des empereurs, des rois, des grands appelés *magnates*, *proceres*, *primates* ou *primores*,[8] des nobles pourvus de fiefs plus ou moins importants, des nobles sans revenus stables, des jeunes sans héritage, des épouses, des veuves (parfois indépendantes), des demoiselles, etc. L'idéalisation ignore cependant volontiers la nuance: l'*ordo* est évoqué comme un ensemble homogène et monolithique. A en croire les chantres de la tripartition sociale la cohésion se baserait sur le respect inconditionnel des principes moraux ayant cours dans le contexte qui est celui des grands: les *bellatores* constitueraient ainsi un groupe uni par le seul désir de respecter une idéologie dominante. Ce n'est pas pour rien que la Table Ronde arthurienne est présentée comme l'image même et de l'harmonie socio-politique et de la neutralisation de la *privata voluntas*, facteur troublant entre tous. Cette société voulue par Dieu semble donc être régie par une idéologie au-delà de tout soupçon, même au-delà de toute contestation.[9]

---

[8] Duby 1978: 159; Flori 1990: 252.
[9] Kantorowicz 1957: 95-7. Le cas de la chevalerie est illustratif ici: la littérature a beau chanter l'harmonie dans la caste, mais il faut bien dire que ce n'est qu'un leurre. Ce qui unifie les membres de cette caste, c'est la peur de l'autre, cet indésirable qui menace les privilèges. La présence d'un ennemi commun a certains

Mais c'est ici que blesse le bât. Abstraction faite du domaine religieux où il est bel et bien question de ce qu'on pourait considérer comme une idéologie en bonne et due forme reconnaissable et reconnue par tous, on constate que la motivation socio-politique du pouvoir temporel est bien floue. De l'idéologique il y en a, mais il n'est aucunement question d'une systématisation d'idées quelque peu cohérente. Cela, ce sera l'affaire des différentes utopies de la Renaissance et des Etats dominés par les rois en quête d'absolutisme.[10] Mais à l'époque qui nous concerne, il n'est question que de notions isolées puisées dans les *auctoritates*. Le déjà dit se reformule et se dote d'argumentations supplémentaires tirées du passé sacro-saint. Ce mouvement parfaitement circulaire ne manque cependant pas d'effectivité. A force d'être répété sans cesse, le déjà connu finit par acquérir un halo d'authenticité inébranlable, par se constituer partie intégrante du discours socio-politique des classes dirigeantes de la société. Ce discours confirme et garantit, puisqu'il renvoie à la norme supérieure supposée traduire la volonté divine. L'évocation incessante des valeurs jugées éternelles aboutit cependant aussi à une réduction des forces argumentatives: on a l'impression que les principes conducteurs deviennent de simples clichés que l'utilisateur n'a qu'à pourvoir de connotations adéquates pour qu'ils ne manquent pas d'effectivité. En d'autres termes: on évoque le 'grand système' (qui serait plus ou moins identique avec cet *ordo naturalis* dont a parlé saint Augustin) avec des instruments passe-partout.

La même procédure est utilisée pour présenter le personnage type: le héros 'Alexandre' est une collection de vertus clefs; il peut être l'icône de la perfection royale, mais aussi celle de la chevalerie parfaite. Car chaque destinataire remplira l'espace vide de l'icône des données qu'il jugera fonctionnelles. En principe ces

---

avantages, mais tout cela n'empêche aucunement les luttes féroces à l'intérieur de la caste. Cf. Bumke 1964; Fischer/Völker 1975: 99-100.

[10] Le 16e siècle a été considéré comme le siècle où naît l'idéologie dans son sens moderne, car les hommes de ce siècle réfléchiront beaucoup sur la façon d'organiser ce monde. Qu'on pense aux ouvrages de Claude de Seyssel (la *Grant Monarchie de France*) et de Jean Bodin (*Les six livres de la République*) publiés respectivement en 1519 et 1576. Cf. Kelley 1983; King 1974: 126-31; Apostolides 1981; Beaune 1985.

données doivent leur sens au contexte où elles jouent.[11] J'y reviendrai au chapitre VIII. La mise en série de ces données donne l'impression d'obéir à un certain ordre, mais cet ordre n'implique pas nécessairement une causalité quelconque. Loin de là. Dans la plupart des cas il ne s'agit que de collections de données clefs organisées de façon paratactique que l'interprète devra confronter avec un savoir parallèle devant et pouvant fournir des motivations ou des explications.[12] Les commentaires qui en résultent peuvent varier. J'en donne un seul exemple: la seule volonté d'Alexandre d'aller à Babylone dans le but de montrer qu'il est vraiment *de tout le mont segnor* (III: 3873) n'aura pas manqué de déclencher dans les pensées des clercs lettrés un mécanisme connotateur aux accents bibliques: Alexandre confirmerait ainsi qu'il est le maître de la troisième monarchie universelle, du troisième *regnum*. Les non-lettrés, eux, y auront peut-être vu seulement une intention d'organiser une réunion officielle de la cour, une espèce de 'Festkronung' marquant la victoire finale et s'accompagnant traditionnellement de cérémonies protocolaires ainsi que de festivités solennelles.[13]

Les textes véhiculent des éléments idéologiques. Cela, c'est indéniable. Mais comme je l'ai suggéré déjà, il est impossible de parler d'idéologie dans le sens moderne, puisque cette notion implique:

1) un ensemble de réflexions agréées, d''idées reçues' connues et reconnues de tous,
2) une certaine cohérence dans la structure de cet ensemble même,
3) une insertion fonctionnelle de cet ensemble dans le contexte

---

[11] C'est ce qui explique qu'on a parfois établi un lien bien sémiologique entre la (re)présentation iconique ('ikonische Darstellung') et ce qui se passe sur une scène de théâtre, la 'Bühne'. Cf. Harth 1982: 467, 477.

[12] En principe le texte n'actualise que les données traditionnelles (Zumthor 1981; Melville 1982: 102). Cette opinion pas vraiment incorrecte risquerait de dégrader la littérature à une opération purement mécanique visant la reconstitution d'une situation *ante*. Il faut quand même nuancer un peu: une disposition autre ou même nouvelle des données ou un appel à d'autres possibilités connotatives peut complètement revaloriser le déjà connu.

[13] Pour ceci, voir Schramm 1956, III: 916-9, 963; Kerner 1982. Les traditionnelles réunions de la cour arthurienne à la Pentecôte en sont des exemples frappants. La branche IV du *RAlix* évoque une 'Festkronung' typique.

socio-politique censé en être conditionné,
4) une certaine acceptation (volontaire ou non) par tous les individus et/ou groupes appartenant au contexte en question,
5) une inspiration constante pour la conduite de ces individus et/ou groupes,
6) un maintien de ce que le contexte, c'est-à-dire la caste dirigeante, a déclaré 'idéologiquement' adéquat, et
7) une différenciation (positive, bien sûr) d'avec des données idéologiques régissant la conduite d'autres groupes vivant dans d'autres contextes.

A l'époque qui nous concerne ici, les facteurs 1 et 2 jouent, mais pas de façon logique ou systématique: l'homme de l'époque croit fermement que certains aspects de son contexte socio-politique s'expliquent par une téléologie supérieure qu'il est impossible, voire inutile d'analyser. Une pareille approche essentiellement pragmatique élimine ou réduit tout besoin de spécification ou de causalité et fait que l'homme accepte sans peine aucune l'organisation paratactique de l'information, puisque la cohérence se (re)trouve ailleurs. Quant à la fonctionnalité (3), il est évident qu'elle est douteuse dans des polysystèmes non encore entièrement formés où l'exercice d'une autorité centrale est encore contesté: toute effectivité n'aura donc concerné que des situations *ad hoc* et/ou des groupes déterminés. Je n'ai pas besoin d'insister. Pour ce qui concerne l'acceptation par tous les sujets (4) — et supposons que cela se passe *con amore*, ce qui évidemment n'a pas toujours été le cas — il est impossible de se prononcer là-dessus, puisque la documentation disponible ne s'est intéressée qu'à l'opinion des grands. Evidemment, il doit y avoir eu un certain consensus, car dans son essence même l'idéologique confirmera ce que l'on pense et ce que l'on fait (surtout dans une société 'autoritaire' qui regarde volontiers vers le passé). Les nombreux conflits de signature sociale ou religieuse qui ont secoué la société d'antan prouvent que ce consensus n'a pas été l'affaire de tous. Quant à 5, il faut bien signaler qu'il y a eu des personnes qui se sont inspirées de concepts dits idéologiques. Cependant, comme il n'y a pas eu de système cohérent et reconnaissable (cf. 1 et 2), ces personnes n'auront trouvé leur inspiration que dans leur propre interprétation de ce qu'ils ont accepté comme valeur idéologique. Les facteurs 6 et 7 sont également fonctionnels, mais pas de façon systématique. En littérature et en art le respect de la norme est de rigueur: les créations non conformes risquent le rejet de la part du ou des destinataires, encourront le reproche, fatal celui-là, d'être illisibles et donc inacceptables.[14] Le non-respect de l'autorité princière mène inévitablement à la disparition de faveurs: les honneurs et les terres tomberont aux mains des concurrents; la non-conformité religieuse provoque l'inévitable répression.[15]

Comme il n'est question que de topoï isolés présentés en parataxe, l'idéologique supposé abriter une causalité abstraite ne sera que le produit d'une lecture 'en filigrane'. La conduite d'Alexandre envers les nobles met fin à une situation non conforme fort désavantageuse pour ces derniers. Aussi leur confiance dans le pouvoir royal est-elle restaurée, puisque le jeune prince montre vouloir respecter la norme des temps passés.[16] Malgré le fait que cette norme est située dans un passé censé être parfait, on pense la connaître: n'est-elle pas 'autoritaire'? Inutile donc de la décrire en détail. Il suffit de l'évoquer à l'aide de concepts clefs à forte charge connotative sériés en parataxe. Ces concepts fonctionnent comme des points de repère à haute valeur normative. Ce qui est cependant curieux, c'est que la norme 'idéologique' — et je rappelle que je fais abstraction ici de tout ce qui relève du spirituel où le raisonnement est tout à fait différent — n'appartient pas du tout à une *RÉALITÉ 'historique'* déterminée (celle de la Macédoine d'antan) ni d'ailleurs à une *RÉALITÉ historique* (celle du destinateur et ses destinataires) ou à la *'RÉALITÉ' littéraire* (celle de la mise en écrit) qui, elle, ne fait qu'évoquer une bien fugace *figura veritatis*. Non: la norme relève des seules compétences interprétatives des destinataires, compétences déterminées — et cela va de soi — par une accessibilité à un savoir antérieur, déclaré normatif. Jouent ici des facteurs comme naissance, appartenance à un clan ou une faction spécifique, intérêts politiques, bagages intellectuels, volonté du

---

[14] Zumthor 1972: 75-82.

[15] Ici encore il faut une certaine prudence: la contestation religieuse se double bien souvent d'exigences sociales, économiques et juridiques (Goglin 1976: 214-230; Rapp 1991: 180-206). Dans d'autres milieux le contrôle se traduit par des attaques de type intellectuel: un Abélard fera ainsi la connaissance du zèle religieux de saint Bernard (Borst 1988: 351 sqq; Duby 1979b: 86-8).

[16] Voir chapitres IX et X.

maître auquel on doit obéissance, etc. Compte tenu de ce fait, on ne sera pas surpris de constater que le résultat de l'interprétation se rapprochera de la norme censée être celle du clan ou du pouvoir central,[17] et qu'il prétend restaurer ce que le *hic-et-nunc* est censé ne plus posséder. Rien d'étonnant à ce que l'*Historia* s'annonce *magistra*.

Le *RAlix* et les autres comptes rendus de l'aventure du héros renvoient à ce que l'on croit être le polysystème macédonien. Cependant, ce qu'il faut bien signaler, c'est que ce polysystème n'est jamais décrit avec des procédures descriptives visant la précision. Ce que le destinataire prendra pour la société macédonienne ne sera que la résultante intellectuelle de l'interaction entre son interprétation individuelle et l'interprétation traditionnelle autorisée de la société environnante, la sienne. Le polysystème 'macédonien' ainsi reconstruit présente deux éléments d'importance capitale qui, selon moi, se trouvent à la base même de la réception fabuleuse de la vie du Macédonien dans les différentes aires culturelles, à savoir 1) l'entente harmonieuse entre le roi et ses compagnons nobles et 2) la libération d'une énergie créatrice sans précédent. L'harmonie socio-politique rétablie a ouvert la voie à des succès formidables (et paradoxalement: inimitables), car le *regnum* gréco-macédonien en a été le résultat tangible. Le passé réstauré garantit ainsi un futur plein de possibilités heureuses réalisables grâce aux forces vitales retrouvées. Voilà le champ psychologique où les auteurs/adaptateurs sèmeront leurs suggestions. Il n'est donc aucunement surprenant de voir la *'RÉALITÉ' littéraire* établir des liens de causalité entre la restauration de la norme (pratiquement indescriptible, je le rappelle) si fonctionnelle dans la *RÉALITÉ 'historique'* de la Macédoine d'antan et les succès exemplaires pouvant être la conséquence d'une imitation conforme par les hommes du 12e siècle. Du coup la porte s'ouvre à la typologie: la *vita* d'Alexandre devient, elle aussi, norme. Rien d'étonnant donc à ce que tant de princes se sont voulus un deuxième Alexandre. Les nobles, eux, n'auront voulu qu'une certaine codification de leurs rapports avec le pouvoir royal en quête d'exclusivité. Dans cette perspective il est hautement intéressant de relever que les *'REALITES' littéraires* de nos textes focali-

---

[17] Fischer 1993: 20.

sent précisément ce qui au 12ᵉ siècle occupe les pensées des membres de la caste dominante. J'y reviens lors de l'analyse de cette icône de la royauté parfaite qu'est Alexandre (chapitre IX).

L'écriture des *vitae* d'Alexandre ne diffère pas essentiellement de celle des autres textes de l'époque qui, eux aussi, insistent sur le maintien de ce qui est agréé ou agréable (sens étymologique). La conséquence logique en est que les auteurs aussi bien que les destinataires visés ne s'intéressent qu'à un comportement typique restaurant et pouvant garantir le statu quo ante. Compte tenu du passéisme caractérisant les pensées des hommes du Moyen Age (en filigrane la bien connue *mutatio rerum* ou *degradatio temporum*),[18] c'est là sans doute le mobile le plus important des actions des hommes possédant les clefs du pouvoir. La notion *restauratio* est peut-être la notion médiévale le plus idéologique qui soit. Les moralistes regrettent la perte du Paradis terrestre et mettent tous les malheurs sur le compte de cette *degradatio temporum* déjà mentionnée. C'est avec nostalgie qu'ils évoquent le bonheur d'antan. L'auteur anonyme de la *Vie de Saint Alexis* le dit dès l'entrée en texte:

> Bons fut li secles al tens ancïenur,
> Quer feit i ert e justise ed amur;
> S'i ert creance, dunt or n'i at nul prut.
> Tut est müez, perdut ad sa colur:
> Ja mais n'iert tel cum fut as anceisurs.[19]

Le bonheur appartient au passé, au *tens ancïenur*. Il ne se récupère qu'au prix d'efforts immenses dont le but ne peut être qu'un retour à l'époque où la norme est censée avoir fonctionné dans de meilleures conditions et avec un meilleur résultat. Voilà pourquoi les empereurs et même certains rois rêvent d'une *restauratio/renovatio Imperii* remettant en honneur les principes clefs de l'Empire romain idéalisé, puisque le rétablissement de ces principes garantira l'ordre voulu par Dieu. C'est ce qui explique l'intérêt porté à l'étude du

---

[18] Cette question a véritablement hanté un Otton de Freising (Lammers/Schmidt 1974: xl-xliv; 514, 560, etc.).

[19] Storey 1968: vv. 1-5. On peut rapprocher la notion de *justise* de la qualification *iustus* dans la formule *Rex iustus erigit terram* (*Prov.*, 29, 4).

droit romain jugé instrumental dans le processus restaurateur dont Dante parlera bien souvent.[20] Les panégyristes ne se gênent pas de présenter leurs maîtres qui se disent restaurateurs de l'ordre comme les (futurs) garants de *feit*, *justise* et *amur*, ces notions porte-bonheur évoquées par l'auteur de l'*Alexis* et tant d'autres chantres de la morale.

Bien que ces dernières notions soient d'origine cléricale, les textes à signature laïque se construisent, eux aussi, sur le rêve d'un retour de la situation d'antan. Les héros de Chrétien de Troyes tentent de réparer aussi bien que possible leurs propres erreurs et de neutraliser les torts causés par d'autres ou par eux-mêmes (par ex. Erec et Perceval). Eux aussi se conforment à ce qu'ils croient être la norme par excellence. Mais cette norme n'est jamais décrite. On apprend seulement que le polysystème arthurien situé dans un passé lointain garantit un certain bonheur. Mais en quoi consiste ce bonheur, cet ordre acceptable et agréable? L'auteur champenois n'explicite rien, il ne fait que souligner la valeur didactique de ses créations.[21] Et comme le didactisme ne choisit que des exemples positifs, la cour d'Arthur ne pourra être que la représentation sociologique du Bien. Alexandre, le héros de l'aventure étudiée ici, restaure, lui aussi, la norme. Ne rend-il pas à la Macédoine son honneur? Ne répare-t-il pas les torts infligés aux nobles par les *usuriers* roturiers? Ne venge-t-il pas l'assassinat de son ennemi Darius III par des serviteurs indignes et lâches? Ne rétablit-il pas la monarchie universelle, seule voie donnant accès à l'harmonie mondiale? Ce qui compte donc, c'est le retour aux bonnes habitudes d'antan ainsi que le respect des normes nobiliaires et chevaleresques ayant cours dans les couches supérieures des sociétés médiévales.

---

[20] Les légistes de la première heure ne font qu'interpréter le dossier juridique disponible, puisque la société statique qui est la leur demande le conformisme. La création d'un nouveau droit véhiculé par de nouvelles lois sera l'affaire des sociétés dynamiques qui se doteront d'ailleurs d'un autre conformisme. En France cette attitude devient déjà manifeste sous un Philippe le Bel (King 1974: 131). La bonne marche des affaires terrestres n'a cessé de hanter le poète florentin. Plusieurs fois sa *Divine Comédie* y fait allusion; voir *Inf.* I: 101 où il est fait mention du fameux et insaisissable *veltro* et *Purg.*, XXXII: 37 sqq. Pour un commentaire sur les idées politiques de Dante, consulter, entre autres, Davis 1984: 3, 27-41

[21] Par exemple dans le prologue d'*Erec et Enide* (Roques 1970a: vv. 1-26).

La conduite d'Alexandre est une conduite type, car — et voilà la quintessence du discours — c'est la combinaison des normes d'antan avec les conceptions ayant cours au 12ᵉ siècle, le *hic-et-nunc* des destinataires visé par le *RAlix* et les autres versions. Tout cela produira les succès dont on rêve.[22] Les normes que rétablit un Alexandre sont celles des grands *bellatores* dans la société macédonienne; les membres moins importants de cet *ordo* n'ont qu'à suivre et à obéir.[23] Quant aux *oratores* et aux *laboratores*, il est évident qu'ils n'ont pas droit à une existence narrative: l'aventure est conquête pure, est affaire de soldat. A l'intérieur de la caste des nobles le roi est l'incarnation même de toutes les vertus et le seul à pouvoir restaurer et maintenir un ordre juste et efficace. Du moins, c'est ce que suggèrent les textes. Quelle qu'ait pu être la réalité macédonienne (le Moyen Age l'ignore), toujours est-il que les textes présentent Alexandre comme l'icône de la perfection. Il en est de même des documents médiévaux où les auteurs chantent la gloire de leurs princes à eux.

Dans ce qui suit je mentionnerai rapidement les concepts clefs qui au 12ᵉ siècle ont conditionné les discussions au sujet de la royauté idéale. Je n'insisterai pas sur les liens de causalité entre ces différents concepts: l'écriture iconique de l'époque obnubile bien souvent les rapports entre les éléments constituants. Dans ce qui précède il a déjà été signalé que les clichés évoquent ou suggèrent l'existence d'une argumentation cohérente agréée de tous (ce que l'on considérerait aujourd'hui comme l'essence même d'une 'idéologie'). Et cela est tout à fait plausible, puisque les hommes de l'époque ont su où puiser les renseignements nécessaires. Techniquement cette possibilité était facile: les bons auteurs ont puisé la pensée autoritaire dans les écrits des prédécesseurs illustres; les princes ont cherché la motivation de leur pouvoir auprès de l'ancêtre illustre dont les témoignages épiques ou historiques (écrits ou non) disaient ou suggéraient qu'il s'était distingué. Le pourquoi et même le comment se cherche dans la mémoire collective. Mais le choix des concepts jugés adéquats ainsi que le cadre référentiel censé en pouvoir livrer les motivations et les explications ont varié

---

[22] C'est là l'origine de tous les anachronismes poétiques. J'y reviens dans le chapitre qui suit.

[23] Le cas des deux neveux d'Eménidus l'illustre bien. Voir chapitre X.

constamment.

Les différentes couches de la société ont manifesté des préférences fort différentes. C'est ainsi que la noblesse du 12ᵉ siècle focalise les icônes renvoyant à ses propres champs d'intérêt: honneur dynastique, courage chevaleresque, largesse royale, privilèges spécifiques, loyauté vassalique, refus du roturier, etc.[24] Mais même là les choix diffèrent. J'en évoque ici quelques exemples. L'auteur anonyme de la *Chanson de Roland* ne parle que de l'honneur des nobles, mais celui du *Charroi de Nîmes* suggère un remède parfait aux malheurs des jeunes nobles dépourvus de moyens d'existence. Le héros de cette dernière chanson est l'incarnation même de la loyauté vassalique face au pouvoir royal affaibli. Le *Guillaume de Dole* de Jean Renart évoque la vie de cour aussi bien que le respect des normes imposées à la femme noble. Et ainsi de suite. Les collections peuvent aussi se combiner. C'est ainsi que les vers 53-159 du *Couronnement de Louis*, que je ne citerai pas ici, évoquent des champs d'intérêt différents: 1) la peur de Charles de voir sa dynastie s'éteindre à cause du manque de courage de son fils, 2) le traditionnel mépris des nobles pour les moines, 3) la haine que manifestent les nobles pour les *palatini* roturiers, 4) le besoin de mener une vie bien chrétienne sans péchés, 5) la protection des veuves et orphelins nobles, et surtout 6) la loyauté inconditionnelle envers la couronne.[25]

Quant aux élémens *feit*, *justise* et *amur* cités il y a quelques instants, il est évident qu'ils renvoient à une pureté perdue. Il est hors de doute qu'ils ont occupé les pensées et les rêves des humbles

---

[24] L'histoire montre bien que ces collections sont sujettes à de nombreuses fluctuations. On peut s'imaginer — et je me limite ici à la seule noblesse — que les membres de cet *ordo* ont pu donner une certaine préférence aux concepts féodaux (le 'système' fonctionne encore) et qu'ils y consacrent une bonne partie de leur temps. Aucune surprise donc de voir la littérature et l'historiographie mettre l'accent sur les vertus clefs de la féodalité. Leurs descendants, eux, se verront confrontés avec un pouvoir princier bien en place qui se veut monarchique et même absolu. Aussi l'accent se déplacera-t-il quelque peu: la vie de cour se fera importante: les nobles seront contraints de s'amuser à la cour et d'y jouer toutes sortes de jeux. Se focaliseront ainsi d'autres concepts, plus appropriés (Mehl 1990: 195-209; Solnon 1987: 116-44). Le *Courtisan* de Baldassare Castiglione codifiera ensuite l'"être et le 'paraître'.

[25] Langlois 1966.

dans la société. L'idée du *rex rector* rendant la justice est ce qu'il y a de plus important et de plus traditionnel. Dans son *De institutione regia* (831) Jonas, évêque d'Orléans, dit explicitement que l'autorité royale qui doit son statut à Dieu même est tenue de respecter la justice. D'autres théoriciens et moralistes se sont occupés de ce problème, car la question a hanté le public médiéval: un roi injuste devient vite un tyran, et un tyran doit être destitué. Du moins, c'est ce que disent les théoriciens.[26] La justice compte donc dans cette société. Celle que tente de rendre le roi Noble fait, elle aussi, partie des concepts clefs conditionnant l'image de la royauté dans la société de l'époque (je fais abstraction de la présentation bien spécifique de cet épisode du *Roman de Renart*: la parodie n'est que la preuve de son contraire).[27] L'image de saint Louis sous le chêne de Vincennes où il rend la justice renvoie non seulement au besoin des humbles, mais aussi à l'idéal d'une royauté garante d'une société équitable.[28] Il n'est pas à exclure que la noblesse ait pu se reconnaître dans la nostalgie du *feit* évoqué dans l'*Alexis*, mais le besoin de *justise* l'aura moins occupée. L'explication en est relativement simple: généralement elle était elle-même responsable de la justice (basse ou haute) et si jamais un de ses membres devait comparaître en justice, c'était dans des conditions bien plus avantageuses que celles, par exemple, d'un *vilain*.[29] Il va de soi que les humbles de la société trop souvent victimes d'extorsion et de pillages de la part des nobles n'auront pas bien compris l'envie d'héroïsme ou le goût de la dépense de ces derniers. Et les marchands, eux, auront eu d'autres idées au sujet du rôle de l'argent. Cela va de soi. Cependant, comme les aventures centrées sur le Macédonien n'enregistrent que ce qui est 'de la caste' (la littérature de l'époque étant principalement 'Herrschergericht'), je me limite

---

[26] Lot/Fawtier 1957, II: 11-12.

[27] Roques 1963.

[28] Richard 1983: 303-4. Pour le compte rendu de Joinville de ces activités de Saint Louis, voir Corbett 1977: 95.

[29] Bien souvent les princes médiévaux sont contraints d'ignorer ou de pardonner certains faux pas commis par les grands. Non seulement parce qu'il leur faut regagner aussi vite que possible le soutien du noble récalcitrant, mais aussi parce qu'ils ne peuvent pas se permettre de provoquer des réactions négatives d'un clan entier. C'est ainsi que Philippe Auguste se voit contraint d'accorder des pardons généreux aux nobles qui se sont rebellés (Viard 1930: 99-100, 135-7).

ici à ce qui aura occupé cette caste, à savoir la position du roi et les rapports entre ce roi et les grands de la société.

Ici encore la prudence impose la distinction entre théorie et pratique. La théorie défendue, commentée et illustrée par les innombrables panégyristes au service de la couronne présente la royauté comme une affaire transcendente. Car quelque utile qu'elle soit, la seule référence à une volonté divine ne suffit pas pour isoler le prince de son entourage et pour lui garantir une suprématie. A la rigueur la position du roi pourrait être interprétée de façon purement instrumentale et, partant, comme une fonction dont l'occupant serait éventuellement remplaçable. Ce serait là un élément hautement perturbateur. Pour être vraiment effective et vraiment supérieure la royauté doit dépasser ce qui relève du seul domaine humain et s'identifier, autant que possible, avec ce qui relève du divin. L'onction à Reims, où le roi de France semble acquérir un statut sacerdotal, met déjà en évidence les rapports exclusifs entre ce roi et Dieu; ses capacités thaumaturgiques qu'il semble partager avec d'autres rois en sont et la conséquence et l'illustration.[30] Au niveau de l'exploitation directe du pouvoir exclusif, l'identification totale avec la volonté explicite de Dieu transforme tout crime de lèse-majesté en sacrilège.[31] C'est ainsi que se manifeste de façon concrète le caractère transcendent de la royauté, de l'*institutio* aussi bien que de la *persona* qui, temporairement, l'investit. Placé par Dieu au-dessus de son peuple, le roi ne peut être l'homme de personne.

Afin de consolider leur position et de se distinguer autant que possible des nobles, les rois de France exploiteront également le culte du sang dynastique qui leur assure la différence souhaitée. Et ils insistent sur leurs droits. Mais ici il y a un problème: les droits du roi sont multiples, mais le premier inventaire ne s'en fera qu'au 14e siècle: en 1372 Charles V en fait dresser une première liste.[32] Tout ceci nous fait supposer que les hommes des siècles antérieurs n'ont eu qu'une idée globale des droits dits royaux. Ce fait aura engendré des avantages aussi bien que des désavantages. Pour tout le monde d'ailleurs: les princes de l'époque se seront

---

[30] Bloch 1983: passim.
[31] Pour cet aspect, voir chapitre XIV.
[32] Pour tout ceci, voir Lot/Fawtier 1957, II: 3-40; Royer 1969: 139.

inspirés du flou définitionnel des droits et en auront tiré quelque profit. Avec des succès différents, bien sûr: il y a eu des rois puissants et riches, mais il y en a eu aussi dont le pouvoir a été contesté et qui n'ont pas su s'imposer. C'est ce qui explique que l'on relève tant de différences entre le régime capétien confronté avec des vassaux puissants et celui des Plantagenêt enté sur les traditions centralisatrices normandes.[33] La même chose vaut d'ailleurs pour les nobles peu enclins à accepter que le roi tire toutes les ficelles. Ils ont, eux aussi, exploité le flou juridique.[34]

De temps en temps la couronne se trouve dans une position délicate due bien souvent à la personnalité de celui qui la porte (faiblesse de caractère ou — et le cas n'est pas exceptionnel — faiblesse d'âge; les héritiers trop jeunes sont incapables de se maintenir ('malheur au pays dont le prince est un enfant').[35] Le véritable problème de l'époque est la succession au trône, car sauf rare exception, le système en vigueur — et cette remarque vaut surtout pour la première moitié du 12e siècle — est encore à cheval entre la succession élective et la succession dynastique. Afin de contrecarrer les prétentions des concurrents éventuels, les rois couronnent eux-mêmes leurs fils. Et ils continueront à le faire jusqu'au moment où le principe dynastique n'est plus contesté: Louis VII est le dernier roi de France à couronner son fils, le futur Philippe II Auguste.[36] Il va de soi que cette problématique a engendré des discussions passionnées sur la répartition des responsabilités entre le roi et les

---

[33] Le *RTCh* ne manque pas d'en fournir quelques indices. Voir chapitre XIII.

[34] Les conflits entre Ganelon et Charlemagne ou entre Daire le Roux et son maître s'expliquent précisément de par le fait que la codification du droit est encore bien incomplète. Le manque de précision des arguments mis en œuvre par les parties impliquées ainsi que les hésitations mêmes des barons tenus à juger les affaires en question en est une belle illustration. Ce qui ne veut pas dire qu'un système juridique complexe et nuancé soit mieux respecté: la société des hommes ne fonctionne pas de cette façon-là. Quoi qu'il en soit, malgré la 'trahison' qu'il commettra, Ganelon continue à respecter le code: il défie publiquement son opposant Roland. Les assassins d'Alexandre, qualifiés de *serf*, ne respectent cependant aucun code. Voir Petit 1985: 113-61; Brook 1990.

[35] Cf. *Eccl*, 10, 16: *Vae tibi, terra, cuius rex puer est*.

[36] Les textes étudiés ici suggèrent que la succession d'Alexandre à Philippe est, elle aussi, basée sur le principe de l'hérédité de la couronne en ligne directe. Cette remarque vaut pour le *RAlix*, mais le *RTCh* est moins clair ici. Voir chapitres IX et XIII.

autres habitants du royaume.³⁷ Alexandre de Bernai a beau présenter dans son *RAlix* une royauté forte inconditionnellement soutenue par la noblesse et disposant de ressources financières respectables, la pratique du 12ᵉ siècle est quand même moins euphorique. Le roi de Paris — et ceci en guise d'exemple — est seulement maître incontesté dans son propre domaine royal dont il ne tire que de maigres revenus; ailleurs il se voit confronté avec des *magnates* riches et puissants jaloux de leurs privilèges.³⁸ Bien que ces derniers ne constituent pas vraiment un groupe distinct (ils ont trop le goût de l'indépendance), il y a des moments où ils peuvent se mettre ensemble, car dès que l'intérêt commun est identifié (et le mouvement est bien souvent purement négatif: contre x ou contre y) les grands font cause commune. L'intrigue du *Couronnement de Louis* évoque ainsi le danger de combinaisons inspirées par de pareils mouvements opportunistes.

Ce qui joue cependant en faveur de la royauté médiévale, c'est le fait que ces nobles puissants et riches sont bien minoritaires.³⁹ La plupart des *bellatores* sont dans une situation moins enviable. En temps normaux ils peuvent se tirer d'affaire, mais dès qu'il y a des guerres détruisant leurs possessions ou des fluctuations météorologiques ruinant les récoltes sur leurs terres, ils peuvent sombrer dans les dettes. S'annonce pour eux une dépendance beaucoup moins prestigieuse qui ignore toute possibilité de *pris et los*: celle des prêteurs d'argent, membres du troisième *ordo*. Les chefs de clan et leurs fils aînés, leurs successeurs, sont confrontés ainsi

---

[37] C'est à dessein que je parle ici d''habitants' et non pas de 'sujets' Cette dernière notion présuppose une structure étatique aux droits et devoirs bien formulés. Philippe le Bel pense bien en des termes purement verticaux, mais cela ne veut point dire qu'il réussit à les traduire en structure vraiment fonctionnelle. De pareilles structures ne s'annoncent qu'au 16ᵉ siècle.

[38] Les premières décennies du 12ᵉ siècle montrent encore un pouvoir royal bien faible où non seulement les nobles, mais aussi les membres du clergé s'opposent au roi. Il n'y a que l'invasion, en 1124, par l'empereur allemand qui permettra à Louis VI de prendre le dessus et de se présenter comme le maître et le gardien du royaume (Bautier 1983: 160-2).

[39] On peut penser ici à Henri II Plantagenêt: depuis son mariage avec Aliénor celui-ci est comte de Toulouse et de ce fait-là vassal du roi de Paris. Henri, roi lui-même, interprétera cependant à sa façon les liens de 'dépendance' l'unissant au roi de Paris, son suzerain (Boussard 1956: 226 sqq; Favier 1984: 119-20).

avec les limites de leurs possibilités. Le sort des puînés s'annonce encore plus difficile: la succession par primogéniture les prive pratiquement de tout moyen de subsistance et les contraint de chercher leur fortune ailleurs. J'y ai déjà fait allusion. Ce n'est donc vraiment pas le meilleur des mondes qu'on puisse s'imaginer. Et tout n'y est absolument pas pour le mieux. Loin de là. Mais ce jugement-là frise l'anachronisme.

La littérature et l'historiographie idéalisent donc le rôle que jouent les *bellatores* dans le maintien de l'*ordo naturalis* et elles camouflent autant que possible tout ce qui pourrait être trop négatif. Voilà pourquoi elles chantent l'homogénéité ainsi que l'unicité des nobles.[40] Puisque Dieu est parfait, la société des hommes qu'Il a créée est parfaite. Il s'ensuit que ceux qui en son nom gouvernent et protègent cette société sont parfaits, eux aussi. Ce qu'il faut cependant signaler, c'est que les conflits qui de temps en temps secouent la société des hommes ne concernent que la façon dont la volonté divine s'exécute, jamais cette volonté elle-même.[41] Les auteurs des textes littéraires et historiographiques mettent au sommet de la société le roi dont le statut spécifique est reconnu et respecté par tous.[42] L'euphorie de ce qu'ils évoquent dans les différentes *'REALITES' littéraires* contraste cependant bien fort avec la *RÉALITÉ historique* de tous les jours: une interdépendance presque totale limite la marge de manœuvre et des rois et des nobles (grands

---

[40] L'origine joue un rôle capital: il faut bien signaler qu'on est *ortus parentibus nobilibus*, *ex nobile genere* ou *ex nobile prosapia*. Le problème est cependant de savoir quel côté parental est le plus important, celui du père ou celui de la mère. Au cours des siècles le côté masculin, l'agnatique, finira par prendre le dessus (Poly/Bournazel 1991: 158-9).

[41] C'est ici que le pouvoir en place exploite les possibilités de la propagande (si jamais ce mot moderne peut s'utiliser dans un contexte médiéval). Tout changement est présenté comme le résultat d'une interprétation (plus) correcte des intentions divines. C'est ainsi qu'aux 12e et 13e siècles la société 'féodale' est déclarée conforme à la volonté de Dieu; la société 'monarchique' et même 'absolutiste' des siècles subséquents est jugée (un peu) plus conforme. Il ne s'agit ici aucunement d'un cynisme poussé à l'extrême. Je constate seulement que la propagande du pouvoir ne fait que réorienter les données essentielles et ce afin d'atteindre le ou les buts visés. Ce qui est absolument fascinant, c'est que la conformité pourchassée a toujours des accents passéistes. J'y reviens dans une étude ultérieure.

[42] Baldwin 1986: 261.

ou petits) et un culte effréné de l'intérêt (privé ou collectif) provoque des conflits parfois interminables. La fidélité inconditionnelle et exclusive que manifestent les pairs macédoniens du *RAlix* envers leur maître relève bel et bien de l'onirique. La société dite féodale du 12ᵉ siècle est cependant compliquée: le fait qu'un vassal peut avoir plusieurs seigneurs pose des problèmes. Bien que l'hommage lige soit censé fournir la solution, de nombreux vassaux ont préféré éviter un choix possiblement fatal et nuisible à leurs intérêts et ils se sont escamotés. Un autre obstacle est la nature même du *service de l'ost* (le *servitium debitum*). La quarantaine traditionnelle coupe les ailes à tout prince désireux de s'imposer de façon durable, à moins qu'il ne dispose de fonds suffisamment importants pour enrôler des mercenaires. Mais dans la plupart des cas ceux-ci ne sont pas plus contrôlables que les vassaux nobles contraints de respecter le service *in expeditio*.[43] Le comble de la misère est peut-être la loyauté purement personnelle entre le combattant individuel et son propre maître. Dès que celui-ci se retire ou est éliminé, toutes les obligations disparaissent, car on n'est que l'homme d'un seigneur déterminé. On n'a qu'à penser aux croisades pour voir les conséquences du morcellement des structures de commandement

Ces obstacles ont été inhérents à la société féodale du Moyen Age, mais pour autant qu'on puisse en juger encore, le système semble avoir fonctionné. Et qui plus est: la société médiévale ne saurait s'imaginer un autre système: une société de mortels a un roi et des nobles.[44] Le pouvoir royal a cependant un avantage

---

[43] C'est ainsi que les atrocités commises, en 1152, par ses mercenaires gascons contraindra Henri II Plantagenêt de les renvoyer, ce qui ne l'empêchera d'ailleurs pas de recourir à ce genre de combattants dès qu'il en a de nouveau besoin. Ce sera, entre autres, le cas lors de la rébellion en 1173/4 qu'Henri écrasera à l'aide des terribles Brabançons. Le recours aux mercenaires sera constant; à la fin de sa vie le quart des revenus du royaume anglais est absorbé par la solde des mercenaires. C'est un pourcentage respectable (Boussard 1956: 480-5; Schlight 1973: 44, 150). Le Plantagenêt n'est d'ailleurs pas le seul à pratiquer ce système rejeté violemment par l'Eglise. Il est intéressant de constater que le troisième concile de Latéran (1179) ne condamne pas tous les mercenaires, mais seulement ceux qui donnent dans les excès. Ceux-là sont considérés comme des hérétiques (Russell 1979: 161, 179, 241-2).

[44] C'est ce qui explique l'étonnement de Magellan et les siens lorsqu'ils trouvent dans le Pacifique des structures socio-politiques sans roi (Peillard 1984).

formidable: il est conforme aux conceptions sotériologiques accréditées: *Per me reges regnant, Et legum conditores iusta decernunt; Per me principes imperant, Et potentes decernunt iustitiam* avait dit Dieu.[45] Cette idée marque l'instrumentalité du pouvoir royal dans la gestion des affaires dans le monde des mortels. Le pas suivant, celui qui mène vers la royauté *gratia Dei* impliquant le principe même d'une sélection est vite fait. A l'époque où le *RAlix* est conçu, le concept de la royauté par la grâce de Dieu exerce pleinement ses droits. Afin de contrecarrer les velléités indépendantistes de ses vassaux, le roi de Paris ne manque pas d'insister sur le caractère divin de sa mission et il s'empresse d'assimiler lèse-majesté et hérésie, puisque tout pouvoir et à fortiori tout pouvoir royal est voulu par Dieu même: *non est potestas nisi a Deo*.[46] Cette argumentation d'origine biblique se double d'une mise au point de couleur juridique: *in officio* le roi oint avec le contenu de la sainte ampoule est *figura et imago Christi et Dei*. De là à la prétention que le roi est le vicaire de Dieu sur terre il n'y a qu'un pas (entre parenthèses: cette idée-là sera violemment combattue par l'Eglise).[47] C'est donc au roi qu'incombent le droit et le devoir exclusifs de diriger et de protéger le système mis en place par les prédécesseurs. Le roi est le seul à pouvoir promulguer des lois auxquelles il ne sera cependant pas soumis. Malgré le fait qu'il est présenté comme *legibus solutus*, il sera censé respecter les lois qu'il a promulguées lui-même. L'abstraction s'annonce: puisque le roi est personne privée aussi bien que publique, il s'établit bien vite une différenciation entre la *persona* et l'*institutio*. Il n'est d'ailleurs pas rare de dépister dans les documents issus des chancelleries royales une certaine confusion entre les deux constituantes et de voir le roi

---

[45] *Prov.* 7: 15-6. Je focalise ici les caractéristiques de la France du 12ᵉ siècle, puisqu'à l'exclusion du *RTCh*, les textes étudiés ici appartiennent à ce contexte. Il va de soi que les mêmes problèmes se rencontrent, parfois avec des nuances importantes, dans d'autres sociétés de l'époque.

[46] *Rom.*, 13,1.

[47] Aux environs de 1100 un auteur anonyme dit explicitement: *vir unctus oleo sancto et divina benedictione sanctificatur mutetur in virum alium, - id est: in christum Domini.* La formule exploitée par la chancellerie royale aura des conséquences énormes, puisqu'elle rend inévitable un conflit avec la papauté au sujet du vicariat de Dieu sur terre. Pour ceci, voir, entre autres, Quillet 1972; Koch 1982: 280.

présenté comme une *persona mixta*.⁴⁸

Voilà les arguments les plus importants des discussions au sujet de la bonne marche des affaires d'ici-bas. Ce sont des arguments que reprennent et élaborent volontiers les auteurs dont la plume est au service du pouvoir. D'éventuelles opinions contraires sont ignorées ou escamotées. L'Eglise, elle, rejette toute indépendance possible des princes temporels: tous les hommes, rois inclus, sont soumis aux lois divines dont le pape est le seul gardien. C'est ce qui explique l'opinion, exprimée, entre autres, par Jean de Salisbury (1115/20-80) et Hugues de Saint-Victor (mort en 1141) que les rois ne sont que les ministres du peuple destituables en cas de tyrannie. Il est évident que des observations pareilles ne figurent pas dans les écrits des panégyristes au service du pouvoir royal même. La suggestion de Hugues de Saint-Victor qu'en temps de détresse tout le monde est tenu de se soumettre à la *potestas* royale — et ce pour la défense de la société entière — est intéressante à plus d'un égard. D'un côté elle implique que l'Eglise peut s'en remettre aux pouvoirs temporels dès qu'il est question de menaces d'ordre politique ou militaire, puisque l'Eglise ne verse pas de sang. De l'autre côté se montre une vérité plus conforme aux conceptions ecclésiastiques au sujet de l'exercice du pouvoir dans le monde des mortels, car la remarque de Hugues implique la non-soumission à tout autre moment et, partant, une obéissance à la seule autorité qui compte, celle de l'Eglise.⁴⁹

Il va de soi qu'une pareille limitation du pouvoir temporel est inacceptable aux yeux des princes. La distinction, déjà signalée, entre l'*institutio* et la *persona* offrira la solution: en accentuant l'inaliénabilité des droits de l'*institutio*, le statut de la personne chargée de sa sauvegarde se trouvera revalorisé. Le conflit opposant en 1025 Conrad II et la ville de Pavie qui avait rasé un palais appartenant à l'empereur marque bien le mécanisme: les habitants de Pavie avaient une conception personnalisée du pouvoir: en cas de vacance du trône, les droits liés à la couronne impériale cesseraient de fonctionner. Conrad, par contre, préconisait une conception transpersonnelle exprimée, entre autres, par la maxime que voici: *Si rex periit, regnum remanit*. Pour lui une *domus regis* était

---

⁴⁸ Kantorowicz 1957: 44-5.
⁴⁹ De Francisci 1925: 314; Lemaire 1907: 20 sqq; Post 1964: 258.

au fond une *domus regalis*. Le transfert de sens annonce un changement de taille: le pouvoir est considéré maintenant comme impersonnel et éternel.[50] La propagande royale accentuera maintenant l'abstraction ontologique du pouvoir royal. Et pour bien faire ressortir cela, elle en exploitera au maximum le symbolisme, superbement apersonnel. La couronne symbolise l'autorité royale qu'elle ne confère qu'à celui qui, par des droits exclusifs, la porte. C'est ce qui explique pourquoi Suger, ce défenseur infatigable des droits du roi de Paris, dit que les grands doivent à Louis VII une fidélité à toute épreuve *ex iure ..., quam regno et coronae debent*. Et il n'est pas le seul.[51] Le stade suivant sera vite atteint: la volonté du prince, seul détenteur de la couronne, sera loi. Encore une fois, tout ceci n'est que de la théorie; la pratique a un autre visage. Mais quoi qu'il en soit, celui qui occupe le trône et qui porte la couronne est investi d'un pouvoir par la grâce de Dieu; il est au-dessus des lois qu'il est tenu de respecter et il n'a de comptes à rendre à personne. Le roi ne peut pas se tromper, car la *sapientia* gouvernementale est don de Dieu.[52] Si erreur il y a, elle n'est qu'à mettre sur le compte de serviteurs inadéquats ou déloyaux. Ce dernier élément est de la plus haute importance: il permet des critiques contre la façon dont le pouvoir royal se manifeste sans impliquer de quelque façon que ce soit la *persona* du prince ou l'*institutio* représentée. Il permet aussi aux princes de jouer le jeu du repentir et de la réparation et cela sans s'engager personnellement: il suffit de sacrifier le conseiller déclaré incapable ou indigne.[53]

La réalité de tous les jours contraint les rois de l'époque à jouer la carte 'féodale': leur pouvoir n'est pas fort et il n'est même pas reconnu par tous. Tout en suggérant l'existence de liens exclusifs entre eux-mêmes et les nobles vassaux, les rois exigent de ces derniers des serments d'allégeance qui pour ainsi dire personna-

---

[50] Beumann 1956: 185-8. Les siècles qui suivent montreront les conséquences de cette abstraction qui sera poussée à l'extrême: la seule *effigies* du prince suffira pour marquer son pouvoir. Pour une vue d'ensemble de cette problématique dont les effets se font sentir jusque dans le droit pénal, voir Brückner 1966.
[51] Cf. Hartung 1940; Beumann 1956: 211-2.
[52] Elle sera aussi militaire: le bon roi *gratia Dei* sait comment guider ses troupes dans les batailles. Le Macédonien en est l'illustration même.
[53] Burke 1980: 52.

lisent le devoir d'obéissance. Le jeu suppose donc une acceptation, puisque le noble ne prête serment que parce qu'il le veut bien. N'y va-t-il pas de son propre intérêt? La soumission qui, lors de la cérémonie de l'hommage se traduit par une génuflexion, est présentée comme un acte volontaire.[54] Et peut-être elle l'est. Mais soumission il y a. Ce que le chercheur moderne entendra par féodalité ne sera que le résultat, plausible peut-être, de lectures et d'extrapolations bien savantes. La féodalité n'a jamais été un système univoque: il y a eu à des moments et à des lieux différents, des habitudes et des coutumes entées sur des rapports personnalisés entre un seigneur/suzerain et un seigneur/vassal. Dans la plupart des cas ces rapports étaient basés sur l'usufruit d'un *feodum*, garantie matérielle de certaines prestations réciproques. Quelle qu'ait pu être ou devenir la nature de ce *feodum*, il a toujours fonctionné comme gage dans un contrat entre les deux parties qui se sont engagées personnellement. C'est précisément ce contrat purement personnel qui se trouve à la base de ce que l'on nomme aujourd'hui féodalité. La quintessence du système, si vraiment il faut parler de 'système', était la *fidelitas* (en ancien français: *foi*). Celle-ci devait se traduire par l'aide mutuelle: le vassal était obligé de servir son seigneur *in curia* et *in expeditio*, c'est-à-dire lui donner des conseils (*consilia*) et lui fournir, le moment venu, un contingent de combattants provenant de son fief même (*auxilium*). Le seigneur, lui, était obligé de secourir son vassal au cas où celui-ci était menacé. Voilà les détails les plus relevants.[55]

L'entraide est donc la clef de voûte de la bâtisse dite féodale. Mais le principe de la réciprocité contractuelle, assurée bien souvent par la seule parole donnée, est foncièrement incompatible avec l'existence d'une *institutio* royale qui se veut indépendante et libre de toute obligation envers tous ceux qu'elle désire gouverner.

---

[54] C'est le critère 4 de la liste des éléments devant constituer une idéologie (voir *supra*). Le cas du Syrien Sanson est révélateur ici: l'homme a fui le territoire perse et cherche refuge auprès d'Alexandre et ce afin de pouvoir regagner ses possession. Le roi macédonien n'en est pas vraiment mécontent: Sanson lui promet un contingent considérable de troupes fraîches. L'auteur/adaptateur du *RAlix* en profite pour présenter son héros comme le justicier par excellence. Voir chapitre IX note 31.

[55] La vassalité a connu encore d'autres obligations. Cf. Magnou-Nortier 1957; Ganshof 1963; Boutruche 1968; Bournazel 1975; Duby 1973, 1978.

Cela se traduit de façon prégnante dans la formule bien traditionnelle *legibus solutus* déjà mentionnée qui part du principe même de la liberté totale du prince vis-à-vis de tous les autres. Aussi assiste-t-on à une réorientation lente et irréversible des données: les rois continuent de respecter le cérémoniel féodal parce qu'il fait partie de la tradition, mais aussi et surtout parce qu'il distingue les nobles des non-nobles.[56] Comme ils sont, eux aussi, totalement imbriqués dans ce labyrinthe d'allégeances inextricable, les rois sont bien contraints de jouer le jeu. Et ce malgré leurs rêves d'un pouvoir purement vertical où ils tiendraient toutes les ficelles.[57] Cependant, comme le soutien procuré par les vassaux nobles reste indispensable, les rois distribueront — et cela encore pendant bien longtemps — des fiefs et des territoires. Jusqu'au moment où ils seront suffisamment forts pour remplacer le fief territorial par la faveur royale ou la fonction honorable ou purement honorifique. Dans les sociétés féodales la *fidelitas* est le ciment même des relations entre suzerain et vassal. Elle est inconditionnelle et en principe absolument irrévocable. Dans un contexte où l'obéissance n'engage que ceux qui sont gouvernés et non celui qui gouverne, le rejet de la *fidelitas* est non seulement une preuve de lèse-majesté, mais aussi et surtout une négation d'un pouvoir voulu par Dieu même.

Les textes étudiés ici doivent leur(s) sens au fait qu'ils véhiculent des conceptions socio-politiques ayant cours dans la France et l'Angleterre du 12e siècle. Rien de bien neuf: le contraire aurait surpris. La présentation même des aventures du grand Macédonien ne se fait pas de façon bien structurée: dans son essence même la *vita* d'Alexandre n'est qu'une autre collection d'idées reçues à haute valeur persuasive. Ce sont les idées dont j'ai présenté quelques exemples: honneur, loyauté, fidélité, royauté par la grâce de Dieu, etc. Et surtout l'idée du retour à ce qui est censé être le seul modèle socio-politique correct, la seule *REALITE*

---

[56] Le *RAlix* abonde en expressions renvoyant à la systématique féodale: *rompus est li festus*, ... *fassent feeuté*, *lige vavassor*, *liges hom* (III: 3938, 4330, 6416, 6498, etc.). Le *RTCh* et les autres versions en font de même. Ce n'est que logique, car le destinateur et ses destinataires partagent non seulement la même *REALITE historique*, mais aussi le code qui y a cours (voir chapitre suivant).

[57] Pour Suger il n'y a pas de doutes: *ex officio* le roi est au sommet de la hiérarchie féodale (Baldwin 1991: 335).

historique acceptable, à savoir celle d'autrefois qui ignorait le roturier, son argent et sa compétition. La *'RÉALITÉ' littéraire* du *RAlix* et des autres réécritures étudiées ici confronte les destinataires avec l'icône d'une royauté forte non contestée et soutenue dans toutes les circonstances par une noblesse qui comprend et accepte que ses intérêts à elle s'identifient complètement avec la réussite des projets du roi. Cette noblesse est prête à en tirer les conclusions. Le roi en fait de même: en respectant l'exclusivité sociologique des *bellatores* (le texte entier ne fait que déprécier le *palatinus* roturier tant détesté)[58] et en donnant à ses pairs, les *magnates* de la société féodale, tout ce qu'il leur faut (sauf l'usufruit immédiat du fief tant convoité qui leur conférerait une certaine indépendance et provoquerait, peut-être, une tiédeur non fonctionnelle vis-à-vis du grand projet qu'il était destiné à réaliser),[59] il s'assure de leur soutien inconditionnel. Voilà pourquoi le cérémoniel des couronnements tente d'impliquer à un moment donné les grands de la société: ceux-ci ont le droit de soutenir la couronne sur la tête du roi. Et ici le *RAlix* reprend une donnée importante du cérémoniel bien connu, semble-til, depuis le 10ᵉ siècle. On le voit dans l'épisode 70 où Alexandre est couronné: les pairs jouent leur rôle cérémoniel: *Sa corone soustienent Dans Clins et Tholomés, / D'autre part Perdicas* ... (IV:86-7).[60]

Comme tant d'autres rappels de pratiques traditionnelles ce petit détail du couronnement d'Alexandre renvoie à une authenticité certaine (h.l. française), ce qui ne manquera pas de faire passer l''idéologique' qui se cache en filigrane.[61] Le compilateur du *RTCh* n'opère cependant pas de la même façon; dans sa version à lui les *magnates* jouent un rôle moins prononcé. Qui plus est, ceux-ci ne semblent même pas aimer le roi comme le font les homologues du *RAlix* (voir chapitre XIII), En général les compagnons croient en la récompense d'un service loyal volontaire et exclusif. Et en effet, ils ne seront pas trompés: arrivé au terme de sa vie —

---

[58] Hallam 1980: 160.
[59] Pour ce problème, voir chapitre IX.
[60] Jackson 1984: 26-7; Bayard 1984: 157-8.
[61] C'est le procédé basal de toute propagande (et de nos jours aussi de la publicité): la reconnaissance d'un seul élément fera passer pour vrai tout le reste (même si ce reste est indéterminé ou indéterminable ou carrément faux).

et seulement à ce moment-là — Alexandre pourvoit enfin ses nobles pairs des moyens de subsistance ainsi que du statut royal qu'il leur avait promis. Il avait bien distribué quelques fiefs à quelques-uns des compagnons ainsi qu'à des personnages moins importants, mais les pairs doivent attendre jusqu'au dernier moment avant de pouvoir s'établir dans une certaine indépendance. A en croire le texte ils ne s'en offusquent pas.

En traitant ses compagnons de cette façon, Alexandre fonctionne comme l'icône d'une *utilitas* discrétionnaire *gratia Dei* que les princes de l'époque auront volontiers pris comme exemple à imiter, puisque le pouvoir royal incarné par le Macédonien s'annonce comme synonyme de réussite.[62] Et le Macédonien ne rend compte de quoi que ce soit: il est vraiment *imperator in regno suo*.[63] Aucune surprise donc de voir nos textes sérier, et cela avec une euphorie formidable, les concepts clefs discutés il y a quelques instants. Pas d'une façon vraiment systématique régie par une causalité et une logique au-delà de tout soupçon. Cela, ce n'est même pas nécessaire: il suffit que les auteurs/adaptateurs des différentes réécritures évoquent les concepts essentiels de leur société pour que leurs destinataires comprennent que le polysystème 'macédonien' restauré dans sa pureté d'antan a des aspects imitables.

---

[62] C'est ce qui explique que l'*exemplum* qu'exploite si passionnément l'homilétique est considéré bien souvent comme une espèce d''icône verbale' (Berlioz 1980: 124).

[63] Pour ce concept qui n'évoque qu'un désir d'indépendance et certainement pas une égalité, voir, entre autres, Kantorowicz 1957: 248; Pennington 1993: 35-7.

IV

LE PASSÉ ET SA PERCEPTION[1]

L'homme du Moyen Age ne peut et ne veut pas ignorer son passé. Tout le monde connaît l'image qui le présente marchant vers son but tout en regardant par-dessus ses épaules ce qu'il laisse derrière lui ou qui le montre assis sur les épaules de ses prédécesseurs pour voir mieux, plus loin. Le passé est partout, car le clan, la famille et la *natio* où l'homme se sent chez lui ont besoin d'une identification historique qui livre une raison d'être et une garantie. Sans ancêtres identifiables (et ici la vérité historique ne joue aucun rôle) l'homme médiéval ne fonctionne pas bien. Bien que le passé soit souvent glorifié (pensons au topos bien connu de la *laudatio temporis acti*), l'attitude qu'adopte l'homme du Moyen Age face au passé en tant que période révolue est cependant bien ambivalente, car malgré son admiration pour la perfection supposée des temps révolus, il voit avec un certain déplaisir la dégradation des temps, ce malheur provoqué par un péché trop bien connu. L'homme a perdu sa pureté originelle: ne lui reste que l'espoir de pouvoir sauver son âme et de participer un jour aux joies célestes. La conséquence de tout ceci est qu'il est impossible (même encore aujourd'hui) de sevrer le chrétien de son passé qui est son futur: se souvenir de l'innocence d'antan, c'est se (re)connaître. De là cette tendance de voir tout dans une perspective sotériologique.[2]

Aussi la culture médiévale traduit-elle constamment le besoin d'ancrer le *modus vivendi* dans cette tradition ancestrale symbole de valeurs jugées éternelles. Cela se voit non seulement dans ce qui est concret et tangible (architecture, sculpture, peinture, etc.), mais aussi dans ce qui relève de l'abstrait (philosophie, litté-

---

[1] Ce chapitre est une élaboration de mon étude 1988b.
[2] Pour le rôle de la mémoire, voir Oexle 1994: 304. La connaissance du passé peut mener à une connaissance de Dieu, peut opérer une véritable *cognitio mirabilium operum* (Goetz 1985: 194-213). De là au télescopage des différentes ères de l'histoire de l'homme qui toutes s'insèrent dans l'histoire du Salut il n'y a qu'un pas: dans ses *Enarrationes in Psalmos* saint Augustin dit explicitement que tout ce qui s'y mentionne concerne l'avenir: *Et hoc figura praeteriti de futuro dicitur, sed ideo tamquam praeteritum dicitur, quia* ... (ad Psaume 43,8,18, *C.C. Opera omnia*, X,1: 484). Voir aussi Spörl 1984: 12-3; Schmale 1985: 62.

rature, rapports socio-politiques avec les autres).[3] Le passé n'est cependant pas un ensemble indivisible: d'une part, il y a le passé lié à la révélation divine (véhiculé par la Bible, l'hagiographie et l'histoire du christianisme); d'autre part, il existe toute une histoire non chrétienne dont on essaie de s'accommoder tant bien que mal (pensons, entre autres, à l'apport de l'Antiquité païenne). Ce nonobstant le passé est représenté comme un et indivisible. Mais quelle que soit sa nature (biblique, païenne ou autre), toujours est-il que le passé est comme ce filigrane idéologique discuté dans le chapitre précédent: il n'existe que par la grâce d'une série de concepts clefs non logiquement organisée. Cette donnée-là est de la plus haute importance. J'y reviens dans un instant. Pour ce qui est du passé antique, il est évident qu'il s'accepte difficilement, car malgré son rôle éminent dans l'histoire du Salut, ce passé-là aura toujours un statut ambivalent: comme il n'a pas bénéficié de la grâce divine (du moins pas directement), il sera toujours inférieur par rapport au monde chrétien.[4] Cette ambivalence se traduit dans la façon dont le Moyen Age traite la matière classique. Sans faire ici l'histoire de la réception de ce que Jean Bodel a nommé la

---

[3] Lors de son onction à Westminster, en 1154, Henri II Plantagenêt promit de restaurer le bon temps de son grand-père. Sans en mentionner — et cela pour des raisons purement politiques — les conséquences pour ses sujets (Schlight 1973: 51). A en croire Jean de Salisbury, Henri put se prévaloir, en 1168, d'avoir réalisé son projet: il avait bien repris les rênes du pouvoir perdues pendant les guerres de succession (Keefe 1983: 93). Le retour au bonheur des ancêtres est un topos populaire. Le fameux archipoète rêve, lui aussi, d'un retour aux bons temps du passé grâce aux efforts de l'empereur allemand: *Iterum describitur orbis ab Augusto, / Redditur res publica statui vetusto* (Langosch 1958: 254).

[4] Ceci n'empêche aucunement les habitants de Rome de considérer la Rome antique comme le modèle par excellence d'une conduite socio-politique heureuse. C'est bien la raison pour laquelle la commune romaine de 1144-55 réinstaurera le *senatus populusque Romanorum* sans savoir d'ailleurs ce qu'elle imitait. Le même phénomène se repérera dans la fameuse rébellion de Cola di Rienzo (Benson 1982: 341-3). La rentrée en scène massive au début du 12e siècle de la culture classique finira par engendrer des discussions passionnées, surtout théologiques, entre soi-disant *antiqui* et *moderni*. Les arguments fournis sont parfois superbement sophistiqués, mais la base restera toujours équivoque, puisque la notion même d'*antiquitas* ne se spécifie jamais (Bredero 1986: 68-74).

matiere de Rome, il faut faire remarquer que cette volonté constante de confronter le contemporain avec la sacro-sainte tradition fera du roman antique, dont les aventures se déroulent précisément dans cet univers païen douteux, un paradoxe difficilement insérable dans une perspective sotériologique au-delà de tout soupçon.

Tout ceci ne veut pas dire que l'homme médiéval ignore que son présent est fort différent du passé. Le fait que de nombreux moralistes chantent la pureté perdue et fustigent leur contemporains trop négligents face à l'apport sotériologique le prouve fort bien. Ce qui frappe cependant, c'est que le passé est considéré comme un ensemble monolithique, qu'il est 'pétrifié'. Ce phénomène intéressant qui se manifestera d'ailleurs dans tous les domaines se repérera jusque dans le 16e siècle.[5] Mais sur quoi cette pétrification se base-t-elle? A travers tout le Moyen Age la connaissance du passé reste fragmentaire, ce qui n'est pas bien étonnant: pour la période d'avant l'ère chrétienne on ne dispose que de renseignements indirects fournis par l'Ancien Testament ou par des sources païennes incomplètes ou réputées non acceptables. Pour la période qui suit on est un peu mieux pourvu, puisque les Pères de l'Eglise ont laissé maint témoignage. Les documents subsistants véhiculent cependant des lacunes et des contradictions que les auteurs médiévaux, faute de points de repère solides, ne peuvent pas assimiler. Ces derniers préfèrent donc ignorer les problèmes. On constate cependant, surtout à partir du 15e siècle, que le sens critique ainsi que le besoin de savoir (besoin qui se manifestera souvent sous forme de collections d'objets, de livres et d'antiquités) amènent un début d'analyse et de synthèse.[6] Ce mouvement dont l'origine doit se chercher dans l'Italie des Académies s'épanouira dans le siècle suivant. Mais avant

---

[5] Giraud-Jung 1972: 56. Un exemple frappant de cette attitude se rencontre encore dans le *Dialogo delle Lingue* de Sperone Speroni. Pietro Bembo, un des participants à ce dialogue croit fermement que la pureté du grec ancien était totale: *... et cosí bene si parlava dal popolo per le piazze, come tra dotti nelle lor scole si ragionava* (De Robertis 1912: 60). Dans son *Courtisan* Baldassare Castiglione nuance ce point de vue; il raconte comment un certain Théophraste faisait de son mieux pour parler le dialecte d'Athènes aussi parfaitement que possible et ce afin de pouvoir passer pour un Athénien de souche; le pauvre n'était même pas capable de convaincre une *semplice vecchiarella* originaire de la ville (Carnazzi/Battaglia 1987: 53).

[6] Voir à ce propos McNeil 1975: 25-36.

cette période de changements considérables la connaissance du passé et à fortiori celle du passé antique n'est au fond qu'une affaire atomisée.[7] Le paradoxe est là: théoriquement le passé est un et indivisible, pratiquement il n'est qu'une collection d'"atomes" isolés.

Et ici on se heurte à deux problèmes: il y a le problème de la quantité de renseignements disponibles et il y a celui de leur qualité. Pour ce qui est de la quantité, le problème est relativement simple: à l'époque dont je parle la totalité du savoir concernant le passé est loin d'être accessible (abstraction faite, bien sûr, des possibilités humaines d'embrasser pareille totalité). Quant à la qualité — et cela se révélera avec une certaine prégnance en littérature et en historiographie — il faut constater que l'enregistrement aussi bien que l'interprétation du passé sont soumis à des traditions exégétiques et persuasives conditionnées par cette supériorité chrétienne déjà mentionnée. L'homme du Moyen Age ne peut et ne veut pas voir juste: il préfère se conformer à la sacro-sainte tradition et ne voir que ce qu'ont vu les *auctoritates*. On ne mettra donc jamais en doute ce qu'ont dit les auteurs d'antan: 'voir' est une affaire psychologique plutôt que physiologique. Si jamais on note des différences, on les ignore ou les escamote ou on se tire d'affaire avec une belle excuse. L'icône d'origine païenne qu'on se construit en réunissant des concepts clefs jugés fonctionnels sera non seulement objet d'une interprétation, mais encore d'une moralisation ou d'une allégorisation. Voilà pourquoi on ne remplit l'icône que de ce qui est adéquat selon les normes du clan dont on fait partie et du moment où l'on vit.

S'y ajoute un facteur d'importance capitale: confrontés avec des textes légués par le passé (païen ou chrétien, peu importe), les hommes du Moyen Age n'ont pas toujours compris que les documents qui leur sont parvenus sont des produits, eux aussi, d'activités rhétoriques importantes et que la *RÉALITÉ 'historique'* (= le polysystème censé abriter les acteurs des textes légués par le passé) et la *'RÉALITÉ' littéraire* (= le polysystème évoqué par le texte qu'ils lisent ou entendent lire) sont deux choses bien différentes l'une de l'autre. Dans quelques instants je reviendrai sur les diffé-

---

[7] Buck 1968: 54.

rentes *RÉALITÉS* qui jouent ici. Pour le moment il suffit de constater que les hommes du 12e siècle ne sont que trop heureux de pouvoir exploiter les veines d'une documentation toujours plus riche, toujours plus nuancée. Benoît de Sainte-Maure utilisera avec une confiance presque aveugle le *De excidio Trojae* de Darès le Phrygien et l'*Ephemeris belli trojani* de Dictys de Crète, textes de notre ère chrétienne, pour faire l'histoire de Troie. Il les préfère au texte d'Homère qu'il traite de menteur et de fou:

> ... ne dist pas sis livres veir,
> Quar bien savons senz nul espeir
> Qu'il ne fu puis de cent anz nez
> Que li granz oz fu assemblez:
> N'est merveille s'il i faillit,
> Quar onc n'i fu ne rien n'en vit.
> ...
> Dampner le voustrent par reison,
> Por ço qu'ot fait les damedeus
> Combatre o les homes charneus.
> Tenu li fu a desverie ...[8]

Benoît donne les comptes rendus de Darès et de Dictys, puisque, selon lui, ce sont d'authentiques témoignages de la guerre de Troie; il accepte tout bonnement leurs récits comme des *attestationes rei visae* fiables.[9] En outre, les récits de Darès et de Dictys maintiennent la barrière entre l'humain et le divin, ce que ne fait pas Homère qui mentionne des combats entre dieux et mortels (cf. vv. 60-1). Cela, c'était inacceptable. A première vue on qualifierait donc sa conduite de critique, mais dans son essence même son attitude n'est rien d'autre qu'une obéissance 'autoritaire': puisque le Dieu chrétien ne daigne pas discuter avec les mortels et se battre avec eux, il est logique que les dieux de l'Antiquité doivent obser-

---

[8] Constans 1904, I: vv. 45-62.

[9] Pour l'importance psychologique du témoignage oculaire, voir Lhotsky 1977: 85; Goetz 1985: 180. Il y a quand même des auteurs qui préfèrent choisir: l'auteur anonyme de l'*Histoire ancienne jusqu'à César* se base surtout sur Darès; il n'emprunte rien à Dictys et ne prend que quelques détails à Benoît (cf. Raynaud de Lage 1957: 278-80). Pour des fragments importants de ce long texte, voir De Visser-Terwisga 1995.

ver la même conduite. D'ailleurs, peindre une couleur locale trop païenne lui attirerait sans aucun doute les foudres de l'Eglise.[10]

Les contradictions ne sont cependant que des émanations de la même intention divine et ils cachent tout simplement une vérité qui n'est pas (encore) accessible. C'est la bien connue notion de *discordia delectans*: on semble accepter joyeusement la combinaison des irréconciliables. Ainsi, confronté avec la *dissonantia scriptorum* au sujet de l'Evangile de saint Thomas, Orderic Vital n'ose pas trancher; il se contente de recommander une certaine cautèle.[11] Ce qui, par contre, ne peut jamais s'ignorer, c'est l'opposition entre ce que l'on croit être les conceptions religieuses de l'Antiquité et les visions chrétiennes accréditées. La pensée païenne ne se tolère que si elle manifeste sa soumission à la Doctrine gardée par Rome et ses serviteurs omniprésents: l'apport de l'Antiquité à la civilisation humaine est considérée comme une des marches de cet escalier qui mène vers le salut chrétien. Il va de soi que les marches supérieures de l'escalier sont celles du christianisme triomphant (en filigrane le thème bien connu de la *translatio studii* et *imperii*, idée psychologique et non pas archéologique). Cette attitude évolutionniste positive ne se trouve pas nécessairement en opposition avec la bien chrétienne idée de la dégradation des temps. Prise au pied de la lettre, cette

---

[10] Les textes médiévaux mentionnent régulièrement des interventions d'êtres célestes au profit de chrétiens mortels en difficultés. C'est ainsi que la *Chanson d'Antioche* relate le secours de toute une armée de saints volant au secours des croisés qui avaient mis le siège devant Antioche; l'apôtre Jacques vient à la rescousse des fidèles devant Clavijo (Duparc-Quioc 1977, I: 9057-71; Vazquez de Parga 1985: 18-9). Et il ne faut pas oublier non plus les nombreux miracles relatant les exploits de la Vierge ou de saints intervenant comme des *sancti ex machina* (pensons à saint Nicolas dans le fameux *Jeu de saint Nicolas* de Jean Bodel). C'est cependant du merveilleux chrétien. De temps en temps le paradoxe que produit le passé antique camoufle une certaine hypocrisie et l'on note que le caractère païen de la matiere antique ne constitue pas vraiment un obstacle. Aussi ne ne cesse-t-on d'en raffoler. Pour ceci, voir Poirion 1976: 213-4.

[11] Chibnall 1969/80, I: 182. Un Pierre d'Ailly sera également prudent. Dans son *Imago Mundi* (1415) il fait de son mieux pour réconcilier l'empirisme moderne et la sacro-sainte *auctoritas* du conformisme: la fameuse formule de saint Augustin: *Major est scripturae auctoritas quam omnis humani ingenii capacitas* pèse toujours (Zycha 1894: 39; Buron 1930, I: 104-5). Pour le cartographe vénitien Fra Mauro c'est l'*auctorita de sancto Augustino* qui conditionne ses pensées et qui le fait rejeter ce qui n'est pas conforme (voir Leporace/Almagià 1966: pl. xxxiii).

dernière idée impliquerait un déclin inévitable du savoir, mais la souplesse philosophique et théologique du Moyen Age transforme la quantité païenne en qualité chrétienne: en épurant le savoir antique on retrouve l'éternel humain compatible avec la Doctrine. Saint Paul n'avait-il pas dit (*Rom.*, 15, 4): *Quaecumque enim scripta sunt, ad nostram doctrinam scripta sunt:* ...? Tout est présenté comme recupérable: Platon est considéré comme un Moïse attique, Aristote réfère, déjà, au Dieu personnel hébraïco-chrétien, et Virgile est supposé avoir annoncé le Christ.[12] Bien sûr, les rôles de ces trois personnages varient considérablement. Je n'insiste pas. Ce qui compte, c'est la capacité médiévale d'absorber et d'interpréter en sa faveur un savoir inacceptable de par sa différence. Le topos de l'*Historia magistra vitae*, formule cicéronienne bien connue, n'est pas uniquement fonctionnel dans le domaine de la morale, mais aussi dans celui du savoir.[13] Bède le Vénérable étudie le passé parce que cela permet d'élucider certains aspects de la société chrétienne qui est la sienne.[14] Quant à la forme ou plutôt les formes qu'avait épousée(s) le dire classique, le problème est moins grand: l'*inventio* médiévale s'inspire volontiers des *modi dicendi* classiques, c'est-à-dire latins.[15] C'est ainsi que la sensibilité auctorielle s'empare de la belle formule latine aussi bien que de la technique rhétorique qui la met en évidence. Dieu n'en sera que mieux servi. Et le prince aussi.

Cette culture classique est donc interprétée dans le sens que je viens de décrire, car elle ne s'intègre point sans précaution. Cela

---

[12] C'est ainsi que le jugement de Pâris peut symboliser le choix entre une vie contemplative et active et que les exploits d'Hercule sont présentés comme une épreuve de l'âme qui se libère de ses contraintes. Aucune surprise non plus de voir l'Hercule païen figurer sur des tympans d'église. Ce n'est que l'approche typologique qui doit être prise en considération: les capacités surhumaines du héros païen préfigurent les capacités indescriptibles du Christ (Arrouye 1986: 16; Garin 1968: 79; Jung 1966: 106).

[13] Cicéron, *De Oratore*, 11.9.36: *Historia vero testis temporum, lux veritatis, vita memoriae, magistra vitae* (Sutton/Rackham 1976: 98-9).

[14] Vaughan 1986: 8.

[15] Pour faire le portrait de Charlemagne Eginhard suit de près *Les Vies des douze Césars* de Suétone. Non seulement il y a la typologie qui joue un rôle, mais aussi le style (Wolff 1971: 25-6). Pour la formule *bien dire et bien aprandre* et ses conséquences, voir chapitre III, note 3.

se comprend. Mais il y a plus. Ce savoir déjà atomisé (on ne dispose que de peu de textes qui ne sont disponibles que sous forme tronquée) est soumis à d'autres procédures de sélection qui le fragmentent encore davantage. En général les auteurs médiévaux n'ont à leur disposition qu'un savoir élagué dans des florilèges d'école dûment purgés où ils puisent ce dont ils ont besoin. Il appert donc que ce n'est pas uniquement la totalité du savoir antique qui est soumise aux exigences d'une supériorité chrétienne qu'on n'a pas le droit de discuter, mais également les détails qui le constituent. Les volontés auctorielles d'arriver à une *dispositio* adéquate intensifient ensuite le processus d'atomisation déjà signalé\ dans ce qui précède.

A tout ceci s'ajoutent les conséquences d'une certaine incompréhension de la RÉALITÉ 'historique' d'antan. Les détails que véhicule l'information tronquée ne peuvent jamais être insérés dans un cadre historique vérifiable, puisqu'au Moyen Age l'histoire (sens moderne) ne se capte ni dans sa totalité ni dans son essence. Comment cela serait-il possible avec, d'un côté, un savoir morcelé et, de l'autre, une incapacité foncière de la part des chrétiens de placer la marche de l'homme dans une perspective autre que sotériologique? Aux yeux des philosophes et théologiens du Moyen Age l'histoire n'est qu'une succession d'événements liés les uns aux autres par les intentions divines.[16]. Pour l'homme du 12e siècle les documents que lui a livrés le passé n'ont pas vraiment besoin de cadre référentiel fiable; ne compte pour lui que la conformité à la vérité. Et la vérité, je l'ai dit, n'est que le résultat d'une approche, d'une interprétation normative. La réalité de la société antique, cette RÉALITÉ 'historique' ne se captera donc pas, puisque, pour autant que les textes anciens qui en produisent des échos soient accessibles et compréhensibles (le morcellement exige quand même son dû), cette RÉALITÉ porte un masque rhétorique et psychologique qu'on ne commencera à lui enlever qu'au 15e siècle, moment où poussé par une curiosité non autoritaire l'homme embrassera la philologie et l'archéologie. Au niveau des détails l'homme des siècles antérieurs manifestera encore bien des doutes, ce qui ne veut pas dire qu'il ne pense pas en termes de causalité; les nombreux

---

[16] De Certeau 1975: 111.

traités des penseurs sont là pour nous prouver le contraire. De la causalité, il y en a. Mais elle ne sera que le produit des liens établis entre le texte et le non-dit qui, lui, relève du seul domaine des compétences et possibilités interprétatives individuelles et/ou collectives.[17]

Il est donc question d'une certaine incompréhension de cette Antiquité si prestigieuse. Mais cela ne veut pas dire que cette incapacité d'interpréter correctement le monde du passé serait compensée par de meilleures connaissances du monde contemporain, de la *RÉALITÉ historique* ou des faits et valeurs qui y ont cours. Loin de là: la société autoritaire qui abrite l'homme médiéval ne tient pas particulièrement à ce que celui-ci développe (trop) son sens critique.[18] Qui plus est, même si l'homme du Moyen Age voulait décrire le monde qui est le sien, il en serait incapable, puisqu'il y a trop d'*inscrutabilia*.[19] Le prologue de la version anglo-normande de la *Lettre du Prêtre Jean* l'indique fort bien:

> Del ciel ne savum si poi nun,
> Ke nul ne deit rendre reson
> De quele nature ciel seit:
> Mult esgarré de ceo serreit.
> De l'eir lasus ensement
> Entendum nus poi ou nïent
> ....
> De ceo ke gueres ne savum
> N'est pas saver si trop parlum [20]

Le problème s'annonce ici dans toute son ampleur: la signification

---

[17] Un exemple intéressant d'une pareille approche non adéquate se rencontre dans les adaptations des calendriers d'origine romaine: un geste symbolisant le sacrifice aux lares domestiques romains devant la cheminée est interprété comme le geste que l'on fait pour se réchauffer devant un feu (Comet 1983: 11).

[18] Le monde païen n'est pas toujours populaire: un Pierre Damien — et je ne donne qu'un exemple — est même farouchement contre toute étude de l'Antiquité; il dit tout simplement qu'on n'allume pas une lampe pour voir le soleil (Davy 1977: 89-90; Wolff 1971: 192, 218).

[19] *Qui facit magna et inscrutabilia. Et mirabilia absque numero* (*Job*, 9:10). Voir aussi ibidem 9:10 et 27:5 et *Isaïe*, 55:8-9. Pour l'attitude d'un Jean de Salisbury face à ce problème, voir Coleman 1992: 313-4.

[20] Gosman 1982: vv. 121-2.

du monde contemporain ne se saisit jamais (*Entendum .. poi ou niënt*). Rien de surprenant donc si le monde antique éloigné dans le temps et disponible seulement sous forme atomisée ne pourra pas être décrit non plus, même si les auteurs médiévaux le voulaient. Et comme la description exacte de leur environnement personnel ne les a pas intéressés (quel aurait bien pu être l'intérêt d'un descriptif adéquat dans un monde qui regarde vers le ciel?), force est de constater que les hommes du Moyen Age ont dû baser leurs comparaisons sur des descriptions boiteuses: aucun des pôles impliqués dans la comparaison du monde antique avec le monde contemporain n'a jamais été vraiment visible. On comprendra que tout ceci n'est pas typique pour la réception de la matière 'de Rome'; il en est de même des matières 'de Bretagne', 'de France' et de toutes les données d'autre provenance.

Le paradoxe s'annonce: dans tous les cas le savoir classique, pour autant qu'il est disponible, est censuré et soumis à des procédures d'insertion qui l'asservissent et le transforment. Mais cela n'empêche pas que son influence ira en s'agrandissant. En dépit du fait qu'au 12e siècle l'apport de la culture classique n'en est qu'à ses débuts, son influence aussi fragmentaire qu'elle soit, bat une première brèche dans le bastion de la pensée chrétienne. La rencontre avec cet univers mental tout à fait différent produit un choc considérable. Je n'ai qu'à mentionner le rôle de la religion: l'homme païen a ses dieux, mais il ne pense pas vraiment en termes de théocratie et cela, les chrétiens ne le comprendront pas. Aussi l'intégration de cette vision du monde inacceptable dans la société chrétienne s'accompagne-t-elle de commentaires qui en neutralisent la perniciosité supposée. Surtout chez les auteurs qui écrivent en latin, langue officielle de l'Eglise. Par contre, auprès des auteurs écrivant en langue vulgaire qui visent un autre public, la réfutation dogmatique ne se trouve pas vraiment sur la ligne principale du récit. Chez eux se repère l'hésitation déjà mentionnée devant le religieux non chrétien, hésitation qui se camoufle à l'aide d'un lexique peu précis. On le verra, entre autres, dans le *RAlix*, Arsenal, Venise et le *RTCh*.[21] L'incompréhension se double ainsi d'une peur de comprendre ou d'expliquer trop bien. Le résultat est — et

---

[21] Voir chapitres VII, XII et XIII.

il faut en être reconnaissant — une augmentation des possibilités poétiques.

Aux conditions imposées de par les circonstances s'ajoutent les exigences du didactisme médiéval. Au moment même de l'intégration du texte dans la société réceptrice se pose le problème de la pertinence sociologique aussi bien que de l'acceptabilité de sa *'RÉALITÉ' littéraire* pour les destinataires.[22] Il est inutile de rappeler que les auteurs de l'époque n'ont pas suffisamment d'indépendance pour faire ce qu'ils veulent et que le monde atomisé du passé antique ne produit qu'un cadre flou balisé par quelques concepts clefs qui pour ainsi dire demande un remplissage adéquat. Il en est de même de la *RÉALITÉ historique* nationale.[23] Les concepts clefs discutés au chapitre III feront l'affaire. La façon dont les textes travaillent les éléments puisés dans le catalogue des coutumes féodales l'illustre bien. Censée véhiculer le passé national, la matière carolingienne de la chanson de geste ne discute au fond que le contemporain: le défi de Ganelon ne se comprend que dans une société qui vit dans le contexte féodal de la France du 12ᵉ siècle. Ce lien est encore logique, puisque le système socio-politique instauré par Charlemagne se trouve au berceau même du système féodal et les jongleurs/copistes ne font que se référer à ce qui existe déjà. Le cadre antique basé sur des documents provenant d'un passé païen sera, lui aussi, féodalisé (terme équivoque d'ailleurs),[24] mais comme je l'ai dit plus haut, cette couverture socio-politique n'est que le produit d'une attitude auctorielle vraiment peu consciente du clivage entre le cadre historique du document-source (la *RÉALITÉ 'historique'*) et celui de la situation contemporaine (la *RÉALITÉ historique*). C'est la procédure d'insertion qui compte et non la *matiere*: le

---

[22] Auerbach 1967: 137-8; Bulhof 1983: 6.

[23] Evidemment, le concept 'national' ne doit pas être pris dans son acception moderne. Ici l'adjectif ne renvoie qu'à une antériorité motivant et garantissant le présent de certains groupes sociaux qui habitent (encore) le même territoire et qui partagent (ou pensent partager) toujours les mêmes idées (Guenée 1981).

[24] Ce terme moderne est aussi équivoque que le concept 'medievalization' proposé par Ian Michael 1970: 176-248, car la réorientation de certains détails implique non seulement de bonnes connaissances des deux périodes en question (le passé lointain aussi bien que la situation de l'époque, la *RÉALITÉ historique*), mais aussi une bonne perception de ce qui les distingue l'un de l'autre. Or nous savons qu'il n'en était rien.

Roman de Thèbes retravaille la *Thébaïde* de Stace dans la perspective de la lisibilité indispensable dans le contexte récepteur qui a des traits féodaux. Un conflit comme celui qui oppose Daire le Roux à son maître en est un exemple frappant.[25]

Et c'est ici que règne, en maître presque absolu, l'anachronisme créateur. Les facteurs énumérés dans ce qui précède (l'atomisation du passé, la précellence d'exigences socio-religieuses et dispositionnelles impliquant le rejet ou la neutralisation du païen authentique ainsi que le didactisme régissant l'adaptation aux besoins d'un public encore moins conscient peut-être que les auteurs des problèmes liés au choc des cultures) transforment le passé et ses héros. Ceux-ci sont — et on l'a dit déjà bien souvent — des héros ambigus. Depuis un bon moment déjà l'Alexandre des nombreuses *vitae* qui circulent n'est plus un Grec vivant dans un contexte authentiquement grec. Il n'est que l'avatar d'un processus de transformation qui a commencé au moment même où les panégyristes ont confié ses faits et gestes au papyrus et au parchemin: dans tous les textes abstraction, sélection et parti conditionnent la perception et des activités du héros.[26] Ce processus est d'autant plus compliqué qu'il ne nous reste presque rien du temps du héros lui-même, puisque les documents qui se trouvent à la base des textes médiévaux sur Alexandre datent de notre ère. Par des chemins extrêmement tortueux la matière de Macédoine arrive dans l'Europe occidentale. Le héros s'y conduira comme un prince possiblement français, allemand, anglais, etc. La distance entre la RÉALITÉ 'historique' et l'image qu'en donne ou conserve l'auteur médiéval est tellement grande que l'Alexandre du *RAlix* n'est pas un Grec à la mode de France, mais un Français à la mode de Grèce.[27]

Toutes les comparaisons effectuées par les auteurs médiévaux et par leurs destinataires sont boiteuses. Je viens de le dire. Mais on ne peut pas nier qu'il y a eu des héros ainsi que des mises en scène antiques auxquels on a voulu et pu s'identifier.[28] Ces

---

[25] Zumthor 1972: 33; Petit 1985: 113-61.
[26] Petit 1985; Rusch 1985: 297.
[27] Une 'France' et une 'Grèce' à la médiévale, bien sûr.
[28] La qualification 'antique' renvoie ici à une RÉALITÉ 'historique' qui n'est pas antique du tout, car le Moyen Age n'a pas accès à un passé empiriquement vérifiable. Pour ce dernier aspect, voir Gombrich 1984: 122-8.

héros ont été présentés comme des personnages d'antan et ils ont été interprétés en tant que tels. Mais comme les auteurs médiévaux ne fournissent jamais un descriptif adéquat (d'ailleurs, qu'est-ce qu'ils auraient pu enregistrer: leurs 'sources' ne produisaient que des concepts isolés?), les destinataires ont dû se contenter de ce que j'appelle des icônes: des portraits dont les contours ont été posés avec des traits de plume rapides. Des couleurs ou des nuances permettant des identifications immédiates et sûres, il n'y en a pas. L'icône n'est qu'une classe de concepts clefs. Dans la pratique on a donc affaire à des portraits robot utilisables dans de nombreux contextes. L'icône fournit la possibilité d'actualiser une série de connotations fonctionnelles: le destinataire remplira pour ainsi dire l'icône de ce qu'il juge conforme, utile ou agréable et il l'entoure de cercles connotateurs. Seul le contexte immédiat permettra donc une identification adéquate et éventuellement complète. Et identification signifie ici 'conformité à ce qui relève de la norme et/ou de la tradition'. La réception du personnage d'Alexandre dans les différentes littératures en donne de nombreuses illustrations. Fréquemment on trouve des comparaisons entre les qualités d'un prince médiéval et celles (supposées) du Macédonien. Techniquement la procédure sera toujours défectueuse: la comparaison, déjà mentionnée au chapitre I, de Philippe de Flandres avec Alexandre le Grand, ne confronte pas le comte historique avec l'Alexandre historique (ce genre de comparaisons est impossible), mais établit des rapports entre les vertus standard du comte (N.B. cet ensemble est donc également une icône) et une icône renvoyant à une *utilitas* princière idéalisée. Ce que l'on constate, c'est que le pantonyme seul fait l'affaire; on semble connaître cette icône 'Alexandre'.[29]

La conséquence en est que la *narratio* ne sera qu'un métadiscours par rapport à la RÉALITÉ *historique* qui est celle du ou des destinataires. Bien sûr, dans les romans antiques la chronologie détermine en principe la *dispositio* de la matière; pour ce qui concerne le Macédonien le schéma de ses aventures est connu: presque tous les textes fournissent une *vita* qui va de la naissance à la mort.

---

[29] Ce qui n'élimine aucunement les possibilités auctorielles de pousser la flatterie: le comte Philippe de Flandres est même supérieur au Macédonien qui *ot en lui amassez/ Toz les visces et toz les maus/Dont li quens* [= Philippe] *est mondes et saus* (Roach 1959: vv. 19-20). Voir aussi Harth 1982: 467.

Ce qui varie cependant à l'intérieur de ces ensembles, c'est l'importance des différents épisodes livrés par la tradition: tantôt on met l'accent sur son éducation, tantôt sur sa chevalerie ou ses conquêtes, tantôt sur son statut *gratia Dei*, tantôt sur ses vices et ses défauts.

Dans la littérature médiévale qui cherche son référent dans un ailleurs, l'anachronisme, roi incontesté du pays de la réception, vit à cœur joie sa créativité passive et active. A l'époque qui nous concerne ici, cet anachronisme (jamais perçu en tant que tel: le passé, le présent et le futur ne semblent qu'un) est un véhicule confortable sur le chemin de la production littéraire. L'analyse de la réception de la matière antique dans la littérature médiévale devra donc tenir compte de la position intermédiaire et réconciliante de l'anachronisme. Schématiquement on se représenterait le processus de la façon suivante:

1	2	3	4	5
RÉALITÉ *'historique'*	perception et sélection de traits pertinents	activité poétisante	activité anachronisante	*réalité historique*

Pour des raisons d'économie j'ai simplifié le dessin: on pourrait penser à des schémas plus complexes et plus proches d'une réception authentique. Dans la case 1 la *RÉALITÉ 'historique'* actorielle renvoie à ce qui se trouve dans le passé.[30] Le concept *réalité* (case 5) renvoie à la dérivation ou plutôt la déviation littéraire de ces concepts philosophiques à la fin d'un parcours spécifique balisé par les activités des cases 2, 3 et 4. Ces dernières n'évoquent pas des procédures indépendantes, mais des activités qui se trouvent dans des rapports de simultanéité et de réciprocité. Ce qui complique

---

[30] N.B. Au cas où il s'agit du monde dans lequel vivent le destinateur et ses destinataires médiévaux, je parle de *RÉALITÉ historique*; l'adjectif *'historique'* s'explique de par le fait que les hommes du 12ᵉ siècle prennent l'image déformée de la *RÉALITÉ* macédonienne qu'ils ignorent (!) pour une *RÉALITÉ historique*. Cela, c'est bien impossible. Le schéma que je viens de produire visualise les procédures littéraires impliquées.

toute interprétation actuelle, c'est le fait qu'il faut multiplier le schéma présenté ici: par rapport à la RÉALITÉ *historique* macédonienne empiriquement vérifiable que nous ne connaissons qu'à travers une RÉALITÉ *'historique'* (fruit d'une perception) le texte du Pseudo-Callisthène présenterait une *réalité I*. Pour le besoin de la cause j'accepte ici la prémisse que ce soit là la première mise en texte. Le remaniement en latin de la tradition alpha de ce texte par Julius Valerius produit son interprétation de ce qu'il a considéré comme la RÉALITÉ *historique* authentique de la Macédoine de notre héros. Ce sera une *réalité II*. Ce *Res gestae Alexandri Magni* sera surtout populaire à travers l'épitomé qui en sera fait au 9e siècle; cet épitomé sera donc une *réalité III*. Et ainsi de suite.

Albéric, le premier auteur médiéval qui nous présente une *vita* d'Alexandre en langue vulgaire, prend son bien où il le trouve et il amalgame joyeusement ses sources qui, toutes ensemble, doivent avoir représenté à ses yeux la RÉALITÉ *'historique'*.[31] Ce que produira Albéric — et je court-circuite délibérément — sera une *réalité I'*.[32] Face à Albéric l'auteur anonyme de l'*ADéca*, le curé allemand Lamprecht, Lambert le Tort, Eustache et Alexandre de Bernai se trouvent dans des positions indiquées par le schéma: pour eux le texte d'Albéric, qui remplaçait les sources païennes antérieures (les *réalités I, II* et *III*), représentait (une partie de) la RÉALITÉ *historique*. Ils produiront une *réalité II', III'*, etc. Thomas de Kent occupe une position à part, puisqu'il exploitera aussi la *réalité* lui fournie par l'*Historia de Preliis*. Sa version produit donc une *réalité X'*.

Il faut supposer une même procédure lors de l'enregistrement de la RÉALITÉ *historique* contemporaine des auteurs de nos textes. Introduisant dans leurs produits des données de leur temps (par exemple les éléments chevaleresques et féodaux ainsi que les

---

[31] Albéric combine plusieurs textes consacrés à la vie d'Alexandre. La conséquence en est que ce qu'il prend pour la RÉALITÉ *historique* macédonienne n'est qu'une combinaison des *réalités I, II, III*, etc. lui livrées par les sources exploitées. Dans la pratique il s'agit donc de l'intégration et de l'assimilation d'une série d'interprétations différentes.

[32] La numérotation *I, II*, etc. renvoie à la série des textes commençant avec la version du Pseudo-Callisthène. La série *I', II'*, etc. renvoie à la chronologie des créations en langue française dont le texte d'Albéric est sans doute le premier.

idées sur la royauté idéale dont j'ai fait l'inventaire au chapitre III), ils adoptent vis-à-vis de leur propre contexte socio-politique pratiquement la même attitude que devant cette *RÉALITÉ historique* qu'ils croient pouvoir dépister dans leurs sources. Abstraction faite de tous les problèmes inhérents à une incompréhension ou même à une résignation devant les *inscrutabilia* de la création divine, on aura toujours affaire à des procédures de sélection et de poétisation qui renvoient de temps en temps à des données connues.[33] Bien sûr, les perspectives esquissées ci-dessus sont celles du chercheur moderne et pour ne pas se faire piéger, celui-ci devra tenir compte du fait que le poète du 12e siècle ne se sera guère occupé de ce genre de méta-discours. Du moins, ce poète n'en parle pas et fort probablement il ne s'est même pas rendu compte des problèmes philosophiques sous-jacents. Pour ce dernier l'histoire appartenait aux arts libéraux et relevait donc tout simplement des *modi dicendi* en usage.[34]

C'est à l'aide de la *'RÉALITÉ' littéraire* que le destinataire se crée le référent souhaité.[35] Ce référent, résultat et postulat de l'analyse,[36] sera pour lui un des pôles de la comparaison qu'il est censé effectuer; l'autre pôle est la *RÉALITÉ historique* dont il fait partie. Avec l'auteur/traducteur/adaptateur, bien sûr.[37] Ici encore, il y a un problème: la *RÉALITÉ historique* est non seulement l'objet d'une procédure descriptive de la part du destinateur (= l'instance auctorielle) aboutissant à la *réalité I'* ou *II'* ou *III'* et ainsi de suite, mais elle est aussi objet d'interprétation de la part du ou des desti-

---

[33] Lucien Goldman l'a bien dit: 'la reprise par l'écrivain des éléments de contenu de la conscience collective, ou, tout simplement, de l'aspect empirique immédiat de la réalité sociale qui l'entoure, n'est presque jamais ni systématique ni générale et se trouve seulement en certains points de son œuvre. C'est dire que dans la mesure où l'étude sociologique s'oriente, exclusivement ou principalement, vers la recherche de correspondances de *contenu*, elle laisse échapper l'unité de l'œuvre, et cela veut dire son caractère *spécifiquement littéraire*' (1964: 344-5)

[34] Goetz 1985: 170.

[35] Domenec 1982: 102-3; Foulkes 1983: 29, 32.

[36] De Certeau 1975: 54.

[37] Dans la discussion j'ai passé sous silence la *RÉALITÉ historique* proprement dite des auteurs antiques: la société hellénistique dans laquelle a vécu l'auteur connu sous le nom de Pseudo-Callisthène ne se trouve qu'au-delà de cette *'RÉALITÉ' littéraire* du 3e siècle.

nataires qui traduiront les données dont ils disposent en *réalités I"*, *II"* ou *III"*, etc. Ces *réalités* seront plus ou moins conformes aux idées reçues ayant cours dans le groupe dont tous les personnages impliqués font partie.[38]

La conclusion qu'on doit tirer de tout ceci est que le *RAlix*, et il en est de même de tous les autres textes de l'époque qui véhiculent une matière de provenance étrangère, ne (re)présente jamais une RÉALITÉ *'historique'* (celle des acteurs présumés être des Macédoniens), mais plutôt une *réalité (X)* auctorielle proche de celle du ou des destinataires. Ceux-ci la confronteront à travers la *'RÉALITÉ' littéraire* avec leur propre présent (= leur interprétation de cette RÉALITÉ *historique*!) ou avec un passé très récent. L'interprétation ne s'identifie donc jamais avec telle ou telle RÉALITÉ (que ce soit celle de l'auteur/adaptateur ou celle de ses destinataires) mais avec quelque chose qui se trouve entre les différentes RÉALITÉS impliquées. Formulée autrement: le lecteur/auditeur de l'époque compare son interprétation personnelle de ce que lui livre le texte (et cela, c'est déjà une interprétation!) avec son interprétation à lui de son propre polysystème, et il constatera des correspondances aussi bien que des différences.[39] Comme le passé évoqué par l'œuvre littéraire traduit une perfection perdue au cours des siècles,

---

[38] Il faut bien signaler que ce que produit l'auteur désireux de s'insérer en contexte n'est bien souvent que fantaisie, mais les contraintes exercées par l'indispensable lisibilité n'occasionneront qu'un imaginaire enté sur des structures qui se prétendent identiques aux structures socio-politiques environnantes (Escarpit 1970: 18; Rubey 1985: 231; Bumke 1979). Ce qui tracassera l'interprète moderne, c'est la question de savoir s'il s'agit d'activités auctorielles conscientes ou non. Cette question fascinante restera bien souvent sans réponse.

[39] C'est effectivement un problème philosophique de la première importance: le texte littéraire médiéval qui est ontologiquement elliptique et qui manque de repères chronologiques et géographiques précis, ne peut pas refléter directement une RÉALITÉ *historique* contemporaine. Dire que la société troyenne 'décrite' dans le *Laud Troy Book* de John Lydgate (1412) reflète la société de l'Angleterre de l'époque (Stanesco/Zink 1992: 32) va donc un peu loin. Sans aucun doute la lisibilité requise aura exercé ses droits (il doit donc y avoir eu des points de repère permettant aux destinataires anglais de reconnaître leurs soucis et leurs rêves), mais au début du 15e siècle on est encore loin de la volonté explicite d'évoquer (trop) directement la société contemporaine. Voir Kuhns 1972: 105; Bulhof 1983: 6; Bredero 1986: 80.

la moralisation en sera la conséquence logique.[40]

Le roman antique ne produira donc jamais une description empirique (sens moderne) d'une situation spécifique localisable dans l'histoire. Comme je l'ai déjà dit dans ce qui précède, ce problème manque de pertinence au Moyen Age. Ne compte que la mise à jour d'un contraste qui, pour être opérationnel, cherche le consensus du destinataire qui en acceptera le(s) message(s) dès que la plausibilité circonstancielle de la *'RÉALITÉ' littéraire* est assurée.[41] Vu sous cet angle il est intéressant de relever dans les romans antiques, et donc aussi dans le *RAlix*, l'absence de repères temporels précis ou de références à des événements spécifiques, etc.[42] Ce que pourchasse le narrateur, c'est une constance aussi bien qu'une cohérence. Le premier élément exige certains efforts empiriques de la part des destinataires, le deuxième fait appel à leurs capacités interprétatives ainsi qu'à leur routine de lecteurs/auditeurs. Compte tenu de l'impossibilité de reconstituer le passé, voire de ce non-intérêt qu'on constate de temps en temps auprès des hommes du 12ᵉ siècle pour ce problème spécifique (les deux vont

---

[40] Dans le cas d'une lecture de notre texte du temps d'Alexandre de Bernai lui-même les *RÉALITÉS historiques* (celle du compilateur et celle des destinataires) coïncident. Cependant, lorsqu'il y a un décalage entre la *RÉALITÉ historique* de l'auteur et celle du destinataire, il y aura un problème de réception. Au cas d'une lecture du *RAlix* à la cour de Charles le Téméraire, il y aura (au moins) deux *RÉALITÉS historiques* distinctes: celle du polysystème 'français' du 12ᵉ siècle et celle de la 'Bourgogne' du 15ᵉ siècle. Charles aura confronté la *'RÉALITÉ' littéraire* du *RAlix* avec sa propre *RÉALITÉ historique*. Et il les aura interprétée toutes les deux. Pour l'intérêt qu'a porté le Téméraire aux aventures des grands héros d'antan, voir Beaune/D'Arbaumont 1883, II: 334; Calmette/Durville 1964, II: 154-5; Acham 1982.

[41] Entre parenthèses: il se peut que la *RÉALITÉ 'historique'* se fasse *historique* et ce à travers une *'RÉALITÉ' littéraire* d'ailleurs pas perçue en tant que telle. La vérité biblique a des effets curieux: une description de la Jérusalem céleste qu'on trouve sur les murs de San Pietro al Monte (Civate) renvoie ainsi à un empirisme purement autoritaire dont le descriptif (essentiellement littéraire) provient de l'*Apocalypse*. L'ensemble sera interprété et comme *'historique'* et comme *historique*. Cf. Van Run 1994: 357-8.

[42] La précision du calendrier narratif établi par Jacques de Longuyon dans ses *Vœux du Paon*, longue interpolation dans le *RAlix*, n'en sera que plus intéressante. Mais là nous sommes au début du 14ᵉ siècle et à ce moment précis de l'histoire le monde a déjà bien changé. La précision matérielle des heures est celle de l'horloge et n'a plus d'aspects sotériologiques (Gosman 1984a).

encore ensemble), il est licite de prétendre que le passé evoqué dans le *RAlix*, cette *'RÉALITÉ' littéraire*, n'est qu'une (re)présentation idéalisée et moralisée d'une *RÉALITÉ historique* du 12ᵉ siècle.[43] Voilà le cercle bouclé.

Le même phénomène se rencontre dans l'hagiographie: les vies de saint sont, elles aussi, caractérisées par une imprécision historique bien souvent inévitable. L'attitude morale d'Orderic Vital devant les problèmes soulevés par les contradictions relevées dans ses sources a déjà été mentionnée. Mais le phénomène a aussi des aspects purement pragmatiques. La procédure suivie lors de la canonisation de saint Bernard en fournit une belle illustration. Sa première *vita* écrite de son vivant ne produit pas le résultat souhaité, mais une deuxième version retravaillée et terminée en 1173 répondant aux exigences traditionnelles des vies de saint fait maintenant l'affaire: en 1174, la Curie accepte la canonisation de Bernard.[44] Je n'insisterai pas sur les aspects politiques de l'affaire; il suffit de faire remarquer ici que les *vitae* des saints devaient, si elles voulaient être fonctionnelles dans le cadre d'une procédure de canonisation, tenir compte, elles aussi, de l'horizon d'attente du ou des destinataires (en l'occurrence celui des autorités ecclésiastiques).

Le texte médiéval qui fait appel au passé doit reconstituer une aire de rencontre, une *'RÉALITÉ' littéraire*, plausible.[45] Et c'est là que l'anachronisme joue son rôle conciliateur. L'anachronisme n'est donc pas un sous-produit de l'activité traduisante, mais bel et bien l'instrument créateur par excellence, le passeport qui donne accès au pays de la réception. Pays contrôlé, pour maintenir l'image, par un mécénat ou une volonté autoritaire qui bien souvent se font contrainte ou censure. D'une façon ou d'une autre, les auteurs/adaptateurs doivent offrir à leurs patrons et à leurs destinataires la possibilité de reconnaître dans les œuvres littéraires qui

---

[43] Il faut rapprocher de tout ceci la remarque pertinente de Daniel Poirion (1978: 89-109) que dans le dialogue entre la littérature et l'histoire, ce n'est pas celle-ci qui apporte le sens, mais celle-là. Voir également Muratova 1986: 59-60.

[44] Bredero 1986: 159, 177-8.

[45] Cette *'RÉALITÉ' littéraire* télescope le passé et le présent sans (trop) les distinguer. Le résultat est un mélange arbitraire et hétérogène (Curschmann 1992: 57).

leur sont dédiées — avec ou sans commande préalable, peu importe — ou bien leur propre statut ou bien leur propre contexte.[46] Un *Partonopeus de Blois* écrit entre 1182 et 1185 reprend certains détails renvoyant au règne de Philippe Auguste sans pour autant vouloir décrire la société française de l'époque. Loin de là: le texte ne veut que des repères pouvant occasionner une reconnaissance possible.[47] Voilà pourquoi le *RTCh* suggère une royauté macédonienne forte pas trop éloignée des conceptions politiques d'un Henri II sans pourtant suggérer une ressemblance trop précise.[48] Le cadre référentiel ('français', 'anglais' ou 'autre') reste toujours flou: la mimésis de la *RÉALITÉ historique* auctorielle n'est pas pourchassée par les auteurs de l'époque.[49] Car on n'imite pas Dieu.[50] Et c'est ici que se révèle l'utilité de l'absence de marqueurs temporels et spatiaux. L'œuvre littéraire, en principe fruit d'une perception momentanée s'élève maintenant au niveau de la longue durée, voire à celui de l'universalité.[51] Le narré, ce *probabile aptumque*, se constitue modèle à imiter. Du coup la porte s'ouvre grande à la moralisation.[52]

Cependant, si l'on veut analyser les différents aspects de la réception de la légende du Macédonien dans les littératures et les sociétés du 12ᵉ siècle, on se heurte encore à deux autres problèmes majeurs. Le premier est la complication de la genèse de la légende et de toute cette série de textes qui, ensemble, font preuve de la mouvance textuelle. Le deuxième — et voilà le paradoxe qui s'annonce — est la quasi-immobilité de la légende qui s'explique, d'une part, par le traditionnalisme de l'écriture médiévale (on ne rejette pas ce qu'a produit le prédécesseur, mais on le complète et le récrit) et, d'autre part, par l'inertie du système socio-politique à l'intérieur duquel le texte est censé fonctionner, car la société médiévale n'aime guère les changements. Le statu quo est sacro-

---

[46] Firth-Green 1980.
[47] Keller 1985: 197-9.
[48] Voir chapitre XIII.
[49] Ce cadre référentiel sera toujours ou bien la *réalité I'*, *II'* ou *III'*, etc. de l'auteur ou bien la *réalité I"*, *II"* ou *III"*, etc. du ou des destinataires.
[50] Pour cette appréciation négative d'un empirisme trop poussé, voir Guenée 1981: 290-1; Camille 1989: 27-56.
[51] Vovelle 1982: 48-52.
[52] Vanderjagt 1985: 222.

saint. C'est là la prise de position psychologique et religieuse dominante. La dure pratique de tous les jours ne peut cependant pas faire obstacle à toutes les tentatives de changement. Il y aura donc du nouveau, mais son introduction est lente et prudente. On en relève des traces dans les textes étudiés ici et ce malgré le fait que la matière d'Alexandre est relativement constante et clichématique. Cela se voit clairement lorsqu'on confronte la lignée Albéric de Pisançon: Alexandre de Bernai avec, par exemple, les attitudes adoptées par les auteurs/adaptateurs du *RTCh*, du *RAp* ou des interpolations des 13e et 14e siècles. Le roi macédonien n'est pas une figure historique proprement dite fonctionnant dans un contexte spécifique, une *RÉALITÉ historique* macédonienne empiriquement descriptible et archéologiquement vérifiable. Si c'était là le cas, les possibilités interprétatives s'en trouveraient bien limitées. Il n'est pas non plus le héros évoqué par l'œuvre littéraire, car cela en déterminerait et restreindrait une fois pour toutes le ou les sens. Alexandre est une icône atemporelle d'une *utilitas* royale.[53] Et cette icône se construit quelque part entre les différentes *RÉALITÉS* mentionnées. Comme chaque destinataire a sa propre perception de la *RÉALITÉ*, l'icône 'Alexandre' se fera poly-interprétable. Voilà ce qui transforme ce héros en protagoniste d'une *réalité I'* ou *I"* etc. fonctionnant comme miroir de prince. L'image du miroir qui ne reflète que ce qui se trouve devant lui traduit très bien le processus: on ne peut mettre devant la glace que ce qui est 'du moment'.[54]

---

[53] J'y reviens au chapitre IX.

[54] Il est peut-être vrai que l'homme a besoin d'un miroir qui renvoie une image toute faite, comme le dit Fischer 1993: 10. Mais c'est là un argument d'ordre philosophique. Le malheur (ou plutôt: le bonheur!) des créations artistiques (sens large) est que leur concepteur a regardé son objet à travers un prisme et que le regard des interprètes passe à travers un autre prisme (Gerritsen 1974: 245).

V

LA DISTANCIATION AUCTORIELLE

Dans ce qui précède on a vu que la *'RÉALITÉ' littéraire* n'est en vérité qu'une espèce de métacommentaire par rapport à la *RÉALITÉ 'historique'* (le moment actoriel qui appartient au passé) et à la *RÉALITÉ historique* (le présent du destinateur et des destinataires). Ce métacommentaire doit marquer de façon positive les membres de la caste dont on chante la perfection et présenter de façon évidemment moins positive les opposants.[1] La signalisation dépend du *modus scribendi* adopté: dans les textes présentés selon le mode épique l'information est principalement offerte sous forme paratactique; la signalisation auctorielle se trouve donc surtout dans le circuit parallèle. Là où s'agit du mode romanesque, la syntaxe et le métacommentaire domineront bien souvent la mise en texte des concepts clefs. Les différences entre le mode épique et le mode romanesque sont évidentes, mais elles ne sont jamais vraiment pertinentes, puisque la production culturelle de l'époque ignore les cloisons étanches. En fait, il ne sera question que de différents degrés d'organisation: le mode épique n'ignore pas la causalité en tant que principe régisseur et le mode romanesque montre de temps en temps bien des mises en scènes épiques, c'est-à-dire des scènes où les données constituantes sont disposées en parataxe. Quant aux textes étudiés ici, ils appartiennent à la catégorie épique où le métacommentaire quantitativement faible relève surtout du domaine de la connotation.

Ce qu'évoque la *'RÉALITÉ' littéraire* de ces textes n'est au fond rien d'autre qu'une série d'icônes charriant les concepts clefs doublée d'un parcours informationnel parallèle que le destinataire devra actualiser. Une combinaison effective des icônes et des renseignements qu'on peut glaner dans le circuit parallèle produit un

---

[1] On peut penser, entre autres, aux paroles de Charlemagne à son fils Louis dans le *Couronnement de Louis*:

> Et altre chose te vueil, filz, acointier,
> Que, se tu vis, il t'avra grant mestier:
> Que de vilain ne faces conseiller,
> Fill a prevost ne de fil a veier:
> Il boisereient a petit por loier. (Langlois 1966: vv. 204-8)

ou plusieurs sens acceptables, sociologiquement fonctionnels.[2] Techniquement parlant ce circuit indispensable se trouve entre les différentes *RÉALITÉS* impliquées: la *'historique'* et la *historique* d'une part et la *'RÉALITÉ' littéraire* qui propose la *riche istoire* du *RAlix* ou le *deduit* du *RTCh* de l'autre. Il va de soi que ces deux comptes rendus des faits et gestes du Macédonien s'interpréteront de plusieurs façons. Alexandre et Darius III sont des icônes dont le contenu et la conduite s'opposent; leur confrontation dote l'aventure d'un ou plusieurs sens que les destinataires doivent reconstituer eux-mêmes. En l'occurrence le texte fournit de nombreux indices valables: ce qui arrive à Darius sera une mise en abyme de la situation du Macédonien.[3] Il en est de même de l'opposition entre Alexandre et ses serviteurs déloyaux Antipater et Divinuspater. Là aussi la tradition ainsi que le balisage auctoriel aident les destinataires. Les icônes que livre la documentation ne se trouvent pas nécessairement en position antagonique. Loin de là. Les rapports entre Alexandre et ses compagnons fidèles sont greffés sur une comparaison entre l'icône par excellence de l'*utilitas* royale et des icônes d'une fidélité vassalique à toute épreuve. Ces icônes se renforcent: ensemble ils suggèrent la perfection proverbiale censée être typique de la société macédonienne d'antan que les destinataires devront transposer dans leur propre contexte (plus ou moins féodal). Mais comme la vertu héroïque prime, la signalisation des antagonismes sera la tâche la plus importante de l'auteur/adaptateur. On relèvera donc dans le texte les traditionnelles oppositions entre Bons et Mauvais: Alexandre est le héros par excellence, voire l'élu de Dieu; ses ennemis ne font qu'incarner toutes les erreurs que peuvent commettre les méchants dans ce monde. Une pareille dichotomie narrative ne produira qu'une morale.[4] Dans les textes où les données sont sériées en parataxe et où la dichotomie n'est pas instantanément accessible, une signalisation parallèle sera indispensable pour une bonne interprétation. L'importance en sera d'autant plus grande qu'il s'agit de textes évoquant des polysystèmes

---

[2] Brackert 1968: 112-3.

[3] Voir chapitre IX.

[4] L'impact moralisateur d'une narration cohérente mettant en scène une conduite modèle a déjà été souligné par Léon le Grand: *validiora sunt exempla quam verba* (cité par Knapp 1975: 78).

non conformes: la distanciation auctorielle aidera les destinataires à trouver ce qu'ils veulent entendre.

Le compilateur du *RAlix* escamotera ainsi les critiques modérées qu'on trouve par exemple dans la version de Strasbourg de l'ouvrage du curé Lamprecht qui, lui, se base également sur Albéric. Dans sa version à lui l'Allemand prend parti pour les Tyriens dont Alexandre veut détruire la ville: *Alexander tet in unreht* ('Alexandre leur faisait du tort').[5] Pas de reprise non plus dans les réécritures françaises étudiées ici de la bien connue condamnation par Orose déjà relevée: *uere ille gurges miserarium atque atrocissimus turbo totius Orientis*.[6] Les auteurs/adaptateurs des versions françaises qui s'insèrent dans la lignée Albéric de Pisançon: Alexandre de Bernai taisent tout ce qui pourrait ternir le blason du héros. Pas question chez eux d'une bâtardise du héros ou d'un alcoolisme éventuel comme le dit un Léon de Naples: son Alexandre à lui aurait été *vino et ira victus*, pas un mot non plus sur les excès sexuels auxquels le héros se serait livré.[7]

Il va de soi que la mise en texte de tous les concepts clefs qui sont les éléments constituants mêmes des icônes confronte les auteurs/adaptateurs de l'époque avec un problème de taille: ils doivent veiller à ce que les données inhérentes aux polysystème païen évoqué par leurs sources s'intègrent sans trop de difficultés dans le polysystème chrétien qui est le leur et qu'elles y soient comprises. Aux destinataires la tâche d'en distiller le ou les sens qui leur conviennent. Si la plupart d'entre eux y réussissent, le texte sera sociologiquement intégrable: quelques lectures défaillantes n'en bloquent pas nécessairement la réception. Par contre, si la plupart des destinataires sont incapables de réaliser une interprétation sociologiquement adéquate, le texte sera inutilisable dans le contexte initialement visé par son créateur.[8] Cette matière de Rome païenne

---

[5] Ruttmann 1974: v. 1329.

[6] Arnaud-Lindet 1990, I: 147 (= livre III: 7,5).

[7] Pessonneaux 1861: 159, 416; Zangemeister 1882: 151.

[8] Il est indubitable qu'une acceptation de par une majorité peut faciliter l'absorption d'une création littéraire ou artistique. Mais de quelle majorité doit-on parler? Dans un contexte médiéval c'est, bien souvent, l'opinion du chef ou celle des grands qui jette le plus grand poids dans la balance: les princes désireux de se faire valoir ne tolèrent que leur opinion à eux. C'est donc surtout la qualité des destinataires qui compte.. Cette tendance se manifestera davantage dans les siècles

et parfois bien étrange nécessite donc de la part des auteurs/adaptateurs une certaine distanciation vis-à-vis de tout élément non conforme.[9] Cette activité ne concernera cependant presque jamais des questions de véridicité factuelle: en principe on ne discute pas le oui ou le non d'un événement appartenant au passé ou au présent. Tous les auteurs prétendent fournir la vérité; pour que leur vérité à eux soit cependant acceptable et acceptée, ils en neutralisent tout ce qui risquerait d'en réduire les possibilités d'intégration. A cette fin ils écartent d'abord tout élément politiquement et religieusement non conforme. Ensuite ils font de leur mieux pour rendre maximale l'efficacité de la ou des thèses dominantes de leur création.

Le rejet par l'auteur du *Roman de Troie* de l'apport d'Homère parce que celui-ci avait mélangé les faits et gestes des dieux païens avec ceux des mortels a déjà été mentionné dans le chapitre précédent. La plausibilité de sa version de la guerre de Troie en profitera. Du moins, c'est ce que pense Benoît. Par un raisonnement analogue les auteurs/adaptateurs des versions étudiées ici réfutent (du moins, ceux dont les travaux s'inspirent du texte d'Albéric) la tradition selon laquelle le héros n'aurait pas été engendré par son père Philippe, roi de Macédoine, mais par un sorcier égyptien du nom de Nectanébus. Encore une fois, ce n'est pas le détail qui est refusé, mais ses conséquences: le sorcier égyptien continuera à jouer son rôle, mais c'est la nature même de ses activités qui se trouvera adaptée et rendue conforme, puisqu'elle ne cadre pas avec les idées ayant cours dans les couches supérieures de la société française de l'époque au sujet de la légitimité dynastique et de la cohésion sociologique de l'élite noble.[10] Et ce sont précisément ces deux derniers éléments qui se trouvent sur la ligne

---

subséquents où le pouvoir princier se fera normatif. Il se peut aussi que le texte refusé dans un polysystème déterminé devienne lisible dans un autre. Les exemples d'œuvres littéraires et artistiques acceptés bien longtemps après le moment de leur création sont légion.

[9] Je ne parle ici que de distance auctorielle. Il est évident que les mêmes remarques s'appliquent aux destinataires, puisqu'une interprétation non conforme peut leur attirer bien des ennuis. Les conséquences d'exégèses non autorisées des Saintes Ecritures sont connues. Mais ce n'est pas uniquement le texte sacré dont l'interprétation se surveille. Le meunier Menocchio a dû le constater (Ginzburg 1980).

[10] Pour plus de détails sur la position de Nectanébus, voir chapitres VIII et XI.

principale du *RAlix*: Alexandre y est le successeur légitime de Philippe II de Macédoine et c'est bien ce qui explique qu'il n'a aucun problème pour se faire respecter par ses compagnons nobles. Ce n'est donc jamais la trame entière du récit qui se refuse (en principe celle-ci se respecte), mais seulement le détail perturbateur qui ne cadre pas avec les conceptions idéologiques de la société réceptrice. Et ce sont ces conceptions-là qui conditionnent les auteurs/adaptateurs désireux de se faire entendre et qui expliquent leurs motivations négatives (rejets d'éléments non conformes) ou positives (insertion d'éléments jugés indispensables ou tout simplement faisant partie de la *Weltanschauung* de leur société).

Les versions de la vie d'Alexandre analyseés ici montrent plus de traits 'médiévaux' que 'classiques' (si jamais ces étiquettes sont utilisables dans le contexte de la production culturelle de l'époque qui nous concerne ici): il y a donc eu des interventions de la part des auteurs/adaptateurs. Peu importe aussi que celles-ci soient les résultats d'opérations conscientes ou inconscientes ou qu'elles soient narrativement heureuses ou malheureuses. Ce qu'il faut signaler, c'est que ces interventions ne se sont jamais réalisées sans heurts, sans plis: toute activité visant l'intégration de données faisant partie d'un polysystème autre (ici antique) dans un autre polysystème (ici probablement celui de la France ou celui de l'Angleterre du 12e siècle) sera structurellement insatisfaisante. On ne pourra donc pas utiliser, du moins, pas sans précautions multiples, le concept proposé par Ian Michael de 'médiévalisation',[11] puisque cela suggère que les auteurs/adaptateurs ainsi que leurs destinataires pouvaient bel et bien distinguer ce qui était 'antique' de ce qui était 'de leur époque'. Il n'en est rien: dans le chapitre précédent on a pu voir que ces deux *RÉALITÉS* sont non seulement indescriptibles, mais qu'elles ne sont même pas décrites. C'est une activité impossible aussi bien qu'inutile. La même remarque doit être faite au sujet de ce que Erich Köhler a appelé 'positieve Rückkoppelung'. Cette expression-là renvoie à la capacité d'un texte d'intégrer et d'assimiler des éléments extra-textuels autres et de garantir de la sorte sa propre survie.[12] Bien souvent les auteurs/adaptateurs ne se sont pas rendu compte des conséquences de

---

[11] Michael 1970.
[12] Köhler 1977.

leurs interventions et ils se seront laissé guider par des automatismes professionnels, par des trucs 'du métier'. Prétendre le contraire reviendrait à poser que l'homme de l'époque savait exactement ce que c'était que la littérature ou l'historiographie, qu'il en connaissait les limites et qu'il savait qu'un changement serait toujours reconnaissable en tant que tel.

Les idées de Michael et de Köhler ouvrent des perspectives intéressantes, mais elles n'ont pas grand-chose à voir avec les idées professionnelles des auteurs/adaptateurs étudiés ici. Au Moyen Age la littérature n'est qu'un moyen parmi d'autres pour valoriser les priorités de la caste dominante.[13] C'est ce qui explique que l'élément païen est tout simplement refusé, escamoté ou critiqué pour la simple raison que son maintien créerait des ennuis avec des serviteurs zélés de l'Eglise. Le rhabillage des héros antiques en combattants médiévaux s'explique également par une simple nécessité: le public habitué aux techniques militaires médiévales n'aurait pas compris ce que c'était qu'une phalange macédonienne ou une cohorte romaine et n'en aurait certainement pas vu les intentions tactiques spécifiques.[14] Les interventions que je viens de mentionner sont dues à une certaine conscience professionnelle, mais cette conscience n'est conditionnée que par des facteurs extra-textuels, en l'occurrence par de possibles reproches d'hérésie, d'incompréhension ou d'illisibilité. Dans la pratique on corrige immédiatement ce qui s'annonce incommode et incompréhensible dans la société réceptrice. Mais il y a aussi des éléments qu'on laisse passer. Les exemples suivants en sont des illustrations éloquentes: tout comme Albéric et le compilateur anonyme de l'*ADéca* dont il exploite les textes, le compilateur du *RAlix* refuse l'adultère d'Olympias avec le sorcier égyptien Nectanébus. Il y était bien contraint, mais cela ne l'empêche pas de maintenir tout tranquillement le passage consacré à l'oracle des arbres de la Lune et du Soleil sans que cela semble avoir choqué qui que ce soit. Comme il avait, dans son prologue, insisté sur le fait que le pouvoir du Macédonien avait été voulu par

---

[13] Dans ce qui suit je ferai abstraction des activités et des besoins de l'Eglise.
[14] A un certain moment le *RAlix* parle de *coortes* (III:349). Sans aucun doute les destinataires auront compris qu'il s'agit d'un contingent de soldats (le contexte est purement militaire), mais je doute fort qu'ils aient pensé à la *cohors* romaine et qu'ils aient su ce qu'était qu'une pareille formation.

Dieu même, le petit oracle païen est privé de toute indépendance, voire de tout symbolisme et il se tolère. Le cas du *RTCh* est différent ici: Thomas de Kent dit bel et bien qu'Alexandre est le fils illégitime d'Olympias et de Nectanébus. Une possible explication de cette prise de position bien différente résiderait peut-être dans la distance même qu'adopte Thomas envers son texte: les faits et gestes d'Alexandre ne sont pour lui qu'un *deduit* pouvant occuper ses destinataires. Par contre Alexandre de Bernai, le compilateur du *RAlix*, insiste sur l'exemplarité de son roi modèle, son *istoire* est destiné à la moralisation: c'est un *example* (I:1-2). Pour que son message soit donc accepté par les destinataires nobles mentionnés à la fin de la branche IV, il refuse toute tache pouvant ternir la réputation de son héros.

La façon dont la position auctorielle se traduit dans nos textes n'est pas toujours bien systématique. Je l'ai déjà dit. L'écriture essentiellement paratactique explique non seulement les incohérences dans la macro-organisation narrative des récits, mais également le descriptif flou de certains passages. Bien souvent les traducteurs/adaptateurs ne se limitent qu'à une simple mise à jour: c'est là sans aucun doute le sens premier du *rafreschir* du prologue du *RAlix*. Dans la société du 12e siècle l'ancrage historique requis est surtout assuré par l'épopée et la chronique, deux *modi dicendi* produisant ou plutôt évoquant un passé qui a des liens parfois généalogiques avec les destinataires qui ensemble représenteraient la *natio*. Cette dernière notion est à prendre ici dans l'acception de 'groupe de personnes liées à un territoire et unies par une langue, parfois même par une religion', mais surtout pas dans le sens de 'groupe de sujets soumis à l'influence d'un système socio-politique et administratif déterminé'. Ce sera là la situation dans les systèmes dits absolus ou autoritaires. Les exploits de Charlemagne s'expliquent ainsi dans la perspective de la *natio* des Francs (une notion comme *France dulce* évoquée par Roland en confirme l'existence); ceux de Louis VII parti en croisade s'insèrent dans l'histoire de la jeune *natio* française.[15] Cette soi-disant identification 'généalogi-

---

[15] Bédier 1964: v. 1985. Pour la notion de *natio*, voir Guenée 1987. La croisade de Louis VII, dont il était dit qu'il s'inspirait dans tous les domaines de la volonté de Dieu: *Deum semper faciens alpha et omega suorum operum* (Berry 1948: 142) est une donnée importante pour les moines de Saint-Denis désireux de

que' des collectivités concernées aura été d'autant plus facile qu'il y avait des traditions orales corroborant de quelque façon que ce soit le dire des documents impliqués, car la légende s'etait emparé de l'aventure de Rencesvals: les sanctuaires abritant des reliques des héros ainsi que les nombreuses manifestations iconographiques en sont des manifestations éclatantes.[16] Ce qui étonne, c'est que le passé antique qui n'a pas de rapports directs avec les destinataires joue quand même un rôle généalogique: l'auteur anonyme de la *Chronique dite de Frédégaire* (7e siécle) parle des origines troyennes des Francs et Guillaume le Breton, décrivant la bataille de Bouvines, présente les guerriers de Philippe Auguste comme des descendants non seulement de Charlemagne et de Roland, mais aussi des héros de Troie. Le *Roman de Brut*, écrit quelques décennies plus tôt, est censé établir des liens entre la Troie lointaine et le royaume des Plantagenêt. Tout cela sent la politique.[17] Sans insister ici sur la valeur exacte à attribuer à la notion de 'Troie' (pour les hommes de l'époque cela n'aura été qu'un nom illustre, que l'icône d'une résistance exemplaire ayant engendré un fondateur d'empire sans pareil), toujours est-il que le passé antique évoqué ouvre la voie à des procédures d'identification et d'idéalisation au niveau de la *natio* réceptrice.

Il est évident que les sujets des romans antiques excluent l'identification directe: Thèbes et Troie sont des villes autres. Notre Alexandre est un roi inimitable. Cela, les auteurs aussi bien que les destinataires des textes le savaient fort bien, mais ils n'en étaient pas choqués: l'Antiquité était un stade de l'histoire du Salut qui

---

se rapprocher autant que possible de la couronne de France (Spiegel 1978: 35-7, 54-5). Il n'est d'ailleurs pas sans intérêt de noter que Philippe II Auguste est le premier à se faire intituler 'roi de France' et non plus 'roi des Francs', titre sentant trop ses origines germaniques de 'chef d'armée'. Ce faisant le roi marque bien l'unité de territoire, habitants et royauté (Guenée 1981; Luchaire 1982 et Lombard-Jourdan 1988).

[16] Pensons à Blaye, au porche de la cathédrale de Verone, etc. (Rempel 1989; Lejeune/Stiennon 1967: passim).

[17] Guenée 1987: 125-7. Le mouvement ne s'éteint jamais: Ronsard convaincu de l'importance propagandiste de sa *Franciade* pour son roi veut en faire l'équivalent de l'*Enéide* dont Virgile avait illustré l'origine troyenne (Laumonier 1950: vi sqq).

avait été remplacé par une supériorité chrétienne. En principe l'origine d'une icône ne joue aucun rôle: il se peut qu'elle provienne du texte-source et que le traducteur/adaptateur l'ait maintenue, mais il est également possible que celui-ci l'ait inventée. Ne compte qu'une fonctionnalité à l'intérieur du narré. Jamais cependant la reconnaissance d'une icône antique n'engendrera, comme peut le faire une *Chanson de Roland*, d'identifications émotionnelles à caractère généalogique: il n'y a pas de lien sentimental entre la mémoire médiévale et la RÉALITÉ *'historique'* de la Macédoine d'antan. Le fait que cette Macédoine non décrite et indescriptible n'offre que fort peu d'analogies exige automatiquement de la part de l'auteur/adaptateur des interventions: son produit ne se fera lisible que s'il dote les endroits sensibles de renseignements parallèles permettant au destinataire de reconnaître ce qui l'intéresse. Il n'est pas nécessaire du tout de retravailler le texte entier, puisque quelques éléments peuvent déjà faire l'affaire: le destinataire acceptera la véridicité du message entier si quelques-uns des éléments constituants ont été identifiés comme étant au-delà de tout soupçon. C'est là le mécanisme de base qui de nos jours s'exploite toujours, et cela avec une technicité bien plus raffinée, en propagande et en publicité. Dès que le destinataire reconnaît l'élément clef conditionnant le narré et l'accepte, le texte se sera fait une lisibilité.

    L'intervention auctorielle consistera donc en une problématisation de la matière non conforme devant déclencher aux moments cruciaux la reconnaissance souhaitée. Quant aux destinataires, il est clair qu'ils doivent disposer de certaines capacités interprétatives si jamais ils veulent pouvoir établir, eux aussi, des analogies entre les données proposées par la *'RÉALITÉ'* littéraire et celles qui fonctionnent dans leur situation à eux. La conséquence de tout ceci est une transformation (parfois consciente, parfois non) de la matière antique, transformation qui se manifeste à travers l'introduction d'anachronismes assurant une partie de la problématisation de la matière non conforme et permettant des lectures à plusieurs niveaux. Le *RAlix* ne permettra donc jamais des identifications de type généalogique. Cela, c'est bien exclu; je l'ai déjà dit. Tout ce qu'il fait, c'est permettre aux destinataires d'établir des équivalences entre les icônes du texte et des conduites type de leur propre polysystème. Et ces conduites type sont des conduites idéalisées à l'aide de la norme sacro-sainte de la caste dominante. Le *RAlix* —

et la même remarque vaut pour les autres textes étudiés ici — ne s'interprète qu'à travers une analogie sociologiquement aussi conforme que possible.[18] L'inévitable distanciation réoriente les données de base. Rien de plus logique. La question est maintenant de savoir jusqu'à quel point les auteurs/adaptateurs doivent et peuvent (re)travailler le texte.

Et c'est ici qu'on se heurte au problème bien fameux de la différenciation entre *historicus* et *poeta*: le traducteur/adaptateur doit-il, comme le ferait un *historicus*, raconter les événements tels qu'ils se sont passés ou doit-il les réorganiser selon les lois d'une plausibilité quelconque comme le ferait un *poeta*? Compte tenu des possibilités purement techniques qu'avaient les hommes du Moyen Age de vérifier les données appartenant au passé, la dernière option aura eu le dessus, bien qu'à l'époque la différence entre *historicus* et *poeta* n'ait pas vraiment pas été ressentie en tant que telle. Aussi n'est-il pas trop surprenant de constater qu'elle n'a pas provoqué (trop) de problèmes de conscience.[19] Il faut dire que le problème s'escamote facilement, puisque toute exactitude historique implique inévitablement le respect de ce qui est différent et au 12ᵉ siècle l'apport du passé païen (c'est bien lui qui nous intéresse ici) ne fait que partie des *spolia* des temps.[20] Tant que l'idée de l'infériorité païenne engendre une prétention de supériorité auprès des chrétiens, il n'y aura pas d'histoire au sens moderne. La problématisation (ou faut-il dire: poétisation?) s'annonce inévitable, car faute de moyens de vérification on ne peut pas corriger. Mais elle sera également voulue, puisque le dire chrétien surpassera toujours le dire païen. La conclusion s'impose: l'*Historia* non vérifiable conditionnée par les exigences de la bonne *dispositio*, élément capital dans toute procédure de poétisation, n'amènera en principe que des lectures tropologiques, de loin les lectures les plus faciles et les plus uti-

---

[18] La qualification 'conforme' ne doit donc pas être interprétée de façon technique.

[19] Von Moos 1976: 95-6.

[20] L'exemple archiconnu du peuple d'Israël quittant les terres d'Egypte et prenant aux Egyptiens païens tout ce qui était valable explique cette attitude (*Exode*, 3, 22: *Dabo gratiam populo huic coram Aegyptiis: et cum egrediemini, non exibitis vacui: sed postulavit mulier a vicina sua et ab hospita sua, vasa argentea et aurea, ac vestes: ponetisque eas super filios et filias vestras, et spoliabitis Aegyptum*). Voir aussi ibidem 11, 2; 12, 35-36.

les.²¹ C'est ce qui explique pourquoi Benoît de Sainte-Maure fait appel à la perspicacité de ses destinataires:

> Qui vueut saveir e qui entent,
> Sacheiz de mieuz l'en est sovent
> ....
> Ne nus ne se deit atargier
> De bien faire ne d'enseigner.²²

La compréhension (cf *qui entent*) sera suivie d'une amélioration morale. Il en est de même de la formule *prendre bon example de prouece acueillir* du prologue du *RAlix* (I: 2): l'objectif de la *vita* du Macédonien n'est pas une identification (impossible comme je viens de le dire), mais une réflexion sur une attitude à adopter. Tout comme dans la tradition homilétique le passé de l'*exemplum* vise toujours une conduite future.²³

La problématisation s'annonce sans ambages, car bien que les auteurs/adaptateurs disent que leur produit respecte une certaine historicité (les multiples renvois aux *auctoritates* sont des indices précieux), ils ne prétendent jamais livrer une image conforme à une réalité empiriquement vérifiable dans les sources exploitées. Ce qu'ils pourchassent, c'est une verité qui réponde à l'attente purement méta-historique de leur époque. La vérité de leur discours ne sera donc qu'une analogie plausible — c'est bien la qualification qu'il faut — qui se trouve au-delà de la distinction entre fiction et fait et qui se moralise immédiatement.²⁴ Aussi le *rafreschir* du *D'Alixandre vous voeil l'istoire rafreschir* (I: 11), ne renvoie-t-il non seulement à un souvenir, mais aussi et surtout, à un remodelage et une redistribution des données apportées par le parchemin, à une authentique distanciation.²⁵ C'est bien du métier: tout auteur travaillant sur des *matieres* étrangères non sujettes à de possibles vérifications de la part de la mémoire collective peut distribuer et travailler à sa guise les données de ses textes-source. Qui plus est:

---

[21] 'History is ... a specific, sense-producing constructive organisation of spatio-temporally locatable elements, processes, events, actions' (Rusch 1985: 3).
[22] Constans 1904: vv. 25-30.
[23] Bremond/Le Goff/Schmitt 1982; Berlioz 1985.
[24] Blumenfeld-Kosinski 1980: 143-7; Rüsen 1982: 518-28.
[25] Pour les interventions d'Alexandre de Bernai, voir les chapitres VI et XII.

il y est bien contraint, car quelle que soit la nature des renseignements de base, il doit produire un texte lisible et compréhensible. Il faut donc suggérer des analogies pour faire accepter l'ouvrage. Ces analogies, je le rappelle, ne s'identifieront jamais avec telle ou telle des *RÉALITÉS* impliquées, celle du passé antique, celle du destinateur et ses destinataires ou celle du texte littéraire. Cela, c'est impossible: il devrait y avoir analogie totale entre, au moins deux polysystèmes. Or les analogies ne seront que partielles et elles ne seront que les fruits des interprétations multiples: elles ne s'identifient donc qu'avec une *réalité* purement individuelle.

Le fait que les polysystèmes d'antan ou ce que les auteurs et les adaptateurs prennent pour les polysystèmes d'antan évoqués par nos romans antiques n'ont aucun lien direct avec le polysystème des destinataires ne réduit aucunement la pertinence didactique des romans antiques. Pour les auteurs/adaptateurs aussi bien que pour leurs destinataires ne compte que le rendement moral virtuel: *Historia [semper] magistra*. Voilà pourquoi ils prétendent tout calmement mettre en lumière ce qui est important et relevant pour les grands dans la société réceptrice. Et ce qui intéresse ces derniers, c'est le contrôle des forces vitales de la société afin d'y pouvoir maintenir le statu quo. Ce qu'en fin de compte défend un Charlemagne dans les nombreuses chansons de geste où il joue un rôle, c'est, et saint Augustin n'est jamais bien loin, l'*ordo naturalis* voulu par Dieu, *ordo* de tous les temps et qui ne se modifiera pas. Nos auteurs/adaptateurs de romans antiques épousent le point de vue de ces chansons de geste et leurs destinataires y trouveront donc les problèmes et les solutions qui leur sont familiers: des conflits entre suzerain et vassaux ne peuvent être compris que par une audience vivant dans un régime aux traits féodaux. La même remarque doit être faite au sujet du descriptif qui régit les combats, les affaires de cœur, etc. Là aussi, le destinataire ne rencontrera que ce qu'il connaît déjà.

Ce qui frappe dans les romans antiques, c'est 1) la fidélité relative envers la 'source': en général l'écriture reste linéaire: la chronologie domine, et 2) l'hésitation devant la nécessité de problématiser le récit et ce nonobstant les prétentions de produire des possibilités tropologiques. Pour ce qui est du premier problème, on pourrait suggérer plusieurs explications: ou bien il s'agit d'une certaine incertitude ou incapacité professionnelle (n'est pas Chrétien de Troyes qui veut) ou bien d'un respect trop grand du texte-source considéré comme au-delà de tout soupçon. Quant au deuxième problème, il faut constater que toute problématisation exige soit une forte poussée du métacommentaire (auctoriel ou actoriel), soit une complication signifiante de l'intrigue ou de sa mise en texte, soit une introduction (une *inventio*) d'éléments étrangers à la trame originelle. Ou une combinaison de ces trois options.

Dans le *RAlix* la vérité historique (sens moderne) n'est pas contestée. Comme il y a des témoignages classiques, des références dans la Bible ainsi que des commentaires de plusieurs Pères de l'Eglise, l'authenticité du héros est incontestable. Mais aux yeux d'Alexandre de Bernai les faits et gestes du Macédonien sont plus que des aventures héroïques agréées par Dieu. Tout comme ce sera le cas avec le sort de Troie, la *vita* du Macédonien sera dotée d'une motivation parallèle pouvant faire démarrer le processus de moralisation souhaité. Cependant, il y a ici un problème. Au chapitre II (section 2) on a déjà pu constater que la réception de la légende du Macédonien a emprunté des voies extrêmement tortueuses et compliquées. Il y a eu plusieurs courants véhiculant des renseignements pertinents: les hommes du Moyen Age ont pu puiser le savoir indispensable dans, entre autres, la Bible (*Dan.*, 8 et I *Macch.*, 1), les écrits des Pères de l'Eglise (entre autres chez saint Jérôme), les travaux historiographiques (pensons à Quinte-Curce et Orose), les histoires de signature romanesque (à mentionner ici les traductions en latin des différentes rédactions de l'ouvrage du Pseudo-Callisthène) ou encore dans les textes comparant à un certain moment la réputation du héros avec celle d'un personnage médiéval. Ici on peut mentionner le *Conte du Graal* où Chrétien compare Alexandre et Philippe de Flandres. Et il n'est pas à exclure que certains des destinataires du *RAlix*, des versions Arsenal et Venise ou du *RTCh* aient été au courant d'autres détails ou d'autres variantes de l'aventure du conquérant. Un seul exemple d'une lecture parallèle sans aucun doute différente suffira ici: les clercs, eux, n'auront pas ignoré les activités du Macédonien évoquées dans le livre de Daniel (8, 3-6; 20-21). Dans ce livre il est question d'un *aries ... habens cornua excelsa* chassé par un *hircus caprarum*. Le premier animal serait le *rex Medorum ... atque Persarum*; le deuxième le *rex Graecorum*. La succession des *regna*, car c'est bien là le sujet de la vision du prophète, a été amplement discutée par saint Jérôme qui n'a laissé subsister aucun doute: ce *rex Graecorum* était bel et bien Alexandre dont l'instrumentalité dans la grande histoire du Salut était connue. Les écrits de Jérôme ont été présents dans presque toutes les bibliothèques médiévales et cela explique que la plupart des clercs les auront connus. Peu importe que leurs connaissances aient été directes ou indirectes. Comme nos auteurs/adaptateurs appartiennent tous à la catégorie des clercs, il n'est donc point surprenant qu'ils maintiennent la possibilité d'actualiser les informations véhiculées par le circuit sotériologique parallèle.

Alexandre de Bernai a vraiment fait de son mieux pour augmenter les possibilités interprétatives de sa compilation. Plus que les versions d'Albéric et que l'*ADéca*, le *RAlix* offre des possibilités anagogiques et tropologiques spécifiques. Le balisage parallèle introduit par Alexandre de Bernai est d'autant plus remarquable que son homologue anglo-normand Thomas de Kent ne fait rien de la sorte.[26] Dans le *RAlix* l'affaire semble claire: en elle-même la formule hyperbolique du vers I:10: le *meilleur roi que Dieus laissast morir* est déjà un signal important. Mais l'hyperbole est de mise dans les textes didactiques. Il y a cependant plus: Alexandre est un roi dont la naissance s'accompagne de signes météorologiques et telluriques qui peuvent être considérés comme une traduction de la volonté divine. Sa mort (IV: 1000-9), qui se double de phénomènes identiques, reprend des données faisant partie de la vie du Christ (ibidem: 23-6).[27] Le compagnonnage des *trente fuiz de contour* (I: 241) corrobore la première impression: les faits et gestes d'Alexandre bénéficient du consentement du Dieu chrétien, car le livre des *Macchabées* (I, 1, 1-8) le dit explicitement: après avoir poussé ses armées *ad fines terrae* Alexandre,

---

[26] Voir chapitre XIII.

[27] Le texte parle, entre autres, de la terre qui bouge et la mer qu'on voit *par leus rougir*. Il peut s'agir de souvenirs de quelques passages cruciaux dont les plus importants sont évidemment ceux qui relatent la mort de Jésus. Cf. *Luc.* 23,44 où il est dit: *tenebrae facta sunt in universam terram ... obscuratus est sol.* Entrerait également en ligne de compte l'*Apocalypse*: *... facta sunt tonitrua, ... et fulgura et terraemotus magnus* (8,5); *... et facta est tertia pars maris sanguis* (8,8). Ce sont là des signes de malheur. La naissance d'Alexandre est cependant une affaire positive. Le fait qu'Alexandre de Bernai mentionne (ou conserve) deux fois les signaux météorologiques et telluriques est un indice important d'une distanciation auctorielle active.

averti de sa mort, distribue ses terres parmi les *pueros suos nobiles, qui secum erant nutriti a juventute*. Cependant, le pouvoir macédonien ne durera pas. Cela, les auteurs médiévaux le savaient. Ce nonobstant, le *regnum* gréco-macédonien bénéficie d'une cote remarquablement positive: la fameuse *translatio imperii* en fait le stade préparatoire du *regnum* romain désigné à consacrer de par les actions de Constantin et de Théodose la suprématie du christianisme. Les clercs n'auront pas manqué l'occasion de doubler la *vita* du Macédonien d'une interprétation sotériologique convenable. Dans cette perspective la chute de l'empire macédonien ne saurait être considérée comme quelque chose de fatal, puisque l'histoire du Salut l'avait prévue. Le véritable chrétien n'y trouvera donc aucun élément pouvant engendrer de la confusion. Tout ceci différencie considérablement la réception d'Alexandre le Grand dans la littérature du Moyen Age de celle des héros des trois autres romans antiques qui ne bénéficiaient aucunement de connotations sotériologiques.[28] Alexandre est un héros *gratia Dei* qu'on ne peut pas ne pas admirer. Aussi la sympathie d'Alexandre de Bernai et celle de ses continuateurs est-elle entièrement du côté du héros macédonien.[29]

Tout ceci a des conséquences pour la présentation de la *matiere*: il ne sera aucunement question d'approches négatives du

---

[28] A l'exception toutefois de l'*Enéide* qui, décrivant la naissance de l'*Imperium Romanum*, a parfois été considérée comme le texte par excellence à interpréter selon les quatre lectures: le littéral, l'allégorique, le tropologique et l'anagogique. L'interprétation de l'*Enéide* par Bernard Silvestre semble (son texte ne nous est parvenu que sous forme incomplète) avoir été la plus systématique et la plus cohérente de l'époque. Dans son *Policratique* (1159) Jean de Salisbury dira même qu'une *divina prudentia* a permis à Virgile 'de suggérer sous l'*involucrum* d'expressions fictives, une image de la vie humaine' (Dronke 1985: 313-29, surtout 313, 324-7).

[29] A l'intérieur de la tradition française entée sur la création d'Albéric il n'y a qu'un seul texte où le roi essuie ce que l'on nommerait un échec. Dans le *Voyage au Paradis terrestre* (= *VP*) Alexandre pousse l'hybris et exiger même la soumission du Paradis terrestre. On ne sera pas surpris du refus. Cependant, l'auteur anonyme du *VP* n'en tire aucun argument pour critiquer le Macédonien. Pour le texte, voir Peckham/La Du 1935: 73-90. Le *RTCh* mentionne également l'épisode où Alexandre exige le tribut des habitants du Paradis terrestre; la pierre qu'il y reçoit montrera également que les activités humaines ont des limites. Voir chapitre XIII.

héros (du moins pas dans la tradition française). Tout y est pour le mieux dans le meilleur des mondes possibles. Cela s'avère déjà dans une des réécritures latines les plus importantes, l'*Historia de Preliis* (rédaction J²). Celle-ci dit:

> ... Ab octavo decimo anno nativitatis sue cepit committere bellum et septem annis pugnavit acriter et octo annis quievit et vixit in letitia et iocunditate. Subiugavit sibi gentes barbarorum viginti septem.[30]

C'est tout un programme d'activités (cf. *cepit committere bellum*, *pugnavit*, *quievit*, *vixit* et *Subiugavit*) qui mène — et le doute n'est pas permis — à un certain bonheur (cf. *letitia* et *iocunditate*). Même si le destin militaire du Macédonien peut s'imiter (sa victoire sur vingt-sept peuples, *gentes barbarorum viginti septem*, n'est qu'une indication hyperbolique), Alexandre reste quand même un élu. Aussi la conduite modèle du héros face à ses vassaux ne sera-t-elle qu'un exemple par excellence pour les princes de ce monde, puisque le Macédonien avait toujours cherché le compagnonnage, phénomène sociologique que les hommes du 12ᵉ siècle connaissaient et respectaient. Ce programme d'activités n'est pas contesté: dans le *RAlix* l'authenticité de l'histoire se garantit aux lieux stratégiques (surtout dans le prologue et l'épilogue) ainsi que dans les nombreuses protestations auctorielles de verité ou de respect de la source. Le récit se double cependant d'un circuit interprétatif parallèle abritant d'innombrables possibilités de problématisation. C'est ce réseau parallèle qui est responsable de l'approfondissement possible du métacommentaire dans le prologue et le texte même. Le problème est cependant que ce réseau parallèle relève toujours du *hic-et-nunc* du destinateur et des destinataires et on a vu que ces *hic-et-nunc* sont les *réalités* purement personnelles. De ce fait elles résisteront à toute tentative de description et d'analyse. C'est le fameux horizon d'attente partout présent, mais ontologiquement insaisissable.

Cet horizon d'attente est censé combler les nombreux vides narratifs par des connaissances individuelles ou collectives et en même temps il est supposé doter les passages (trop) flous d'explica-

---

[30] Hilka 1974: 260. Pour l'habitude des Grecs de considérer tous les autres peuples comme des barbares, voir chapitre I, note 16.

tions plausibles. De temps en temps les prologues semblent fournir des indications précieuses, mais le lien entre le métacommentaire initial et ce qui suit est parfois d'une fragilité étonnante. Un Benoît de Sainte-Maure a beau insister sur le fait qu'il désire ne pas mettre sa lumière sous le boisseau, topos repris, avec des variantes, par les auteurs de *Thèbes* et du *RAlix*, toujours est-il que l'épilogue de *Troie* (ou ce qui avec un peu de bonne volonté pourrait être considéré comme un épilogue) ne reprend en rien la morale du prologue. A moins qu'on ne prenne le *montepleie* du vers 30316 pour un écho fort lointain de *Germe, florist* et *frutefie* (v. 24). Le lien est ténu, mais il n'est pas tout à fait impossible de faire le rapprochement. L'organisation narrative des deux autres romans montre certaines analogies: *Thèbes* se termine sur une moralisation qui se rapproche directement du résumé du prologue décrivant le *pechié* qui se trouve à la base de la destruction de Thèbes et de ses habitants (vv. 27-32). La fin de l'*Enéas* annonce l'activité de Romulus; de cette façon se confirme la prédiction d'Anchise (vv. 10131-56). Mais encore une fois: les liens sont fort ténus.

Le *RAlix*, par contre, fait montre d'une certaine efficacité organisatrice; le topos 'virgilien': les *amis garder* et les *anemis grever* (I: 4-5),[31] est repris dans les conseils destinés aux grands de ce monde (fin de la branche IV): un bon prince ne doit se fier qu'aux nobles qui sont les seuls à connaître le code de la caste et à en respecter les règles. Ces nobles seront donc aussi les seuls à pouvoir saisir la portée sociologique du code et à s'y conformer; les non-nobles qu'on peut et doit considérer comme des non-initiés ne penseront qu'à leurs intérêts à eux. Voilà pourquoi on ne doit jamais tolérer la présence de ces *serf de put aire*, de ces *losengier* (IV: 133, 1639, etc.).[32] A l'intérieur de la narration on dépiste de nombreux signaux étayant la thèse centrale de œuvre. Le signal le

---

[31] Cf. *Enéide*, VI: 853: *parcere subiectis et debellare superbos* (Perret, 1978: 75). Le topos ne cesse de conditionner les pensées des hommes. Au 14ᵉ siècle Pierre Bersuire dira encore dans son prologue à la traduction de Tite-Live: ... *tous excellens princes ... doivent leur terres deffendre et gouverner et les estranges possider et conquerre en maniere deue, grever leurs anemis, deffendre leurs subgis et aidier leurs amis* (cité dans: Monfrin/Samaran 1962: 359).

[32] Ce sont les qualifications qu'appliqueront les compagnons d'Alexandre à Antipater et Divinuspater, assassins du roi. Le statut équivoque de ces deux traîtres sera discuté au chapitre XIV.

plus important est bien sûr le sort de Darius III abandonné par ses compagnons nobles pour avoir mis sa confiance en des hommes indignes. Ces *serf* lâches le tueront traîtreusement. L'histoire du Perse fonctionne comme une mise en abyme dans le *RAlix*. Le compilateur garde les données lui livrées par la tradition, mais il fait de son mieux pour en présenter l'issue néfaste comme une analogie parallèle devant occasionner une interprétation correcte de son message. Voilà pourquoi il n'a de cesse de rappeler aux destinataires le triste sort de Darius pour que ceux-ci gardent l'indispensable distance envers la *vita* d'Alexandre et arrivent à une interprétation adéquate de la 'RÉALITÉ' littéraire: les socialement indignes sont également des moralement indignes. Et ici s'annonce un paradoxe que notre compilateur n'a pas vu: d'un côté, il ne cesse de souligner qu'il faut imiter la conduite de ce roi victorieux modèle, de ce *rex utilis*, mais de l'autre, il parsème sa narration de nombreux indices suggérant qu'il ne faut PAS imiter cette conduite, car la mort du Macédonien est bel et bien à attribuer à un non-respect du code dont il est censé être l'incarnation même. Le malheur est qu'Alexandre est incapable de tirer la leçon des événements qui ont causé la mort à Darius.

En elles-mêmes les deux prises de position (l'une positive et l'autre négative) ne sont pas nécessairement inconciliables. A l'intérieur même du *RAlix* il y a des moments où l'opposition entre les deux perceptions se neutralise ou s'escamote; et bien souvent l'information indispensable à la distanciation sociologiquement acceptable est si faiblement organisée que seul le circuit parallèle peut fournir une ou des interprétations valables. Les nombreux signaux gnomiques dont Alexandre de Bernai a parsemé son *RAlix* jouent ici un rôle fondamental, puisqu'ils transforment le détail spécifique en vérité générale. Les proverbes jalonnant le texte qui reprennent pour ainsi dire des vérités naturelles en sont une excellente illustration. J'ai déjà dit que le compilateur du *RAlix* insiste sur le caractère exclusif des rapports entre le roi et ses vassaux nobles. Les hautes fonctions à la cour et dans l'armée ne doivent incomber qu'à ces derniers, puisqu'ils ne sont non seulement nobles de par leur naissance, mais aussi nobles de par leur conduite. C'est leur nature même. Voilà pourquoi Alexandre de Bernai est, lui aussi, d'avis que les *sers* ou les *fieus de garçons* ne devraient pas pouvoir fonctionner comme *palatini* ou *consiliarii* ou comme des gouverneurs: on ne change pas en bien ce qui ontologiquement n'a aucune qualité: *A paine a on bon arbre de malvaise raïs* dit-il (III: 57). Sa diatribe dans l'épilogue (IV: 1659-67) est on ne peut plus éloquente:

> Fous est qui d'esprevier cuide faire buisson
> Ne de ronci destrier, ne de levrier gaignon.
> Nature et norreture demainent grant tençon,
> Mais au loing vaint nature, ce dist en la leçon;
> Si en trai a garant le sage Salemon.
> Alexandres le dist et mostre par raison:
> Fous est qui conseil croit de serf ne de felon
> Ne qui fait de nul d'aus prince de sa maison;
> Si gaaig i puet faire, ne doute traïson.

Le message bien traditionnel est on ne peut être plus clair: le *serf* ou le *felon* ne sera jamais un serviteur loyal. C'est même impossible: on ne transforme pas un *buisson* en *esprevier*, etc. Celui qui y croit est *fous*. Afin de bien marquer son point, le compilateur joint théorie autoritaire (*le sage Salemon*) et pratique exemplaire (*Alexandres ... mostre par raison*).[33] L'omniprésence de l'information parallèle ne pose cependant pas trop de problèmes: une lecture littérale restera toujours possible, puisque la cohérence narrative est toujours relativement bien assurée par la chronologique des différents épisodes. Les autres interprétations dépendent de la pertinence et de la cohérence du métacommentaire ainsi que de la stabilité du descriptif idéologique appliqué aux acteurs et leur contexte.[34]

Dans des œuvres prétendant fournir des exemples pouvant

---

[33] Cf Morawski 1925: no. 96: *A poines fat on de bouson faucon*; no. 965: *Ja de buisot ne ferez esprevier*; no. 1514: *Len ne puet faire de buisart espervier* et no. 1328: *Nature passe norreture*. Il est curieux de noter que notre compilateur a une certaine préférence pour les comparaisons puisées dans le vocabulaire de la chasse. Cf. I: 465: *Plus se tient cois et mus qu'un esmerillon en giez*; II: 929-9: *Ausi com esprevier qui vole a recelé / Depart les estorniaus qui pasturent el pré*; III: *Cuide me il dont prendre comme oisel en broi?*, etc. Il est vrai que tout ceci est bien traditionnel, mais comme les destinataires du *RAlix* sont des nobles s'adonnant régulièrement à la chasse, ces renvois leur seront quand même fort utiles, car ils pourront y reconnaître une pratique de tous les jours.

[34] Pour la cohérence interne, voir chapitre VII. Pour la stabilité du descriptif on consultera chapitre VIII.

et devant occasionner un changement du comportement socio-politique de la part des grands, destinataires de ce genre de textes et seuls détenteurs du pouvoir dans les territoires qu'ils gouvernent, l'idéologique n'est jamais le produit direct de la *'RÉALITÉ' littéraire*. L'effet didactique ne sera optimal que si le texte offre une certaine latitude interprétative permettant aux destinataires d'y mettre du leur: ce que ceux-ci exploiteront dans leur interprétation, ce sera le sacro-saint conformisme de leur propre polysystème. En comblant les vides avec l'information idéologique qui leur est familière, les destinataires maximaliseront la portée didactique du message et doubleront la vérité du texte de leur vérité idéologique à eux. Cela, les bons auteurs le savent. L'idéologique qui se cache en filigrane sera donc le résultat de la confrontation d'au moins trois données: 1) la *RÉALITÉ historique* abritant destinateur et destinataire(s), 2) la *'RÉALITÉ' littéraire* et 3) les conceptions idéologiques des destinataires individuels. Il va de soi, j'y ai d'ailleurs fait allusion, que les interprétations personnelles des destinataires ne sont jamais trop éloignées des idées du groupe dont ils font partie. C'est bien inévitable. Pour ce qui est de l'utilité idéologique des exemples soumis à l'interprétation à travers la confrontation susmentionnée, on constatera des différences parfois énormes. Les destins de Jocaste et d'Oedipe sont tellement particuliers qu'ils ne s'imiteront jamais. Le sujet d'*Enéas* est également inimitable: la fondation de l'Empire Romain n'est que l'affaire d'un personnage unique, d'un élu: Enéas. En principe *Troie* et le *RAlix* chantent également des aventures inimitables. Cependant, à l'exception de *Thèbes* dont le sujet relève du tabou, les romans antiques présentent tous des aventures à possibilités idéologiques. *Enéas* et *Troie* produiront quand même — avec, bien sûr, de grandes différences — des possibilités de mythes fondateurs. L'utilité propagandiste du mythe troyen pour les différentes nations a déjà été relevée. Le *RAlix*, les versions Arsenal et Venise ainsi que le *RTCh* ne présentent pas l'histoire d'un territoire, même pas celle d'une dynastie. Ces compilations évoquent un pouvoir idéologiquement conforme et idéalisé; le pouvoir d'Alexandre semble être purement vertical: le roi se trouve au sommet d'une hiérarchie nobiliaire qui lui est entièrement soumise. Structure typologique idéale, puisque voulue et acceptée par Dieu même. Quoi de plus beau? Mais les textes en question abondent en allusions aux habitudes féodales courantes au

12ᵉ siècle. Où donc la vérité se cache-t-elle?

Mettre en contexte les possibilités interprétatives mentionnées est pratiquement impossible: Benoît semble avoir écrit dans l'ambiance culturelle et politique des Plantagenêt, mais le système socio-politique de son *Roman de Troie* n'offre que des analogies de surface avec la situation dans le royaume anglo-normand: la société troyenne a des traits féodaux et un roi pas trop fort. Henri II, lui, a tout fait pour ancrer les traditions centralisatrices héritées de ses ancêtres anglo-normands dans l'Angleterre conquise par son aïeul. Au niveau politique il y a donc fort peu d'analogie entre la *RÉALITÉ littéraire* et la *RÉALITÉ historique* des destinataires.[35] Ce qui n'aura certainement pas déplu au Plantagenêt, c'est l'héroïsme infatigable de la race troyenne dont les derniers représentants seraient devenus des fondateurs de dynasties puissantes comme la sienne. Dans cette perspective-là le *Roman de Troie* fournirait une motivation historicisante politiquement monnayable. Mais que faire des récits parallèles dans *Troie* qui en problématisent l'intrigue (pensons aux couples Jason et Médée, Troïlus et Briséïde, Achille et Polyxène)? Politiquement ces historiettes d'amour ne servent pas à grand-chose. Le même phénomène se repère dans les textes étudiés ici. Alexandre de Bernai, lui, semble avoir écrit dans l'ambiance de la royauté française désireuse de brider une noblesse par trop indépendante. Mais l'épilogue du *RAlix* ne s'adresse pas à UN roi, même pas à DES rois; la branche IV spécifie les destinataires. ce sont

> Qui sont de haut parage et ont terre a baillir.
> ....
> Li gentil chevalier et li clerc sage et bon,
> Les dames, les puceles, qui ont clere façon,
> ....
> Li rois qui son roiaume veut par droit governer.
> Et li prince et li duc qui terre ont a garder,
> Et cil qui par proëce veulent riens conquester (1631-77).

A l'exception des *clerc*, toutes les catégories mentionnées font partie de la caste dominante des *bellatores* dont le *rois*, les *prince* et

---

[35] Schirmer/Broich 1962: 191-201; Gouttebroze 1981: 91, 109.

les *duc* constituent l'élite. C'est à eux que le compilateur destine son *example* et c'est à eux qu'il confie la tâche de faire les rapprochements nécessaires et d'en arriver à une interprétation adéquate.[36] Tout ceci ne veut pas dire que le roi mentionné dans le vers 1675 peut être identifié avec Philippe Auguste, roi de France depuis 1180. Un pareil rapprochement est impossible. Ce de quoi il s'agit ici, c'est la possibilité d'établir des analogies de signature typologique entre la société macédonienne évoquée dans la *'RÉALITÉ' littéraire* qui suggère une certaine RÉALITÉ *'historique'* chargée d'un prestige quasi inattaquable et un contexte immédiat de la société française contemporaine. La même remarque doit être faite au sujet du *RTCh* conçu probablement en territoire anglo-normand. Aux destinataires du *RAlix* et du *RTCh* la possibilité, voire le devoir de déproblématiser le narré et d'y dépister ce qu'ils reconnaissent et d'en tirer éventuellement une morale qui leur convienne et qui leur plaise. Et de faire ensuite les rapprochements idéologiques qu'ils jugeront fonctionnels.

Que dire des rapports entre les romans antiques et les conceptions idéologiques du pouvoir entre 1150 et 1185? La réponse est difficile. L'histoire antique ne s'intégrait pas telle quelle dans l'univers mental de ce 12e siècle habitué non seulement à voir le passé païen dans une perspective purement sotériologique et encore bien incapable d'y appliquer d'éventuels critères archéologiques et philologiques. Le seul moyen d'en assurer la lisibilité était l'introduction de circuits parallèles permettant aux auteurs/adaptateurs de problématiser leur histoire et aux destinataires de repérer ce qui avait été problématisé et de l'interpréter. Mais — et le truïsme est évident — sans verser trop dans le détail: d'un côté cela était impossible faute de connaissances véritables ou de volontés spécifiques; de l'autre même inadmissible puisqu'il n'y a que l'ellipse qui déclenche les mécanismes littéraires et psychologiques fonctionnels en littérature et propagande et qui permet l'analogie pourchassée. La guerre de Troie a eu lieu et Alexandre le Grand a vécu sa

---

[36] La présence des *clerc* dans cette spécification des destinataires n'est pas trop surprenante: Alexandre de Bernai, lui-même un *clerc*, aura bien aimé se faire une petite place dans la demeure de son mécène *bellator*; dans le prologue du texte il avait déjà évoqué la compétition entre les différents clercs à la cour du prince (cf. *Cil trouveour bastart ... s'en veulent en court seur les meilleurs prisier*; I: 37-8).

merveilleuse aventure. Pas moyen de le nier. Ce sont là des données spécifiques excluant toute analogie. Cependant, en problématisant les récits aux endroits non sensibles qui n'appartenaient pas vraiment à l'histoire (pensons, par exemple, à la fidélité vassalique exemplaire des *trente fuiz de contour* ou au complot ourdi par Antipater et Divinuspater dans le *RAlix*), les auteurs/adaptateurs se garantissaient non seulement une audience suffisamment large capable de reconnaître les échos de ses propres préoccupations, mais ils ouvraient en même temps la voie à la moralisation. C'est ce qui explique l'attention pour le roi en tant que *persona* représentant une *institutio* en voie de se constituer et pour l'entente entre le roi et les nobles de la société. Ce sont là des données qui occupent les esprits des hommes de l'époque et qui engendreront la reconnaissance programmée aussi bien que l'acceptation souhaitée. Il en est de même de la présence du sentiment dans les réécritures que voici. Bien que peu marquée dans nos textes, elle ne saurait s'ignorer et elle fait du vrai. Du moins, aux yeux des dames et des clercs mentionnés dans l'inventaire cité plus haut.

Ce que glorifient les auteurs/adaptateurs de l'époque, c'est leur propre RÉALITÉ *historique*. D'un côté le mécénat le leur impose, de l'autre la tradition sotériologiqe l'exige. Si de temps en temps on assiste, dans les textes, à une problématisation des rapports entre vassal et suzerain, entre roi et sujet, entre homme et femme ou entre vassaux mêmes, jamais on ne met en doute le système de la société réceptrice chrétienne. Mais le didactisme ne s'escamote jamais: dès les premiers vers le *RAlix* est marqué comme un *example* signalant la nécessité d'une lecture parallèle. Le compilateur ne se limite cependant pas à la seule mention du mot *example*. Pour que les destinataires identifiés à la fin du texte puissent décoder correctement le message et de produire des interprétations sociologiquement adéquates, il parsème son texte de signaux marquant la distanciation auctorielle. C'est grâce à cette approche que le *RAlix* et dans une moindre mesure 'Arsenal', 'Venise' et le *RTCh* sont élevés au-dessus de la contingence du spécifique et que leur message revêt une importance universelle. Les destinataires avertis de la nécessité de prendre leur distance par rapport au narré feront ce qu'ils sont doivent faire: ils distilleront de l'histoire la vérité qui leur convient et confronteront cet *example* avec leur situation spécifique.

VI

LES COMPILATEURS[1]

Comme on a pu l'entrevoir au chapitre II, l'évolution de la légende d'Alexandre le Grand se caractérise par une tradition textuelle extrêmement compliquée et variée. Aussi les conséquences s'en repèrent-elles dans la littérature française du Moyen Age consacrée aux aventures du Macédonien: le seul 12e siècle français nous a légué le fragment d'Albéric, l'*ADéca*, 'Arsenal', 'Venise', le *RTCh*, le *VAj*, le *VAg* ainsi que le *RAlix*. Ce dernier texte doit être considéré comme la vulgate de la tradition française, car il offre non seulement l'inventaire le plus complet des faits et gestes du Macédonien, mais il occasionnera également les continuations des 13e et 14e siècles.[2] Afin de pouvoir cerner de façon aussi précise que possible la position spécifique de ce *RAlix*, j'étudierai ici la filiation entre les versions du 12e siècle qui s'inspirent de la version d'Albéric; je me pencherai sur les renseignements fournis par les compilateurs à propos des documents antérieurs qu'ils disent avoir mis à contribution.[3] Dans le chapitre suivant il sera également question d'une analyse et d'une comparaison de quelques fragments textuels pertinents puisés dans les mêmes textes, mais là il s'agira du procédé de la réécriture de la *vita* dans la perspective de l'*utilitas* royale. Bref, de la façon dont le filigrane idéologique dont j'ai étudié quelques facettes au chapitre III a été mis en texte. Ici je me limite donc aux seules questions d'organisation.

La production française du 12e siècle consacrée à Alexandre

---

[1] Ce chapitre reprend quelques données de mon étude 1995.
[2] Voir chapitre II, section 3.
[3] En l'occurrence une remarque comme celle de Julia Kristeva que 'tout texte se construit comme une mosaïque de citations' (1969: 146) est ce qu'il y a de plus approprié: nos compilateurs ne font qu'élaborer le déjà donné et ne semblent pas trop verser dans la créativité. A la rigueur le mot 'compilateur' pourrait donc être pris dans une acception négative; et c'est ce que l'on a fait bien souvent dans le passé. Isidore de Séville rapporte que même le grand Virgile a été traité de 'compilateur' (= 'voleur'): *Mantuanus ille vatus, cum quosdam versus Homeri transferens suis permiscuisset et compilator veterum ab aemulis diceretur* (X, 4, éd. Lindsay 1911). En ceci l'évêque de Séville reprend ce qu'avait dit saint Jérôme. Comme je l'ai dit au chapitre I, j'utilise le mot 'compilateur' dans le sens positif de 'celui qui combine plusieurs textes préexistants dans l'idée d'en faire un ensemble cohérent'.

le Grand comprend des documents traitant seulement une partie de la vie du héros aussi bien que des textes décrivant sa vie entière. Dans la première catégorie figurent le texte attribué à Albéric, l'*ADéca*, le *FG* ainsi que l'*AOr*. Ces textes se combinent parfois dans des ensembles à portée biographique. C'est ainsi que l'*ADéca* constituerait avec les aventures en Orient (l'*AOr*) ce que la critique a nommé l'"archétype".[4] Cette combinaison aurait circulé avant 1184/5, puisque c'est à ce moment-là qu'Alexandre de Bernai en aurait (re)travaillé une version. Avec son texte, le *RAlix*, nous faisons la connaissance de la deuxième catégorie de textes, à savoir les textes qui procurent une *vita* complète. Le *RAlix* n'est pas le seul texte à décrire tous les faits et gestes du héros: il y a aussi le *RTCh* anglo-normand. De temps en temps je fournirai quelques renseignements au sujet de ce dernier texte, mais ce sera uniquement pour mettre en lumière les relations entre les différentes réécritures. La même remarque peut être faite au sujet des versions Arsenal et Venise qui offrent, elles aussi, une vie complète du Macédonien. Bien qu'elles soient sans doute des échos de versions antérieures que j'ai nommées 'Arsenal' et 'Venise', elles font bien partie intégrante de la génération de textes qui s'inspirent de la création d'Albéric. J'en parlerai au chapitre XII. Les renvois aux versions Arsenal et Venise que l'on rencontrera dans ce qui suit servent également à éclairer les rapports entre les différentes réécritures que le 12e siècle nous a léguées. Prise dans son ensemble, la production de ce siècle est de la plus haute importance, puisque c'est elle qui détermine la perspective des continuations et des interpolations des siècles subséquents.

L'analyse des rapports entre les différentes réécritures se heurte à quelques obstacles. Le plus grand parmi ces obstacles est le fait que les compilateurs sont des personnages pratiquement inconnus; ce fait nous empêche déjà de les situer dans un contexte socio-politique déterminé. Il ne nous reste que quelques noms: il y a un Albéric (peut-être le premier à traduire en langue vulgaire une vie d'Alexandre), un Eustache (supposé responsable du soi-disant *FG*, mise en texte des exploits d'une petite troupe de l'armée macédonienne dans le Proche-Orient) et un Lambert le Tort (qui

---

[4] Foulet 1965: 1-11.

aurait écrit l'*AOr*, inventaire des aventures en 'Inde'). Thomas de Kent et Alexandre de Bernai sont responsables d'une *vita* complète du héros. Jehan le Nevelon et Gui de Cambrai se sont penchés sur les efforts des compagnons de venger la mort de leur maître; les résultats sont la *VAj* et le *VAg*. Les traducteurs/remanieurs de l'*A-Déca* et de la *MortAlix* n'ont plus de nom. Quelques manuscrits du *RAlix* rapprochent du dernier texte le nom de Pierre de Saint-Cloud (pour ce personnage, voir *infra*). Quant au personnage responsable de l''archétype', il faut constater qu'il n'est qu'un habitant du royaume des nébuleuses et il en est de même des auteurs anonymes d''Arsenal' et 'Venise'. Abstraction faite d'éventuelles erreurs d'attribution, il faut vraiment se demander si ces noms renvoient à des personnages ayant effectivement travaillé et remanié des textes ou seulement à de simples copistes. S'y ajoute le fait déjà mentionné qu'il est difficile sinon impossible de déterminer la part qu'aurait prise chacun de ces traducteurs/remanieurs dans la constitution de cet ensemble: il y a des textes qui nous sont parvenus sous forme fragmentaire, d'autres se découvrent seulement à travers les remaniements ou les reprises dont ils ont été l'objet. Et pour compliquer le problème: la chronologie de tous ces textes ne se laisse que deviner.[5]

Les réécritures montrent des variations énormes: dans les éditions actuellement disponibles la version du ms Arsenal compte

---

[5] Le chapitre II (sections 2 et 3) donne quelques renseignements relevants sur la façon dont les réécritures les plus importantes: le *RAlix*, Arsenal (= 'Arsenal'), Venise (= 'Venise') et le *RTCh* s'insèrent dans la tradition et exploitent les sources disponibles. On n'a qu'à jeter un coup d'œil sur le tableau synoptique de la section 4 (ibidem) pour se rendre compte de la complexité des rapports entre les versions *RAlix*, Arsenal, Venise et *RTCh*. Il y a encore un autre problème qu'il m'est vraiment impossible de résoudre: les manuscrits subsistants du *RAlix* datent des 13e et 14e siècles (Ross 1988: 12). Il n'est pas à exclure que quelques-unes de ces copies soient des témoins relativement fidèles de ce qu'Alexandre de Bernai lui-même aurait confié au parchemin. Mais — et les nombreuses variantes en sont des indices inquiétants — il est fort possible que les différents copistes y aient mis du leur. C'est un obstacle de taille. La question des copies subsistantes du *RTCh* est encore beaucoup plus compliquée (voir chapitre XIII). Afin de pouvoir poursuivre mon analyse, j'accepte que les éditions disponibles donnent des reflets fidèles de ce qu'auront été les versions étudiées ici. Il faut avouer que c'est là une prémisse purement pragmatique.

6890 vers, celle du ms Venise 10747.[6] Le *RAlix* est long de 15924 vers et dans une forme éventuellement complète le *RTCh* compterait plus de 12.000 vers.[7] Ce sont là des différences qui prêtent à discussion. Il en est de même de quelques autres textes. Malheureusement l'information disponible est si minimale qu'il est difficile sinon impossible de circonscrire la part de chacun des personnages dont l'histoire nous a livré un nom. La part d'Albéric dans l'ensemble consacré au héros macédonien ne peut pas vraiment être déterminée, puisqu'il ne nous reste que 105 vers de ce qu'il aurait écrit. Le reste ne se laisse deviner qu'à travers les rédactions de l'*Alexanderlied* du curé allemand Lamprecht dont la première rédaction se situerait entre 1150 et 1155 et l'*ADéca* anonyme (1160?). La même remarque doit être faite au sujet de l'effort de l'auteur/adaptateur de la *MortAlix* dont il ne nous est parvenu qu'un fragment de 159 vers; le reste se cache sous les alexandrins de la branche IV du *RAlix* et ceux d'Arsenal et de Venise. La contribution d'Eustache n'a survécu que grâce à son intégration dans le *RAlix*, dans la version Venise ainsi que dans quelques manuscrits du *RTCh*. Lambert le Tort survit à travers le *RAlix*, Arsenal, Venise et le *RTCh*. Un autre problème épineux est constitué par le fait que les rapports entre le *RAlix* et les versions de la *vita* d'Alexandre le Grand conservées par les manuscrits Arsenal et Venise sont ce qu'il y a de plus flou. Ces deux dernières réécritures reprennent l'*ADéca* (tout en en respectant le décasyllabe) et le juxtaposent à d'autres épisodes puisés dans le *FG*, l'*AOr* et la *MortAlix*).[8]

La question des rapports entre les différentes réécritures reste donc entourée de nombreux points d'interrogation. Essayons quand même de cerner le problème avec les moyens du bord. L'ouvrage d'Albéric semble avoir été écrit dans les premières

---

[6] Edition La Du 1937. Catherine Croizy-Naquet dit (1993: 131) que le manuscrit Venise date des années 1160-70. Je ne comprends pas la motivation de cette datation: d'après les renseignements actuellement disponibles le manuscrit Venise aurait été fait au 14e siècle (Ross 1988: 12). Bien sûr, tout ceci n'exclut aucunement la possibilité que la version Venise ait été terminée plus tôt et reprenne une version du 12e siècle que je nomme 'Venise'.

[7] Il n'est pas possible de produire un calcul correct: l'édition disponible (Foster/Short 1976-7) supprime une bonne partie des aventures en Orient. Voir chapitre XIII.

[8] Pour plus de détails, voir chapitre XII.

décennies du 12ᵉ siècle.⁹ Les 105 vers qui nous restent fournissent d'abord une espèce de prologue et mentionnent ensuite la légitimité de la naissance du héros (Albéric refuse la possibilité d'une bâtardise, idée qu'il considère comme un mensonge de *fellon losengetour*; v. 29), les mérites des parents, les signes météorologiques et telluriques accompagnant la naissance, les aspects physiques du jeune Macédonien ainsi que son éducation exemplaire. A en juger d'après l'*Alexanderlied* et l'*ADéca* — et les renseignements produits par cette 'comparaison' doivent vraiment être maniés avec circonspection — Albéric aurait traduit/remanié une *vita* latine relativement complète, puisque les vers 14-6 évoquent plusieurs aventures impliquant plusieurs rois vaincus, plusieurs terres conquises et plusieurs barons tués:

> Tant rey fesist mat ne mendic
> ... tanta terra cunquesist
> ... tan duc nobli occisist (vv. 14-6).

Ces éléments (cf *tant*, *tanta*) reviennent plus ou moins dans l'*ADéca*. Le remanieur du dernier texte dit vouloir parler

> ... d'Alixandre qui conquist Babiloine,
> Perse et Afrique e Tirë e Sidoine,
> E tot lo mont ... (vv. 3-5).¹⁰

Lamprecht fournit les mêmes détails. On peut conclure de tout ceci

---

⁹ Le dialecte franco-provençal utilisé par le dit Albéric renverrait à Pisançon, petit village du Dauphiné, pas loin de Romans. Cette localisation ne dépasse cependant pas le stade de l'hypothèse. Lamprecht identifie le texte d'Albéric comme sa source: la rédaction de Vorau, qui semble être assez proche du texte d'Albéric et qui doit avoir été terminée entre 1150 et 1155, nomme *Alberîch von Bisinzo*; la rédaction de Strasbourg (terminée vers 1170-5?) donne: *Elberîch von Bisenzun/ der brâhte uns diz liet zû*. Pour ceci, voir Kinzel 1884: 26; Ruttmann 1974: ii-ix, vv.13-4; Foulet 1965: 2-8; Ross 1988: 9-10; Roncaglia 1963. Le vers 10 de la version Venise fournit un renseignement curieux: *Ceste ystoire n'est mie d'Auberin li canoine* (La Du 1965: 3). Serait-ce un rejet de l'attribution à Albéric ou une tentative de différencier deux personnages du même nom: l'auteur/adaptateur de notre fragment et un autre, un chanoine inconnu?

¹⁰ Les références au texte d'Albéric et à l'*ADéca* renvoient à l'édition de Foulet 1965: 37-60 (Albéric) et 61-100 (*ADéca*).

qu'il n'est pas impossible qu'Albéric ait effectivement décrit d'autres épisodes de la *vita* du Macédonien ou qu'il en ait eu l'intention, à moins que l'évocation d'autres aventures ne fasse tout simplement partie de l'introduction à l'exemplarité du héros. Voilà tout ce que l'on peut dire au sujet du contenu.[11]

Le fragment ne contient que peu de méta-commentaire auctoriel signalant les interventions d'Albéric. Abstraction faite des hyperboles traditionnelles (*Nuls homs vidist un rey tan ric* ou ... *non i ab un plus valent*; vv. 12, 23), il n'y a que la référence (peu précise d'ailleurs) au livre de l'*Ecclésiaste*: *Est vanitatum vanitas / Et universa vanitas* (vv. 3-4).[12] La présence en début de texte de cette référence à la vanité des activités humaines pourrait impliquer une moralisation des aventures de notre héros dans le sens du verset biblique. On constate cependant que le fragment ne parle que de l'excellence du héros: les phénomènes météorologiques et telluriques accompagnant sa naissance et sa formation ultra-rapide sont des éléments positifs. Ses parents sont de la plus haute extraction: Philippe est le *Meyllor vasal* qui soit et sa mère est la plus belle au monde (vv. 33-45).[13] Le texte signale en outre que les ancêtres du héros avaient déjà fait preuve de ce goût d'indépendance que manifestera leur petit-fils. Tout cela, de tradition, prépare le leitmotiv de la légende en langue française: Alexandre refusera de se

---

[11] La rédaction Strasbourg de l'*Alexanderlied* de Lamprecht donne ... *Alexander ..., / vil manige rīche er gewan, / er zerstōrte manige lant.* Vorau donne: ... *vil manec rîche er gewan, / er zerstôrte vil manec lant.*. La rédaction Bâle qui s'inspire de la tradition représentée par l'*Historia de Preliis* ignore ces renseignements. Voir Kinzel 1884: 3 sqq (Bâle), 26 (Vorau); Ruttmann 1974: 8-9.

[12] Cf. *Eccl*. I, 2: *Vanitas vanitatum, et omnia vanitas*.

[13] Philippe est *Fils ... Amint', al rey baron / Qui al rey Xersen ab tal tenzon* (vv. 37-8). Cet *Amint* serait Amyntas III, roi de Macédoine de 389 à 369 qui s'était opposé à Artaxerxès, roi de Perse de 404 à 358. L'oncle maternel, qui s'appelait également Alexandre et qui fut roi d'Epire avait, lui aussi, des mérites exemplaires: ... *no degnet d'estor fugir/ Ne ad enperadur servir* (vv. 41-3). Il y a dans l'histoire de la Macédoine un autre Alexandre, fils de Neoptolème et frère d'Olympias, la mère de notre héros. Couronné roi d'Epire et connu sous le nom d'Alexandre Ier, il mourut sur les rives du fleuve Achéron, en 328. Orose parle aussi de cet *Alexandri illius Magni auunculus*, mais les dates qu'il fournit sont différentes (Arnaud-Lindet 1990: I: 151). Quoi qu'il en soit, Albéric l'identifie correctement: Olympias est la *Sor Alixandre, ... rey d'Epir* (v. 41). Voir pour ceci également notes 21 et 22.

soumettre à qui que ce soit. Ces quelques renseignements font supposer une *vita* de signature positive qui, lors de la présentation de la mort du héros, aurait pu finir en glose moralisatrice (sous quelque forme que ce soit). Mais ceci n'est qu'hypothèse, puisque la prudence m'empêche d'énoncer des conclusions définitives au sujet de la vision d'Albéric: le fragment qui nous reste est vraiment trop petit. Ce qui, par contre, est sûr, c'est que le métacommentaire d'Albéric donne le ton: les versions françaises qui d'une façon ou d'une autre s'inspirent de la même tradition dans laquelle Albéric a puisé ses données ont toutes une conception positive du héros. Et c'est ici que joue le problème des sources que les auteurs/adaptateurs français auraient préférées. Cette question difficile ne m'occupera pas ici.[14] Ce qu'on peut dire d'Albéric, c'est qu'il a vu dans la *vita* du Macédonien une occasion de passer à ses destinataires, peut-être en le moralisant, le *bonum sapientiae* si cher à Sénèque,[15] car ce Macédonien indépendant et victorieux était un exemple excellent pour les rois de l'époque. Qui plus est, il est présenté comme l'incarnation même de l'*utilitas* princière.[16] C'est bien tout ce qu'on peut dire au sujet d'Albéric, puisqu'on ignore non seulement les documents antérieurs sur lesquels celui-ci aurait construit sa version, mais également ses véritables intentions.

Le deuxième stade dans la lignée Albéric: Alexandre de Bernai est l'*ADéca* anonyme qu'on doit situer dans les années '60 du siècle.[17] Une combinaison de ce texte avec les aventures en Orient dues à Lambert le Tort aurait constitué cet 'archétype' dont se seraient inspirés les compilateurs d''Arsenal' et de 'Venise' ainsi que Thomas de Kent et Alexandre de Bernai. L'*ADéca* fournit un

---

[14] Les conséquences du choix de telle ou telle source sont on ne peut plus évidentes dans le *RTCh*, car cette réécriture combine des éléments puisés dans l'*Historia de Preliis* avec des données empruntées à Eustache, Lambert le Tort et l'auteur anonyme de la *MortAlix*. Il s'ensuit que sa perception des aventures du Macédonien est différente. Pour plus de détails, voir chapitre II, section 4.

[15] Garin 1969: 24.

[16] J'y reviens au chapitre IX.

[17] La région de provenance de l'*ADéca* est difficile à déterminer. Le texte aurait-il été écrit dans la région poitevine ou dans le Nord-Est de la France? Cette dernière possibilité est proposée par Naudeau (1994: 433). Mais de quel texte parle-t-on? L'*ADéca* original est introuvable: il n'y a que la reconstruction de Foulet (1965) et les réécritures dans 'Arsenal', 'Venise' et le *RAlix*.

résumé succinct des conquêtes, mentionne les miracles lors de la naissance, les compagnons d'armes, l'éducation du héros, la rencontre avec Bucéphale, l'adoubement, l'annonce du conflit avec Darius III ainsi que la guerre contre Nicolas. Le texte se termine par la mort du dernier et la prise de sa ville. Une comparaison prudente avec le fragment d'Albéric nous montre que l'*ADéca* supprime la référence à la *vanitas* et le passage sur les mérites des parents. Ensuite, l'*ADéca* élabore les passages consacrés aux compagnons, à l'orgueil et à la largesse du héros. Le texte montre aussi des réductions: là où Albéric présente quatre précepteurs et leur consacre 24 vers (ce sont d'ailleurs les derniers renseignements livrés par le fragment qui nous est parvenu), l'*ADéca* ne fournit qu'un résumé des activités de ces *doctors* (v. 48)[18] pour se concentrer immédiatement sur la légitimité de la naissance, car il n'est pas question du tout d'un adultère commis par Olympias avec le sorcier égyptien Nectanébus (appelé *Neptanebus* ici):

> Plusor o distrent, mas je n'en crei nïent,
> Car pois l'ocist molt engososement ... (vv. 64-5)

Il se profile une certaine causalité dans le raisonnement: *Car pois l'ocist ...* (la victime est Nectanébus), mais c'est bien mince. Ce qui est cependant intéressant, c'est qu'Albéric, lui, n'avait pas identifié le sorcier: il n'avait parlé que d'un *encantatour* (v. 28). Le renseignement doit donc provenir d'une autre source.[19] Il est clair que l'auteur/adaptateur de l'*ADéca* a voulu présenter, lui aussi, une *vita* du héros macédonien (les vers 3-5 cités plus haut parlent de la conquête de Babylone, de l'empire perse, etc.), mais pour une raison ou une autre il n'a pas poussé ses activités au-delà des aventures de jeunesse. L'*ADéca* n'est cependant pas à considérer

---

[18] Pour l'éducation du héros, voir Simons 1994.

[19] Bien sûr, il ne faudra pas écarter la possibilité que l'auteur/adaptateur de l'*ADéca* ait eu recours à une copie de la version d'Albéric qui mentionnait bel et bien le nom du sorcier. Mais avec des 'si' on résoud tous les problèmes. Les rédactions Vorau et Strasbourg de l'*Alexanderlied* ignorent, elles aussi, le nom du sorcier égyptien. La rédaction de Bâle, qui semble avoir été écrite aux alentours de 1275, raconte d'après la tradition de l'*Historia de Preliis* comment *Nektanibus/Nektanibô* séduit Olympias (Kinzel 1884: 4-24; Ross 1988: 10). Tout ceci ne fait qu'illustrer la complexité de la tradition.

comme une simple reprise de l'ouvrage attribué à Albéric. Les quelques différences inventoriées ici sont déjà trop signifiantes pour pouvoir admettre l'idée d'une filiation directe entre les deux textes en question; il doit y avoir eu d'autres moyens d'information. L'*A-Déca* possède donc des traits qui l'individualisent. Mais encore une fois, il faut de la prudence: les 105 vers d'Albéric ne permettent aucune comparaison fiable.

Une variante intéressante du vers 3 (... *d'Alixandre qui conquist Babylone*) se relève dans la version Arsenal qui nous est parvenue dans un manuscrit du début du 13ᵉ siècle et qui intègre l'*ADéca* sous une forme peut-être pas trop éloignée de la version originale (?); on y lit: *Qui tint Espaigne deci qu'en Babiloine*. Cette donnée est un rappel des aventures en Occident mentionnées par la tradition latine représentée par les différentes rédactions de l'*Historia de Preliis*, source que la lignée d'Albéric n'exploite pas. Or il est tout à fait remarquable de constater que la rédaction Vorau de l'*Alexanderlied* renvoie également à des activités d'Alexandre en Occident. Le texte mentionne *Kalabre*, *Sicilienlant*, *Itale*, *Rôme*, *Kartagine* comme des territoires dépendant de la puissance macédonienne; Alexandre y aurait rétabli l'ordre et il aurait contraint les Lybiens et les Carthaginois de se soumettre; ensuite, il se serait dirigé vers l'Egypte.[20] Les mêmes détails se retrouveront également aux vers 1079-1106 de la compilation de Thomas de Kent que j'étudierai au chapitre XIII. Après s'être assuré de la sujétion de tous ces territoires, Alexandre serait parti mettre le siège devant Tyr (épisode extrêmement important dans les textes français).[21] Et ici nous touchons un point important, car l'absence de la mention d'aventures en Occident est une des caractéristiques de la lignée Albéric: 'archétype' (= *ADéca* en combinaison avec l'*AOr* et la

---

[20] Kinzel 1884: vv. 599, 617, 623, 638, 642, etc. La rédaction de Strasbourg est lacunaire ici.

[21] L'histoire connaît un autre Alexandre (voir note 13). Celui-là fut effectivement en Italie où il aida les Tarentins contre les Bruttiens (*La Grande Encyclopédie*, II: 97-8). Est-ce que la légende aurait confondu cet Alexandre-là avec notre héros? L'auteur de la *Chanson de Roland* énumère, lui aussi, toute une série de conquêtes imaginaires de Charlemagne. S'agirait-il là d'un souhait de soumettre le monde entier, de restaurer l'Empire Romain? Vu la mission spécifique que la légende confie au Carolingien, une pareille idée ne serait pas à écarter immédiatement. Voir Bender 1967: 27 sqq.

MortAlix). Il n'est donc pas étonnant que ce fait conditionne également les réécritures d'Alexandre de Bernai et celles d'''Arsenal' et 'Venise' qui s'inspirent, eux aussi, de l'''archétype'.[22] Du point de vue de l'histoire la vision exprimée par les textes qui s'inspirent d'Albéric est correcte: Alexandre n'a jamais été en Italie ou en Afrique du Nord, mais il a bel et bien été en Egypte où il a visité le temple d'Ammon. Et ce détail spécifique se retrouve dans la plupart de nos versions. Les auteurs/adaptateurs de nos versions françaises semblent donc se conformer à l'histoire, mais de là à leur attribuer un savoir ou un sens critique qui les aurait fait refuser les aventures occidentales est aller un peu vite. Rien ne justifierait pareille hypothèse. Il est fort plausible qu'ils se sont laissé guider par les textes antérieurs. Là où ils font preuve d'un sens vraiment critique — et le refus violent de la bâtardise du jeune héros en est un bon exemple — ils ne le font que parce que leur contexte socio-politique, leur *RÉALITÉ historique*, le leur impose.[23]

---

[22] Il y quand même trois endroits où le compilateur du *RAlix* réfère aux expéditions en Occident: à un certain moment Alexandre énumère toutes ses conquêtes:

"Baron, dist Alixandres, entendés ma raison,
Mainte terre ai conquise et mainte region,
Romain firent par force vers moi acordoison,
Puis mis Puille et Calabre en ma subjection
Et conquis toute Aufrique a coite d'esperon." (III: 381-8)

Il se peut que notre compilateur ait oublié de bien harmoniser ses textes-source. La deuxième occurrence se trouve dans la branche IV du *RAlix* (vv. 933-4) où il est dit que Caulus aurait eu Milan et quelques autres villes dès qu'Alexandre aurait conquis *de Rome le roiaume*. Il semble que ce fût là effectivement son idée: avant de mourir Alexandre mentionne pour la troisième fois le projet de la conquête de la Péninsule italique: il aurait aimé se rendre maître de *France la renommee ... Engleterre, Normendie* et *Gale* (IV: 551-3). Cela correspond d'ailleurs avec l'idée exprimée plusieurs fois dans le *RAlix* et les autres versions qu'Alexandre veut être le maître du monde entier (voir pour ceci chapitre IX). Le compilateur de la version Arsenal pèche d'ailleurs dans le même sens. La variante curieuse de l'*ADéca* que j'ai déjà commentée il y a quelques instants (*Espaigne ... Babiloine*) reste sans suite, car Alexandre n'a jamais conquis la péninsule ibérique.

[23] Il est intéressant de noter que l'adultère d'Olympias que reprendra Rudolf von Ems dans son *Alexander* joue encore un rôle à la cour de Frédéric II. Les ennemis des Hohenstaufen profitèrent de cette réécriture de la *vita* du Macédonien

L'*ADéca* constitue le début de l'''archétype', des versions 'Arsenal' et 'Venise' ainsi que du *RAlix*. Ces trois dernières réécritures auraient puisé leur information surtout dans cet 'archétype'. Malheureusement cette version-là n'est qu'hypothétique: il ne nous en reste aucun témoin. Mais sa présence fictive expliquerait les ressemblances frappantes entre 'Arsenal' et 'Venise' d'une part et la création d'Alexandre de Bernai de l'autre. Les renseignements que l'on peut glaner dans le tableau synoptique fourni au chapitre II (section 4) montrent que l'existence de cet 'archétype' n'est pas à exclure. Sans vouloir tomber ici dans le piège bien connu de l'ancêtre hypothétique, il est quand même intéressant de signaler que l'''archétype' proposé par la critique n'est pas si 'archétypal' comme celle-ci ne l'a prétendu. J'en veux pour preuves les détails suivants: Arsenal ne donne pas les aventures entre la défaite de Nicolas et le siège de Tyr, ne fournit pas non plus la fameuse description de la tente du roi précédant ce siège (= *RAlix*, branche I). Venise saute les mêmes détails à l'exception toutefois — et voilà ce qui est curieux — de la description de la tente qui se trouve insérée dans le passage qui dans le *RAlix* fait suite à l'épisode de Tyr (branche III). Pour ce qui est de la partie décasyllabique d'Arsenal et Venise, elle est pratiquement identique à la 'reconstruction' de l'*ADéca* par Foulet: de temps en temps une laisse a un vers en plus ou un vers en moins. D'autres laisses, par contre, montrent des fluctuations plus importantes. Comme la parataxe régit la structure textuelle, on ne rencontrera pas de fluctuations sémantiques bien significatives.[24]

Les différences entre l'''archétype' et les versions Arsenal et Venise déjà signalées sont corroborées par d'autres variantes qui ne s'expliquent que si l'on suppose le recours par les remanieurs de ces deux dernières versions (ou par les auteurs/adaptateurs responsables d'''Arsenal' et de 'Venise') à une autre copie de l'*ADéca* probablement incomplète ou différente. Sinon on ne motiverait aucunement les différences avec la branche I du *RAlix* qui offre des éléments faisant structurellement partie de la légende. Arsenal et

---

pour répandre des bruits négatifs au sujet de la naissance du jeune Frédéric: tout comme Alexandre ce prince serait un bâtard. Voir pour ceci Gicquel 1982: 204-5; Kugler 1990.

[24] Pour les détails, voir chapitre XII.

Venise ignorent encore d'autres épisodes bien traditionnels qui figurent bel et bien dans les compilations d'Alexandre de Bernai et de Thomas de Kent. Arsenal ignore le *FG*; Venise en offre une version tronquée. Des passages autrement traditionnels comme celui où Alexandre se comporte de façon courtoise et généreuse envers les parents de Darius III que celui-ci avait abandonnés lors de sa fuite sont absents dans ces deux versions qui ignorent également la fameuse descente vers les profondeurs de la mer ainsi que la montée vers le ciel. Venise saute l'aventure avec les Amazones, mais termine la *vita* par un épisode relatant la mort des traîtres.[25] Et ainsi de suite. La conclusion qui s'impose — et je me rends compte de ce que mon approche reste schématique — est que la généalogie des différentes versions ne s'explique pas complètement avec l'invention d'un 'archétype'.

La personne responsable de la grande compilation qu'est le *RAlix*, ensemble de 15924 vers dans lequel s'inséreront dans les siècles subséquents au moins six interpolations totalisant (du moins dans les éditions actuellement disponibles) 21095 vers, ne nous est pas vraiment connue.[26] Son nom, nous l'apprenons dans les derniers vers de la branche II:

> Alixandres nos dist, qui de Bernai fu nes
> Et de Paris refu ses sornons apelés,
> Que ci a les siens vers o les Lambers jostés. (vv. 3098-3100)

et à la fin de la branche IV nous trouvons encore:

> Ce raconte Alixandres de Bernai vers Eüre. (v. 1699)

---

[25] Pour la vengeance décrite par cette version, voir chapitre XIV.

[26] Ces interpolations sont, en comptant également les deux récits qui, d'après leur intention, suivent la *vita* du héros (techniquement parlant ce ne sont donc pas des *inter*polations), d'abord la *VAj* écrite vers 1180 et comptant 1936 vers, et le *VAg* écrit avant 1191 et long de 1806 vers. Ensuite on a affaire à la *PD* (13e s., 1654 vv.), au *VPT* (13e s., long de 503 vv.), aux *Voeux* (14e s., 8584 vv.), au *Rest* (14e s., 2691 vv.) et au *Parf* (également 14e s., 3921 vv.). On a parfois suggéré que le Gui de Cambrai du *VAg* est également l'auteur de la version française de *Barlaam et Josaphat*, texte du début du 13e siècle. Rien n'est cependant sûr (Armstrong 1922: 47-51).

Ce dernier renseignement est également fourni par Arsenal (v. 6888), mais ignoré par Venise. Voilà tout ce que nous savons sur cet Alexandre de Bernai. De temps en temps la critique lui attribue également la paternité du roman d'*Athis et Prophilias* écrit entre 1210 et 1225. Or entre 1184/5, date à laquelle le *RAlix* semble avoir été terminé et les moments supposés de la création d'*Athis et Prophilias* il y a entre 25 et 40 années. En elle-même l'hypothèse n'est pas immédiatement à exclure: les activités professionnelles d'un auteur/remanieur ou d'un copiste peuvent s'échelonner sur une bonne quarantaine d'années. Comme les indications sont vraiment fort floues (il ne s'agit que d'un prénom identique), je préfère ne pas adopter cette hypothèse.[27] Le surnom de notre compilateur: il se nomme Alexandre de Bernai dit de Paris (.. *de Paris refu ses sornons apelés*) ne nous avance pas non plus: le toponyme Paris pourrait impliquer une présence à la cour du roi, bien qu'à l'époque Paris ne soit pas encore la capitale du royaume. Si c'était là le cas, on pourrait peut-être comprendre certains détails du *RAlix*. Mais malheureusement il n'y a aucun indice permettant de rapprocher le compilateur du *RAlix* de la cour capétienne.[28]

Quoi qu'il en soit, Alexandre de Bernai a combiné les *siens vers* avec ceux de Lambert le Tort. Des informations supplémentaires sur les textes utilisés par le compilateur se trouvent à d'autres endroits du *RAlix*:

> La verté de l'estoire, si com li rois la fist,
> Uns clers de Chastiaudun, Lambers li Tors, l'escrist
> Qui du latin la traist et en romans la mist (vv. 13-5).[29]

---

[27] Au vers 5 d'*Athis et Prophilias* on lit: *Öez del savoir Alixandre* (Hilka 1912, I: 1). Il n'y a que le nom *Alixandre* pour étayer l'hypothèse. C'est bien peu.

[28] Il y a certains endroits dans le *RAlix* où le compilateur fait montre d'un certain parti-pris: dans la branche II il suggère qu'un *natureus François* est supérieur à tout étranger (1242-3). Sur son lit de mort Alexandre dit explicitement qu'il aurait aimé conquérir *France la renommee*, pays qu'il ferait *chiés du mont, que sa droiture est tale, / Car la gens est molt bone, n'est nule qui la vale* (IV: 552). Est-ce que notre compilateur flatte le milieu qui l'abrite?

[29] Le *RAlix* renvoie plusieurs fois à ses sources. Régulièrement nous rencontrons des formules comme: *Ce conte l'escripture* (I: 2696), ... *en escrit le trovom* II: 346), *Ce conte l'escriture* (III: 2542), *Se l'estoire ne ment* (III: 7556), *Ice nos devisa qui l'estoire fist* (IV: 1544), *Si com l'estoire dist, et il est verités* (IV: 155),

Ce Lambert le Tort de Châteaudun, connu également d'Arsenal (vv. 796-9; 1212-3) et de Venise (vv. 884-6), n'est pas le seul auteur exploité par notre compilateur. Au milieu de la branche II présentant l'expédition d'une petite troupe de fourrageurs de l'armée macédonienne en Proche-Orient, il y a la mention d'un autre personnage dont l'ouvrage aurait été mis à contribution:

> Molt fu grant la perte, ce nos raconte Estace (v. 1777)

Cet Eustache est également mentionné par Venise (v. 2907), mais le statut de ce personnage est fort obscur: le *ce nos raconte* n'est pas bien explicite. Tout cela est donc bien peu. Il y a encore un autre nom qui circule: dans la laisse 58.5 de la branche IV, rejetée par les éditeurs du texte que j'utilise ici, 8 mss fournissent, avec des variations légères, le renseignement suivant:

> Pierres de Saint Cloot si trueve en l'escripture
> Que mauvés est li arbres dont li fruiz ne meüre
> Ne dedens lit a chien ne querrez ja ointure.(vv. 32-4)[30]

C'est tout ce que nous apprenons sur les prédécesseurs dont Alexandre de Bernai insère ou prétend insérer les textes dans sa grande compilation. Il est intéressant de voir que Lambert est présenté comme un traducteur (cf. ... *du latin la traist et en romans la mist*). Bien qu'à l'époque une pareille activité cache bien des possibilités, la remarque ne manque pas d'importance pour déterminer la part qui incombe à Alexandre de Bernai. Car si Lambert a mis en langue vulgaire les aventures en Orient, notre Alexandre de Bernai pouvait tranquillement les reprendre à son compte. Dans son prologue celui-ci dit:

---

etc.

[30] Cette remarque se trouve au milieu de la complainte où Antiochus, un des 12 pairs d'Alexandre, regrette la mort de son maître et exprime l'espoir de voir les assassins Antipater et Divinuspater punis de leur méfait. Les variantes les plus significatives du vers 32 donnent respectivement *Signor li sages hom le dist en l'escripture* (ms J) et *Perrot de Saint Cloot trova* ... (ms.Q). Cf. Bateman Edwards/-Foulet 1965: 46-7. L'attribution à Pierre de Saint-Cloud n'est cependant pas assurée par tous les manuscrits.

> L'estoire d'Alixandre vous voeil par vers tretier
> En romans qu'a gent laie doie auques profitier. (I: 30-1)

Or le problème est la charge sémantique de *tretier*. S'agit-il simplement de 'traiter', c'est-à-dire: 'organiser' c.q. 'compiler', donc d'une opération purement technique? Ou faut-il se baser sur la combinaison *tretier / En romans*? Dans ce cas Alexandre de Paris aurait, lui aussi, contribué sa part à la mise en langue vulgaire. Mais quelle serait alors cette part? Les données que procurera l'analyse du chapitre XII montrera qu'Alexandre de Bernai est surtout un organisateur et que ses interventions dans les modèles qu'il combine sont bien limitées. Mais traduire n'était pas son affaire. Ce n'était même pas nécessaire, puisque l'*ADéca* était déjà disponible en français et la même observation vaut pour l'*AOr*. Eustache aurait déjà procuré le *FG* et la *MortAlix* aurait déjà été faite par un auteur anonyme ou par ce Pierre de Saint-Cloud rencontré il y a quelques instants. Et ces descriptions de quelques aventures du grand Macédonien se sont combinées à un certain moment dans cet ensemble hypothétique mais point impossible qu'est l''archétype'. Lambert et Eustache ne sont que des noms. Pierre de Saint-Cloud, lui, n'est pas totalement inconnu: vers 1175 il a mis en langue vulgaire quelques aventures de Renart.[31]

Quant au rôle éventuel à attribuer à Pierre de Saint-Cloud, il faut faire encore les observations suivantes: il est impossible d'ignorer le fait que la branche IV du *RAlix* est un amalgame de deux séries de complaintes funèbres, de *regrets* prononcés par les pairs, par la reine Roxane et par Aristote. Il y a une rupture évidente entre les deux séries, rupture marquée non seulement par une reprise du passage où le roi meurt, mais aussi et surtout par une certaine différence entre les deux séries de complaintes. Il y en a (si je compte bien) en total 25. Sur les 12 pairs il y a en a 9 qui en prononcent plus d'un. C'est un signal fort important. Au niveau de

---

[31] Il n'est pas sûr si le *Perrot* mentionné au vers 1 de la branche I du *Roman de Renart*: *Perroz, qui son engin ess'art* est notre Pierre de Saint-Cloud. Quant aux branches II et Va du *Roman de Renart* (divison de Martin), il semble y avoir moins de doutes. Voir Roques 1963: xiv-xv; 1969: x-xi; Wenseleers (1993: 250-1) mentionne un certain Petrus de Sancto Clodovaldo impliqué dans un procès contre des hérétiques. Serait-ce notre Pierre?

la qualité les différences sont plus marquées: quelques-unes des complaintes sont caractérisées par une certaine érudition: elles mentionnent des détails empruntés à la Bible et à la mythologie antique; d'autres complaintes ignorent ces renvois. Il n'est donc pas impossible qu'on ait affaire à une combinaison de deux produits. Notre compilateur peut avoir exploité deux versions de la *MortAlix*, une due à un personnage anonyme, une autre probablement de la main de Pierre de Saint-Cloud. Dans cette perspective il n'est pas sans intérêt de relever le fait que la laisse 58.5 mentionnée déjà se trouve dans la deuxième moitié de la branche IV.[32]

Il reste une dernière attribution à discuter: la deuxième laisse de Venise offre les renseignements suivants:

> Traite est de geste tote ceste chançon;
> L'ystoire fu trovee droit en un dromon,
> De la terre d'Egypte l'aporterent noon.
> Un clers la fist c'om apelle Symon ... (vv. 11-4)

Paul Meyer a considéré ce Simon comme l'arrangeur responsable des raccords entre la partie en décasyllabes et celle en alexandrins. J'y verrais plutôt un simple topos d'authentification.[33]

Bien que la part d'Alexandre de Bernai reste difficile à cerner, il est hors de doute que son *RAlix* est la réécriture la plus importante des aventures du conquérant macédonien. Les renvois à Lambert le Tort, à Eustache ainsi que la mention du nom de Pierre de Saint-Cloud prouvent que le texte n'est pas entièrement à mettre sur son compte, mais il y mis du sien : *a les siens vers ... jostés*.

---

[32] Alexandre de Bernai ne se borne qu'à mentionner les noms de Lambert et d'Eustache. Au fond, il est très avare de renseignements sur les sources exploitées. A côté des renvois types comme *en escrit le trovom* (voir note 29), notre compilateur ne donne pratiquement pas d'*auctoritates*. A un certain moment (III: 7279) il renvoie à une remarque faite par Lucain dans ses *Pharsales* (X: 272), mais cela peut être un souvenir de lecture. Il en est de même du renvoi aux exploits réalisés par Roland avec Durendal (II: 973). Thomas de Kent, par contre, aime bien faire étalage de son savoir encyclopédique et il renvoie régulièrement à ce qu'il a lu (Gaullier-Bougassas 1993: 191-205). Voir chapitre XIII.

[33] Meyer 1970: 109. Il n'est même pas à exclure que le nom de 'Symon' ait été amené par l'assonance de la laisse. Dans la compilation de Jean Wauquelin il y a un notaire Siméon à qui Alexandre dictera son testament (Raynaud 1993a: 361) mais il n'est pas possible de rapprocher les deux noms.

Quant à ses activités traduisantes, j'ai déjà discuté les possibilités sémantiques du verbe *tretier* qui figure dans le prologue. Dans ce qui suit je reviendrai d'ailleurs sur le sens à attribuer à ce verbe, car il y a encore un autre élément qui joue. Mais il est déjà clair que le rôle d'Alexandre de Bernai ne dépasse pas vraiment la juxtaposition des données que lui livrait une tradition déjà fort riche et variée (sauf pour ce qui est de la branche I). La formule *les siens vers* reste cependant énigmatique, car elle suggère une certaine créativité qui pourrait concerner ou bien l'organisation de l'ensemble ou bien la réécriture proprement dite. A en juger d'après la tradition textuelle, Alexandre de Bernai a récrit l'*ADéca* en alexandrins, instrument narratif que Lambert le Tort avait déjà adopté pour son *AOr*. Cet *ADéca* considérablement amplifié se trouve à la base de sa branche I. Il a adapté le *FG* d'Eustache (le résultat de l'opération est la branche II) et il a élaboré également les aventures en 'Inde'. C'est l'actuelle branche III. Quant à la branche IV relatant les derniers jours du roi, la part de notre compilateur est difficile à deviner. Il y a eu une *MortAlix* d'auteur inconnu et d'après certains renseignements figurant dans quelques manuscrits, Pierre de Saint-Cloud aurait, lui aussi, en produit une version.

Quelle serait donc, si tout ce qui précède est correct, la contribution d'Alexandre de Bernai? Sur la base de ce qui vient d'être dit, il sera clair que la réponse à cette question n'est pas facile. Une confrontation avec les autres réécritures montre que notre compilateur respecte assez fidèlement ce que ses modèles lui semblent avoir livré, pour autant qu'il soit question d'ailleurs de modèles identifiables et contrôlables pouvant servir dans une comparaison fiable.[34] Et c'est là que blesse le bât, car la tradition manuscrite est superbement compliquée. Ce qui saute cependant aux yeux, c'est qu'Alexandre de Bernai en conserve non seulement le *modus dicendi* (il garde la formule épique), mais qu'il respecte le contenu. Cela s'avère déjà dans le prologue où il insiste surtout sur ses capacités organisatrices qu'il qualifie de bien supérieures à celles de ses concurrents. Il dit le dit explicitement:

---

[34] Il se peut que le compilateur du *RAlix* ait trouvé son point de départ dans l''archétype'. Je n'écarte aucunement cette hypothèse, bien plausible d'ailleurs, mais faute de repères solides, je préfère ne pas baser ma discussion sur du sable mouvant.

> ... tieus ne set finer qui ben set commencier,
> Ne moustrer belle fin pour s'ouvraigne essaucier,
> ....
> Cil trouveour bastart font contes abessier
> Si s'en veulent en court seur les meilleurs prisier.
> Ne conoissent bons mos et les veulent jugier,
> Et quant il ont tout dit, si ne vaut un denier,
> Ainz couvient la leur oevre par paniaus atachier. (I: 32-41)[35]

Abstraction faite de l'attaque traditionnelle contre les concurrents, il est clair que le compilateur vise une cohérence organisatrice pouvant et devant réorienter les données traditionnelles dans un sens didactiquement fonctionnel: les destinataires devront être capables de séparer le bon grain de l'ivraie. Voilà pourquoi il donnera aux vers I: 2-7 que je citerai dans un instant tout un code pour une conduite socio-politique conforme: savoir quand on doit *aimer* ou *haïr*, qu'on doit protéger ses *amis* et détruire ses *anemis*, etc. Pour que le message passe, il doit être esthétiquement acceptable (*ben ... commencier* et *belle fin*; vv. 32-3) et cela sans aucun artifice professionnel (cf. les *paniaus*; v. 41). C'est ainsi que la légende doit s'insérer dans le contexte socio-politique qui est le sien.

Dans ce qui précède il a déjà été établi qu'Alexandre de Bernai ne pose pas vraiment comme traducteur: il semble vouloir rassembler des textes préexistants disponibles en langue vulgaire dans le but de *rafreschir* une *vita* fameuse. La comparaison de l'*ADéca*, du *FG*, de l'*AOr* et de ce qui reste de la *MortAlix* avec les passages correspondants du *RAlix* lèvera un peu le voile (le chapitre suivant en montrera des exemples).[36] Les quelques passages que

---

[35] A rapprocher de ce passage quelques proverbes bien connus comme, par exemple le *Au commencement de l'uevre pense de la fin* (Morawski 1925, no. 174). Pour les prologues, voir Marchello-Nizia 1984.

[36] Bien sûr, c'est là l'avantage du chercheur moderne disposant de données qui se comparent. Il faut se demander si les destinataires du 12e siècles ont pu et voulu procéder à des comparaisons entre les textes disponibles. Il est tout à fait licite de supposer que la concurrence que se font les différents hommes de plume, et dont on trouve l'écho dans leurs textes, ait provoqué des discussions au sujet de leurs créations parmi les destinataires. Ce ne serait que normal. D'ailleurs, les preuves tacites sont là: un mauvais auteur n'obtient guère de renommée et disparaît de la scène.

j'ai cités montrent si peu de fluctuations signifiantes qu'il est permis de dire qu'Alexandre de Bernai n'est pas un remanieur au sens strict: il préfère le métacommentaire garantissant la distiancation auctorielle (on l'a vu dans le chapitre précédent) aussi bien que l'intervention au micro-niveau (on le verra dans le chapitre qui suit). Le *tretier* déjà discuté se double maintenant d'un sens autre, à savoir 'doter d'un métacommentaire'. Et c'est là ce qui distingue Alexandre de Bernai clairement de ses prédécesseurs; c'est aussi ce qui explique pourquoi sa version à lui est devenue la vulgate. Dans le chapitre suivant je montrerai que le métacommentaire est parfois marginal, mais qu'il est néanmoins hautement fonctionnel. Ce métacommentaire peut être considéré comme la glose de l'imperfection narrative supposée de ses prédécesseurs ou de ses concurrents. Ce que l'on doit constater ici, c'est que l'organisation de l'ensemble, la *conjointure* (empruntons le mot au Champenois), est censée produire la ou les leçons didactiques voulues. Du moins, c'est ce que suggère notre compilateur. L'importance de tout ceci ne saurait être niée: une *vita* complète offre des possibilités typologiques probablement plus importantes.[37]

Au macro-niveau l'activité professionnelle d'Alexandre de Bernai doit être considérée comme un succès: l'impact immense de sa compilation en est la preuve. Une comparaison au micro-niveau montre cependant de nombreuses fluctuations. Si vraiment on peut et doit parler de fluctuations, car la tradition manuscrite est tellement compliquée qu'il est impossible de séparer de façon bien nette le texte d'Alexandre de Bernai de ceux de ses concurrents et de ses copistes. Aussi n'en arrivera-t-on jamais à établir une distinction acceptable entre leçons 'authentiques' et leçons 'produites par la réception'.[38] Dans ce qui suit je ferai l'inventaire de quelques spécimens frappants des fluctuations dans l'organisation de l'ensemble,

---

[37] Ceci ne veut point dire qu'un petit fragment ne peut pas contenir un métacommentaire valable et efficace. Les quelques données relevées dans le fragment d'Albéric le prouvent déjà.

[38] Je préfère parler de leçons 'authentiques' dues à l'auteur même et de leçons 'produites par la réception' qu'on mettrait sur le compte des copistes ultérieurs ou sur celui des continuateurs plutôt que de leçons 'bonnes' ou 'fautives'. Une pareille prise de position normative ('bon' versus 'fautif') est d'ailleurs dépassée, car une leçon 'authentique peut être 'bonne' aussi bien que 'fautive'. Voir, entre autres, Froger 1968: 9-10.

sans pour autant y attacher des jugements de valeur et sans me prononcer sur leur paternité éventuelle.

J'ai déjà mentionné le problème de la branche IV avec ses deux séries de complaintes (vv. 605-919 et vv. 920-1399) qu'on pourrait éventuellement mettre sur le compte des sources différentes exploitées par Alexandre de Bernai.[39] La conséquence en est que le roi meurt deux fois: au vers 601: *L'ame s'en est alee et li cors devïé* ainsi qu'au vers 1412: *L'ame parti du cors, que n'i pot plus ester*. Le *RAlix* montre d'autres doublures: dans la branche II il est fait deux fois mention du refus des Macédoniens engagés dans des combats meurtriers de quitter le champ de bataille pour aller avertir leur maître; cette même branche nous produit deux neveux d'Emenidus (resp. II: 849-72, 1357-98 et 1249-74); lors du siège de Babylone ce problème du refus sera de nouveau actuel (III: 5673

---

[39] La qualité des plaintes funèbres diffère considérablement. Paul Meyer avait déjà noté que l'auteur de la branche IV donnait l'impression d'être plus lettré que celui de la branche III. L'observation n'est pas incorrecte, mais le genre du *planctus*, élément panégyrique par excellence, donne beaucoup plus facilement lieu à un étalage de savoir que les descriptions de combat qui, on le sait, constituent l'essence même de l'écriture épique. Les 15 premières complaintes ne montrent pas beaucoup de traces d'érudition, mais les 10 dernières en sont pleines. L'emploi des références à des passages bibliques montre une pareille répartition. Sans fournir l'inventaire exhaustif de toutes les références, je signale que la première série (jusqu'à la laisse 58) contient des renvois à l'exode du peuple juif (675-7), au prophète Elie (837), à Hérode, Pilate, etc. (1015). Mais il y a aussi les Parques (956), Laomédon (944), les Champs Elysées (982) et Crassus (1043), etc. La deuxième série qui commence après la laisse 58 montre une palette moins riche: on y trouve, entre autres, le peuple juif quittant l'Egypte (1356-7) ainsi qu'Enée et Didon (1363-5). La différence s'annonce nette. L'explication de ces différences restera cependant hypothétique: Alexandre de Bernai peut avoir exploité ici deux textes différents, chacun avec sa propre série de complaintes; ces textes seraient la version de la *MortAlix* d'auteur anonyme et la version attribuable à Pierre de Saint-Cloud. A moins qu'il ne faille supposer que notre compilateur ait doublé la série de complaintes fournie par le modèle (unique?) par une série de regrets de son cru. Mais il est difficilement concevable que le compilateur ait lardé seulement une série sur deux d'un certain savoir scolaire et qu'il n'ait pas jugé nécessaire d'en faire de même pour l'autre. Le tout suggère que l'apport d'Alexandre de Bernai ait été limité à la seule juxtaposition de quelques modèles et qu'il ait doté le résultat de quelques vers devant assurer la liaison entre les deux séries de complaintes. Ces vers de liaison feraient partie de ce qu'il nomme les *siens vers* (II: 3100).

sqq). Dans la branche III on trouve deux annonces de la trahison d'Antipater et de Divinuspater (vv. 3541-4417; 7708-839); la première se perd dans la suite des aventures indiennes, la deuxième assure l'enchaînement des branches III et IV. Comme les textes exploités par notre compilateur sont assez longs, il n'est pas étonnant de le voir commettre de petites erreurs, surtout à ces endroits-là qui charrient une information dense avec beaucoup de noms étranges, fameux pièges à copiste. Aucune surprise donc de ce que l'énumération des 12 pairs montre une certaine confusion. C'est là un signal non dénué d'intérêt de ce qu'il y a eu amalgame de textes. La branche I donne les noms suivants:

> Pour l'amour Alixandre servi Antiocus,
> Tholomer et Dans Clins, Arristez et Caulus,
> Perdicas et Lyoincs, li preus Antigonus,
> Licanor et Filotes, Aridés li menbrus;
> Devant le mestre dois servi Emenidus. (I: 584-8)

On le voit: il y en a 12. La branche IV réserve cependant une petite surprise. Juste avant de mourir Alexandre dote ses pairs des terres qu'il leur avait promises.[40] Perdiccas aura la *Gresce et les Mascedonés* (236 sqq),[41] Ptolémée (= *Tholomer*) reçoit l'Egypte et ce

---

[40] Pour un commentaire de cette attitude prudente du roi, voir chapitre IX.

[41] L'identité des pairs est une affaire on ne peut plus nébuleuse. La documentation historiographique présente Perdiccas comme un ami du roi. Ptolémée, lui, est important: il sera le fondateur d'une dynastie égyptienne. Je ne sais pas trop qui est le *Dans Clins* ('Clitus'?) mentionné ici. C'est qu'il y a eu plusieurs hommes appelés Clitus. Il y a un Clitus le Noir, le frère de lait du roi qui le sauve dans la bataille sur les bords du Granique et qui à la suite d'une querelle sera tué par Alexandre même. Ensuite, il y a un Clitus le Blanc et un Clitus, roi d'Illyrie. Ce dernier est un ennemi d'Alexandre; on peut donc l'exclure. Il n'est pas impossible que derrière le *Dans Clins* du texte se cache le premier Clitus. Mais là il y a un problème: notre *RAlix* ignore sa mort, car juste avant de mourir le roi lui donne un royaume. Il est indéniable que le compilateur de notre *RAlix* rejette tout ce qui pourrait ternir le blason de son héros, mais de là à prétendre qu'il serait intervenu dans le texte du modèle (à supposer que le modèle ait donné ce renseignement spécifique) et qu'il aurait escamoté le conflit entre Clitus et le roi, c'est là donner un peu trop dans l'hypothèse. La présence de Clitus jusqu'à la fin fait tout simplement partie du canon en ancien français. La version Venise mentionne également *Don Clin* lors de la distribution des terres par Alexandre; v. 9230. Le nom *Emenidus* pourrait être celui d'Eumène de Cardie, d'abord secrétaire de

malgré le fait que le roi lui avait déjà donné la ville de Nicolas (289 sqq),[42] *Dans Clins* ('Clitus'?) la Perse (321 sqq). A Emenidus ('Eumène, dit de Cardie'?) il lègue la Nubie (350 sqq), à Ariste l'Inde Majeure (373 sqq), à Anthiocus la Syrie (378 sqq), à Antigone la Cilicie (386 sqq), à Philotas il donne Césarée (398). A *Licanor* ('Nicanor'?) il donne l'*Alenie* et l'*Esclavonie* (412 sqq); à Festion ('Héphestion'?) il cède l'*Hongrie et le regne d'Ansoi* (444 sqq) et à *Aridés* ('Arrhidée'?) il donne *Carthage* (486 sqq), à Caulus *Hermine la grant terre* (505 sqq). Ici encore, il y a 12 pairs, mais le catalogue varie: *Lyoines* ('Léonidas'?) a été remplacé par Festion. Plus tôt, dans la branche I, le compilateur introduit Sanson dans la liste des pairs (I: 2097). L'entorse à la consistance de la *'RÉALITÉ' littéraire* est minime, mais entorse il y a.

Ces petites différences montrent que le compilateur n'a pas su neutraliser complètement la relative indépendance des textes exploités. L'*ADéca* qui, je le rappelle, ne décrit que les aventures de jeunesse, ne connaît que *Festivon* et *Tolomé*, *Antigonus* et *Aristé* (767). Arsenal donne, pour autant que le texte est complet, à peu près les mêmes renseignements. Venise y ajoute certains détails et nous présente la nomination des 12 pairs. Ce qui est curieux, c'est que dans cette version-ci Alexandre nomme les pairs, parmi lesquels figurera Aristote (!), sur l'instigation de *Dan Clin* et *Tolomé*. Dans le *RAlix* c'est cependant Aristote, le précepteur du jeune roi qui le lui propose. Cette leçon me semble plus logique: Aristote n'est jamais présenté comme un combattant et à la mort du roi, il n'aura pas de royaume non plus.[43]

Philippe II et ensuite d'Alexandre. L'Antigone du texte est peut-être Antigone d'Elimiotis, dit le Borgne, autre fils de Philippe II de Macédoine et partant demi-frère d'Alexandre. Ce dernier lui aurait donné le poste de gouverneur d'Anatolie. Philotas, fils de Parménion, est tué par Alexandre même à Persépolis. Quant à Nicanor ou Licanor, on est dans l'incertitude: l'historiographie le connaît, mais c'est tout. Festion doit être Héphestion, confident d'Alexandre, mort en 324. Je ne peux pas identifier *Antiocus*, *Aridés* et *Caulon*. *Lyoines* est peut-être Léonidas, le vieux soldat qui accompagne le roi. Pour des renseignements supplémentaires, voir chapitre II, sections 1 et 2.

[42] Voir aussi chapitre IX.

[43] Arsenal mentionne: *Festivon, Tolomé* (86), *Antigonus* (727). Venise connaît encore *Don Clin* (717) et *Aristé* (785). Dans une laisse de transition, la dernière version mentionne les 12 pairs: à l'instigation de *Dan Clin* et *Tolomé*, Alexandre

Il y a d'autres lapsus. J'ai déjà mentionné la question des aventures en Italie et en Afrique du Nord. Ces détails figurent bel et bien dans la tradition latine (à mentionner ici les différentes rédactions de l'*Historia de Preliis* si populaires), mais à l'intérieur du *RAlix* ces renvois sont à considérer comme des erreurs dans la narration. On relève aussi une certaine confusion au sujet de la présence de Nectanébus à la cour de Macédoine. Ce passage n'est pas dénué d'intérêt, puisque de nombreuses réécritures lui attribuent la paternité d'Alexandre, mais à un autre endroit (I: 186-94) le *RAlix* dit qu'il est déjà dans le pays bien avant l'heure où Alexandre fut engendré, à un autre moment (I: 350-68) il est dit arriver bien après la naissance du héros. Compte tenu du dernier renseignement, il ne pourra donc pas être le père du conquérant. Je reviendrai sur la question au chapitre XI. Le *RAlix* n'est pas bien clair non plus au sujet des fonctions d'Antipater et Divinuspater. Dans la branche II Antipater est présenté comme le gouverneur de Tyr (vv. 2008-10), mais dans la branche III il est parlé d'Antipater *qui Sydoine tenoit* et c'est Divinuspater qui représente l'autorité royale à Tyr (vv. 7730-3). Le compilateur semble avoir oublié ce qu'il avait dit dans la deuxième branche.[44] Il en est de même des deux Cléopâtre et des deux Sanson dans le texte.[45] Au chapitre XI on verra les conséquences du flou narratif qui entoure la personne même de Roxane, l'épouse d'Alexandre. Bien sûr, le mode épique n'ignore pas

---

nomme *Aristote, Tolomeu, Eumenedus, Sanses, Licanor, Filotes, Festion, Etoras, Dan Clin, Antiocus, Antigonus* et *Predicas* (816-7; 826-37). Ici encore, il est question de 12 pairs. Il est curieux de constater qu'Aristote et Sanson, l'ex-vassal de Darius, sont ici des pairs. Aristote n'est pas un combattant; il est le précepteur du conquérant. Sa présence dans la liste des 12 pairs n'est pas logique. Quant au *RAlix*, il n'y a qu'un seul endroit où Sanson figure dans la liste des pairs (I: 2097); le compilateur semble avoir oublié que les 12 pairs avaient déjà été nommés avant qu'Alexandre ne rencontre Sanson (ibidem: 703 et sqq). L'homme mourra d'ailleurs lors de la bataille contre Bétys (II: 514). Le *RTCh* qui puise son information dans des sources qu'ignorent Albéric et ses successeurs mentionne *Antigonon, Antonien, Agrippe, Julie, Tiberion, Marc, Antioche, Gayron* et *Tholomeu* (1771-6). La mouvance est plus qu'évidente.

[44] La matière sera commentée plus amplement au chapitre XIV.

[45] La première (I: 1802) est la femme qui devait remplacer Olympias, la deuxième est la reine d'Egypte qu'Alexandre mourant donne à Ptolémée (IV: 307). Le Sanson de I: 726 est un ex-vassal de Darius et celui de III: 6142 est un homme de l'émir de Babylone.

les doublures: le procédé met surtout en valeur les émotions et ce qui compte vraiment, mais en l'occurrence on a affaire à une intégration moins réussie de textes préexistants. Mais il ne faut pas être trop sévère: la longueur des parties constituantes (l'ensemble compte presque 16.000 vers) aura joué un tour à notre compilateur. Malgré ces petits défauts — et Alexandre de Bernai n'est vraiment pas le seul à ne pas entièrement maîtriser ses sources — le résultat est impressionnant.

L'organisation narrative connaît donc certains petits défauts. Pour les destinataires du *RAlix* cela ne doit pas avoir constitué un problème bien grave: ils avaient l'habitude de textes véhiculant des renseignements peu précis. D'ailleurs, le texte est si volumineux qu'une lecture, quelque forme que celle-ci ait pu ou dû prendre, aura demandé plusieurs séances réparties sur plusieurs journées.[46] Ce n'est cependant pas l'exactitude de l'information qui compte, mais sa capacité de déclencher l'exploitation d'un programme de connotations fonctionnelles à l'intérieur du polysystème récepteur. La portée de ce roman antique ne dépend donc pas uniquement de la disposition de ses parties constituantes, mais aussi et surtout de son régime connotatif: le compilateur présente son texte comme un *example* destiné à provoquer une conduite spécifique auprès des destinataires mentionnés à la fin de la branche IV. Dans le prologue les premières indications significatives sont fournies par les vers 1-8:

> Qui vers de riche istoire veut entendre et oïr,
> Pour prendre bon example de prouece acueillir,
> De connoistre reison d'amer et de haïr,
> De ses amis garder et chierement tenir,
> Des anemis grever, c'on n'en puisse eslargir,
> Des ledures venger et des biens fes merir,
> De haster quant leus est et a terme soffrir,
> Oëz dont le premier bonnement a loisir.[47]

---

[46] Le fait que le prologue contient plusieurs renvois à une présentation orale (*oïr* et variantes: 1, 8, 9 et 61) ne fait qu'évoquer la possibilité ou la nécessité d'une lecture collective. Pour la mémoire au Moyen Age, voir Yates 1984.

[47] Le vers 5 de l'édition utilisée ici contient une erreur grammaticale: le *c'on n'en puist eslargir* ne fait pas de sens. Il faudra lire: *c'uns n'en puist eslargir* ('que pas un seul [des ennemis] ne puisse s'échapper').

Le *RAlix* est donc une espèce de manuel pour les grands de la société. Comme cette (noble) *gent laie* (I: 13) ne maîtrise pas le latin, Alexandre de Bernai racontera l'histoire du roi macédonien en *romans*. C'est dire qu'il reprend les textes antérieurs écrits en langue vulgaire et les dote d'une structure signifiante ainsi que d'un métacommentaire adéquat. C'est le *tretier* commenté il y a quelques instants.[48] En lui-même le didactisme proposé n'est qu'un cliché de prologue. Les huit premiers vers cités illustrent ce qu'on a bien souvent appelé le manichéisme épique: chrétien versus païen, blanc versus noir, bon versus mauvais, etc. Mais la valeur exemplaire du héros revalorise tous ces clichés et les transforme en fondements d'un programme politique: le *RAlix* propose une conduite à adopter, un code à respecter.

Tout pesé, il est clair qu'Alexandre de Bernai a relativement bien réussi à homogénéiser l'écriture des textes antérieurs (transformés ici en branches I, II, III et IV) et qu'il a fort adéquatement mis en lumière ce de quoi il s'agit. Les modèles exploités (*ADéca*, *FG*, *AOr*, *MortAlix*) donnaient déjà l'information relevante. Aussi ses interventions au macro-niveau seront-elles de portée réduite: notre compilateur maintient la formule épique de ses prédécesseurs et il respecte la chronologie de l'histoire, mais au niveau de la mise en texte ses activités se révèlent être plus intéressantes. En mettant tous les renseignements livrés par la tradition dans une *conjointure* fonctionnelle — et le succès du *RAlix* est là pour prouver que sa compilation a effectivement fonctionné — il y a vraiment mis du sien. Le chapitre précédent où j'ai discuté la distanciation auctorielle et celle des destinataires en a fourni des illustrations frappantes. Le chapitre suivant qui analysera la réorientation de l'écriture dans le ou les possibles sens idéologiques en montrera d'autres.

Alexandre de Bernai a donc maintenu le mode épique et il n'a pas opté pour le mode romanesque déjà en vigueur. C'est, et je l'ai déjà dit, fort curieux car dans les années '80 du siècle la littérature était bel et bien en voie de transformation. Le compilateur a

---

[48] A un autre endroit la formule *En romans* (III: 7725) renvoie effectivement à une opération traduisante: le compilateur dit raconter en langue vulgaire le contenu de la lettre dans laquelle Olympias avertit son fils de la conduite déshonorante d'Antipater et de Divinuspater.

voulu un texte à l'apparence homogène: il a remplacé le décasyllabe de l'*ADéca* par le dodécasyllabe, à moins qu'il n'ait repris cet instrument à quelque prédécesseur. Quoi qu'il en soit, il a refusé l'octosyllabe couplée du genre romanesque. L'aurait-il fait pour des raisons spécifiques? Il est vrai que les contraintes de l'alexandrin sont un peu moindres que celles imposées par l'octosyllabe ou la décasyllabe, mais cela n'explique pas tout. La structure épique en laisses monorimes de longueur variable mène bien souvent à des redites purement formelles et ne prête pas facilement à des analyses psychologiques comme on les rencontrait déjà dans les œuvres romanesques de l'époque. En choisissant (ou en respectant?) la formule épique, manœuvre quelque peu surprenante à une époque où l'écriture romanesque faisait — et cela avec un succès fracassant — son entrée en scène, Alexandre de Bernai se distingue de ses confrères contemporains. Car le choix de l'écriture épique n'est pas sans conséquences: traditionnellement l'épopée se limitait et à l'héroïsme individuel en tant que manifestation paroxistique d'un idéal choyé par la caste des *bellatores* et aux rapports entre seigneur et vassaux. Il se peut que le compilateur ait considéré le mode épique comme le seul qui puisse illustrer convenablement les problèmes caractéristiques de la classe dirigeante du 12e siècle. Il n'est pas impossible non plus qu'il ait dû se conformer à une volonté supérieure: il ne faut pas oublier que la compilation de textes si vastes est une affaire coûteuse et il n'est donc que logique qu'il y ait eu quelque part une instance ou une personne pourvoyeuse de fonds désireuse de voir et de lire ce qui est conforme. Il faudra écarter l'hypothèse d'une incapacité professionnelle: le soin qu'il a pris pour déterminer et maintenir l'axiologie textuelle à l'aide du métacommentaire et des autres signaux prouve qu'il est loin d'être incompétent. C'est plutôt le contraire: en dotant le *RAlix* d'une charpente organisatrice solide, il se distingue non seulement des concurrents responsables d''Arsenal' et de 'Venise', mais aussi de Thomas de Kent. Sa critique virulente à l'adresse des concurrents qu'il ne nomme pas d'ailleurs, concernerait peut-être leurs capacités organisatrices.

Le mode épique illustre l'héroïsme des grandes causes, celui des conquêtes, de la défense et de la création d'empires. Cela, c'est un fait. Le mode romanesque aurait peut-être impliqué un recours à ce qui relève du domaine sentimental: le regard auctoriel et actoriel centre le cœur et oublie parfois le monde externe.[49] Le *RAlix* ne connaît que deux petits épisodes vraiment sentimentaux pleins de clichés, il est vrai): 1) la rencontre d'Alexandre avec la reine Candace (III: 4418-864) et 2) le charmant passage où se décrit l'amour naissant entre deux pairs macédoniens et deux Amazones (III: 7463-664). Ces deux passages font partie intégrante du canon, mais dans le *RAlix* le tout est plus fonctionnel. Ce sont là des exceptions qui ne tirent pas vraiment à conséquence, car les deux passages n'occupent que quelque 750 vers sur les 15924 que compte le texte.[50] Quelle qu'ait pu être la raison pour maintenir le mode épique, il est évident qu'on a affaire ici à un artisan qui pour une raison ou une autre n'a pas pu ou voulu transformer l'aventure de son héros modèle — et par là les possibilités moralisatrices de son texte — par l'introduction d'émotions 'romanesques' que les sources ne lui procuraient pas. Reprendre à son compte ce que livre la tradition est en reconnaître la valeur normative.[51] Je pense que c'est là un argument de taille: Alexandre de Bernai a considéré le *modus scribendi* de ses modèles comme un *modus historicus* fiable. Les deux exceptions sentimentales confirment le traditionalisme de l'écriture épique qui pour Alexandre de Bernai semble avoir eu toujours cette charge historique de l'épopée de la première heure. Sa volonté de *rafreschir* cette *istoire* est ainsi un écho évident de la bien connue formule cicéronienne: *Historia (semper) magistra*.[52]

---

[49] Ceci ne veut pas dire que je propose une nouvelle articulation de la littérature en textes chargés d'émotion et en textes qui ne le sont pas: la littérature ne se laisse pas enfermer dans des catégories à toute épreuve. Un Benoît de Sainte-Maure a bel et bien opté pour l'octoyllabe 'romanesque', et le texte n'ignore pas le sentiment, mais de là à prétendre que le *Roman de Troie* est un roman en bonne et due forme comme le suggèrent plusieurs rubriques de manuscrit est aller vite.

[50] Pour la présence féminine, voir chapitre XI.

[51] N.B. L'art ne (re)produit pas ce qu'on appellerait une idéologie, mais lui donne un autre visage (Harth 1983: 30).

[52] Goetz 1985: 195 sqq.

VII

LA RÉÉCRITURE[1]

Le va-et-vient incessant entre les versions latines d'une part et celles en langue vulgaire de l'autre pose des problèmes sérieux à l'interprète des documents qui racontent la vie du Macédonien, car ce fait rend non seulement fort douteuse toute opinion au sujet des rapports entre les textes qui nous sont parvenus, mais laisse également de nombreux vides dans les conclusions qu'on voudrait tirer de la confrontation entre un texte déterminé et le polysystème censé l'abriter. Car la liberté des auteurs/adaptateurs reste fort limitée: au niveau de l'histoire les possibilités d'intervention sont pratiquement nulles: la jeunesse du Macédonien est traditionnellement centrée sur quelques données clefs: se mentionneront toujours les phénomènes météorologiques et telluriques qui accompagnent sa naissance, sa formation ultra-rapide, ses compagnons nobles ainsi que son refus de se soumettre aux pouvoirs étrangers, etc. Il en sera de même des données concernant les aventures en Orient et à Babylone. L'écriture des auteurs/adaptateurs reste donc essentiellement tributaire de l'apport de la légende. Ce qui ne veut pas dire qu'ils ne peuvent pas y mettre du leur. On n'a qu'à penser aux différences entre, par exemple, la tradition française représentée par la lignée Albéric de Pisançon: Alexandre de Bernai et les interprétations de temps en temps négatives des faits et gestes du Macédonien que l'on rencontre en territoire allemand. Les contextes jouent donc un rôle, mais la tradition pèse toujours. Dans un premier temps la réécriture vise donc le détail (l'*inventio*) ainsi que la mise en texte (la *dispositio*); dans un deuxième temps elle cherche à exploiter les possibilités offertes par le régime de la connotation. Car le destinataire visé n'acceptera l'histoire qu'on lui raconte que s'il dépiste en filigrane des traces de ce qui lui est familier: par exemple des renvois à une systématique ou une tradition féodale et chevaleresque.

Les traducteurs/adaptateurs du 12e siècle ont donc dû adapter leurs produits. C'est ce qui fait que le *RAlix* montre des détails qu'ignore le *RTCh*, et vice-versa. Dans ce qui suit j'esquisserai les grandes lignes de ce processus de réécriture en me concentrant surtout sur le thème clef, à savoir les rapports entre

---

[1] Ce chapitre est basé sur mon étude 1996.

Alexandre et ses nobles vassaux, puisque c'est là le véritable leitmotiv du *RAlix*. N'est-ce pas cette harmonie unique qui a assuré le succès de toute son entreprise? Pour des raisons d'économie et de clarté je me limite ici au fragment d'Albéric, à l'*ADéca* et au *RAlix* et je laisserai de côté les versions offertes par Arsenal et Venise et par le *RTCh*.[2] Le résultat de l'analyse montrera non seulement des variations considérables dans le statut de la royauté et, partant, dans celui de la noblesse qui l'entoure, mais fera également ressortir la position spécifique du *RAlix*. Cependant, avant d'entamer l'analyse du thème clef dans les trois réécritures mentionnées, il est utile de m'arrêter quelques instants sur trois principes essentiels régissant la réception de la matière antique en général et de la matière macédonienne en langue française en particulier. Tout comme je l'ai signalé au chapitre IV, cette réception n'aboutit pas à la peinture de la RÉALITÉ *'historique'* de la Macédoine du temps de Philippe II et de son fils Alexandre, mais à une affaire bien différente, résultat de la confrontation de la *'RÉALITÉ' littéraire* avec la RÉALITÉ *historique* abritant le destinateur et son ou ses destinataires. Voici les trois principes en question:

1) L'écriture de la matière macédonienne est essentiellement euphorique: pendant sa vie le héros ignore tout échec et toute hésitation. Tout est pour le mieux dans le meilleur des mondes possibles, ce qui explique que toutes les activités du roi sont couronnées de succès. Sa mort, à Babylone, n'est pas considérée comme une donnée négative; elle s'insère tout simplement dans la perspective de la succession des *regna*. Aussi la société chrétienne du Moyen Age n'aura-t-elle perçu la mort du roi que comme l'effet d'une volonté divine soulignant le caractère éphémère de la gloire humaine.[3] D'ailleurs, ce roi modèle, qui ne peut être battu de

---

[2] Pour ces versions-là, voir chapitres XII et XIII.

[3] Il faut rappeler ici que la théorie des *regna* ne se dépiste qu'en filigrane; elle n'est jamais l'objet de quelque spécification que ce soit. Il est hors de doute qu'une partie des destinataires (surtout les membres de l'intelligentsia, les *clercs*) a été au courant de la tradition exégétique concernant les prophéties de Daniel et qu'elle aura été capable de confronter ces interprétations avec les données présentées par les différentes *vitae* du Macédonien. C'est là une possibilité plus que réelle: la question des *regna* a occupé presque tous les auteurs latins. Il suffit de mentionner ici Isidore de Séville et Orderic Vital (Lindsay 1911, livre IX, 3, 1;

façon régulière, ne tombe que sous le coup de la trahison, preuve *a contrario* de l'honneur dont il est l'incarnation.

2) Cette écriture est naturellement elliptique. Cela s'explique déjà de par le fait que les versions françaises de la légende ne sont que des traductions/adaptations de versions latines au style parfois bien frugal: l'*Historia de Preliis*, pour ne nommer que cette version-là, est un chaînon important dans la transmission de la *materia*, mais ce n'est pas un ouvrage qui brille de par l'éclat de son style, la variété de son lexique ou l'excellence de son organisation narrative.[4] Entrent en ligne de compte encore trois autres éléments: a) la langue vulgaire n'en est encore qu'à ses débuts et son lexique encore fort épique se ressent de ses origines archaïques; les textes relatant les aventures d'Alexandre qui épousent le mode épique en font preuve, b) les traducteurs ou adaptateurs de ces textes ne sont pas toujours de bons écrivains, et c) tous ces textes sentent la compilation: la part de la création artistique individuelle devant assurer la transition harmonieuse entre les fragments livrés par la tradition est marginale; la chronologie événementielle l'emporte de beaucoup sur la causalité en tant que principe conducteur indispensable à une narration bien conduite. C'est, comme je l'ai dit au chapitre III, le circuit parallèle qui dotera toute lecture d'une causalité ou acceptabilité.

Chibnall 1980, II: 274). Une lecture purement anagogique n'est cependant pas indispensable; le contenu de nos textes permet également des lectures à un niveau moins compliqué: le héros est un jeune homme qui, contrairement à son père, refuse de payer le tribut qu'exige l'ennemi perse. Voilà la raison des conquêtes. Dans les versions françaises le Macédonien ne pense jamais à une mission divine, ce qui n'empêchera aucunement les compilateurs de suggérer qu'il est roi *gratia Dei* et que sa mission est le fruit d'une intention spécifique. Pensons aux phénomènes naturels lors de sa naissance et de sa mort, au songe du jeune roi, à l'oracle des arbres du Soleil et de la Lune (épisodes 1, 3, 56 et 75). Le seul texte français à impliquer ouvertement des aspects sotériologiques est le *RAp*. Ce texte, du 13ᵉ siècle, insistera bel et bien sur la dégradation des empires de ce monde, symbolisée d'abord par la chute de l'empire de Darius III et ensuite par la disparition de celui d'Alexandre. Pour ceci voir mon étude 1985b. Pour la notion de *regnum*, voir chapitre I.

[4] On distingue trois rédactions de ce texte: J^1 (11ᵉ siècle), J^2 (deuxième moitié 12ᵉ siècle) et J^3 (fin 12ᵉ siècle/début 13ᵉ). Le *RAp* exploite les données de la J^2. Pour l'édition, voir Hilka 1974.

3) Nos textes antiques visent non seulement la *delectatio*, mais également la *lectio*. Le didactisme inévitable, dont la pertinence avait déjà été soulignée par Cicéron et Horace impose la confrontation du monde supposé antique (la *RÉALITÉ 'historique'*) avec le monde présenté comme étant contemporain des auteurs/adaptateurs (la *RÉALITÉ historique*), mais comme on l'a vu au chapitre IV, cette comparaison clochera toujours. Afin d'obtenir les résultats souhaités, le discours sera aussi euphorique que possible. C'est déjà un problème majeur pour l'interprète moderne. Le plus grand obstacle n'est cependant pas cette euphorie conditionnant le descriptif censé évoquer la société à l'antique. C'est le fait que dans le système binaire constitué par comparant et comparé le premier pôle, le monde macédonien qui est le comparant proprement dit ne se décrira jamais, puisque les connaissances requises font défaut et que le deuxième, la société médiévale elle-même qui est le comparé, n'est pas non plus soumise à une procédure descriptive systématique, car les auteurs ne focalisent que ce qui intéresserait leur(s) destinataire(s). Les textes enregistrent donc surtout ce que les destinataires sont supposés percevoir de la *RÉALITÉ historique* à eux. Dans la pratique on compare donc un monde non descriptible (la *RÉALITÉ historique* macédonienne du temps d'Alexandre) avec un autre monde non décrit (l'authentique *RÉALITÉ historique* abritant destinateur et destinataires). Et c'est ce résultat-là qui devra entretenir et enseigner le public visé.

Mais le système a fonctionné, puisque l'icône Alexandre a été reconnue comme étant effective: il y a eu des princes qui se sont voulus un deuxième 'Alexandre'. Il y a eu identification et comparaison: le *tertium comparationis* 'Alexandre' est indubitablement là. Mais c'est un Alexandre (re)construit qui n'a pas vraiment beaucoup de rapports avec les trois *RÉALITÉS* impliquées. Ce nonobstant il EST le roi modèle dont il faut imiter la conduite. Ce paradoxe évident me retiendra au chapitre suivant.

Au chapitre II j'ai dessiné l'évolution extrêmement compliquée de la légende. Il est hors de doute — et il faut le répéter — que toute interprétation présentée avec trop d'aplomb sera suspecte, puisqu'il sera impossible d'attribuer tel ou tel aspect à tel ou tel auteur/adaptateur. Il sera donc fort difficile sinon impossible de situer une donnée déterminée dans un contexte socio-politique spécifique.

Compte tenu également du fait que les auteurs/adaptateurs n'ont même pas eu l'idée ni le goût de représenter leur propre société dans leurs œuvres (on n'imitera pas la perfection de Dieu et on ne manifestera même pas trop de curiosité), il n'est pas étonnant de ne pas retrouver celle-ci dans leurs créations. Il ne faudra donc même pas essayer de dépister une *RÉALITÉ historique* quelconque qui serait celle des sociétés française ou anglaise du 12ᵉ siècle. Bien que de temps en temps on relève des variations dans les différentes versions, variations qui s'expliquent par les mutations dans la société médiévale, les réécritures qui se succèdent l'une à l'autre ne changent jamais la perspective traditionnelle de la littérature médiévale qui mettra toujours en lumière le statut et la fonction du prince.⁵ Il n'est donc pas étonnant du tout de constater que les œuvres qui s'insèrent dans la lignée Albéric de Pisançon: Alexandre de Bernai accentuent, elles aussi, la figure du roi et les relations qu'il entretient avec ses nobles compagnons. Les différences qu'on relève dans les réécritures successives s'expliqueront par les changements socio-politiques contextuels.

Tout cela se remarque déjà dans le texte d'Albéric. Celui-ci dit vouloir raconter *Del Alexandre mandament* (v. 26), mais il n'est pas clair si ce *mandament* devait comprendre seulement la jeunesse du héros ou toute sa vie. Dans le cas où Albéric ne se serait occupé que des *enfances*, l'*ADéca* et l'adaptation de l'allemand Lamprecht reproduiraient, grosso modo, les renseignements qu'il aurait fournis. Cependant si Albéric a programmé une description de toute la *vita*, il n'a pas pu terminer son projet (pour quelque raison que ce soit) et l'*enfirmitas* qu'il mentionne au vers 5 serait peut-être plus qu'un cliché. Quoi qu'il en soit, ce qui est important pour toute approche de ce texte, c'est le *vanitatum vanitas* mentionné par Albéric, formule faisant écho aux paroles de Salomon (vv. 1-3), puisque cette même *vanitas* qui revient au vers 8, pourrait cacher une perception négative des aventures du Macédonien: les nom-

---

⁵ L'histoire (sens moderne) est — et cela pour bien longtemps — l'affaire des princes et des chefs de guerre. Ne se mentionnent que les combats des chefs et les soucis dynastiques. Les problèmes concrets liés à l'insertion de l'homme dans sa société ne comptent pas. Ne prime que la Weltanschauung de la caste dominante. Pour cette *Herrschergerichtheit*, consulter Spörl 1984: 20; Ariès 1986: 89-90, Ankersmit 1990: 13-6.

breux rois vaincus par Alexandre (vv. 9-18) préfigureraient ainsi son propre sort. L'hypothèse n'est pas impossible, puisque la tradition latine fournissait des descriptions quand même moins euphoriques de la vie du Macédonien. On en relève des traces dans la tradition allemande. Ce qui est cependant à noter, c'est que le renvoi aux paroles de Salomon élève l'aventure du héros au-dessus du contingent, le dote d'une exemplarité universelle où tout détail signifiera. Une téléologie pareille se dépistera dans le *RAlix* où l'opposition entre le Bien et le Mal garantira une lecture adéquate. J'y reviens dans un instant.

L'impact de la tradition ne s'ignore pas facilement. Albéric reprend ce qu'il a trouvé dans ses sources, mais sa réécriture accentue les besoins d'une caste qui, au moment où il écrit son texte, cherche à souligner son exclusivité et à protéger ses intérêts: son Alexandre aime la compagnie des *franc cavalleyr* (v. 76) et refuse de fréquenter les non-nobles:

> A fol omen ne ad escueyr
> No deyne fayr regart semgleyr (vv. 78-9)

Cette attitude psycho-émotionnelle qui n'est pas vraiment une invention d'Albéric deviendra un des leitmotive de la tradition française. Elle illustre ce que j'appellerais un certain romantisme de clan: les exigences sociologiques du groupe récepteur sont formulées en un code et ce code fournira les motivations des descriptions laudatives dont les héros de la *'RÉALITÉ' littéraire* seront l'objet. Le mouvement est ainsi parfaitement circulaire: la littérature reprend le code de la société réceptrice qui retrouvera dans le produit littéraire les échos de ses propres mobiles et ses propres exigences. Tout en dorant autant que possible le blason de son héros et de ses compagnons, Albéric fait l'éloge de la caste des *bellatores*. La formation militaire et intellectuelle ultra-rapide du roi (v. 82 sqq) fait ressortir sa position unique et lui procure une motivation supplémentaire parmi les siens. Ces derniers bénéficient, eux aussi, de descriptions laudatives, car le mécanisme psychologique est clair: plus les compagnons sont excellents, plus le prestige du chef sera grand. C'est là un topos bien connu. Il semble qu'Albéric favorise un peu la *clergie*; du moins, dans ce qui nous reste de son texte il lui consacre une bonne part du descriptif. Mais le fragment de 105 vers est trop petit pour qu'on puisse s'exprimer avec certitude. Albéric semble respecter la combinaison traditionnelle de cette donnée avec la *chevalerie*, mais ses successeurs feront pencher la balance en faveur des aspects chevaleresques.

Celà se remarque déjà dans l'*ADéca* où l'on assiste à une féodalisation évidente des données de base livrées par Albéric. Entrent en scène les compagnons du roi, ces

>.................. fil de contor
> De Macedoine, del fé l'empereor;[6]
> ...
> Em manctes terres li conquistrent honor,
> Tuit lo servirent de gré et per amor (vv. 21-5)

La compagnie des nobles est d'origine biblique (*Et* [= Alexandre] *vocavit pueros suos nobiles, qui secum erant nutriti*; I *Macch*: 1:7). Cependant, le texte évoque l'emprise grandissante de la royauté médiévale qui se subjugue les forces vitales de la société par des liens suggérant le consensus (cf. ... *de gré et per amor*). Cette harmonie garantie par ces *fil de contor* cimente la charpente sociopolitique, accentue l'insertion en société de cette royauté qui se veut autoritaire, voire discrétionnaire. A l'époque où l'*ADéca* est conçu (env. 1160) la machine royale ne fonctionne pas encore comme le voudraient les rois. Pour atteindre cela il leur faudra patienter encore plusieurs siècles. La réalité du 12ᵉ siècle contraint ainsi le pouvoir royal donc de chercher un équilibre entre les différentes sphères d'influence. Dans la pratique le jeu ne s'annonce pas toujours très subtil: les rois cherchent leur profit où ils le trouvent: tantôt dans la noblesse, tantôt dans ce qui va devenir la bourgeoisie. Mais en littérature ces nuances ne sont pas encore de mise. En fait les textes littéraires qui se produisent et se consomment surtout dans les milieux privilégiés de la société préfèrent ne pas trop diffé-

---

[6] Le *del fé l'empereor* est équivoque. L'éditeur du texte, Alfred Foulet, pense que les compagnons sont 'du fief de l'empereur', c'est-à-dire des terres de Philippe: au vers 347 Philippe est nommé *Dreiz empereres* (1965: 62, note 3). Il n'est cependant pas à exclure que le mot *fé* renvoie à la dépendance de la Macédoine vis-à-vis du pouvoir perse qui, on le sait, exige son dû: aux vers 329-36 Philippe rappelle à son fils la *subjection / ... vers Daire lo felon*, servitude que le héros rejette immédiatement.

rencier les membres de la noblesse les uns des autres et ils camouflent autant que possible les différends éventuels, puisque la caste des *bellatores* doit donner l'impression d'être une. C'est ce romantisme que j'ai évoqué plus haut. Voilà pourquoi les auteurs/adaptateurs insistent plutôt sur les désaccords et les tensions entre, d'un côté, les nobles et, de l'autre, les *palatini/consiliarii* d'origine roturière qui menacent les fondements mêmes de la bâtisse sociologique voulue par Dieu. Dès la naissance, dit l'*ADéca* (vv. 34-8), Alexandre

> .... aveit lo cur si fer
> Que lait de fenne ne voleit alaiter
> Ne la vianda desur son dei coster.
> Une pucele, filla d'un chivaler,
> L'estoveit paistra a un orin coller.

L'aversion pour le roturier vient avec la naissance; elle est pour ainsi dire dans le sang; elle est naturelle. L'exclusivité souhaitée est marquée de façon négative (par le refus de la *fenne* roturière qui ne peut ni allaiter le jeune roi ni le nourrir d'une autre manière) et de façon positive (seule une demoiselle d'origine noble, une *pucele, filla d'un chivaler,* peut le nourir avec une cuillère en or). L'opposition formulée ici en termes relativement concrets rejoint la thèse centrale du texte: un roi qui se respecte ne s'entoure que de nobles.

Les rapports entre le roi et ses nobles sont non seulement harmonieux, ce sont *si ami, si home natural* (III: 7065-6). Avec ses nobles le roi Alexandre fait caste. Mais, et ici la littérature fait écho aux idées politiques ayant cours à l'époque qui nous concerne, c'est pour placer ces nobles dans une dépendance totale vis-à-vis de son autorité. Les moyens en sont relativement simples: les compagnons d'Alexandre lui doivent la protection de leur statut social, ce qui en l'occurrence signifie la garantie de leurs moyens de subsistance.[7] Mais la *RÉALITÉ historique* s'escamote, car souligner la dépendance essentielle des nobles qui ne font que rêver du contraire, serait une manœuvre hautement dysfonctionnelle. Aussi la *'RÉALITÉ' littéraire* met en lumière l'unité de la caste ainsi que le sentiment d'appartenir à une élite où l'honneur extériorise ce qu'on a appelé

---

[7] Je reviendra plus en détail sur le statut des compagnons au chapitre X.

la *shame culture*.[8] Le non-noble sera rejeté; le tricheur et le traître seront éliminés. Le cas de Darius III est significatif ici: bien qu'il soit le maître de l'empire perse, ce roi sera puni, car en poursuivant de sa haine son vassal Sanson qui s'était vengé d'un traître (ce qui veut dire que Sanson avait respecté le code!), il se comporte et comme un suzerain félon et comme un prince indigne.[9] De par ce fait Sanson a le droit d'abandonner son suzerain et de prêter hommage à Alexandre (505- 85).[10] Et honte suprême: Darius préfère des *serfs* à des conseillers nobles. A la rigueur on pouvait utiliser des *servi* comme des agents seigneuriaux dans des situations impliquant une certaine responsabilité ou confiance (pensons à Antipater et Divinuspater que nous rencontrerons dans la suite), mais le *consilium* devait rester le privilège exclusif des *magnates*. L'injustice de Darius qui impose injustement un tribut à la Macédoine est exploitée davantage, car son *infidelitas* ignoble déclenche l'aventure: Alexandre partira réparer l'injustice infligée à la Macédoine. En filigrane se note que l'autorité royale fait flèche ici de tout bois: Alexandre part en guerre non seulement contre celui qui désire réduire la Macédoine à la servitude, mais également contre un homme qui ne respecte pas les intérêts de ses propres vassaux nobles et qui les trahit. Il est évident que Darius mine le système socio-politique jugé capable de garantir l'*ordo naturalis*. Darius doit être considéré comme un roi *inutilis*, c'est-à-dire comme un souverain dont le règne est pernicieux. En acceptant l'hommage de Sanson, Alexandre redresse le tort infligé. Le passage n'est d'ailleurs pas sans intérêt: ému, Sanson descend de cheval et s'agenouille devant le roi:

---

[8] Ward 1982: 1-16. L'effet de l'honneur est particulièrement sensible dans la deuxième branche du *RAlix*: au moment où une petite troupe de l'armée macédonienne est en difficultés, il n'y a aucun chevalier qui soit prêt à quitter le champ de bataille pour aller chercher du secours (II: 109-487), car on trahirait ainsi le code.

[9] Le texte ne laisse subsister l'ombre d'un doute: Sanson raconte à Alexandre: *Mesavint mei que ocis un felon / Qui de mon pere aveit fait trahison* (vv. 525-6). Sanson obéit à la NORME: les félons s'éliminent et l'honneur de la dynastie se venge.

[10] Le *RAlix* donnera une autre version. Pour l'horreur médiévale de la trahison, voir Dessau (1960) et Barron (1981). Voir également chapitre XIV où sera discutée la trahison d'Antipater et de Divinuspater.

> "Deus, dist Sansons, te poscha aorer
> De mon segnor que m'as doné trover!"
> Desent a terre del correor destrer,
> Au pé lo prent, baise li lo soler (vv. 573-6).

Cette soumission totale pousse le roi à descendre, lui aussi, de son cheval et à embrasser son nouveau compagnon (v. 577-80). Il semble — et le mot 'semble' doit être accentué — qu'il y ait égalité entre le roi et son vassal. Ce n'est qu'un leurre: Alexandre n'est pas un *primus inter pares* comme le serait l'Arthur littéraire (pas de Table Ronde ici); il est le roi qui tire toutes les ficelles. Mais il respecte le code qui, du moins en théorie, détermine la façon dont la vie socio-politique des grands de l'époque devrait être organisée.[11]

Un dernier élément doit être relevé puisqu'il explique les succès qu'obtiendront les Macédoniens. Le jeune roi provoque de par son excellence (sa prouesse chevaleresque et son intelligence le placent au-dessus des autres), son goût de l'indépendance (il refuse de payer le tribut que son père semble avoir accepté),[12] sa combativité juvénile (il défie publiquement Nicolas et Darius) et son courage (lui seul ose affronter le terrible cheval Bucéphale) l'enthousiasme de la caste des guerriers qui voient en ce jeune homme le héros qui leur assurera les moyens de subsistance et qui les guidera vers d'autres horizons. Le défi lancé à Nicolas déclenche le mécanisme de la victoire; les chevaliers se bousculent pour être parmi les premiers. Le déclic est l'exhortation du roi: ... *Or i parra qui ert bons chivalers* (v. 481). L'appel au code et à l'*aemulatio* est suivi par un enthousiasme sans bornes. Alexandre ressemble ici au Guillaume d'Orange du *Charroi de Nîmes* qui n'a pas de dif-

---

[11] Ce code se respectera encore bien longtemps. En 1503, devant les murs de Trani en Italie, se déroule encore un combat chevaleresque entre 10 nobles français et 10 nobles espagnols. A un certain moment Charles V proposera même à François I un combat singulier pour régler le problème italien (Kamen 191: 113-4). Se dépiste ici l'idée qu'un duel entre deux rois est un duel entre deux nations (Duby 1985: 263).

[12] Pensons aux vers 329-36 déjà mentionnés où Philippe rappelle à son fils la *subjection/ ... vers Daire lo felon*. Le refus d'Alexandre de se soumettre ne fait que provoquer l'admiration des nobles: *"Ciz a cur de lion"*. Ils comprennent qu'un chef est né. Je reviens sur ces détails au chapitre IX.

ficultés non plus pour réunir autour de sa personne les *juvenes* alléchés par des exploits militaires possiblement rémunérateurs.[13] Le Macédonien tiendra sa promesse: après avoir pris Césarée,[14] la capitale du royaume de Nicolas qui en tant que vassal de Darius (cf. v. 448) avait déclaré la guerre à la Macédoine il distribue tout le butin parmi ses vassaux. Les vaincus, il se les allie en les plaçant à des conditions honnêtes sous son autorité:

> Pailes d'Aufriqua, lo vin e lo piment,
> Destrers e muls e tot l'or e l'argent
> A son barnage dona tot e despent.
> Ceus de la vile a pris per sairement,
> Per homenage e per aliement
> Qu'il li ferunt tot son commandement;
> Totes lor terres e toz lor feus lor rent (vv. 777-83).

Le texte n'insiste pas sur ce qui va suivre (d'ailleurs ce sont les derniers vers de l'*ADéca*), mais il est déjà clair qu'Alexandre remplacera Darius. Comme ce dernier, il imposera sa suzeraineté aux vaincus,[15] mais le texte ne souffle mot de quelque prestation compensatoire que ce soit de leur part. Que doivent-ils faire pour mériter le statut de vassaux: prêter *sairement*, ... *homenage,* accepter l'*aliement*? L'écriture du texte reste elliptique. Délibérément?

Me voilà arrivé à la grande compilation d'Alexandre de Bernai qui dit vouloir *rafreschir* la *riche istoire* d'Alexandre.[16] Ce

---

[13] Perrier 1931: vv. 635-67. Pour les *juvenes*, voir chapitre X.

[14] L'administration des données géographiques marquant les aventures de notre héros ne m'occupera pas ici. La tradition manuscrite nous a légué une information extrêmement confuse qui ne correspond en rien à une réalité quelconque (cf. May 1974: 89, 91; Brummack 1966: 36). Le seul exemple de Césarée l'illustre déjà. S'agit-il de Caesarea en Palestine, de la ville homonyme (Mazaca) en Cappadoce ou de Caesarea Philippi mentionnée dans la Bible (*Matth.*, 16, 13; *Marc*, 8, 7)?

[15] Les éléments féodaux (cf. *sairement, homenage, feus*) sont évidents. Il est curieux de constater qu'il s'agit ici d'une collectivité mixte, d'une ville. Comme le texte ne vise aucunement l'établissement de rapports, de quelque nature que ce soit, entre le roi de Macédoine et des roturiers, la formule *Ceus de la vile* du vers 780 ne pourra concerner que des nobles.

[16] Le terme *istoire* est problématique: il renvoie à un travestissement poétique de la *fabula* plutôt qu'à une conception historique au sens moderne (Fischer/Völker 1975: 120-2).

dernier stade de la lignée d'Albéric nous confronte avec une réorientation des données traditionnelles: l'outrage commis par Nicolas y est plus sérieux, car il essaie de rendre la Macédoine tributaire de son pouvoir à lui. Dans l'*ADéca* l'homme était présenté comme le vassal de Darius III (cf. ... *Nicolas qui s'acorde a Rei Daire*; v. 448) mais ici le roi de Césarée semble opérer pour son propre compte: un messager annonce à Philippe que "*Roys Nicholas te mande que li rendes treüs / De toi et de ta terre, ...*" (vv. 591-2). Philippe ne sait quoi répondre (*Ne pot un mot respondre, ains bessa le chief jus*; v. 599). L'image traditionnelle du roi accablé de par les circonstances se reconnaît aisément.[17] Mais ici l'inertie du père déclenche l'énergie du fils. Pour Alexandre la soumission à Nicolas est inacceptable car elle est à considérer comme une attaque contre l'honneur. Aussi défie-t-il publiquement l'ennemi et promet-il de le punir: ... *mout li* [= Nicolas] *tornera a perte et a domage* (I: 609). Le défi du Macédonien est lié ici à ce qu'on pourrait qualifier avec la nécessaire réserve l'honneur de la *natio*: avec l'arrivée sur scène du jeune Alexandre la Macédoine cherchera à se libérer de toute pression étrangère et à se procurer un destin bien à elle.[18] Le compilateur exploite adroitement le jeu de l'honneur, car il suggère à travers l'enthousiasme qu'évoque l'attitude ferme du jeune roi l'unanimité de la caste dirigeante censée prendre en charge les intérêts de la société. L'ardeur des *juvenes* de se lancer dans cette guerre d'indépendance qui se transformera bien vite en guerre expansionniste est stimulée par la générosité du jeune roi. Celui-ci équipe les compagnons, parmi lesquels se trouvent de nombreux *povres chevaliers* (I: 639, 652) et le fait aux dépens de ceux qui, injustement, détiennent l'argent:

>De ce fist Alixandres que gentilz et que fiers,
>Que frans roys debonneres, que nobles chevaliers:
>........................

---

[17] Schmolke-Hasselmann 1980: 48 sqq. Voir aussi le chapitre suivant.

[18] Il est évident que l'interprétation de ce passage peut être strictement linéaire (le sens littéral prévaudrait): un groupe déterminé refuse la soumission. Mais l'affaire sera différente pour ces destinataires-là qui sont au courant de la théorie des *regna*: le rôle de l'empire macédonien est instrumental dans l'histoire du salut (le sens anagogique prendra donc le dessus). Voir note 2.

> Par le congié son pere a pris les usuriers,
> Les sers de put afere, les felons pautonniers,
> Qui les tresors avoient et les mons de deniers
> Qu'il lessoient moisir a muis et a sestiers;
> Touz les a departiz aus povres chevaliers,
> Aus povres bacheliers qui il estoit mestiers (I: 645-53)

Le passage ne fait que véhiculer les clichés archiconnus traduisant la haine que ressentent les nobles pour les *usuriers*. Et il ne laisse subsister aucun doute: la largesse royale est la clef de voûte de l'édifice socio-politique et la conduite du roi envers les usuriers marque la connivence qui règne à l'intérieur de la caste des *bellatores*. Les derniers sont d'accord pour dénoncer l'économie et l'épargne de l'argent qui pour eux équivaut à une non-circulation, à un frein pour la largesse seigneuriale. La morale ségrégative de l'*ordo* des *bellatores* refuse de tenir compte des intérêts des *laboratores*; ceux-ci ne sont censés produire que ce dont les grands ont besoin. Règne ici un conservatisme dans son sens le plus fort.[19]

Chez Alexandre de Bernai l'épisode de Nicolas prendra une autre tournure que dans l'*ADéca*. Dans ce dernier texte le roi avait distribué le butin parmi les siens (cf les vv. 777-83 du texte cités plus haut), mais dans le *RAlix* l'affaire se présente autrement: après la prise de Césarée, le roi contraint les habitants de la ville à reconnaître l'autorité de Ptolémée et il ne leur rend absolument rien. Ce qui est également nouveau, c'est qu'Alexandre ne distribue pas le butin (ce qui aurait été normal), mais qu'il donné le tout en fief à Ptolémée: ...*vostre en ert toz jorz et rente et commandise* lui dit le roi (I: 1649). Dès que l'empire perse est détruit (... *avrons fet justise de Daire* ...) Ptolémée sera couronné roi (I: 1650-1).[20]

---

[19] La noblesse déteste joyeusement les marchands et les bourgeois qui se soustraient à toute autorité seigneuriale: ceux-ci voyagent et se réunissent en des corporations puissantes, voire en des communes aux goûts indépendantistes. Et le comble de la misère est que ces roturiers riches ont bonne presse à la cour où ils prennent les postes qui de par leur nature même devraient échoir aux nobles (Pernoud 1981: 17, 22; Genicot 1982: 535-60; Favier 1984: 181-5; Barthélemy 1990: 146-57).

[20] Juste avant de mourir Alexandre changera cependant d'opinion: Ptolémée aura l'Egypte. Il se peut que ce soit là une autre preuve de ce que le roi est vraiment le seul à décider, mais — et j'en ai déjà parlé au chapitre VI — il ne

Deux remarques au sujet de ce changement de perspective: 1) l'expression *avrons fet justise* ... s'explique par l'iniquité et la félonie de Darius III que le Macédonien désire punir, et 2) la promesse de couronner Ptolémée dans un avenir encore incertain montre bien que le roi mène sa barque tout à fait seul: c'est lui qui décide. Malgré l'harmonie à la féodale suggérée par le texte, il est à noter que le pouvoir royal tel qu'il est décrit dans ce *RAlix* n'a de comptes à rendre à personne. Le changement est vraiment significatif: les grands restent toujours dans une dépendance totale. La cérémonie avec laquelle le roi investit son nouveau vassal a cependant des spects purement féodaux:

> Tholomer s'agenoille, si l'a en clinant prise,
> Et li roys l'en revest par un vert rain de Frise (I: 1654-5).

Le respect du code qui à l'époque du *RAlix* est déjà en voie de désagrégation souligne une fois de plus l'ancrage de la *matiere de Rome* dans le passé récent.[21] Ce que fait Alexandre, ce n'est pas respecter un système socio-politique, en l'occurrence le système féodal, mais seulement le rituel censé en constituer l'expression. Le rituel masque ainsi la volonté du roi de gouverner seul. Ptolémée ne sera récompensé qu'après avoir rendu les services que le roi attend de lui.

Il y a un autre détail important qui appartient également à ce moment de l'histoire; c'est l'idée de la royauté par la grâce de Dieu. Albéric et l'auteur anonyme de l'*ADéca* avaient mentionné les

---

faut pas non plus exclure la possibilité d'une erreur dans l'harmonisation des sources.

[21] Du moins pour ce qui est de son essence même. Le rituel se maintiendra encore bien longtemps, car rien ne plaît plus qu'un cérémoniel réservé à une élite. Philippe Auguste fort désireux d'imposer son autorité jouera, et cela avec verve, le jeu féodal: en appliquant à la lettre le système (il s'arroge le droit de tutelle sur les enfants de ses barons morts ainsi que celui de marier leurs filles), il réussit à concentrer tout le pouvoir entre ses mains. Voir Bautier 1983: 149-81, surtout 164. La façon dont Henri II Plantagenêt traite Guillaume le Maréchal est un autre exemple d'un pouvoir discrétionnaire (cf. Duby 1984). Le système féodal se maintiendra dans les siècles subséquents, mais l'hommage personnel changera quand même de caractère: l'agenouillement et le baiser sur la bouche disparaîtront du rituel. Le fief, par contre, garde toute son importance de garantie juridique, politique et sociale (Demurger 1990: 155-7).

traditionnels phénomènes météorologiques et telluriques accompagnant la naissance du jeune conquérant. Chez Albéric le tout signale seulement *Que reys est forz en terra naz* (v. 53). L'auteur de l'*ADeca* fait un petit pas en avant; pour lui l'aventure du Macédonien est déjà incluse dans les événements naturels :

> Ce signifie qu'il sera molt senez
> E que li enfes conquerra mainz regnez (vv. 18-9).

Le *RAlix*, par contre, spécifie le rôle futur du *meilleur roi que Dieus laissast morir* (I: 10) à qui le Créateur

> .... donna fierté et u cors tel aïr
> Que par mer et par terre osa gent envaïr
> Et fist a son commant tout le pueple obeïr
> Et tant roy orgueilleus a l'esperon venir. (I: 12-5)

Les événements naturels traduisant le consentement de Dieu (cf. également les vv. 23 et 27) signalent l'intention: le pouvoir d'Alexandre est voulu comme une force restauratrice qui sonne le glas d'une ère de résignation, car le père n'avait pas osé se soulever contre l'oppresseur perse. Cette attitude marquée de façon explicite dans la vulgate se trouvait déjà dans l'*ADéca*. Il n'est pas tout à fait impossible que cette image d'une vitalité retrouvée ait plu à l'entourage du jeune Philippe Auguste, roi depuis 1180. Mais encore une fois, rien ne permet d'établir des liens directs entre le *RAlix* et la monarchie capétienne de l'époque; les renseignements textuels sont trop flous, trop clichématiques. Quelle que soit d'ailleurs la situation, les panégyristes aiment et doivent toujours insister sur les aspects positifs liés à un changement dynastique: les promesses d'un avenir meilleur ne manquent jamais. Comme on le verra au chapitre XIII, il n'est pas permis de dire que le *RTCh*, écrit probablement en territoire anglo-normand, a été écrit dans un contexte pas trop éloigné de Henri II. Il est vrai qu'il offre quelques échos du polysystème des Plantagenêt, mais c'est tout. Toutes nos réécritures ne véhiculent d'ailleurs que des indices suggérant des possibilités et ne nous livrent jamais des certitudes. Qu'à cela ne tienne: l'absence de marqueurs spécifiques (temps, lieu, coutumes, etc.) n'est pas à considérer comme un désavantage. C'est plutôt le contraire, car c'est précisément ce flou descriptif qui génère le maximum de possibilités didactiques. Dans la *RÉALITÉ historique* du 12ᵉ siècle les rapports entre le roi et ses vassaux sont encore très personnels: un Philippe Auguste doit toujours jouer et sur le côté personnel et sur le côté institutionnel: lorsqu'il demande des troupes, il se sert à un certain moment de la formule suivante: *tam pro capite nostro tam pro corona regni* ....[22] Nos textes à nous insistent surtout sur les liens personnels entre le roi et ses compagnons. Les comparaisons exactes sont impossibles, mais c'est l'idée qui se trouve à la base même de cette conception personnalisée du pouvoir qui engendre l'identification souhaitée: les destinataires nobles mentionnés à la fin de la branche IV reconnaîtront la conduite du jeune Alexandre comme une conduite type.

Quoi qu'il en soit, l'arrivée au pouvoir d'Alexandre amène un souffle de renouveau, signale la fin d'une inertie socio-politique. Du moins, c'est ce que nous suggère le texte, car il est hautement intéressant de constater que les activités militaires de Philippe de Macédoine amplement enregistrées dans l'*Historia de Preliis* sont escamotées dans les textes français. Albéric dit seulement que Philippe était le *Meyllor vasal* qui fût (v. 34). Dans l'*ADéca* le père ne fait que rappeler à son fils que la Macédoine est tributaire de la Perse, remarque qui provoque la réaction violente déjà mentionnée. Par contre, dans le *RAlix* Philippe est présenté comme un personnage avec des mérites: au début du texte le père bénéficie, tout comme la mère d'ailleurs, d'un appareil descriptif positif. C'était bien inévitable: un héros modèle a des parents respectables et respectés. Philippe est généreux et honore, lui aussi, la *chevalerie* (I: 145-65).[23] La littérarisation de l'ensemble dote cependant l'ère du père d'un certain immobilisme socio-politique et narratif. Une nouvelle vigueur, celle de la jeunesse, devra amener les changements désirés. Tout comme le monde arthurien, la Macédoine a besoin de nouvelles impulsions permettant de resituer la dynastie dans l'Histoire.[24]

---

[22] Strayer 1971: 293-4.

[23] Du moins, pas dans les textes médiévaux. En réalité Philippe II, roi de Macédoine de 359 à 336, était un prince énergique. Alexandre a hérité d'un pouvoir bien en place.

[24] Le mouvement et l'aventure se cherchent toujours dans l'ailleurs prometteur d'un *regnum alienum* (Hauck 1984: 187).

159

J'ai mentionné plus haut le côté discrétionnaire du pouvoir royal. Compte tenu des circonstances sociologiques évoquées dans le *RAlix* cela ne veut pas dire que le roi peut faire tout ce qu'il veut. Même si les effets sont ceux que désirerait un pouvoir authentiquement discrétionnaire, toujours est-il que la présentation ne peut et ne doit pas l'être. Il y a quelques instants j'ai mis en lumière la façon dont Alexandre traite les habitants de Césarée ainsi que le cérémoniel féodal avec lequel Ptolémée reçoit cette terre en fief. Le code se respecte toujours même si le système auquel il renvoie n'est plus ce qu'il était. Mais tout en rendant honneur à ce code, instrument fort commode pour garantir la cohésion du groupe, le roi s'arroge le droit d'interpréter telle ou telle donnée comme bon lui semble. J'en donne un autre exemple. Après la prise d'Araine (une ville dans le Proche-Orient), un chevalier perse implore le secours d'Alexandre. Le roi lui offre la ville qu'il vient de prendre (II: 2117-21). L'homme recule devant une responsabilité pareille et préfère *or ou argent ou dras* (ibidem: 2122). Tous les Grecs se moquent du Perse. Le mesquin, un chevalier (!) qui ne respecte pas le code, reçoit quand même une compensation pour ses peines. Or, le passage révèle trois choses: 1) c'est Alexandre qui décide de la distribution du butin, comme c'était le cas après la prise de Césarée et l'on ne discute pas les mesures prises par le roi qui n'agit que d'après ses propres normes, 2) il n'y a que les grands qui voient grand: la supériorité de l'élite qui vit son code est de nouveau prouvée; le chevalier perse refusant ou ignorant le code marque sa non-appartenance et il sera publiquement honni et accablé d'opprobre comme un indigne dont on évitera la compagnie, et 3) c'est toute la caste supérieure macédonienne qui, ici encore, manifeste sa solidarité: toute entière elle se moque du Perse.[25]

Avant d'en arriver à la conclusion de ce chapitre, il n'est pas inutile d'analyser ici en détail le thème clef du *RAlix*, à savoir la relation entre le roi et ses compagnons nobles, puisque le Macédonien ne semble pouvoir réaliser son destin que grâce au soutien inconditionnel des compagnons nobles. Cette donnée d'importance

---

[25] En principe il doit y avoir une certaine correspondance entre le don et la personne qui le mérite. Les princes doivent bien établir des différences s'ils veulent rester maîtres de la situation (Segre 1983: 63). Mais un roi extraordinaire peut donner dans l'exceptionnel.

cruciale se retrouve et dans l'*ADéca* (vv. 20-9) et dans le *RAlix* (I: 240-9). La comparaison de ces deux passages dont j'ai relevé déjà quelques vers dans ce qui précède, montre certaines amplifications fort intéressantes qui s'expliquent dans la perspective de la réécriture étudiée ici. Voici d'abord les textes:

> Quant Alixandres nasqui, en icel jor
> Ot lui nasquirent trente fil de contor
> De Macedoine, del fé l'empereor;
> Cil enfant furent de l'ahé lor segnor,
> Em manctes terres li conquistrent honor,
> Tuit lo servirent de gré et per amor;
> Por lui sofrirent faim e sei e dolor
> Em Babiloine, en Inde la Maior
> En l'aspre terre en la Superior
> O li serpent li firent la paor. (*ADéca*)

> Quant li roys Alixandres fu nez en icel jour,
> Avoec lui furent né trente fuiz de contour
> Qui furent gentil homme et bon conquereour;
> De la terre de Gresce estoient li plusour
> Et tuit li autre estoient gentil Macedonour.
> Cil soffrirent o lui mainte ruiste dolour
> En la terre eschaudee ou onques n'ot froidor,
> Touz jors vesquirent d'armes, itel fu lor labor.
> Par ceus et par les autres conquist il mainte honor,
> Car de par toute terre le tint on a seignor. (*RAlix*)

L'affaire est relativement claire: en principe Alexandre de Bernai respecte la trame du récit: il est toujours question de la naissance du roi et de celle des nobles qui l'accompagneront en Orient. Le *RAlix*, dont le leitmotiv est la bonne relation entre le roi et ses vassaux nobles, a cependant une perception bien différente du compagnonnage: les *fil de contor / fuiz de contour* deviennent dans la vulgate des *gentil homme et bon conquereour*, des *gentil Macedonour*. La façon dont les deux auteurs/adaptateurs décrivent les rapports entre le roi et ses compagnons est bien révélatrice. Dans l'*ADéca* l'accent est mis sur la volonté des compagnons de servir le roi: *li conquistrent, lo servirent de gré e per amor, Por lui sofrirent*. Le compilateur du *RAlix*, par contre, pense à la tâche spécifique du Macédonien signalée dès le prologue où il avait mentionné le contentement de Dieu: avec l'aide des compagnons Alexandre construira l'empire gréco-macédonien (*Par ceus et par les autres conquist il mainte honor, / Car de par toute terre le tint on a seignor*). La différence ne peut pas être plus grande: ce n'est pas l'aventure qui compte, mais la mission que doit accomplir le Macédonien. L'insistance sur l'origine noble et la loyauté naturelle des compagnons, conditions indispensables pour tout succès, marque bien ce qui est important. Le procédé est donc clair. D'autres passages se rapportant aux *enfances* du roi pourraient faire l'objet d'une analyse pareille, mais je préfère ne pas sombrer dans les détails.[26] Il en est peut-être de même des autres épisodes qu'Alexandre de Bernai a travaillés, à savoir ceux des branches II, III et IV, mais puisque la tradition ne nous a légué aucune version complète et fiable des documents sous-jacents (Eustache et Lambert le Tort ne sont que des noms de traducteurs/remanieurs sans texte et les rapports entre Pierre de Saint-Cloud et la *MortAlix* sont ce qu'il y a de plus vague), il est impossible de procéder à des comparaisons scientifiquement acceptables. Il peut y avoir eu un ou plusieurs stades intermédiaires. Ce qui semble cependant être relativement sûr, c'est qu'Alexandre de Bernai a réorienté les données de la légende dans la perspective d'une royauté qui s'annonce déjà discrétionnaire.

On le constate: les œuvres qui d'une façon ou d'une autre s'inspirent de la traduction/adaptation d'Albéric révèlent une certaine évolution dans la perception et l'idéalisation du pouvoir royal. Les changements sont plus compliqués que ne le suggère la seule analyse des rapports entre le roi et ses vassaux et je me rends bien compte de ce que je ne fais que signaler une certaine tendance. Le texte d'Albéric en est resté, à en juger d'après ses continuations directes (l'*ADéca* et l'*Alexanderlied* du curé Lamprecht), à la seule description de la jeunesse du héros. Le *RAlix*, par contre, a fini par

---

[26] La réécriture de l'éducation du jeune Alexandre montre, elle aussi, l'impact d'une vision changée: l'auteur/adaptateur du *RAlix* met l'accent surtout sur le savoir intellectuel et le discernement indispensables aux princes de ce monde; il rejette le côté magique lui livré par les prédécesseurs (Simons 1994: 203, 207). Le roi *gratia Dei* devra disposer d'un grand savoir qui lui permettra de se faire une sagesse, une *sapientia* qui est don de Dieu (cf. entre autres, *Job*, 11, 5-6 et 32, 8). Voir également chapitre XII.

intégrer tous les renseignements disponibles au sujet du Macédonien dans un ensemble biographique: s'ajoutent à la jeunesse du héros les autres aventures qui jalonnent sa *vita*: les entreprises dans le Proche-Orient et en 'Inde'. Le tout se complète, et c'est important, car on n'aurait pas eu affaire à une véritable *vita*, par l'évocation des derniers jours du héros.

La tradition française insiste surtout sur le côté exemplaire du Macédonien dont il s'avère (surtout dans le *RAlix*) que Dieu a favorisé le règne pour montrer les effets bénéfiques d'une nouvelle fraîcheur, d'une nouvelle énergie dans la vie socio-politique ainsi que d'une restauration de ce qui aux yeux des nobles aura été conforme à cet *ordo naturalis* chanté, entre autres, par un saint Augustin. La prise de pouvoir d'Alexandre relègue ainsi les malheurs causés par l'immobilisme paternel à la mémoire de la dynastie. Le changement ne se réalisera que grâce à une entente harmonieuse entre le roi et ses nobles compagnons. En ceci la perspective diffère essentiellement de celle des romans arthuriens qui tous chantent le maintien du *statu quo*. C'est que le Macédonien s'engage non seulement à restituer à la royauté une *utilitas* perdue, mais également à mener ses hommes vers des frontières inconnues. Il restaure ce qui semble être la motivation socio-politique par excellence de l'époque, à savoir la tripartition sociale (rêve populaire entre tous) avec — et c'est là que réside l'intérêt de l'affaire — le rétablissement des privilèges de la noblesse bafoués par des sociologiquement indignes. Du moins, c'est là l'idée, car le texte reste bien elliptique: il ne fait que mention des membres de l'*ordo* des *bellatores* et de quelques agents seigneuriaux provenant probablement de l'*ordo* des *laboratores*.[27] Quant aux autres *laboratores* (les commerçants ou les bourgeois qualifiés ici d'*usuriers*), ils ne sont que des opposants à neutraliser; ils font partie des *anemis* qu'il faut *grever* (I: 5). En reprenant — et c'est vraiment le verbe qu'il faut — à ces usuriers, à ces *sers de put afere*, à ces *felons pautonniers*, ce que ceux-ci avaient pris aux nobles, c'est-à-dire: ce que de par leur épargne ils avaient rendu inaccessible et inutilisable, le jeune roi redresse le *statu quo ante*, garant d'un bonheur originel.

---

[27] Pour le statut équivoque des agents seigneuriaux Antipater et Divinuspater, voir chapitre XIV.

Le succès présenté comme le résultat des rapports harmonieux entre roi et compagnons nobles ne manque pas d'intentions moralisatrices. Le *RAlix* n'est pas uniquement fait pour entretenir son ou ses destinataires avec des aventures fascinantes, mais il vise également la peinture d'un idéal. Cet idéal, vaguement féodal — et ici encore nos textes sont peu explicites — est difficile à situer dans une *RÉALITÉ historique* déterminée. Il semble, puisque la féodalité ne peut pas être l'affaire d'une Antiquité qui ignorait ce genre de rapports socio-politiques (ce dont les auteurs médiévaux ne se seront pas rendu compte) que cet idéal se rapporte à une ère fraîchement révolue. Dans le cas du *RTCh* que j'analyserai au chapitre XIII ce serait peut-être une ère anglaise (lire: anglo-normande); dans le cas du *RAlix* une ère probablement française. Mais les deux 'REALITES' *littéraires* impliquées, celle du *RTCh* et celle du *RAlix* ne dépassent jamais le niveau de la suggestion idéalisatrice. En elle-même, la société macédonienne n'a aucune importance — elle n'est d'ailleurs pas décrite, car encore une fois, les auteurs/adaptateurs du 12e siècle n'ont pas pu ni voulu le faire.[28] Elle ne sert qu'à encadrer l'excuse. Les anachronismes (chevalerie, féodalité, armement médiéval, royauté *gratia Dei*, etc.) sont tellement nombreux et dominants que ce n'est pas la *RÉALITÉ historique* française du 12e siècle qui serait anachronique, mais plutôt le cadre macédonien évoqué par le texte.[29]

L'ensemble est euphorique: l'Alexandre de la tradition française du 12e siècle est un homme à succès, un prédestiné. L'empoisonnement auquel il succombe est dû à une erreur fatale que le texte n'explique pas bien: tout détail provoque une précision ou un besoin de causalité dont l'auteur/adaptateur et son public font volontiers abstraction. Cela se remarque non seulement dans l'épisode de l'empoisonnement, mais aussi dans la présentation des rapports entre le Macédonien et la reine Candace avec laquelle il vit quelques moments d'amour. La précision ne tue non seulement la poésie, elle peut aussi masquer ce qui politiquement serait non formulable.[30] Pour ce qui est des deux traîtres, Antipater et Divinuspater, il n'est pas clair du tout pourquoi ces deux hommes

---

[28] Voir chapitre IV.
[29] Aux yeux de l'interprète moderne, bien sûr.
[30] A penser ici à l'adultère que commettrait Alexandre. Voir chapitre XI.

prennent peur lorsque le roi les somme de paraître à sa cour. Ici encore Alexandre de Bernai semble rejeter la précision. A quoi serviraient tous ces détails, puisque ces deux hommes ne sont que des infâmes qui n'ont pas droit à un descriptif poussé? D'ailleurs, ce n'est pas leur conduite qui compte, mais leur mentalité négative vis-à-vis de leur maître, leur refus du comportement modèle dont le roi est supposé être l'incarnation. Le tout peint ainsi l'infraction à la norme, au code. Leur conduite est abjecte, mais si l'on pense au substrat sotériologique, leur instrumentalité dans l'exécution d'une volonté divine ne saurait être niée.[31]

Ce qui frappe dans le *RAlix*, c'est le fait qu'il est bien souvent question d'anticipations sur la mort du roi et cela de deux façons: indirectement, le sort de Darius III constitue une mise en abyme de la situation future d'Alexandre même; directement, la nomination des deux félons comme gouverneurs de villes conquises dans le Proche-Orient est marquée comme une grave erreur: le roi lui-même s'est écarté de sa propre ligne de conduite et il a confié à des hommes indignes des charges qui auraient dû incomber aux seuls nobles de sang (donc aussi de cœur). Par un simple coup de hasard Antipater et Divinuspater sont devenus des membres de la clientèle du roi. Vu le fait qu'ils n'accompagnent pas l'armée et ne participent pas aux guerres, il me semble peu logique qu'ils aient fait partie des *familiers*.[32] L'écart entre les deux traîtres et les nobles pairs d'Alexandre est plus qu'évident: dans le commentaire auctoriel aussi bien que dans les plaintes actorielles, les deux *serf de put aire* (IV: 133) sont rejetés du groupe. Et ces indignes rejoignent le chevalier perse qui malgré sa noblesse apparente se montre, lui aussi, étranger au code. Si la conduite du Perse ne fait que susciter les moqueries des Macédoniens, celle d'Antipater et de Divinuspater cause la mort du roi et l'effondrement de son empire.

Il y a donc — et c'est un fait qu'il faut signaler — des élé-

---

[31] En tant que *clerc* Alexandre de Bernai aura pu être au courant des aspects sotériologiques des aventures macédoniennes. Mais s'en est-il rendu compte? Dans la Bible la ville de Babylone, endroit où mourra le Macédonien, symbolise l'orgueil et la contestation d'une volonté divine. Bref, tout ce qui appartient au monde des mortels (*Genèse*, 11, 5-9; *Apocalypse*, 18,2). Pour d'autres détails. voir Gosman 1982a: 570, remarque 154-60).

[32] Pour la notion compliquée de *familier*, voir Sassier 1991: 415.

ments qui perturbent l'euphorie initiale. Narrativement chaque histoire a besoin d'opposants, car autrement il n'y aurait pas de progrès. Aussi la *vita* d'Alexandre n'en manque-t-elle pas: pensons à Nicolas, à Darius et à de nombreux autres personnages. Mais ceux-là sont des ennemis extérieurs identifiables en tant que tels et ils sont même (relativement) honorables. Il en faut même, car dans le cas contraire le jeune roi manquerait de possibilités de prouver l'efficacité de son approche personnelle et la guerre contre ces ennemis ne serait plus un *bellum iustum*.[33] Le véritable danger pour la dynastie macédonienne est le manque de loyauté de la part de quelques vassaux et de quelques hommes de confiance indignes qui se moquent de l'honneur en tant que ciment du code socio-politique. Cela s'avère dans la conduite de l'Indien Porus qui, ayant appris par l'oracle des arbres du Soleil et de la Lune la mort imminente d'Alexandre (III: 3878-4350), rompt les liens de vassalité qu'il venait d'établir avec le Macédonien et reprend les hostilités de la première heure. Cela se manifeste aussi dans le complot qu'ourdissent Antipater et son compagnon. Le danger vient donc de l'intérieur. C'est là la quintessence de la leçon proposée par le *RAlix*. Voilà pourquoi les textes insistent tellement sur l'harmonie entre le roi et ses nobles compagnons. Dans l'*ADéca* il suivent le roi *de gré et par amor*. Cette formule respire encore un air dit féodal: le roi y semble être un *primus inter pares* (qualification pas vraiment réaliste d'ailleurs: l'égalité se déteste joyeusement). Mais dans le *RAlix* la perspective change: la royauté qui s'y annonce forte et discrétionnaire exige l'obéissance des nobles. De cette façon-là, et seulement de cette façon-là, se réaliseront les buts visés.

Le caractère spécifique de la réception de la légende du grand conquérant dans la littérature française du 12ᵉ siècle se profile maintenant. La catastrophe décrite dans le *RAlix* est due à un non-respect du code de l'élite noble et ce code est la pierre angulaire de l'édifice socio-politique.[34] Le fait que les destinataires

---

[33] La littérature consacrée à la guerre juste est immense. On consultera avec intérêt Brundage 1969 et 1976; Dupront 1969; Russell 1979; Delaruelle 1980.

[34] Dans cette perspective il est hautement intéressant de noter que le thème de la royauté *gratia Dei* exploité au début du *RAlix* disparaît complètement à la fin de la compilation. Une fois terminées les conquêtes, l'unicité du Macédonien ne joue

mentionnés à la fin de la branche sont des rois, des princes, des ducs, etc. est une indication de plus que ce code est celui de l'élite. Les réécritures qui s'inspirent de la version présentée par Albéric créent une *'RÉALITÉ' littéraire* qui doit avoir satisfait les exigences des destinataires. L'impact immense du *RAlix* en est la preuve. La Macédoine est le pays d'origine des acteurs de cette *'RÉALITÉ'*, mais c'est tout. L'aventure macédonienne elle-même a été soumise à une procédure de réécriture: le roi et ses hommes sont des acteurs du 12e siècle; les problèmes qu'ils rencontrent sont ceux de cette époque, les solutions aussi. La même remarque doit être faite au sujet des idées qui gouvernent leur conduite. Rien de vraiment surprenant ici. Mais il y a plus. Les textes ignorent la définition: rien n'est vraiment décrit avec une précision quelque peu empirique.[35] Comparant et comparé sont évoqués plutôt que décrits, ce qui ne les empêche pas d'être bel et bien présents et d'être dotés d'une instrumentalité: à l'intérieur du message tout détail, même imprécis, joue son petit rôle.[36] On saisit maintenant la portée de l'absence des marqueurs temporels et spatiaux. Cette absence n'est pas uniquement le fruit d'un manque de savoir, mais elle est aussi, et surtout, l'effet (voulu?) d'une attitude anachronistique poétique et didactique.[37] Nos auteurs/adaptateurs n'ont pas voulu décrire une société macédonienne, mais une société idéale ayant les traits reconnaissables de la *RÉALITÉ historique* du 12e siècle et présentant l'entente harmonieuse entre royauté et vassalité comme logique et naturelle. C'est là que réside l'intérêt propagandiste de nos textes;

---

plus de rôle et sa vie se terminera de façon purement humaine.

[35] Cette imprécision définitionnelle se rencontre également dans les textes juridiques du siècle. Mais là il s'agit encore d'une systématique en train d'être mise en place. Voir Bournazel 1975. Dès que le sens de leur création est en jeu, les auteurs des textes littéraires préfèrent ne pas trop favoriser la précision: elle tuerait l'énigme et neutraliserait les forces suggestives. Voir chapitres III et IV.

[36] Bien souvent l'hagiographie est, elle aussi, une collection de faits disparates. Aux destinataires d'en tirer le message sur la base de la bien connue *reductio ad essentialem* (Dembowski 1983: 87).

[37] Je ne suggère aucunement que cette attitude est consciente, car cela impliquerait que les auteurs savaient exactement ce qu'ils étaient en train de faire. Voilà pourquoi j'ai tant de difficultés avec les concepts de 'medievalization' et de 'Rückkoppelung' qui présupposent des connaissances précises et de la *RÉALITÉ 'historique'* et de la *RÉALITÉ historique*. A l'époque qui nous occupe ici il n'en est encore rien. Voir chapitres IV et V.

c'est là aussi la raison de leur impact immense: tout prince qui se respecte se voudra un autre Alexandre. La factualité historique ne produit qu'une spécificité, mais la poésie, elle, suggère une norme universellement valable.[38]

---

[38] Harth 1982: 26-7.

VIII

LE DESCRIPTIF IDÉOLOGIQUE[1]

L'analyse des idées reçues véhiculées par les textes que j'étudie ici pose un certain nombre de problèmes. Ces problèmes sont surtout engendrés de par le fait que les auteurs/adaptateurs ne peuvent jamais oublier le contexte qui est le leur. Car pour que l'enseignement qu'ils dispensent ait une certaine efficacité, il faut que les destinataires y trouvent au moins des échos des questions qui occupent leurs pensées et qu'ils puissent repérer ainsi sous les gloses mêmes du discours, sous ce qu'on a appelé le *surplus*,[2] la quintessence du message. Par conséquent, il doit y avoir des liens, et peu importe que ceux-ci soit ténus ou non, entre le message et le public intentionné, puisque dans son essence même toute appréciation n'est que la résultante des rapports entre la *'RÉALITÉ' littéraire* et la *RÉALITÉ historique*. Rien de bien surprenant ici. Malheureusement les liens entre ces instances-là ne sont pas toujours indiqués de façon bien nette. De temps en temps les auteurs fournissent des renseignements directs ou indirects au sujet des destinataires visés. Dans la plupart des cas ils respectent les conventions littéraires, mais il se peut aussi qu'ils mettent le destinataire, et à fortiori l'interprète moderne, sur de fausses pistes: il n'y a vraiment aucune garantie que l'auteur/adaptateur ne sème pas la confusion. Il est vrai qu'à l'époque qui nous concerne les leurres auctoriels sont rares, mais il y en a quand même. Et même si l'interprète moderne se trouve sur la bonne piste, toujours est-il qu'il sera bien souvent incapable de saisir toutes les nuances du jeu entre dénotations et connotations, jeu bien médiéval. S'y ajoute le fait que la signalisation auctorielle est bien souvent tellement imprécise et floue que les rapports entre le texte et son public éventuel ne se devinent plus. Et c'est l'hypothèse plausible qui devra faire l'affaire.

A la fin de la dernière branche (IV: 1631, 1652-3, 1675-7) le compilateur établit des liens entre l'enseignement proposé et les destinataires nobles qui, selon lui, pourraient et devraient en profiter; ce sont ceux qui sont *de haut parage et on terre a baillir / ... gentil chevalier et li clerc / ... dames ... puceles*. Mais surtout le

---

[1] Je remanie ici mon étude 1993b.
[2] La qualification *surplus* provient du prologue de Marie de France à ses *Lais* (Rychner 1969 vv. 39, 48).

rois qui son roiaume veut par droit governer / E li prince et li duc
.... La valeur didactique de cet enseignement avait été formulée dès l'entrée en texte: la *riche istoire* qu'il va raconter doit être considérée comme un *example* (I: 1-2). Mais cette qualification se rapporte-t-elle au texte entier ou seulement aux leçons morales qu'on en distillerait, ou faut-il impliquer les deux possibilités?[3] La question ne manque pas d'importance. Dans le premier cas la *vita* entière du héros serait à considérer comme une proposition de signature typologique; dans le deuxième ce serait sa conduite qui, isolée de son contexte, ferait l'affaire. Quant à la première option, il est évident que la *vita* du Macédonien est absolument inimitable; il faudra donc l'éliminer. A en juger d'après les renseignements fournis par le compilateur lui-même, il faudra bien opter pour la deuxième, car aux vers 3-7 du prologue il donne tout un programme moral: *connoistre reison d'amer et de haïr, / ... ses amis garder et chierement tenir, ...* etc.). Bref, des critères sociologiques et psychologiques dont l'efficacité devra se déduire du texte ainsi que du métacommentaire qui l'accompagne. C'est le problème de la distanciation auctorielle que j'ai discuté au chapitre V. Un deuxième problème dont les détails pertinents ont été passés en revue dans le chapitre précédent est amené par l'écriture ontologiquement elliptique et euphorique des textes médiévaux. A tout ceci s'ajoute le problème qu'on ne pourra jamais déterminer avec une plausibilité acceptable l'apport précis du compilateur du *RAlix*: les renseignements peuvent provenir de ses sources et dans ce cas Alexandre de Bernai ne serait qu'un glossateur. Mais ils peuvent tout aussi bien être de son cru: ne dit-il pas y avoir mis du *sien*? Dans ce qui précède j'ai suggéré que ce *sien* concerne l'organisation de l'ensemble plutôt que le contenu, mais tout comme l'analyse du chapitre VI l'a montré, il est impossible d'en déterminer la portée. S'y ajoute un quatrième problème amené par les destinataires mentionnés à la fin du texte. Ces destinataires se seront fait guider par le métacommentaire auctoriel déjà discuté dans ce qui précède ainsi que par le coloris descriptif fonctionnalisé dans le texte. Car le descriptif, véhiculé par l'adjectif, l'adverbe, le substantif, le verbe, la circon-

---

[3] La lisibilité de la narration se garantit dès le moment où 'il y aura coïncidence entre le héros et un espace moral valorisé, reconnu et admis par le lecteur' (Hamon 1977: 153).

stance (factuelle ou virtuelle), etc., marque et guide.[4]

Le descriptif idéologique porteur et garant du message didactique — et je me limite à cet aspect particulier de l'écriture — est cependant une affaire équivoque. En principe toute spécification descriptive implique la réification de la chose décrite: le coloris informationnel remplit pour ainsi dire l'espace créé par les contours. De cette façon il différencie cet espace-là des autres qui ne sont pas colorés ou colorés autrement: tout descriptif collé sur un acteur mène inévitablement à une certaine importance narrative. Tout cela paraît simple, mais ne l'est pas vraiment. Du descriptif, il y en a plein: l'enseignement scolaire de l'époque en raffole et c'est ce qui explique que les arts poétiques qui nous sont parvenus y consacrent une bonne partie de leur attention. Mais le descriptif est non seulement elliptique, il est encore peu riche et peu nuancé.[5] Le vocabulaire réduit doit sa fonctionnalité surtout aux innombrables possibilités connotatives.[6] La précision descriptive n'est donc pas vraiment nécessaire. Qui plus est, elle peut même être indésirable: l'univers de l'homme est censé obéir à des règles cohérentes traduisant jusque dans le détail les principes mêmes de la Création, affaire relevant du seul mystère divin. Une pareille conception sotériologique du monde est par définition hostile à la réification de ce qui appartient au passé ou au présent. Cela peut avoir certains avantages, car tant que les frontières du microcosme traditionnel restent intactes, cette attitude procurera une sécurité relative. Il s'avère donc qu'un empirisme au sens moderne n'est pas vraiment indispensable. Ce qui ne veut pas dire qu'il est totalement absent. Les rencontres avec d'autres cultures observant des us et coutumes différents ont provoqué des réflexions sur le statu quo dans le monde des mortels. Dès les premières croisades s'annoncent les

---

[4] Pour une discussion exhaustive des problèmes liés au descriptif, voir Hamon 1981: passim.

[5] Dans la pratique on a affaire à un descriptif passe-partout caractérisé par une 'Realitätsferne' évidente (Richter 1975: 17). C'est ce qui explique qu'on a qualifié les acteurs de nos textes médiévaux comme des 'flat characters', c'est-à-dire comme de simples 'symboles de principes déterminés' (De Paepe 1978: 206). En elle-même une qualification pareille n'est pas incorrecte, mais sans spécification ultérieure elle nous laisse un peu sur notre faim.

[6] Pour des analyses pertinentes du lexique à l'aide duquel s'évoque la chevalerie, voir Flori 1979, 1983, 1990, 1995; Stanesco 1988: 58 sqq.

premières brêches dans le bastion cosmologique de l'Europe chrétienne et les voyages vers l'Asie et l'Afrique des siècles subséquents mettront en cause tout ce qui auparavant était à l'abri du doute. L'entrée en scène au 15ᵉ siècle de l'archéologie et de la philologie transformera, ensemble avec ce qui sera le début de la cartographie moderne, le monde en construction empirique plutôt que sotériologique.[7] L'homme préférera alors la fidélité envers le modèle ou la source à la conformité cosmologique et il se constituera un appareil idéologique dont les critères ne sont plus divins, mais humains.[8] Mais au 12ᵉ siècle le descriptif aucunement analytique privilégie toujours le seul regard. C'est bien la raison pour laquelle on l'a pris pour le résultat d'une perception oculaire et qu'on l'a qualifié d''iconographique'.[9] Quelle que soit cependant la définition qu'on lui donne, le descriptif est l'instrument par excellence pour insérer le détail dans le temps et dans l'espace. Ce seul fait mérite déjà l'attention ici, car séparément ou ensemble, ce sont les notations temporelles et spatiales qui accompagnent la marche de l'homme de l'époque.[10]

Pour ce qui est du temps, tout le monde sait que le Moyen Age moralise la chronologie de l'espèce humaine: ne compte que ce qui se passe *sub lege*; tout ce qui appartient à la période *ante legem* — et ici il faut penser à ce qu'a apporté la civilisation des Grecs et celle des Romains — ne sert qu'à expliquer le triomphe de l'Eglise. Depuis Constantin et Théodose celle-ci tente de neutraliser les 'imperfections' de l'Antiquité et de prouver l'excellence de la foi chrétienne, ce qui en l'occurrence revient à dire que postériorité

---

[7] Ce sera l'empirisme à la moderne des premiers voyageurs en Orient, parmi lesquels ils faudra mentionner surtout Marco Polo, qui amènera la destruction progressive de la cosmologie médiévale basée sur un empirisme légendaire non mimétique. Pour le choc entre les deux 'empirismes', voir mon étude 1994.

[8] Pour des raisons multiples qu'il est impossible de commenter ici, le 16ᵉ siècle verra l'effondrement des idéologies autoritaires. Sans cadre référentiel autoritaire vraiment fonctionnel, l'homme de cette époque se verra contraint de réfléchir sérieusement sur sa condition terrestre. Ce n'est pas pour rien que ce siècle voit apparaître les premières utopies (Saage 1991: 15-24; Hale 1994: 413-9).

[9] Poirion 1976: 221; Harth 1982: 468. En fait, cette approche typique n'est pas trop éloignée de l'*attestatio rei visae*: l'auteur/adaptateur est un témoin.

[10] Miguelez 1971: 31-2; Ariès 1986: 96-101.

égale supériorité.[11] L'espace est également vu dans une perspective sotériologique. Jérusalem, cœur véritable du Christianisme, se trouve bien souvent au centre même de la Terre. Contrairement à l'Europe et le bassin méditerranéen relativement bien connus et empiriquement reconnaissables (l'homme médiéval se déplace régulièrement),[12] l'Asie et l'Afrique sont des entités encore bien abstraites. Ce qui ne veut pas dire qu'elles sont inconnues: l'empirisme légendaire des *auctoritates* produit le savoir désiré, y remplit les lieux vides.[13] L'espace médiéval se construit ainsi selon une échelle de valeurs morales: plus l'homme est éloigné de Jérusalem, moins il semble répondre à ce que l'on prend pour l'image du chrétien idéal. Il va de soi que l'européocentrisme latin placera le chrétien modèle dans une ambiance latine; l'homme qui vit dans l'ailleurs sera donc moins parfait.[14] Selon la tradition il y avait des

---

[11] Le concept 'chronologie' est à manier avec prudence: au Moyen Age il s'agit plutôt de l'idée assez confuse que les différents épisodes de l'histoire seraient à placer dans une perspective de succession (théo)logique. La théorie des *regna* a joué un rôle. C'est indéniable. Mais il ne faut pas se faire d'illusions sur la propagation de ces idées: de pareilles discussions théoriques n'auront été l'affaire que des intellectuels. Voir chapitres I (note 39), V, VII (note 2).

[12] La fameuse *stabilitas loci* n'est qu'une affaire des milieux monastiques. Pour la mobilité des hommes de l'époque, voir Von den Brincken 1976; Ohler 1986; Müllenmeister 1992; Denecke 1992.

[13] A première vue la formule 'empirisme légendaire' semble être une contradiction. La pratique est cependant moins irréelle: le véritable empirisme où seul compte le vérifiable est remplacé par la foi en la fiabilité des *auctoritates*. On le constate en cartographie. En principe toutes les cartes ont été produites sur la base de renseignements puisés dans les récits de voyage (écrits ou oraux). Ptolémée que l'Occident latin ne redécouvrira qu'au début du 15e siècle a, lui aussi, procédé de cette façon (Tattersall 1981; Kupčik 1980: 21-2; Von den Brincken 1976). Au 16e siècle les cartographes modernes — et ici on doit penser à un Mercator ou à un Ortélius — seront contraints d'en faire encore de même pour les régions inconnues du globe, et ce malgré les progrès considérables déjà enregistrés.

[14] Le Christ avait ordonné à ses apôtres de répandre la foi jusqu'aux confins de la Terre (cf. *Matth.*, 28, 19-20: *euntes ergo docete omnes gentes; baptizantes eos in nomine Patris, et Filii, et Spiritus Sancti; docentes eos servare omnia quaecumque mandavi vobis*...). La propagation de la foi n'avait pas été sans problèmes: dès les premiers siècles du Christianisme des hérétiques (Nestoriens, Alains, Jacobites, etc.) s'étaient réfugiés dans les lointaines régions de l'Asie et de l'Afrique. C'est, entre autres, la présence de ces hérétiques-là qui a fait naître la fameuse légende du Prêtre Jean. Pour ceci, voir Gosman 1982a: 38-49.

terres (surtout dans les parties septentrionales du monde) qui abritaient des païens et/ou des êtres qui ne dépassaient pas le stade de la bestialité ou qui étaient carrément démoniaques. Qu'on pense, entre autres, aux Scythes, à Gog et Magog ou aux monstres mentionnés dans les travaux de Pline l'Ancien, Solin et Isidore.[15] Cette conception se visualise surtout dans l'information tératologique qu'abritent les marges des mappemondes, s'enregistre également dans les *descriptiones terrae* et les nombreux bestiaires. Comme les aventures du Macédonien se déroulent partiellement dans les régions orientales, les auteurs/adaptateurs qui se sont occupés de ses aventures ont bien été contraints de référer au merveilleux que la sacrosainte tradition y localisait. Le rejet ou même la mise en doute de cette information superbement autoritaire aurait créé immédiatement un problème de crédibilité et de lisibilité.[16]

Le descriptif appliqué à ce qui se trouve hors de l'Europe chrétienne est naturellement conditionné par les conceptions courantes du temps et de l'espace. C'est logique, car l'homme médiéval ne poursuit jamais la *mimésis* de la RÉALITÉ (*'historique'* ou *historique*). Non seulement cette *mimésis* est impossible à réaliser, mais elle risque également d'être considérée comme inutile, voire comme diabolique: une trop grande curiosité est à éviter, car si Dieu n'a pas explicité les *magna et inscrutabilia, Et mirabilia absque numero* (*Job*: 5,9; 9,10 et 37,5), c'est qu'il n'a pas voulu le faire. Vouloir percer et expliquer les secrets que Dieu lui-même a refusé d'expliquer tient donc de l'outrecuidance. C'est là l'opinion des hommes de l'Eglise. J'en ai parlé. Vers 1500 un Sebastien Brant dira encore qu'il suffit que l'homme obéisse à Dieu et se con-

---

[15] Pour Gog et Magog, voir Anderson 1932. Dans ce qui suit je laisserai de côté les appréciations négatives de la mer et de la forêt: la peur qu'inspirent ces deux espaces en fait des territoires non fréquentables, parce que dangereuses et diaboliques (Le Goff 1982: 106-40).

[16] Dans cette perspective-là les descriptions des monstres livrées par les textes sont bien empiriques, elles aussi. Mais l'empirisme en question est pour ainsi dire étagé: les auteurs n'enregistrent pas ce qu'ils voient, mais reproduisent un savoir puisé dans les ouvrages des prédécesseurs qu'ils ne vérifieront pas. Ce ne sera qu'au 13e siècle que se manifesteront les premières critiques prudentes. Traversant les steppes de l'Asie centrale, Guillaume de Rubrouck constate que les Nestoriens qu'il rencontre en route disent du fameux Prêtre Jean 'dix fois plus que la vérité' (Kappler/Kappler 1985: 123).

naisse soi-même, puisqu'à la fin de sa vie il ne lui reste qu'une seule tâche: rendre compte de ses faits et gestes. Tout autre savoir est donc essentiellement futile.[17] L'échappatoire s'annonce: dans tous les cas où il s'agit d'enregistrer ce qui se rapporterait à l'organisation socio-politique d'un ailleurs, la précision s'ignore, puisque non fonctionnelle. La seule suggestion fera l'affaire. Jusqu'au 15e siècle (et même encore au-delà) cela ne semble déranger personne, puisqu'il y aura toujours un cadre autoritaire fournissant des données pour remplir de façon plausible (= adéquate) les vides. C'est là l'avantage de la référentialité de l'écriture médiévale: en principe chaque détail a suffisamment de force connotative pour que les auteurs et leurs destinataires puissent de temps en temps ignorer certains liens de causalité ou même la nécessité de fournir une explication.

Tout ceci ne signifie pas que l'homme de l'époque a ignoré le besoin d'approches empiriques (au sens moderne) ou qu'il en a été incapable. Loin de là. Il nous est parvenu des dessins prouvant qu'il s'est bel et bien intéressé à la description de situations concrètes. On peut penser, entre autres, au *De locis sanctis* d'Adamnan, abbé d'Iona (679-704) qui contient des dessins d'églises de Jérusalem réalisés d'après le récit que lui avait fait l'évêque gaulois Arculfe ou au *Carnet* de Villard de Honnecourt où il y a de nombreux croquis d'engins utilisés dans la construction.[18] Quant à la littérature, les belles descriptions de tombes, de châteaux, de vêtements ou de tentes, etc. prouvent que les destinataires des produits littéraires ont aimé savoir de quoi il s'agissait. Le compilateur de notre *RAlix* — et je me limite ici à ce seul auteur/adaptateur — connaît son métier: les descriptions de la tente d'Alexandre et celle du palais de Porus en sont les preuves. La remarque vaut aussi pour la tombe de l'émir de Babylone et celle d'Alexandre lui-même. On ne peut donc jamais prétendre que le Moyen Age ne s'est pas intéressé à ce qu'on appellerait aujourd'hui un descriptif empirique. Il faut tout simplement relever le fait que l'homme de ces temps n'en a pas toujours eu besoin. Et si jamais il en a ressenti le besoin, il

---

[17] Zumthor 1972: 115-6. Pour le problème de la mimésis considérée comme ontologiquement diabolique, voir Guenée 1981: 290-1; Camille 1989: 27-56; Ehlert 1987: 186.

[18] *DACL*, V: 152-63; Gimpel 1975: 113-40.

s'est contenté d'un empirisme différent du nôtre qui trouve sa raison d'être dans le jeu même entre dénotation (nécessairement incomplète) et connotation (essentiellement référentielle). De l'empirisme, il y en a donc, mais il est enté sur une référentialité plutôt que sur une factualité. Que cette référentialité soit le résultat d'une intention spécifique, la conséquence d'une négligence auctorielle ou tout simplement la manifestation d'une ignorance, peu importe: la précision est toujours l'ennemie de la suggestion.[19]

Dans nos romans antiques la scène se trouve toujours et dans le passé et dans l'ailleurs, données essentielles que les auteurs/adaptateurs tentent de récupérer et de réconcilier aussi bien que possible avec leur *RÉALITÉ historique* à eux. Il y a cependant deux limites importantes à leur créativité et les professionnels de la *dispositio* le savent fort bien: tout récit doit respecter une certaine historicité amenée et exigée par les sources exploitées. L'écriture ne pourra donc se référer qu'à ce qui est supposé connu: la *Chanson de Roland* et la *Chanson d'Antioche* respecteront, grosso modo, la marche de l'histoire. Il en est de même du *Roman de Troie* et des textes étudiés ici. C'est un premier point. Un deuxième est que les éléments constituants du récit ne s'enregistrent que selon l'*intentio* auctorielle (= *quid auctor intendat*).[20] En fin de compte ce sera la prise de position de l'auteur/adaptateur qui déterminera la quantité aussi bien que la qualité du descriptif.

Tout ceci se manifeste de façon fort claire dans le *RAlix* qui nous présente un roi modèle, un véritable *rex utilis*. Ce concept intellectuel plutôt que factuel semble se référer à une royauté bénéficiant du soutien des sujets (c'est-à-dire de ceux qui comptent) et pouvant réaliser ce que la communauté (lire, ici encore: ceux dont l'opinion fait poids) juge indispensable. Les données les plus importantes sont: le respect des codes socio-politiques impliquant

---

[19] Hamon 1981: 6-10. La précision peut se refuser également pour d'autres raisons: le monde byzantin avec ses mouvements iconoclastes bien connus a parfois schématisé les représentations de ses empereurs d'une telle façon qu'il n'était plus question de ressemblances physiques véritables. Les portraits se sont faits authentiquement iconiques, c'est-à-dire qu'ils véhiculent un ou plusieurs concepts clefs plutôt que des représentations en bonne et due forme (Head 1982: passim).

[20] Pour cette formule de Conrad de Hirschau, voir Patterson 1987: 31.

une largesse proverbiale, le maintien du statu quo, l'agrandissement du territoire, la garantie de la justice, etc.[21] Dans notre texte le Macédonien est l'icône par excellence de l'*utilitas* princière. Il va de soi que le descriptif s'en ressent. Dans ce qui suit je produirai quelques exemples de la façon dont l'intention auctorielle régit le descriptif collé aux acteurs du *RAlix*. Cependant, avant de passer à l'analyse, il est utile de faire quelques remarques préalables:

1) En général l'"effet-personnage' (le terme est de Barthes) se construit sur la base de renseignements qui se cumulent et se télescopent à l'intérieur de la *'RÉALITÉ' littéraire*. La structure de cet ensemble sera essentiellement anaphorique. Ce qui compte, c'est l'analogie du descriptif rattaché à cet 'effet-personnage' avec les idées du ou des destinataires sur le héros (ou l'héroïne) type de la *RÉALITÉ historique* qui est la leur.[22]

2) Le jeu des dénotations et des connotations se trouve à la base de tout enregistrement descriptif: le flou descriptif se fera poétique. On le sait. Comme les frontières entre le dénotatif et le connotatif ne sont cependant jamais bien nettes, toute description, toute icône sera par définition synthétique.

3) L'écriture médiévale doit son prestige à l'*inventio* recommandée par les arts poétiques utilisés dans l'enseignement. Ne compte pas l'originalité, mais l'imitation de ce qui est déjà consacré par une autorité. A quoi bon créer *ex nihilo* si l'on trouve dans les *auctoritates* des modèles tout faits? Eginhard (ca. 770-840) s'inspire de Suétone lorsqu'il nous présente Charlemagne; Adhémar de Chabannes (ca. 988-1034) fait le portrait de Guillaume III de Poitiers en reprenant à son tour le portrait de Charlemagne fait par Eginhard.[23]

4) Le degré de fiabilité de tel ou tel auteur dépend non seulement de son message ou de la façon dont il en orchestre les données

---

[21] Pour de plus amples renseignements, voir chapitre IX.
[22] Barthes 1982: 20; Genette 1972: 242-3.
[23] Ces auteurs pratiquent donc un empirisme autoritaire. Pour Eginhard, voir Halphen 1923: 3, 15-17; pour Adhémar, voir Chavanon 1897: 163.

pertinentes (pensons à la critique de Chrétien à l'adresse de ceux qui *contes depecer suelent* ou à celles que lance Alexandre de Bernai contre ses concurrents),[24] mais aussi de ses capacités stylistiques: le style de l'auteur anonyme des *Gesta Francorum et aliorum Hierosolimitanorum* est déprécié par ses confrères: en écrivant mal, celui-ci est censé avoir réduit l'efficacité didactique des sacrifices faits par les croisés.[25]

Tout cela, il faut bien le tenir à l'esprit, puisque ce sont là les principes mêmes de l'écriture médiévale. On le constate dans la façon dont la pratique médiévale manie l'icône 'Alexandre le Grand'. Cette icône a été considérée comme une entité aux contours suffisamment nets. Aussi n'est-il aucunement étonnant de voir — et le paradoxe est fascinant — que cet 'effet-personnage' soit devenu point de référence: chaque prince médiéval serait volontiers un deuxième Alexandre ou aimerait dépasser ses vertus. Dans les comparaisons le pantonyme peut suffire, puisqu'il évoque tout ce qu'il faut. J'ai déjà relevé la comparaison de Philippe de Flandres avec Alexandre dans le *Conte du Graal*. En mentionnant le héros macédonien, Chrétien prétend le connaître et il semble partir de la prémisse que ses destinataires le connaissent également.[26] Je donne encore un autre exemple de ce mécanisme iconique: dans son *Monk's Tale* (*Contes de Cantorbéry*) Chaucer fait suggérer par un de ses héros que l'histoire d'Alexandre est connue de tous:

> The storie of Alisandre is so commune
> That every wight that hath discrecioun
> Hath herd somwhat or al of his fortune.[27]

Même s'il est à noter qu'il observe quand même une certaine sélectivité: il n'y a qu'une demoiselle avec *discrecioun* qui puisse savoir de quoi il s'agit, l'auteur anglais semble posséder la même certitude que Chrétien: l'histoire d'Alexandre est *comune*. Le pantonyme semble donc pouvoir procurer toutes les informations

---

[24] Voir chapitre VI.
[25] Voir chapitre III, note 2.
[26] Voir chapitre I.
[27] Blake 1980: 552: vv. 2535-7.

requises.²⁸ Narrativement le statut de notre 'effet-personnage' macédonien est incomplet et flou, mais il peut jouer un rôle dans une comparaison. Il est donc question d'une manœuvre intellectuelle dont l'effectivité est indubitable.²⁹ Pour comprendre et compléter à sa guise et selon ses besoins le portrait du roi dans notre *RAlix*, le destinataire médiéval devra compléter l'information iconique avec ce que lui apportent trois autres courants informationnels:

1) Le catalogue des 'idées reçues' fournies par l'historiographie et la littérature est une source indispensable connue de tous. Le *RAlix* décline sans (trop) les déformer un certain nombre de ces 'idées'. Le cumul des éléments pertinents puisés dans ce catalogue indique que le jeune roi a des qualités exceptionnelles qui le distinguent, dès sa prime jeunesse, non seulement de son père, mais aussi et surtout de ses *socii* nobles.

2) Le métacommentaire auctoriel lié à l'*intentio* déjà mentionnée joue un rôle dominant. Ce métacommentaire qui abrite la distance auctorielle conditionne la perception de l'ensemble. Les seuls phénomènes météorologiques et telluriques qui se manifestent lors de la naissance d'Alexandre annoncent déjà que celui qui restaurera le prestige royal, qui fera renaître la *joie* disparue par l'avarice dans ce monde, sera un personnage hors pair. L'aventure qui suit confirmera le suggéré.

3) La réception de la légende en littérature et en historiographie garantit non seulement une supériorité au-delà de tout soupçon qui n'a pas besoin de preuves, mais elle réduit aussi les fluctuations dans le descriptif: tous pillent le même catalogue et se servent de cette collection réduite de mots clefs mentionnée dans ce qui précède. Tout cela ne manque pas de conséquences négatives: afin de 'réussir', les auteurs/adaptateurs sacrifieront facilement sur l'autel des redites.

---

²⁸ Knapp 1975: 117. Ce type d'évocations peut aller loin: le portrait de Geoffroi le Bel établit des comparaisons avec Pâris, Hector, Mars, Achille, Cicéron, Virgile et Socrate. Il est donc vraiment parfait (Bezzola 1982: 133).

²⁹ Même si le destinataire n'est pas au courant des aventures du Macédonien, il comprendra que ce héros est exemplaire.

Ces trois canaux d'information fournissent un descriptif relativement stable ('un bon auteur est un continuateur'),[30] ce qui ne veut pas dire que la variation en tant que principe créateur est exclu. Loin de là: les 'idées reçues' se revalorisent facilement si l'*intentio* auctorielle est claire. Cependant sur la base de ce qui vient d'être dit, il sera clair que les portraits seront par définition synthétiques, car ils amalgament — et voilà ce qui complique considérablement l'affaire — les apports du passé aussi bien que ceux du présent. Comme les auteurs/adaptateurs ne pourchassent jamais la ressemblance, un portrait de ce genre sera hautement qualifié à véhiculer des conceptions idéologiques, puisque celles-ci se passent volontiers de toute précision. C'est là le deuxième élément important. Il ne faut donc pas s'étonner du fait qu'Albéric nous donne les renseignements suivants:

> Tal regart fay cum leu qui est preys.
> Saur ab lo peyl cum de peysson,
> Tot cresp cum coma de leon;
> L'un uyl ab glauc cum de dracon
> Et l'altre neyr cum de falcon.
> ...
> Beyn resemplet fil de baron
> Clar ab lo vult, beyn figurad,
> Saur lo cabeyl recercelad,
> Plen lo collet et colorad,
> Ample lo peyz et aformad,
> Lo bu subtil, non trob delcad,
> Lo corps d'aval beyn aforcad,
> Fer lo talent et apensad. (vv. 59-73)[31]

Ce portrait on ne peut plus traditionnel insiste sur les aspects purement physiques et note seulement que l'homme est *Fer* (adjectif qui reprend le regard du lion du vers 59) et qu'il est *apensad* (en filigrane le couple traditionnel *fortitudo et sapientia*). Tout ceci n'a qu'un seul effet: marquer une importance naturelle. On s'attendrait à ce que les continuateurs reprennent ces données. Or l'*ADéca* ne

---

[30] Zumthor 1972: 64-106.
[31] Le vers 60 pose des problèmes; il semble qu'Alexandre a la poitrine couverte d'un poil d'un brun tirant sur le jaune, comme un phoque (Wis 1990).

fournit qu'un descriptif physique fort réduit: le jeune homme est *proz e molt de grant beutez*. Le texte ne reprend que le renseignement concernant les yeux du héros: *Vars ot les oilz cume faucons müez* (v. 70-1).[32] Ce à quoi s'intéresse le compilateur de ce texte, c'est plutôt l'attitude qu'adopte le jeune Alexandre envers les compagnons nobles qui, comme on l'a vu dans le chapitre précédent, le serviront de leur plein gré. Ce sera là le leitmotiv de la tradition française du 12ᵉ siècle qui se base sur le texte d'Albéric. Le mouvement entrevu dans l'*ADéca* qui se trouvait déjà en germe dans le texte du prédécesseur se manifeste encore plus clairement dans le *RAlix*. Le compilateur de cette dernière version ne dit pratiquement rien au sujet de l'apparence physique de son héros, mais insiste immédiatement sur son pouvoir de discernement inné.

> L'enfance d'Alixandre fu mout gentil et belle,
> Biau samblant fet et rit a chascun qui l'apele,
> Onques nel pot servir vilaine ne ancelle,
> Ainz le couvint touz jorz nourir une pucele,
> Et d'une franche dame aletoit la mamelle.
> .....
> Mout fu preus Alixandres, quant ot passez dis ans;
> De par toutes les terres a mandez les enfans,
> Les fuiz aus gentils homes et touz les mieus vaillans;
> Assez en poi de terme en ot avoec lui tans
> Comme s'il eüst la terre a quatorze amirans.
> Largement leur donoit et fezoit lor talens (I: 230-4; 369-74)

On le voit: le descriptif lié au jeune homme n'est que fort peu adjectival. Il n'y a que des qualifications abstraites: *Biau samblant fet et rit ...*, *Mout fu preus ...* et ainsi de suite. Plus question de yeux de couleur différente: le *RAlix* est des années '80 du 12ᵉ siècle et à ce moment-là le canon formule ses exigences esthétiques: ce roi

---

[32] Dès le début de la tradition romanesque les yeux d'Alexandre ont retenu l'attention des différents auteurs. Le Pseudo-Callisthène parle de l'asymétrie des yeux (Stoneman 1991: 45); l'*Historia de Preliis* (*J²*) mentionne ses *oculi eius magni, micantes et non assimilabatur unus ad alterum, sed unus erat niger et alter glaucus* (Hilka 1974: 29). Pour le *RTCh*, voir chapitre XIII.

parfait ne peut pas avoir d'imperfections physiques.[33] A l'intérieur de la vulgate se rencontrent des notations clichématiques: Alexandre a des *blons cheveus quernus* (III: 2120) et juste avant la cérémonie du couronnement le compilateur nous donne les renseignements suivants: le roi a *larges espaulles et bien fais les costés / Et grant enforcheüre, d'or fu esperonés, / Chauciés fu d'un brun paile a oiselés ovrés*, etc. (IV: 81-3). Mais c'est un descriptif épique passe-partout qui engendre la reconnaissance et l'acceptation. Le portrait du héros de la *'RÉALITÉ' littéraire* doit ressembler au héros type de la *RÉALITÉ historique*. C'est indispensable.[34] Or le fait que le lexique de la première *'RÉALITÉ'* recouvre entièrement ou partiellement celui de la deuxième, l'analogie s'établira presque automatiquement: on (re)connaît Alexandre. Ce qui est également de la plus haute importance, c'est l'annonce que le système socio-politique enté sur une séparation des bons d'avec les mauvais, c'est-à-dire des nobles d'avec les non-nobles, ouvre la voie à la réussite. Au début du roman c'est encore le virtuel qui domine: le jeune Alexandre ne fait qu'incarner une promesse. Afin de pouvoir expliquer de façon cohérente la réalisation de la grande entreprise macédonienne, le compilateur insiste longuement sur les rapports harmonieux entre Alexandre et ses futurs compagnons. Pour ce qui est du reste, le *RAlix* est extrêmement avare de renseignements descriptifs directs; ce sont surtout les activités du conquérant qui comptent. Activités à interpréter, bien sûr, à l'aide du métacommentaire auctoriel fourni par le prologue. C'est le programme déjà mentionné: *Connoistre reison d'amer et de haïr/* ..., etc.

Le *RAlix* reflète donc les éléments de base qui dans leur ensemble s'annoncent comme un système idéologique devant être conforme à une certaine idée de la royauté. Le descriptif dans son sens le plus large (adjectival, adverbial, substantival, verbal; factuel ou virtuel, etc.) assume l'idéologique. Mais celui-ci n'est ni systématique ni cohérent, car quand on y regarde de près, on constate qu'il ne s'agit que d'un jeu avec quelques concepts clefs qui — et voilà le problème — ne font que suggérer ce qui devrait être. J'en

---

[33] Colby 1965; Curtius 1967.

[34] Cf. Rychner 1955. D'ailleurs, plus un descriptif est détaillé, plus il désoriente le lecteur qui aura de plus en plus de difficultés à retrouver la cohérence cachée (Beaujour 1981: 36).

ai parlé au chapitre III. Le descriptif est donc non seulement flou parce qu'il contient du virtuel, mais il l'est aussi et surtout de par le fait qu'il est iconique. Qu'à cela ne tienne: tout ceci n'exclut aucunement son exploitation didactique: le *RAlix* est destiné aux membres de l'*ordo* des *bellatores* et peut-être également à ces *clerc sage et bon* mentionnés dans la branche IV. A ces destinataires, tous des personnes de qualité, le *RAlix* propose une solution positive: la *vita* du Macédonien est un *bon example* qui permettra à un chacun d'y trouver son bien et d'apprendre ensuite à faire la distinction entre le Bien et le Mal (I: 3-7). Afin de situer son héros et de maximaliser l'impact des propositions que celui-ci incarne, le compilateur évoque une *utilitas* restauratrice d'un bonheur perdu. C'est ce qui explique que le texte insiste tellement sur le contraste entre le passé et le présent, entre le présent et le futur. Avant la naissance d'Alexandre la situation était on ne peut plus mauvaise: ... *li siecles était aniëntez / Et donners refroidiez et creüe avertez, / Avarices ... en haut bruit montez* (I: 206-9). Dès sa naissance ... *fu joie recouvree / Et barnages creüz et bontez ravivee* (I: 95-6). A sa mort, tout retourne au *statu quo ante*: ... *refu la terre a martire livree / Par l'orgueil des barons et gaste et desertee ...* (I: 138-9).[35] Mais il n'y pas de spécifications: c'est comme si l'annonce d'une ère nouvelle liée à l'icône Alexandre suffit pour faire comprendre aux destinataires que le monde macédonien a maintenant atteint la perfection: le Bien remplace le Mal. A sa mort le Mal reprendra cependant ses droits.

Comme le *RAlix* ne vise qu'à peindre un système sociopolitique garantissant cette harmonie tant recherchée entre roi et nobles, l'individuel (si jamais ce mot peut être appliqué aux héros de la littérature médiévale) ne compte pas. Cela se voit dans les réactions des douze pairs. Le prologue l'avait déjà annoncé: *Perte de bon seigneur n'est pas tost recovree* (I: 141). Le désespoir des compagnons lors de la mort du roi, désespoir illustré par leurs

---

[35] Il est frappant de constater que le compilateur évoque dans son prologue les guerres que se feront les généraux d'Alexandre, mais qu'il n'en parle plus dans la branche IV où tout est encore harmonie. Serait-ce une autre indication qu'il existe un savoir parallèle ou faut-il tout simplement constater qu'Alexandre de Bernai n'a pas réussi à harmoniser ses différentes sources? Pour plus de détails à ce sujet, voir chapitre VI.

plaintes dans la branche IV, boucle le cercle:[36] Leur chagrin confirme la thèse centrale, car il est logique, du moins dans notre *RAlix*, que les compagnons regrettent la mort du maître; le contraire aurait surpris. Mais ce qui, pour eux, pèse le plus, c'est la disparition d'un système socio-politique basé sans aucun doute sur une idéologie quelconque qui est évoquée par des concepts clefs comme la succession dynastique, la largesse seigneuriale, la loyauté vassalique, la soif de conquête ainsi qu'un refus pertinent d'admettre la proximité du non-noble ou du socialement indigne. Ils regrettent donc la disparition d'un système qui prônait la valorisation des concepts clefs dont Alexandre était l'incarnation même. Cela s'expliquerait peut-être de par le fait qu'au 12e siècle les rapports entre les différentes catégories sociales sont encore fort personnels. Ce ne sera que dans les siècles subséquents que ces rapports se dépersonnaliseront et que le pouvoir se fera de plus en plus abstrait. Bien que notre *RAlix* ne présente pas de structures institutionnalisées (il n'y est même pas question d'une cour royale, d'une chancellerie, d'une instance juridique), il n'est pas tout à fait impossible de dépister dans la *'RÉALITÉ'* du *RALix* les débuts hésitants de la séparation entre *persona* et *institutio*: Alexandre est un roi modèle: ses conceptions socio-politiques devraient être celles de l'instance suprême de la *RÉALITÉ historique*, mais ce qui surprend le lecteur du 20e siècle, c'est que dans les plaintes proférées par les pairs il n'est aucunement question de références à l'histoire du Salut, données toujours essentielles au 12e siècle. Délibérément? Le Macédonien est bel et bien l'instrument de Dieu comme nous l'apprenait le prophète Daniel, mais l'implication directe du dieu chrétien ne dépasse pas le prologue. La plupart des destinataires auront été contents d'entendre une belle histoire de conquêtes. D'autres auront été capables de dépasser ce niveau élémentaire et ils y auront peut-être reconnu des données pouvant être interprétées de

---

[36] L'adjectif *bon*, épithète de nombreux princes, renvoie à toute une gamme de concepts émotionnels impossibles de spécifier. Ce n'est pas pour rien que le compilateur de notre *RAlix* exploite tellement le registre du *planctus* formalisé au maximum au cours des temps: les clichés qui y règnent en maîtres absolus sont des instruments parfaits pour signaler la perte d'un bonheur qui, lui, ne s'évoquait précisément qu'avec des ... clichés!

manière allégorique, tropologique ou anagogique. Quelle que soit d'ailleurs l'option choisie, la vie exemplaire du Macédonien renvoie à une attitude normative supérieure, puisqu'un système agréé par Dieu doit être un bon système. Il faut supposer que c'était là l'interprétation globale de tous les destinataires impliqués.

On vient de voir que le compilateur de notre *RAlix* préfère ce que j'appellerais volontiers un descriptif 'actif' pour son héros. Car Alexandre agit. Le descriptif 'inactif' est réservé aux parents et à quelques éléments utilitaires comme, par exemple, la tente du jeune héros. Les renseignements qu'on y trouve expliquent le faire du fougueux Macédonien. Mais dans la société médiévale le passé pèse lourd et il sera impossible d'ignorer les parents: un héros modèle n'a que des parents positifs. Alexandre, héros actif par excellence, ne fera donc pas exception: il lui faut des parents dotés d'une réputation active. Il semble s'y profiler un certain paradoxe: le seul exemple de Philippe face à la menace perse signale l'immobilisme. Mais en tant que père d'un héros au-delà de la norme, Philippe ne peut pas être trop négatif, trop immobile. Il sera donc question de certains glissements intéressants — surtout dans la perspective de la thèse centrale — qu'il est utile d'analyser. Dans ce qui suit je me pencherai sur trois épisodes où les parents jouent un rôle. Ce sont des épisodes mettant en évidence le problème de la dynastie royale, problème hautement important à l'époque où fut compilé le *RAlix*. Les deux premiers épisodes montrent une conduite héroïque typique garantissant l'indépendance et, partant, le prestige de la Macédoine, le troisième concerne la naissance du conquérant et accentue les aspects positifs de la succession en ligne directe. Mais avant d'analyser les trois épisodes en question, il faut d'abord jeter un coup d'œil sur le portrait des parents, portrait qui dote le héros de la généalogie indispensable:

> Li rois qui Macidoine tenoit et Alenie
> Et Gresse en son demaine et toute Esclavonie,
> Cil fu pere a l'enfant dont vous orrez la vie;
> Phelippes ot a non, mout ot grant seignorie.
> Une dame prist belle et gente et eschevie,
> Olympias ot non, fille au roy d'Ermenie,
> Qui riches ert d'avoir, d'or et de manantie (I: 145-52)

Le descriptif consacré aux parents continue jusqu'au vers 194. Je saute les détails. Les facteurs essentiels, localisation des personnages, royauté, richesse et puissance, sont là. Philippe n'a qu'un statut purement utilitaire: il n'est que le père du fils dont la vie sera décrite (cf. *dont vous orrez la vie*). Il n'est cependant pas présenté de façon négative: le fait qu'il domine *Macidoine, Alenie, Gresse* et *Esclavonie* le marque comme un prince fonctionnel. La mère n'est qualifiée que par quelques adjectifs abstraits soulignant cependant ses mérites: *belle, gente et eschevie* avec un père *riches* .... On le voit: le parents sont marqués de façon positive, mais sans qu'il soit question de de spécifications. Du point de vue de l'idéologie cela se comprend: c'est l'ère du fils qui comptera; dans ce qui précède nous avons déjà vu que le *RAlix* insiste sur les différences entre le régime d'Alexandre et celui du père. En tant qu'adjuvants — et même, comme on le verra tout à l'heure, au cas où le père fait temporairement figure d'opposant — les parents sont relativement insignifiants. Cela se constate, entre autres, dans les deux premiers épisodes où il est question des menaces du roi Nicolas et de la répudiation d'Olympias ainsi que du troisième qui met en scène le sorcier Nectanébus.

Le premier épisode (I: 583-618) montre la faiblesse de Philippe et les risques auxquels celui-ci expose la dynastie macédonienne. Confronté avec les menaces du roi Nicolas, il ne sait quoi faire: *Ne pot un mot respondre, ains bessa le chief jus* (v. 599).[37] Tout ceci donne au fils l'occasion de se manifester comme le nouveau chef: *Iriez fu Alixandres ... / Voiant toute la court se drece en son estage* (vv. 600-3). Suit le défi à Nicolas. Le fils semble tirer les ficelles et c'est lui le maître sans la permission duquel rien ne saurait se faire. Cela se voit également dans l'autre épisode où Philippe agit de façon non conforme (selon le code du *RAlix* bien sûr): après avoir levé le siège d'Athènes, Alexandre apprend que son père a répudié Olympias et qu'il compte épouser une princesse nommée Cléopâtre. Il est furieux, puisque cette manœuvre va contre les intérêts de la dynastie et donc aussi contre

---

[37] On reconnaît les traditionnelles hésitations du roi Arthur. Celui-ci est un roi pratiquement immobile: provoqué dans *Le Chevalier de la Charrete* par Méléagant, Arthur dira seulement *qu'il li estuet / sofrir, s'amander ne le peut, / mes molt l'an poise duremant*. Quelques vers plus loin Chrétien dit encore que le roi est *desperé* (Roques 1970b: vv. 61-3, 114).

les siens: il risquerait d'être écarté du trône. Le jeune homme intervient pour restaurer le mariage et il chasse Cléopâtre et toute sa compagnie. Le conflit risque d'opposer père et fils, car Philippe se met en colère et veut attaquer son fils avec un couteau. Le hasard les empêche cependant de s'en venir aux mains: Philippe tombe et Alexandre, ému, le prend dans ses bras. Tout finit bien: le père reprend sa femme et le fils sauve la succession en ligne directe. Le dernier vers du passage en question marque le retour de l'harmonie: *Cel jor fu el palés la joie maintenue* (I: 1791-884).[38]

Dans le troisième épisode c'est Olympias qui tient le devant de la scène. Nous y trouvons un exemple intéressant de l'*intentio* auctorielle conditionnant le descriptif: en récrivant les données de la légende le compilateur du *RAlix* escamote un détail significatif, à savoir les rumeurs au sujet de l'adultère qu'aurait commis Olympias avec Nectanébus, le sorcier égyptien. Deux fois, dans le prologue et dans le passage concernant la jeunesse du héros, le compilateur parle de la relation entre la reine et Nectanébus. Le prologue nous informe de ce que selon les médisants Olympias faisait ... *de son cors lecherie./ Ne gardoit pas sa foy qu'ele ot le roy plevie, / Car a pïeur de lui se connoissoit amie* (I: 170-2); Alexandre serait donc un *bastars, nez par enchanterie* (ibidem: 184). Un peu plus loin dans le texte (vv. 364-6) le compilateur explicite les rumeurs: *Dïent* [= les médisants] *qu'il* [= Alexandre] *ert ses fuiz et de lui engendrez*. L'examen du texte montre des différences curieuses: si aux vers 169-84 du prologue le compilateur dit qu'Olympias était considérée comme une femme adultère, il remarque quand même dans les vers qui suivent immédiatement que Nectanébus n'a fait qu'aider Olympias lors de l'accouchement (ibidem: 188). Dans le fragment consacré à la présentation de la jeunesse du héros il dit que l'homme n'est venu en Macédoine qu'après l'accouchement et qu'il n'est qu'un des précepteurs d'Alexandre.[39] Ce n'est pas à

---

[38] J'ignore si Alexandre de Bernai a su que les rois de Macédoine étaient polygames. Si jamais il l'avait su, il l'aurait escamoté: le caractère chrétien de la *RÉALITÉ historique* (la sienne aussi bien que celle de ses destinataires) n'aurait pas accepté la polygamie.

[39] Le prologue donne: *El tans que il fu nez, si com l'istoire crie, / Ert uns hom en la terre plains de mout grant boisdie, / Naptanabus ot non en la terre arrabie* (185-7). Dans l'autre fragment on lit: *Une grant piece aprés qu'Alixandres fu nez,*

cause de connaissances historiques précises que le compilateur rejette la bâtardise. Cela est non seulement impossible, mais aussi improbable: les auteurs/adaptateurs du 12ᵉ siècle ne savent rien de précis au sujet de Nectanébus et ils ne pourront donc aucunement vérifier les données historiques. Notre compilateur refuse la calomnie parce qu'elle est inacceptable dans son contexte à lui: la succession en ligne directe doit être sans tache aucune. Voilà tout ce que dira Alexandre de Bernai au sujet de la mère qui n'a qu'un statut purement instrumental. Il n'y a qu'un seul moment où elle prendra l'initiative: juste avant la descente sur Babylone où Alexandre recevra la couronne du *regnum*, elle lui envoie une lettre dans laquelle elle révèle le complot ourdi par Antipater et Divinuspater (III: 7717-44). C'est là toute son importance.

J'ai insisté un peu sur ces petits passages, parce qu'ils sont représentatifs de l'idéologie sousjacente du *RAlix*. Encore une fois, il ne s'agit aucunement d'un système de pensées caractérisé par une certaine cohérence ou une finalité bien évidente. Les éléments généalogiques livrés par les deux fragments en question que je n'ai pas donnés en entier, puisque la surcharge y règne en maîtresse, se réfère à un catalogue intertextuel composé de clichés agréés. L'appareil descriptif copie de façon bien hyperbolique la norme archétypale fournie par le catalogue que tout le monde est censé connaître; l'image du jeune Alexandre protestant contre l'iniquité perse actualise toute une série de concepts: l'énergie qui secouera la léthargie du père, la loyauté envers la cause macédonienne, la justice, etc. Le descriptif ne donne donc que des renseignements référentiels connus des destinataires. La conséquence en est que l'individu Alexandre ne sera que le 'lieu d'effleurement privilégié' d'une appréciation générale:[40] Alexandre réunit en sa personne presque toutes les vertus énumérées et garanties par le catalogue.

L'hyperbole donnée dès l'entrée en texte ne se surpassera pas: Alexandre, dont le descriptif décline de nombreux clichés agréés du catalogue est l'icône de la perfection. Ces clichés qui

---

/ *Vint uns hom en la terre ... Naptanabus ot non, d'engin estoit parez* (350-2). Dans le dernier cas il est donc impossible qu'Olympias ait commis l'adultère avec cet homme: il n'était même pas dans le pays!

[40] La formule (Hamon 1981: 58) sent un peu l'huile, mais elle rend bien ce de quoi il s'agit.

concernent presque exclusivement un faire exemplaire confirment les qualités génétiques positives des parents. Ce roi de Macédoine est non seulement le modèle d'une perfection royale pour les destinataires du *RAlix*, il l'est aussi pour les adjuvants et opposants impliqués dans la *'RÉALITÉ' littéraire* du *RAlix* même. Les adjuvants n'ont pas besoin de preuves, mais des opposants comme Nicolas, Darius, Porus et l'émir de Babylone — et je n'en nomme que les plus importants — sont aveugles: non seulement ils ne se comportent pas comme de bons princes, mais ils ne reconnaissent pas non plus la supériorité du Macédonien. Aussi seront-ils anéantis. Encore une fois, ce sont les actions du roi qui font ressortir sa position éminente, car au fond le texte ne nous livre que des éléments 'compositionnels', c'est-à-dire, que des pierres destinées à la construction de l'édifice téléologique: le factuel a la précellence sur l'ornemental. L'esthétique, nécessitant des éléments 'architecturaux' censés introduire le coloris indispensable, ne joue pratiquement pas de rôle dans ce texte qui se voudrait roman, mais qui se construit plutôt comme un document épique.[41] Au fond, le descriptif du *RAlix* est parfaitement autosuffisant et circulaire, puisque la perfection qui s'est manifestée lors de la naissance se prouvera, se confirmera sur le champ de bataille. La conséquence en est que ce roman biographique ne montre aucune évolution: Alexandre n'apprend pas la perfection. Il EST la perfection.

La *vita* du héros telle qu'elle est présentée par le *RAlix* s'explique par les tendances socio-politiques d'un groupe spécifique partisan, semble-t-il, d'un retour dans le temps et cela pour remédier aux malheurs contemporains. Voilà pourquoi l'ère du fils qui restaure la félicité d'antan est un refus de celle du père. Puisque le *hic-et-nunc* paternel est la métaphore de la stagnation, voire de l'enlisement (par rapport à une situation antérieure, meilleure), il faut que l'ère du fils amène également un changement d'espace: les rêves d'héroïsme ne se réalisent-ils pas tous dans un ailleurs prometteur de *pris et los* traditionnels? C'est le principe même de toute *aventure*. Voilà ce qui rend le texte authentique.[42] L'information véhiculée par les petits fragments analysés il y a quelques instants

---

[41] Pour la distinction entre éléments 'compositionnels' et 'architecturaux', voir Bakhtine 1978: 33-5.
[42] Goldmann 1964: 23, 41.

sera ressassée à l'infini dans la suite du récit. Hyperbolisant en sa personne même les clichés liés à la royauté (cf. le *meilleur roi que Dieus laissast morir*; I: 10), Alexandre montre qu'il est vraiment le roi modèle. Le *RAlix*, cette *riche istoire*, ce *bon example* pour les grands de ce monde, doit sa motivation à une mise en texte du dualisme du Bien versus le Mal. Marqué de façon assez complète dans le prologue, rappelé vaguement dans l'épilogue, ce didactisme canalise la réception entière du texte. Le destinataire sait que la partie intermédiaire, la *vita* proprement dite, fournira les spécifications nécessaires. L'aventure insère l'*example* dans le temps et dans l'espace, illustre les attitudes paroxistiques du genre épique, hyperbolise également les éléments gnomiques livrés par le prologue et le texte. Mais si le destinataire veut distiller un ou plusieurs sens acceptables du texte, il sera contraint de neutraliser deux problèmes: 1) le passé de l'*estoire* est *ante legem*, donc païen, et 2) les exploits se déroulent dans un univers absolument inconnu. Car le contenu du *RAlix* n'a absolument aucun rapport avec la *RÉALITÉ historique* de l'auteur et de ses destinataires. Le descriptif appliqué par le compilateur à ce qui se passe dans le *RAlix* est le produit de l'*inventio* traditionnelle.[43] Comme il n'a trouvé ce dont il avait besoin que dans les arts poétiques scolaires de l'époque fournissant des recettes parfaitement bien exploitables dans la société du 12e siècle, Alexandre de Bernai n'a (re)construit que l'écho d'une renommée, et ce — et voilà l''empirisme' qui confère l'authenticité requise — à l'aide d'images puisées dans la littérature et dans l'historiographie autoritaires et déclarées canoniques par la *RÉALITÉ historique* ainsi que par les coutumes dominant l'écriture de toutes les 'REALITES' littéraires* précédentes. Un bon auteur n'est-il pas un continuateur? Tout cela explique pourquoi le polysystème macédonien restera toujours étranger à la *RÉALITÉ historique* du 12e siècle. Mais le paradoxe veut que le descriptif qui le marque ne soit que celui de cette *RÉALITÉ* qui est celle de l'auteur et de ses destinataires. Le tout sera donc ontologiquement anachronique.

Le fait qu'il s'agit ici d'une vie hors du commun ne peut

---

[43] Dans son sens médiéval bien sûr: 'chercher, trouver, reprendre et ordonner'. Ces activités-là ne peuvent d'ailleurs pas être séparées de ce qui aux yeux de Cicéron et ses successeurs était peut-être l'aspect le plus important de l'*inventio*, à savoir le *iudicium* (Van Peursen 1993: 8, 16-23).

pas ne pas influencer le système descriptif. A côté des clichés hyperboliques (noblesse, force, intelligence, etc.) déjà indicatifs en eux-mêmes, se note seulement l'extraordinaire.[44] Le Charlemagne de la *Chanson de Roland* a des liens exclusifs avec Dieu, ce qui lui permettra d'affronter toute la *païenie* et de la détruire. Alexandre se trouve — et ce malgré le fait qu'il est païen — dans une situation relativement identique, car il est un élu, lui aussi: il y a les signaux météorologiques, les songes, les voix divines, les prophéties de l'oracle des arbres du Soleil et de la Lune, etc. Bénéficiant du soutien de Dieu, le jeune roi détruit les Mèdes et les Perses devenus les opposants par excellence de la dynastie macédonienne ainsi que de la volonté divine, puisque le *regnum* de Darius III devait céder la place à celui des Macédoniens. Le didactisme du métacommentaire neutralise les repères temporels et spatiaux et les remplace par une incitation à la réflexion (N.B. *example*) adaptée aux besoins de la société réceptrice. Si l'on y ajoute le fait déjà relevé que le descriptif idéologique de l'époque discutée ici ne vise jamais l'individualisation, mais plutôt la conformité à ce que l'*ordo* des *bellatores* considère comme l'idéal socio-politique, jamais formulé ou formulable en toutes lettres, il sera clair que la *vita* du Macédonien ne sera, dans sa circularité même, qu'une aventure robot. Il suffit de mentionner ici la glorification émotionnelle de cette collaboration harmonieuse et exclusive entre le roi et les *magnates* du royaume, l'exaltation de l'action, seul remède contre l'enlisement politique et militaire et en dernier lieu la succession dynastique en ligne directe, sans tare aucune pour s'en rendre compte. Ce roi unique est l'icône de cette *utilitas* traditionnelle chantée par les panégyristes.

Par rapport à ce qui est dit dans le prologue et dans l'épilogue la *vita* du Macédonien est cependant doublement circulaire. L'aventure elle-même n'est que la mise en scène de ce qui avait été annoncé dans le prologue. C'est ce qui explique qu'on ne relèvera que des rappels. Je l'ai déjà dit. De temps en temps il y a des exceptions et le rythme descriptif sera perturbé: l'extraordinaire se décrit longuement (à mentionner ici le palais de Porus avec ses richesses immenses, les monstres exotiques, les ennemis orientaux

---

[44] Pour un inventaire utile (pas toujours complet d'ailleurs) des topoï exploités par les auteurs médiévaux, on se référera à la bien connue étude de Curtius 1967.

qu'on affronte, etc.). Mais ces dernières descriptions appartiennent à la tradition encyclopédique de l'époque. C'est un descriptif qui a fini par faire partie constituante de la vie d'Alexandre, mais c'est un descriptif ontologiquement parallèle: il sert Alexandre, mais il peut servir aussi d'autres héros vivant d'autres aventures. Là où la *vita* et le merveilleux se télescopent, le roi a l'opportunité d'agir et de prouver que le descriptif qui le marque est correct. On le verra dans les épisodes du cheval Bucéphale et du Val Périlleux que j'analyserai dans le chapitre qui suivra. Mais — et ceci n'est pas un paradoxe — tout ce merveilleux impersonnel et polyvalent joue un rôle dans l'authentification de l'histoire du Macédonien. Le prologue parle du meilleur roi jamais venu sur terre. Dans l'épilogue les plaintes des compagnons ne fournissent que des modulations du thème *'Perte de bon seigneur n'est pas tost recovree'*. Le rappel chasse la nuance, rend le message didactique univoque.

Le *RAlix* propose un idéal socio-politique, mais un idéal qui ne s'insère ni dans un temps déterminé ni dans un espace localisable. Bien sûr, la Grèce et la Macédoine sont des pays éloignés et l'Asie est un continent qu'on ne connaît même pas; et toutes les aventures, appartiennent au passé *ante legem*. Cela, les destinataires du 12ᵉ siècle le savaient fort bien. Mais ce sont là des précisions peu fonctionnelles et je ne pense pas que les destinataires aient jamais tenté d'ancrer la *vita* dans un contexte temporel et spatial déterminé.[45] Dans son abstraction même l'idée d'une royauté forte soutenue par une noblesse loyale ne correspond en rien avec la réalité contemporaine d'Alexandre de Bernai, le compilateur du texte. On peut bien penser au jeune Philippe Auguste face à son père malade et incapable de gouverner son royaume, mais toute comparaison cloche. Philippe n'avait pas de rapports bien positifs avec ses vassaux nobles (il s'en fallait même de beaucoup) et il n'était absolument pas enclin à leur laisser trop de jeu. Le fait qu'il confiera lors de son départ pour la Terre sainte les affaires du royaume à des roturiers nous montre bien que ce Capétien pensait aux intérêts de la couronne plutôt qu'à ceux de ses barons. D'ailleurs, à l'époque où se crée le *RAlix* la noblesse ne faisait que

---

[45] De temps en temps on rencontre des exceptions. Dans son *Roman de Rou* Wace nous raconte qu'il s'est dirigé vers la forêt de Brocéliande pour vérifier les merveilles qu'on débitait au sujet d'Arthur (Foulon 1959: 97-98).

pourchasser ses propres intérêts: la loyauté vassalique tant chantée par notre texte n'est qu'un idéal théorique.[46]

Il y a encore d'autres éléments mettant le *RAlix* hors du contexte du 12e siècle, car il y a de remarquables absences dans ce texte: il n'y a pas une seule référence à la lutte entre les deux glaives de ce monde, le glaive temporel et le spirituel.[47] Pas trop d'attention non plus pour le concept de la royauté *gratia Dei* (sauf dans le métacommentaire auctoriel du prologue) ni pour les cérémonies liées au couronnement. A un certain moment Alexandre est tout simplement qualifié de roi et cela sans qu'il ait été question de quelque cérémonie que ce soit.[48] Ce qui est remarquable, c'est que le concept de 'royaume' si souvent discuté vers la fin du siècle ne semble jouer aucun rôle ici.[49] Prétendre que le *RAlix* décrit le polysystème macédonien du temps de Philippe II et de son fils Alexandre est une erreur; croire que la *'RÉALITÉ' littéraire* reflète tel ou tel polysystème du 12e siècle, en l'occurrence celui des Capétiens, en est une autre. Je l'ai dit plusieurs fois. Un descriptif connu des destinataires est là, mais il ne concerne aucunement l'*institutio* royale ni la façon dont celle-ci pourrait être motivée ni la manière dont elle devrait fonctionner. Ce descriptif concerne uniquement les faits et gestes de la *persona* qui la représente. Le tout baigne dans une ambiance où le faire est plus important que l'être: Alexandre libère une énergie restauratrice et constructrice: il donne au polysystème gréco-macédonien la possibilité de conquêtes inimitables. Malheureusement le *regnum* macédonien est limité dans le temps aussi bien que dans l'espace; jusqu'à l'oracle des arbres du Soleil et la Lune le jeune roi semble invincible. Mais après le verdict dramatique de cet oracle l'Indien Porus qui avait rejoint l'armée macédonienne comprend que ce roi exceptionnel est mortel comme tous les autres et c'est là la raison pour laquelle il change

---

[46] Bordonove 1986: 97-100; Bloch 1968: 563 sqq.

[47] Il est impossible de dire si cette absence est une manifestation d'une certaine conscience historique de la part de notre compilateur ou non. Il faut tout simplement relever le fait que les différents textes latins aussi bien que l'*ADéca* ou la *MortAlix*, etc. n'en parlent pas. Cela doit expliquer, me semble-t-il, le silence du *RAlix*, puisque cette réécriture ne fait que réélaborer ces textes-là.

[48] Voir chapitre IX.

[49] Pour ceci, voir Hallam 1985: 178-9.

de camp: il tient déjà compte de la période post-macédonienne. Trop tôt d'ailleurs, car Alexandre considère son changement de camp comme une trahison et le détruit. Sans vouloir mettre dans le texte ce qui n'y est pas, il me semble que le faire de notre héros manque de perspective.[50] L'*utilitas* du Macédonien est exemplaire, mais elle ne dépasse pas son propre *hic-et-nunc*, puisqu'il n'y a aucun élément qui lie les données idéologiques du texte à un avant ou un après. Avec la mort du roi se termine le *regnum* macédonien ainsi que la motivation idéologique qui le régissait. S'annoncera une autre systématique idéologique plus importante, celle de l'Empire Romain. Cela, les auteurs/adaptateurs des versions étudiées ici le savent fort bien, mais ils n'en parlent pas. Que les destinataires visés actualisent leur savoir!

Il y a encore un autre aspect, plus terre à terre: la mort du roi prive les compagnons de la possibilité de trouver des débouchés matériels.[51] Tant que le roi était vivant, leur bonheur était garanti. C'est la conclusion qui s'impose. Le *RAlix* présente une *aventure* chevaleresque mettant en lumière certaines exigences de la caste dominante de la société française du 12ᵉ siècle, mais sans repères temporels et spatiaux bien clairs: il peint seulement une attitude à imiter. Impossible, je le répète, de parler d'idéologie *stricto sensu*, puisque ce concept présuppose des conceptions suffisamment cohérentes pour suggérer le remplacement ou l'amélioration, fût-ce théoriquement, d'un système socio-politique. Mais comme on l'a vu a chapitre III il n'en est rien. L'hyperbolisation de quelques vertus liées à cette *utilitas* tant chantée par les théoriciens du pouvoir royal explique la suggestion par le texte même d'autres vertus — et cela sans qu'il soit nécessaire de fournir d'autres spécifications. Au destinataire de remplir les vides laissés par le texte: un roi si parfait ne pourra pas ne pas respectera la justice, la foi, etc. Ce sont les vertus tant chantées par les moralistes dont l'auteur anonyme de l'*Alexis* nous a déjà signalé l'importance. La littérature médiévale qui sait manipuler le pantonyme (c'est-à-dire celui du héros noble) peut se contenter de la seule dénotation qu'elle dotera ensuite des connotations requises ou simplement disponibles. Le résultat sera

---

[50] Il ne paraît pas impossible que ce soit là l'idée que'Albéric a voulu indiquer avec la formule *vanitatum vanitas / Et universa vanitas*. Voir chapitre VI.

[51] Pour ce problème, voir le chapitre qui suit.

UNE icône d'UNE perfection.

    Il ne faut donc pas s'étonner du fait qu'Alexandre lui-même soit si peu décrit: son portrait ne se construit qu'à l'aide de concepts abstraits comme 'beauté', 'orgueil', 'combativité', fidélité', etc. La combinaison de ces concepts évoque une capacité de réussite vraiment exceptionnelle. C'est bien ce qui intéressait les auteurs/adaptateurs médiévaux bien incapables d'ailleurs de décrire un homme dont l'histoire n'avait légué aucun portrait fiable. Cela, il faut bien le leur pardonner. Comme toute image synthétique, l'icône Alexandre le Grand laissait aux destinataires toute la latitude qu'ils souhaitaient. Ceux-ci voyaient en cette icône un prince à la généalogie impeccable, aux vertus standard. Un roi doté de tant de vertus ne pouvait donc être qu'un roi modèle. Mais ces vertus idéales ne sont pratiquement pas décrites. C'est qu'il ne fallait pas, car toute précision implique une causalité ou un renvoi à des structures vérifiables et même une limitation des possibilités poétiques. C'est exactement ce que les mécènes et leurs clients ne voulaient et ne pouvaient pas accepter: ils ne poursuivaient aucunement une ressemblance pouvant s'enregistrer empiriquement. Ce qu'ils voulaient ou prétendaient vouloir, ce n'était pas une histoire vérifiable, mais un récit à coloration historique véhiculant le descriptif d'un faire idéologique malléable qu'ils pouvaient insérer dans leur propre temps et dans leur propre espace.

IX

LE ROI MODÈLE[1]

Les chapitres précédents ont montré que la *'RÉALITÉ' littéraire* du *RAlix* ne renvoie aucunement au polysystème macédonien du temps de Philippe II et son fils Alexandre, puisqu'il manque à la société médiévale du 12e siècle les moyens nécessaires de décrire un polysystème de quelque autre ère que ce soit. Qui plus est, cette société médiévale ne semble même pas s'y intéresser, car ce sur quoi insistent les textes traduits ou remaniés, c'est le respect de la sacrosainte norme de la *RÉALITÉ historique* ainsi que celle de la *'RÉALITÉ' littéraire* où la convention est de rigueur. Dans les textes étudiés ici le passé ne semble devoir fournir que la motivation d'une norme et d'un comportement modèles. Voilà pourquoi le descriptif concerne presque exclusivement le faire censé pouvoir inspirer les princes chrétiens désireux, eux aussi, d'une *utilitas* politiquement monnayable. J'en ai parlé dans le chapitre précédent. Aussi les réécritures ne visent-elles que l'élaboration de ce dernier élément: il faut que se reconnaissent les rêves et les angoisses de la *communitas* des *magnates*. Aucune surprise donc si le dire épique cherche tout comme les autres *modi dicendi* de l'époque sa motivation dans l'exploitation de ce catalogue d'idées reçues que j'ai mentionné au chapitre III.[2] Parmi ces idées-là il y en a deux que la littérature et l'historiographie illustrent de préférence: 1) l'*ordo* des *bellatores* — et acceptons pour le moment qu'il soit un et indivisible (ce qui n'est absolument pas le cas) — a pour mission exclusive de défendre le statu quo de la société et 2) tout sacrifice fait pour le maintien de ce statu quo sacro-saint est considéré comme héroïque et honorable. Il va de soi que ces sacrifices sont considérés être l'apanage et le privilège de la chevalerie, seul catégorie sociale laïque à bénéficier d'un code plus ou moins formulé, puisque la différenciation sociale exige l'exclusion de l'indésirable et de l'indigne, c'est-à-dire de tous ceux qui ne font pas partie de l'*ordo* des *bellatores*.[3] Rien de neuf ici: les tribus germaniques avaient déjà une haute estime pour tout ce qui relevait de l'honneur et du

---

[1] Ce chapitre est une élaboration de mon étude 1997.
[2] Cf. Poirion 1982: 58.
[3] Il s'agit en effet de l'élaboration d'un code déjà connu, car la féodalité ne crée rien, elle ne fait qu'intégrer (Boutruche 1968; Flori 1983, 1995; Keen 1984).

sacrifice.

C'est un honneur que d'être chevalier; et cet honneur est garanti, d'abord, par le prestige que le combattant noble emprunte à la caste dont il fait partie et, ensuite, par la réputation du clan dont il est le rejeton. La chevalerie naît dans la caste des nobles et en confirme l'exclusivité sociale. Sans insister ici sur les problèmes immenses qu'évoquent les concepts flous de féodalité, chevalerie ou même de *bellatores*, il est indubitable que le document littéraire joue nécessairement sur les multiples sens de ces concepts clefs et qu'il fournit des illustrations poétiques de conduites supposées typiques. Aucune surprise donc si l'épopée et le roman insistent sur le maintien du code, sur le respect de la parole donnée et surtout sur la *fidelitas* in *curia* et in *expeditio* à l'intérieur de ce polysystème pyramidal au sommet duquel se trouve le roi qui est le chevalier parfait. Voilà en deux mots le rêve.[4]

Tout ceci se dépiste dans le *RAlix* qui chante le dévouement aussi bien que le sacrifice continuel des combattants. Bien qu'il n'y ait pas de conseils de nobles proprements dits comme, par exemple, dans le *Roland* où la voix des grands joue un rôle, et ce même à l'encontre du roi, il est bel et bien question d'un service *in curia*: les compagnons acclament ou approuvent les faits et gestes du roi. Mais ils n'ont qu'un rôle secondaire: le pouvoir idéal suggéré par le *RAlix* donne la préceliance à celui qui porte la couronne royale. Cette supériorité est non seulement acceptée, elle est aussi voulue: lorsque les compagnons voient qu'Alexandre accomplit l'impossible (il dompte le féroce Bucéphale), et ce déjà à l'âge de 13 ans et 5 mois, ils exigent de son père Philippe qu'il adoube son fils et qu'il abandonne le pouvoir:

> Et vous soiez a eise, en repos seiez mis
> Avoec vostre moillier, ...,
> Et alez en riviere o vos faucons volis,
> Et il soit chevaliers si devaigne penis
> Et conquiere les terres sus touz ses anemis. (I: 510-4)

Les compagnons sont impressionnés par la conduite du jeune

---

[4] Voir, entre autres, Magnou-Nortier 1976; Duby 1978; Keen 1984; Flori 1995.

Alexandre: c'est l'exploit vraiment sans mesure commune qui fait le chef.[5] Philippe accepte et l'affaire se déroule selon leurs vœux. Il n'est pas impossible que leur intervention soit un écho du système de consultation 'à la féodale', plus précisément de cette *acclamatio* rituelle si indispensable dans les cérémonies de couronnement.[6] Cependant, il s'agit ici de l'adoubement du jeune homme et non pas de son couronnement. Le fait cependant que les nobles pensent immédiatement à la possibilité, voire au devoir de soumettre les ennemis (514) amène un renversement curieux: Philippe jugé incapable d'affronter le pouvoir perse doit se retirer et abandonner la charge royale: Alexandre lui succédera.[7] En effet à un certain moment le texte qualifie le jeune homme de roi: *Li nouviaus roys de Grece* (I: 548). Il paraît donc qu'à partir de ce moment-là Alexandre est roi, mais son père, toujours présenté comme *Li roys Phelis / Le roy Phelippe* (ibidem: 571, 590) ne semble pas avoir abandonné le trône. S'agit-il d'une dyarchie? Le texte reste elliptique.[8] L'initiative des compagnons reste cependant une affaire

---

[5] On dépiste ici le fameux 'Idoneitätsprinzip': ne peut être chef que celui qui en est capable (*LMA*, V: 1298)

[6] Il n'est pas sans intérêt de rappeler ici les versets bibliques (*IV Rois*, 11, 12-4) où les grands mettent le jeune Joas sur le trône: ... *fecerunt eum regem, et unxerunt: et plaudentes manu, dixerunt: Vivat rex*. Lors de son association au trône, le jeune Louis VII sera acclamé par les grands (Post 1964: 258; Sassier 1991: 27). Pour l'*acclamatio*, voir Bayard 1984: 284.

[7] Il est intéressant de noter que le texte assimile les activités en période de paix comme, par exemple, les *deduis d'esmerillons, ... chace des chiens et le giet des faucons* à un immobilisme non effectif. Ailleurs cette vision est confirmée par la combinaison de *delit, deduit de riviere* et *repos de bon lit*, plaisirs que semble préférer Philippe (I: 2185-6). Mais la vraie *utilitas* amène du mouvement: que les jeunes viennent auprès d'Alexandre, qu'ils abandonnent ces activités oisives et fassent *rafreschir de nouvel leur blasons/ Et aient bonnes armes et bons chevaus gascons*, etc. (I: 865-8). Si l'on rapproche ce passage des paroles adressées par les nobles à Philippe (citées dans mon texte), la réorientation de la politique macédonienne est plus que manifeste.

[8] Le passage en question n'est pas sans une certaine analogie avec la situation en 1180 où le jeune Philippe prend carrément à son père malade le sceau royal: à partir de ce moment-là Louis VII n'est que roi en nom. Mais le jeune Philippe avait déjà été associé au trône (il sera d'ailleurs le dernier fils à être couronné du vivant de son père). Ce qui est quand même intéressant, c'est qu'en 1179, à la Toussaint, le jeune Capétien est couronné et adoubé en même temps et cela pour éviter que la succession en ligne directe ne se perturbe. Voir Erlande-Brandenburg

unique et vraiment exceptionnelle; dans toutes les autres situations ne comptera que la voix du maître. En ceci les textes étudiés ici se conforment entièrement à l'idée que tout polysystème est centré sur le chef qui ne bénéficie pas uniquement de la grâce de Dieu, mais semble même pouvoir le représenter sur terre.[9]

Le véritable service des nobles, celui qui garantit le succès de l'aventure extraordinaire, sera cependant le service *in expeditio*, car le *RAlix* chante le mouvement. Le vers 247 de la première branche: *Touz jors vesquirent d'armes, itel fu lor labor* l'indique fort bien: l'aventure macédonienne est une vocation qui de façon univoque traduit l'éthique de la caste des *bellatores* macédoniens dont les représentants les plus illustres sont qualifiés par le texte même de *fuiz de contour* et de *gentil Macedonour*. C'est grâce au soutien de ces *magnates* qu'Alexandre s'emparera de *mainte honor* (I: 241; 248-9). Dès le début du texte il est évident que les succès ne s'expliquent que par la loyauté inconditionnelle existant entre Alexandre et ses hommes: le roi, incarnation d'une chevalerie modèle, protège et récompense ses hommes et cela sans penser à ses propres intérêts. Pour ce qui est des compagnons, leur loyauté à eux est basée sur ce qui fait l'essence même du statut chevaleresque: le courage et le sacrifice. Tous les deux sont des émanations du principe de base qu'est l'honneur, clef de voûte de la chevalerie épique et romanesque. Voilà pourquoi Alexandre s'entourera uniquement de nobles *hardis et combatans*, puisque c'est sur ceux-ci que doivent s'appuyer les princes de ce monde (I: 381). La notion du *consensus fidelium*, notion on ne peut plus traditionnelle,[10] est le facteur psychologique par excellence qui garantit le succès de la grande aventure qu'est la conquête de l'Orient. Bien sûr, l'héroïsme ne se manifeste pas automatiquement: il faut qu'il y ait une motivation assurant le déclic qui, et je schématise, peut être

---

1975: 18; Mousnier 1982: 78; Sassier 1991: 472; Pinoteau 1992: 74.

[9] Les princes ont eu tendance à se considérer comme les vicaires de Dieu. Nombreux sont les traités politiques qui en parlent (Walther 1976: 34-40). Un Jean de Salisbury, par exemple, dit en des termes on ne peut plus clairs: *Est ... princeps potestas publica et in terris quaedam diuinae maiestatis imago* (Keats-Rohan 1993: 232). Cette attitude-là se trouve à la base de la fameuse Querelle des Investitures.

[10] Pour une étude exhaustive de cette notion dans les premiers siècles du Moyen Age, consulter Hannig 1982.

occasionné par la menace (de quelque nature qu'elle soit), par l'honneur (la noblesse a l'épiderme sensible), par la curiosité (l'*aventure* romanesque est le produit d'une disponibilité), par l'amour (le sourire d'une demoiselle libère une énergie), par la possibilité du gain (le butin futur séduit) ou par une combinaison de quelques-unes de ces causes. Dans le *RAlix* c'est l'honneur macédonien bafoué par Nicolas et Darius exigeant la soumission qui amène l'aventure. Comme le père semble ne pas pouvoir contrôler la situation, ce qui se traduit par l'immobilité: il ne fait que baisser la tête; il est *fu mus et pensans* (I: 2113); c'est le fils qui de par son initiative rompt l'impasse: la solution se cherche dans l'action. Les compagnons applaudissent, car pour eux se profile non seulement la possibilité de venger l'insulte par une guerre qu'on qualifierait au 12e siècle peut-être de *bellum iustum*,[11] il s'annonce aussi une belle occasion de prouver leur *chevalerie*, de s'occuper d'eux-mêmes et de s'enrichir.

La conduite d'Alexandre s'inspire de cette *utilitas* royale discutée déjà au chapitre III. Dans son essence même cette *utilitas* évoquée à l'aide de concepts clefs comme courage, chevalerie, justice, sentiment de caste, honneur, loyauté, largesse, etc., est binaire: il faut protéger et choyer — et cela dans le sens plus large — ses amis et détruire ses ennemis (I: 4-5), etc. La protection des premiers et l'anéantissement des autres demande de l'initiative et du courage. Comme la léthargie du père risque de causer de graves torts à la société macédonienne, l'énergie du fils qui est le héros de la *vita* devra apporter la solution. En lui-même l'héroïsme est une affaire à double tranchant, car en rompant l'immobilisme paternel et en refusant la soumission à l'ennemi, Alexandre offre d'abord une solution aux menaces politiques et militaires et, ensuite, une possibilité de remédier aux malheurs pécuniaires des nobles.[12] L'héro-

---

[11] Pendant les croisades ce concept joue un rôle prépondérant dans les discussions au sujet de la violence à employer, par les chrétiens, contre leurs prochains. Evidemment la religion ne joue par de rôle dans nos textes, mais la défense légitime est une cause honorable. Pour quelques renseignements bibliographiques, voir chapitre VII (note 36).

[12] L'*utilitas* royale se traduit, entre autres, par la *liberalitas*, sœur temporelle de la *caritas* chrétienne. Il ne faut cependant pas perdre de vue que c'est ici le message de la 'RÉALITÉ' littéraire. La RÉALITÉ historique est bien différente: elle montre que la politique centralisatrice des rois pratique bel et bien une

isme qui de temps en temps se double d'une abnégation totale et même d'un sacrifice personnel peut être contagieux et produire le succès souhaité. S'il aboutit à la mort du ou des héros, il n'en perd pas pour autant sa valeur intrinsèque d'illustration du code. Bien au contraire: Roland et les pairs l'avaient déjà montré et les compagnons d'Alexandre en feront de même. Dans le chapitre suivant, nous verrons que les 700 Macédoniens fourrageant dans les environs de Tyr ne se retirent pas non plus d'un combat, même si ce refus risque de leur devenir fatal.

Ce sont là des éléments clefs qui conditionnent le récit des aventures. Cependant, une axiologie n'est fonctionnelle que si les acteurs en assument pleinement la ou les thèses dominantes. On le sait. Didactiquement l'exemple illustratif doit fait l'affaire, puisqu'il provoque des méchanismes d'identification. Dans le *RAlix* c'est le roi qui vit *d'armes*, c'est lui qui donne le ton et qui fixe la norme pour les compagnons et les soldats de l'armée. La conséquence en est que le comportement de ces derniers est une espèce de mise en abyme de la vaillance du maître. On en voit des exemples dans le *RAlix* qui est plein d'épisodes mettant en lumière le courage et le goût de sacrifice exceptionnels du roi de Macédoine. C'est que ce roi est un roi pas comme les autres. Dans le prologue le métacommentaire avait déjà souligné le consentement de Dieu qui avait *par signe* montré qu'Alexandre aurait une *grant seignorie ... a baillir* (I: 23-9). Ce roi est donc un élu. C'est une donnée de très grande importance. Mais il y a plus: comme c'est le cas avec tous les élus, le sort du Macédonien s'accompagne de songes et d'interventions directes de la part de la divinité. A mentionner ici le serpent avec l'œuf, l'oracle des arbres du Soleil et de la Lune, la naissance de l'enfant monstrueux etc.[13] A l'âge de 5 ans il a son premier songe. C'est le fameux épisode de l'œuf tombé par terre dont sort un petit serpent; après avoir contourné trois fois le lit de l'enfant, le serpent meurt avant de pouvoir rentrer dans l'œuf. Philippe se fait expli-

---

certaine largesse (il faut bien se faire une réputation), mais qu'elle reste foncièrement hostile à une indépendance trop marquée des nobles. Il faudra donc bien doser cette largesse tant chantée. Voir Brunner 1978: 28-32. Pour le rapprochement de la *caritas* et *amor*, cf. Teunis 1989: 206-7.

[13] Pour le songe en tant que signal d'une élection, voir Bender 1967: 17-8; Braet 1975: passim.

quer le songe par trois des meilleurs *devineours* dont Aristote. Le premier, un certain Astarus, dit que le serpent est un *hom orgueilleus* qui veut vaincre des rois et des empereurs, mais qui ne réussira pas; l'autre, appelé Salios de Minier, compare le serpent à un *hom de fol cuer* qui a la même idée, mais qui sera également incapable de la réaliser. C'est Aristote, le dernier des trois, qui fournit l'identification requise: l'œuf est la terre et le serpent est Alexandre qui la dominera. Après s'être imposé, Alexandre *retournera mors en terre macidoine* (I: 250-322). Il est intéressant de noter que les trois interprétations se recoupent presque complètement: dans tous les trois cas il est question d'une volonté de domination suivie d'un échec. Il n'y a qu'Aristote à identifier Alexandre et à prédire sa mort. Ce qui est curieux, c'est que le père apprécie la dernière explication et qu'il récompense Aristote, malgré le fait que l'interprétation du dernier annonce la mort de son fils.[14]

Après son arrivée à Babylone, où il désire être reconnu maître du monde entier,[15] une femme donne naissance à un enfant monstrueux à moitié mort sauf pour ce qui est de la partie inférieure du corps qui se révèle être constituée de têtes d'animaux féroces qui s'entredéchirent. Tout cela, dit le texte, signifie *que Dieus ... la mort Alixandre veut demostrer par sinne*. Le présage qui fait d'ailleurs partie de la légende dès le Pseudo-Callisthène est expliqué par un devin qui confronte le roi avec la vérité: sa mort est imminente

---

[14] Comme je l'ai dit plus haut, je me tiens au texte édité par Armstrong et ses collègues. De temps en temps la tradition manuscrite donne cependant des variantes intéressantes: dans la version de cet épisode offerte par le ms G, qui se trouve à la base de la belle traduction de Laurence Harf-Lancner, l'affaire n'est pas bien claire: Aristote dit qu'après avoir conquis toutes les terres du monde, Alexandre *torra mors ou vis en terre mascedaine*. Cette leçon explique mieux la joie de Philippe, car la mort ne semble donc pas inévitable (Harf-Lancner 1994: 92). Il est vrai que le texte d'Armstrong c.s. prédit la mort du jeune homme, mais comme le philosophe ne parle pas de la durée de l'aventure, Philippe n'aura pas besoin de s'inquiéter immédiatement.

[15] Aux vers I: 1788-90 Alexandre de Bernai dit bien que le conquérant *Ja mes ne finera ... / ... Desci que il avra tout le mont conquesté / Et de par toutes terres l'avront seigneur clamé*. Voir aussi III: 968 où le roi dit: *Car par toutes les terres sui rois des rois clamés*. Idem III: 3873, 7220. Dans sa plainte Licanor qualifie son maître défunt de *"Rois des rois terriens, ..."* (IV: 1302). Le couronnement se fera à Babylone: je veux voir *la tor qui vers le ciel torelle ... pour y tuer le serpent q'on dist qui tos jors veille"*, dit le roi (III: 2301-2).

et les têtes d'animaux féroces ... *qui mostrent felonie / Et que l'une vers l'autre porte si grant envie, /* ... *sont li douze per* qui se feront la guerre les uns aux autres après sa mort (IV: 6-32). L'interprétation du devin ne surprend pas (l'oracle des arbres du Soleil et de la Lune avait déjà prédit la mort du roi et cela au jour précis), mais son choix de mots est quand même curieux, car les qualifications extrêmement négatives (cf. *felonie* et *envie*) concernent les compagnons nobles que le texte entier avait présentés comme des exemples vivants de loyauté envers la couronne et comme des compagnons qui se respectaient entre eux.[16] Le texte ne revient plus sur la division future entre les pairs, mais les peint plutôt accablés de chagrin devant la mort de leur maître. Comme l'analyse de leurs plaintes fera l'objet du chapitre suivant, je me contente ici de signaler le surnaturel à l'aide duquel le destinataire se fait une perception. Le prologue avait fourni la description de phénomènes météorologiques et telluriques accompagnant la naissance du héros. La branche IV décrit les mêmes phénomènes signalant qu'un roi exceptionnel est mort, mais avec la mention de la naissance de l'enfant monstrueux il annonce aussi la mort du héros, car cet enfant difforme évoque effectivement l'effondrement de l'empire. Voilà, je pense suffisamment d'indices parallèles distinguant notre héros des autres mortels. Mais il y a plus: de par son enseignement exceptionnel (son père lui donne les meilleurs précepteurs du monde) Alexandre est aussi doté de la *sapientia* indispensable aux rois. C'est là un détail qui mérite l'attention. J'y reviens dans un instant.[17]

---

[16] C'est l'enième inconséquence dans l'organisation narrative: il se fait de plus en plus évident qu'Alexandre de Bernai n'a pas entièrement dominé ses sources. Voir chapitre VI.

[17] Alexandre n'est donc pas un *illiteratus*. Loin de là: il maîtrise le grec, l'hébreu, le chaldéen et le latin (I: 336). Il peut même lire les lettres lui envoyées Darius (écrites en quelle langue d'ailleurs?). Son éducation excellente lui permet de réinterpréter le symbolisme suggéré par le Perse (I: 2138-65). D'ailleurs, tout le monde semble savoir que le roi *set de maint langage* (III: 5300). Sa *scientia* est donc évidente, mais face à la ruse d'Aristote il aura le dessous. C'est ce qui explique qu'il tombe dans le piège que lui tend son vieux précepteur désireux de sauver sa ville d'Athènes assiégée par l'armée macédonienne. Alexandre reconnaît que le philosophe a gagné et lève le siège. Pour la notion d'*illiteratus*, voir Houston 1988: 4. Pour les différentes réécritures de l'éducation modèle du héros,

Le catalogue d'activités exemplaires qu'est le *RAlix* procure d'innombrables preuves de l'exclusivité du héros dont la généalogie est absolument au-dessus de tout soupçon et qui réunit en sa personne toutes les vertus que la noblesse considère les siennes (on l avu dans le chapitre précédent). Afin d'éviter un inventaire incontrôlable de données fonctionnelles, je me limiterai ici à quelques épisodes illustrant l'*utilitas* du héros, à savoir l'entrée en scène du cheval Bucéphale, la prise de Tyr et l'aventure du Val Périlleux. Le premier épisode montre comment le jeune Alexandre ose affronter le non-affrontable, le deuxième met en lumière sa hardiesse, le troisième fait voir qu'il est prêt au sacrifice suprême pour sauver ses hommes. Afin de bien situer mes conclusions, je ferai accompagner ces analyses de quelques remarques supplémentaires puisées dans d'autres épisodes.

L'épisode du cheval Bucéphale montre ce dont est capable un homme plein de courage, car l'entreprise implique quand même le risque de mort.[18] Le passage où le jeune héros affronte le non-affrontable incarné par le monstre Bucéphale montre comment la Macédoine secoue le joug de l'immobilisme politique et comment elle retrouve ses forces vitales. Sous le commandement du jeune Alexandre elle récupérera l'espoir de pouvoir triompher de tout obstacle. La façon dont le jeune héros se présente mérite l'attention: les cris du féroce Bucéphale font trembler tous les habitants de la ville, mais Alexandre, lui, n'a pas peur; il est même tellement fasciné par l'animal qu'il menace de punition sévère tous ceux qui

---

voir Simons 1994.

[18] Il n'est pas sûr si le compilateur de notre texte a connu la légende selon laquelle la couronne de Macédoine écherrait à celui qui dompterait le féroce Bucéphale. La donnée se trouve déjà dans la première rédaction du texte du Pseudo-Callisthène et elle sera reprise dans de nombreuses adaptations latines, parmi lesquelles l'*Historia de Preliis J¹* (Stoneman 1991: 47,49; Kratz 1991: 8, 143). Quoi qu'il en soit, il n'a pas intégré ce détail, puisque pour lui et la plupart de ses destinataires la couronne est essentiellement héréditaire. Mais — et j'y ai déjà fait allusion — l'adoubement du jeune Alexandre dans le *RAlix* donne les mêmes résultats qu'un couronnement en bonne et due forme: tout comme tant d'autres fils de roi, Alexandre semble avoir été couronné du vivant de son père. C'est ce qu'il faut quand même distiller du texte qui, répétons-le, n'est pas bien clair. Est-ce que le compilateur a été au courant de la légende? N'aurait-il pas compris sa source ou aurait-il tout simplement escamoté une prédiction païenne?

désireraient l'empêcher d'exécuter son projet:

> Il en jura son chief et met sa main en son
> Que, se nus le tient mes, ja n'avra guerison
> Du poing ou du pié perdre sans nule raençon; (I: 447-9).

L'affaire est claire: Alexandre décide tout seul en ne tolère aucune immixtion dans ses affaires personelles (N.B. *Du poing ou du pié perdre ...*). On verra la même détermination dans d'autres épisodes. Pour ce qui est de l'épisode de Bucéphale, l'issue est prévisible; le cheval se soumet sans offrir quelque résistance que ce soit et reconnaît en Alexandre son maître. Cette victoire établit non seulement sa réputation de chef à suivre (*"Icist fet bien enseigne de roy emperial!"* s'écrient et les grands et les petits), mais rend également aux Macédoniens l'espoir de pouvoir défendre leur honneur menacé par les ennemis, parmi lesquels Nicolas: ... *leur terre ert par lui* [= Alexandre] *secourue / Et la gent Nicholas gastee et confondue.* (I: 482-3; 492-3).[19] L'épisode montre que le courage se trouve à la base même de l'empire immense que se créera le Macédonien. Dans son essence même la libération du féroce Bucéphale annonce celle de son jeune maître également désireux de se libérer d'une prison, en l'occurrence de la férule du père. L'honneur et le prestige personnel sont donc des facteurs indispensables. Nicolas et Darius III qui prétendent rendre la Macédoine tributaire de leur pouvoir seront confrontés avec une *utilitas* royale tout à fait conforme à l'idéal. Pour des raisons que le texte ne spécifie pas, Philippe avait été incapable de s'opposer à leurs exigences. Son fils, par contre, refusera dès le premier moment la soumisson à qui que ce soit. La lutte pour l'indépendance exigera ce qui compte vraiment aux yeux de la caste dirigeante, à savoir le courage qui se

---

[19] Plusieurs fois Alexandre est qualifié de *roy emperial*. Dans la branche II (= le *Fuerre de Gadres*) les fourrageurs en difficultés aimeraient l'intervention d'Alexandre, *le maine emperaor* (v.875). La pratique médiévale montre que bien des rois ont été nommés empereurs sans qu'il y ait eu intervention de par le pape: le fait qu'ils gouvernaient plusieurs peuples suffisait (aux yeux des panégyristes) pour les orner de ce qualificatif. Le titre d'empereur porté par les rois de Castille et de Léon renvoie tout simplement à une pluriformité (l'Espagne ne sera vraiment unie qu'en 1707; Kamen 1991: 267); il en est de même de la qualification de *basileus* pour Guillaume le Conquérant (Procter 1988: 59; Besnon 1982: 382).

moque de tout danger.

L'exploit extraordinaire amène l'adoubement du jeune Alexandre, et cela à la demande explicite des nobles qui voient renaître l'espoir de rendre à la Macédoine l'indépendance d'antan. En bravant le féroce cheval Alexandre a fait montre d'un courage exclusif vraiment au-dessus de la norme. La magnificence et la générosité exemplaires qu'il étale lors de son adoubement le confirment encore une fois, car tout comme la vaillance la largesse ignorera les limites. Calculer le coût de la largesse est l'affaire des non-nobles, de ces *usuriers* méprisables, ces *sers de put afere, ... felons pautonniers* (I: 648-9) auxquels Alexandre reprend ce qu'ils avaient, injustement, accaparés.[20] Ce sont les *usuriers* qui ont fait *povres mendis* les *frans chevaliers* (I: 519). Celui qui ne comprend pas qu'une pareille action de la part du roi est logique et absolument inévitable sera un exclu, même s'il est noble. Une illustration frappante de cette attitude considérée comme fondamentale se trouve dans le petit épisode de la branche II relatant la prise d'Araine. J'en ai parlé déjà au chapitre VII, mais je le reprends ici pour bien marquer le contraste. Après la soumission de la ville, un chevalier perse se présente au roi et lui demande son aide, puisqu'à cause de la guerre il a tout perdu (II: 2098-101). La générosité proverbiale d'Alexandre le fait agir conformément à l'idéal prôné par le texte: le roi lui donne la ville qu'il vient de conquérir.[21] L'homme recule cependant devant la responsabilité: ... *ja de deffendre n'esterai un jor las*; il préfère qu'Alexandre lui donne *or ou argent ou dras*. Ici encore le code exige l'hyperbolisation: la largesse princière ignorant toute limite ne peut avoir pour objet que des hommes sans limites. La domination et la défense de territoires et de villes sont par définition l'apanage des nobles et ne pas accepter cette responsabilité naturelle équivaut à nier l'essence

---

[20] Injustement aux yeux des nobles, bien sûr. Sans pour autant y rattacher quelque causalité que ce soit, il n'est pas tout à fait impossible que ce traitement des *usuriers* fasse écho aux actions entreprises dès son avènement par Philippe II Auguste contre les Juifs en France. Les destinataires des années '80 du 12ᵉ siècle n'auront pas manqué y reconnaître une conduite type (Viard 1930: 106-15; Bordonove 1986: 49).

[21] Pour un commentaire intéressant de la générosité d'Alexandre, voir Bologna 1989.

même de la caste supérieure. Rien d'étonnant donc à ce que les Macédoniens qualifient le Perse de *malvais*, épithète réservée aux non-désirables (II: 2132). L'homme aura quand même une récompense ... en argent! La générosité du roi touchera tout le monde, mais elle établit des différences: des terres et des responsabilités seulement pour les véritables nobles, les maîtres de la société. Et pour ce qui est du roi: un bon roi crée les conditions requises pour que son royaume puisse prospérer (*Bons rois adrece terre si la fait bien seoir*; III: 2211), mais un roi incapable (h.l. qualifié d'*avers*) le ruine.[22] Un deuxième exemple, cette fois-ci inversé, confirme la thèse: après la prise de Trage un jongleur jouant de la harpe et de la flûte, se révèle être un chevalier originaire de cette ville. Alexandre lui donne la ville que l'homme accepte avec joie: même *povre et de bas pris*, il reste noble (I: 2626-54). La leçon est claire: l'argent symbolise l'immobilisme et la peur des indignes, la responsabilité évoque le mouvement et la tâche des nobles.[23]

Tant que l'argent se calcule, on le méprise. Ceci n'empêche aucunement que la solidarité de la caste ne se maintient — et ceci n'est pas un paradoxe — que grâce à une solidarité matérielle, fruit de la *liberalitas domini*. De nombreux épisodes de la grande aventure macédonienne montrent que c'est là le ciment même des conquêtes. Car, et ici le cercle se boucle, la largesse se base sur le respect du code valorisé par les exploits chevaleresques; elle confirme et récompense. En ceci la version héroïque des aventures macédoniennes que nous a livrée Alexandre de Bernai ne fait que reprendre les idées reçues du catalogue. Le courage déployé par Alexandre face à Bucéphale ne vise que le (premier) respect des compagnons. Le risque couru est purement personnel. Il en est de même des exploits où Alexandre descend jusqu'au fond de la mer ou se fait monter vers le ciel par les griffons; ces deux aventures traduisent la transgression des normes traditionnelles: poussé par la

---

[22] Le texte mentionne ici le *livre de savoir* de Salomon. Le verset en question: *Rex iustus erigit terram: Vir avarus destruet eam* se trouve cependant dans *Prov.*, 29,4. Il faudra rapprocher ce *iustus* de la *justise* évoquée par le poète de l'*Alexis*. Voir chapitre III.

[23] Qu'on pense à ces *tresors* et les *mons de deniers* que les usuriers, les *sers de put afere, les felons pautoniers ... lessoient moisir* I: 648-1. L'image évoquée par le verbe *moisir* renvoie à un immobilisme stérile et peureux, à un échec social.

curiosité Alexandre fait des choses que personne n'avait faites avant lui.[24] C'est ainsi qu'il rompt l'immobilisme qui caractérise les hommes ordinaires. Notre héros ignore les limites:. rêvant devant les peintures relatant les exploits d'Hercule (l'ancêtre présumé de la dynastie macédonienne) sur l'un des pans de sa tente, Alexandre dit qu'*il fera ensement: / Il metra les siens hommes par devers Orïent* (I: 2050-1): le mortel imitera le demi-dieu.[25] Dans les épisodes de la plongée dans la mer et de la montée vers les cieux le bon roi écoute bien ses conseillers, mais gardera son indépendance.[26] Ce faisant il peut montrer son excellence.

L'intrépidité se note pendant les combats. Cela, ce n'est point étonnant: la *vita* du Macédonien doit sa motivation au mouvement, à la conquête; pendant les combats les hommes du roi mon-

---

[24] Holländer 1989; Kozlowski 1983: 43-4; Schmidt 1995.

[25] N.B. la leçon *hommes* du vers I: 2051 n'est pas tout à fait impossible, bien que peu probable, puisque la légende parle de colonnes ou même de bornes. On peut remplacer *hommes* par *bonnes* [= 'bornes'] leçon paléographiquement pas impossible. Pour ce qui est des origines de la dynastie macédonienne la propagande de l'époque reliait la lignée du père au demi-dieu Hercule, celle de la mère au champion homérique Achille. Quant au fils, la légende lui attribue la descendance directe d'Ammon. L'explication de ce dernier détail se trouve évidemment dans l'aventure de Nectanébus qui, déguisé comme le dieu Ammon, aurait engendré auprès d'Olympias l'enfant Alexandre. Il faut noter que nos textes ne jouent pas vraiment sur les rapports entre le Macédonien et les membres du panthéon grec. Il n'y a que quelques petites exceptions. Qu'on pense à la fameuse inscription sur les murs des villes fondées par le roi (du moins, dans la version de notre *RAlix*); cinq lettres en grec y marquent la descendance divine du conquérant: '... *Alixandres* fut *Du lignage Jovis*' (N.B. Alexandre de Bernai ne peut pas fournir les lettres de l'alphabet grec). Pour ce qui est de la descendance d'Ammon, on a pu constater dans ce qui précède que la lignée Albéric: Alexandre de Bernai refuse tout rapport entre Alexandre et le sorcier égyptien Nectanébus. Voir chapitre VI. Pour d'autres renseignements, consulter Lane Fox 1974: 44-5; O'Brien 1992: 13; Hammond 1994: 1. Pour la prise de position tout à fait différente du compilateur du *RTCh*, voir chapitre XIII.

[26] Il faut penser au passage où Alexandre fait remarquer qu'un roi doit de temps en temps ignorer les conseils de ses barons, sinon il ne serait qu'un simple *espoëntaus* ('épouvantail', c'est-à-dire une marionnette). Un véritable prince garde son indépendance, décide seul et va là où personne n'oserait mettre les pieds (III: 549-57). Les hommes ordinaires ne comprendront jamais: en reprochant à Alexandre d'avoir risqué sa vie avec cette descente dans la mer (donc d'avoir exposé ainsi ses hommes au danger de la pauvreté), Ptolémée qui n'est quand même pas le premier venu prouve qu'il n'est pas du niveau de son maître (III: 521-25).

trent ce dont ils sont capables. Il n'est d'ailleurs pas indispensable que ces hommes soient Macédoniens de souche: le cas de Sanson, ex-vassal de Darius III, qui offre ses services au Macédonien en est la preuve.[27] Sanson se fait tellement remarquer dans les combats que le roi dit en riant: *"Bien doit conquerre terre ..."* (I: 3181). L'assimilation de prouesse chevaleresque et responsabilité sociopolitique est évidente. On est loin de la lâcheté du Perse entrevue il y a un instant. Mais Sanson n'est qu'un comparse. Le véritable protagoniste est Alexandre dont le comportement est normatif. Le siège de Tyr le montre bien. Décidé d'en découdre avec la farouche résistance des Tyriens, Alexandre ordonne la construction de plusieurs beffrois sur des plateformes flottantes: les ondes les pousseront vers les murs de la ville. Tout seul le roi montera sur un de ces beffrois: *" ... / En celui n'avra home fors Damedieu et moi, / Ne ja plus n'i avrai fors armes et conroi."* (1913-7). Les paroles du Macédonien ne doivent pas être interprétées de travers: il n'y est pas question de superbe ou d'arrogance. Alexandre sait que Dieu est avec lui. L'affaire se déroule tout comme le roi l'avait prédit, car dans un songe (encore!) une voix lui avait dit d'en terminer avec la résistance de la ville (I: 2892-4). Tous, Macédoniens aussi bien que Tyriens, le voient sur le beffroi tuer avec un seul dard le maître de la ville, le duc Balés, et sauter sur le mur de la ville où

---

[27] Au cours des années l'armée du roi a changé de composition: les pertes en hommes étaient tellement grandes qu'Alexandre avait été contraint d'enrôler des contingents puisés dans les peuples conquis. Ce changement causa des problèmes aux Macédoniens autochtones qui se voyaient supplantés par des étrangers. C'est là l'histoire. Les versions françaises ignorent cependant toute cette problématique: l'armée encaisse des pertes terribles, mais les coups ne semblent tomber que sur les têtes de ceux qui ne comptent pas vraiment. La mort de Sanson ainsi que celle des neveux d'Eménidus font cependant exception. Les pairs, eux, survivent tous. Il faut bien signaler que Sanson est d'autant plus le bienvenu qu'il amène avec lui un fief (la ville de Tyr) où le roi pourra lever des renforts considérables. Le texte le dit explicitement: *Et il fu d'Alixandre volentiers receüs; / De terre a dis mil homes li [= Alexandre] est ses fiez creüs* (I:752-3). Sanson rappellera tout cela encore aux vers 792-804. N.B. Il y a dans la description du siège de Babylone un autre Sanson qui, lui aussi, choisira le camp du Macédonien et qui le mettre au courant de l'existence de l'Amazonie; III: 6142; 7226, 7255 sqq). Le cas de Sanson de Tyr n'est pas isolé: ce sera avec un plaisir identique que le roi acceptera le soutien des Amazones qui, elles aussi, lui promettent un contingent de combattantes (III: 7605, 7672).

tous les ennemis lui courent dessus. Bientôt suivi par ses hommes, Alexandre finit par prendre la ville. La fougue du roi, marquée d'ailleurs de *folage* (sic!), se trouve au point focal de l'action; tous peuvent voir comment le véritable héroïsme chevaleresque met fin à un conflit qui risquait l'enlisement. La solitude physique du roi l'isole de ses troupes, le place à une hauteur que les autres ne sauraient atteindre. Optiquement la solitude que focalisent tous les acteurs impliqués signale que le courage du roi est soutenu par Dieu (cf. *n'avra fors Damedieu et moi*) est vraiment unique.[28] Dans d'autres épisodes — et on n'a qu'à penser aux conflits avec Nicolas et Porus — c'est encore lui qui dans des combats singuliers apporte la solution. Le combat des champions est un cliché, on le sait, mais le côté sacrifice ne s'escamote pas.

Le dernier épisode intéressant traité ici est celui du Val Périlleux. L'héroïsme du roi se traduit en abnégation totale, annonce même la volonté du sacrifice ultime, et cela pour sauver ses hommes. L'armée se trouve dans un véritable guet-apens: bloquée dans une vallée ensorcellée par un démon, elle ne peut plus en sortir (III: 2471-895). Il s'avère que la libération ne s'obtient qu'au prix du sacrifice d'une vie humaine. Des volontaires, il n'y en a pas. Alexandre tranche l'affaire et décide de se sacrifier; il l'explique à ses hommes:

> Vos avés mis vos cors por le mien a bandon;
> Se ne vos en puis faire plus riche guerredon,
> Mieus est que seus i muire que nos tuit i moron; (III: 2591-3)

Ces paroles nous fournissent la quintessence du succès de l'aventure

---

[28] Il y a encore d'autres interventions. Qu'on pense à l'épisode où le dieu Neptune manifeste sa fureur; cette intervention se double d'ailleurs d'une espèce de miracle 'à la chrétienne' dans la ville même où des armes faites par un forgeron commencent à saigner. Les Tyriens interprètent l'intervention en leur faveur et tentent de convaincre les assiégeants d'abandonner l'espoir de pouvoir prendre la ville. Mais Alexandre renverse le sens du merveilleux et y rattache l'explication qui lui convient: Neptune est du côté des Macédoniens et le fer qui saigne ne fait qu'annoncer le massacre des Tyriens (I: 2755-831). Ce n'est d'ailleurs pas la première fois que le roi réinterprète les faits. Qu'on pense aux cadeaux symboliques lui envoyés par Darius. Alexandre, homme dûment instruit par des précepteurs excellents, se montre ici doté de *sapientia*, véritable don de Dieu.

macédonienne. Emenidus, le gonfanonier du roi, l'exprime sans ambages: Alexandre incarne la hardiesse, la largesse et la loyauté (III: 2626 sqq). La loyauté dont les Macédoniens avaient fait preuve pendant les combats antérieurs se récompense maintenant avec le plus grand don que le roi puisse leur faire: sa vie ("*... ne vos en puis faire plus riche guerredon,*" dit le roi). Cette générosité dépassant les limites du traditionnel amène cependant un problème plus grave: sans Alexandre l'armée sera perdue, l'aventure sera terminée et les nobles compagnons seront dépourvus de moyens de subsistance. Ce que sacrifierait le roi, ce n'est non seulement une vie (la sienne), mais également une raison d'être (celle de ses compagnons).[29] L'épisode est important, puisqu'il met à nu le mécanisme même du polysystème macédonien (celui de la 'RÉALITÉ' littéraire bien sûr) et à travers les suggestions d'authenticité macédonienne également le polysystème de la France du 12e siècle. Et ici on aura affaire à la *RÉALITÉ historique* du destinateur et des destinataires, car la plausibilité de l'*example* (I:1) a ses droits. Abstraction faite de l'idéalisation de l'héroïsme royal — l'hyperbole est indispensable — on relève quand même un curieux décalage entre les pensées des compagnons et celles d'Alexandre resté seul dans le Val Périlleux où l'ambiance est tellement sinistre que même le féroce cheval Bucéphale a peur: *Sous le mantel le roi met son chief por covrir* pour ne pas voir les *dragons, serpens volans* et *maufés rechingnans* (III: 2751-6). Le chagrin des Macédoniens se double d'un souci purement matérialiste; les compagnons se demandent qui leur donnera *l'or et l'argent ... / Les destriers arrabis, les pailes d'outremer* (III: 2677-8). Le motif de la compensation matérielle qui traverse tout le *RAlix* (pensons, entre autres, au malheur de Darius III abandonné par ses vassaux nobles pour ne pas leur avoir garanti leur dû) surprend quand même: la véritable loyauté, celle qui mène aux succès, semble se monnayer.

Dans cette perspective il est quand même indispensable de noter que les jeunes nobles ne s'étaient présentés à la cour de

---

[29] On le voit: l'Alexandre de la vulgate évoque encore le traditionnel 'Heerkönigtum' germanique: le chef se trouve toujours au point le plus chaud et le plus dangereux du combat, puisque son prestige en dépend. Les siècles subséquents montreront comment les rois quittent le champ de bataille et se font représenter par des chefs d'armée.

Philippe de Macédoine que parce que son fils manifestait une générosité sans bornes (I: 369-76; 392-4). C'était bien l'argent qui les attirait. Il faut également souligner qu'à ce moment-là il n'était pas encore question d'exploits héroïques dans des guerres contre les oppresseurs Nicolas et Darius. L'arrivée à la cour de tant de jeunes nobles s'explique évidemment par la volonté du compilateur de ne pas laisser son héros seul: un prince sans *curia* est un prince non fonctionnel: *Salus autem, ubi multa consilia* (*Prov.*, 11: 14). Cette interprétation parallèle n'est pas incorrecte et elle trouverait sans aucun doute une motivation fonctionnelle dans le connotatif, mais il est impossible d'ignorer que le texte n'insiste que sur les avantages matériels liés au séjour à la cour de Macédoine. La noblesse dans le *RAlix* exige l'attention complète du maître aussi bien que l'attribution exclusive de ses dons (en filigrane le bien connu *do ut des*). Confrontés lors de l'aventure du Val Périlleux avec la mort inévitable du maître, les Macédoniens s'abandonnent au désespoir (III: 2583-4).[30] Mais aucun d'eux ne se présente comme volontaire. Emenidus, le gonfanonier, est le seul à se laisser guider par l'amitié non intéressée: il se déclare prêt à prendre la place du roi ou à partager son sort. Le roi refuse — et ce sur la base de l'honneur: *Ainc ne m'oïstes mot de la bouche soner, / ... / De cestui, se Dieu plaist, ne me verrés fausser* (ib.: 2653-5). Une fois la parole donnée (même si elle n'a pas été demandée: Alexandre s'est posé en volontaire), elle se respecte. D'ailleurs qui oserait contester la décision du roi? Celui-ci ordonne à son lieutenant de ramener l'armée en terre macédonienne. Les pairs qui regrettent leur maître s'évanouissent, car avec le départ du roi leur survie matérielle est en jeu. Je l'ai dit. Nous sommes loin ici de l'enthousiasme des croisés évoqué par la chanson de geste pour récupérer les lieux

---

[30] Il est intéressant de signaler que la hardiesse du roi cause bien souvent des problèmes et des chagrins aux compagnons. On n'a qu'à penser à l'épisode déjà mentionné où Alexandre dompte Bucéphale (I: 385 sqq), à la descente dans la mer et à la montée vers le ciel (III: 389-541; 4949-5098). Est-ce que les nobles commencent à se rendre compte que l'*institutio* royale devrait être plus protégée et qu'elle devrait être moins exposée à des dangers? La thèse ne me paraît guère défendable, puisqu'elle impliquerait une certaine compréhension de la part des nobles devant la nécessité chantée par les panégyristes au service de la royauté, d'accepter l'institutionnalisation de la royauté. J'ai plutôt l'impression que l'intérêt privé conditionne encore bien les réflexions des nobles: un roi mort ne donne rien.

perdus à l'Infidèle, nous sommes également loin du dévouement désintéressé de la chevalerie arthurienne qui se lance dans des aventures à l'issue incertaine sans se poser des questions au sujet d'éventuels profits. Ici les compagnons nobles n'oublient pas la survie économique. Les pensées du roi fréquentent cependant un autre registre, celui du véritable compagnonnage d'armes, car elles se centrent sur les peines que les siens se sont données pour le servir: *Ses compaignons regrete par mervelleus savoir*. Alexandre établit une différence entre les compagnons peureux et son fidèle Emenidus, car il ne mentionne que le nom de ce dernier (III: 2723-4): le lieutenant avait été le seul à se poser en remplaçant et à accepter, lui aussi, le sacrifice suprême.[31] La thèse est claire: le roi qui ne s'intéresse aux richesses matérielles que pour pouvoir les distribuer aux compagnons est le seul à incarner le code idéalisé. S'il hésite une seconde, c'est pour regretter l'échec de sa mission. Son gonfanonier, lui, a besoin de quelques moments de réflexion, mais poussé par l'amitié et par l'*amor*, il se déclare prêt au sacrifice. Les autres se taisent et se (dis)qualifient.

Le passage du Val Périlleux coloré du merveilleux médiéval sert non seulement à marquer le statut exceptionnel du roi, mais aussi à procurer une autre image de cette chevalerie idéalisée. Les démons et les serpents terrorisant le roi et son cheval ont déjà été mentionnés. La peur qu'inspire leur présence ne fait que préluder au triomphe du grand Macédonien capable d'affronter et de maîtriser même le surnaturel et ce sur la base du courage seul. La rencontre avec Bucéphale l'avait déjà montré et l'aventure du Val Périlleux le confirme encore une fois: Alexandre triomphe du surnaturel et du monstrueux. Dans le Val Périlleux il déjoue les ruses du démon qui lui demande de le libérer et se fait indiquer une sortie, car le roi avait promis de le libérer.[32] Le merveilleux corrobore ainsi la thèse centrale du *RAlix*: Alexandre a de l'initiative,

---

[31] Dès le début Emenidus occupe une place privilégiée: c'est sur ses épaules à lui que le jeune Alexandre s'appuie lorsqu'il relève officiellement le défi de Nicolas (I: 603-4); c'est encore lui qu'Aristote proposera comme gonfanonier: ... *Emenidus d'Arcage port vostre gonfanon* (I: 694).

[32] De temps en temps la moralisation bat son plein: le *Ja parole ne roi ne doit estre faillie* fait écho au *Nec principem labium mentiens* du livre des *Proverbes* (17,7).

de la vaillance et du discernement même en face du démioniaque. Bref, il a des qualités de chef. Mais l'aventure du Val Périlleux dévoile en même temps le véritable problème de la *RÉALITÉ historique* du 12ᵉ siècle: même nourrie par une générosité exemplaire, la loyauté des nobles connaît ses limites. Alexandre de Bernai, l'auteur/adaptateur du *RAlix*, a beau escamoter le problème épineux en insistant sur le caractère naturel des liens entre Alexandre et ses hommes (N.B. les *fil de contour*, ces *gentil homme* nés en même temps que leur maître; I: 241-2), il ne peut pas vraiment effacer leur silence au moment même où leur roi décide de se sacrifier. Même si un sacrifice suprême ne peut et ne doit être que le privilège du plus grand (tout comme le comte Roland, le roi Alexandre exige le rôle le plus difficile, le plus dangereux), les compagnons auraient pu et dû se présenter.

C'est, me semble-t-il, un moment crucial dans le *RAlix*; c'est aussi un moment doté d'un arrière-fond socio-politique par trop réaliste: à l'époque où le *RAlix* voit le jour — et acceptons que cette compilation ait été conçue dans un contexte pas trop différent de celui de l'Ile-de-France, centre du pouvoir capétien — le potentiel militaire est surtout aux mains des grands vassaux qui une fois les obligations du *service de l'ost* respectées peuvent se faire payer tous les efforts au-delà de la quarantaine obligatoire. C'était là la pratique. Même si les grandes expéditions en Terre sainte avaient familiarisé les hommes de l'époque avec les contraintes et les conséquences d'efforts militaires s'échelonnant sur plusieurs années, elles n'en avaient pas pour autant changé les rapports traditionnels entre seigneur et vassal (même si tous les deux servaient la cause de Dieu). Bien sûr, la croisade pouvait de par ses connotations eschatologiques porter le combattant individuel au sacrifice suprême, celui du martyre (l'épopée en chante bien des exemples), mais la volonté de se poser en martyr n'était pas vraiment commune à tous les pèlerins armés. Compte tenu des nombreuses exhortations papales adressées à tous ceux qui remettaient leur départ aux kalendes grecques ainsi que des nombreux retours anticipés de la Terre sainte, il faut bien constater que les croisades ont, elles aussi, été dominées de temps en temps par un certain opportunisme.[33]

---

[33] Cf. Dijkstra 1995.

Bien sûr, l'aventure d'Alexandre le Grand n'est pas une *peregrinatio in armis* dotée de tout un système de compensations et de récompenses non matérielles dépassant de par leur nature même tout ce appartient au monde des mortels. Loin de là. L'expédition macédonienne trouve sa motivation dans le refus de se soumettre au pouvoir étranger de Darius. C'est là la trame du *RAlix* basée évidemment sur la légende et l'histoire selon lesquelles le fils de Philippe II de Macédoine serait d'abord parti en guerre contre les concurrents macédoniens et grecs et ensuite contre Darius III, le maître de l'empire perse. Il m'est impossible de dire ce que les hommes du 12e siècle savaient des aventures troyennes, grecques, macédoniennes ou romaines représentées dans les romans dits antiques. Je pense qu'ils n'en ont su que fort peu. Il va de soi que les clercs ont eu accès à la tradition latine et que la quantité de leur savoir aura été plus importante. Mais qu'en est-il de la qualité de leur savoir? Ce n'est cependant pas là le problème. Le compilateur du *RAlix* — et avec lui les autres auteurs de romans de l'époque — ne vise pas la reconstitution d'un parcours historique authentique, ce dont il serait bien incapable,[34] mais il dit tout simplement vouloir *D'Alixandre ... l'istoire rafreschir* (I: 11). Le *rafreschir* implique, bien sûr, une nouvelle prise en charge de ce qui est de la légende, mais ce n'est pas le contenu qui se focalise; le passé ne fournit que la trame, que le setting indispensable: la marche de l'histoire exige l'entrée en scène du héros aussi bien que sa disparition; elle explique également les raisons mêmes du succès. Elle permettra et exigera d'ailleurs des lectures parallèles. Avant de mentionner le contentement divin avec la naissance du héros le compilateur dit:

> Qui service li fist ne s'en dut repentir,
> Car touz ert ses corages en leur bons acomplir,
> Et il i parut bien aus durs estors soufrir,
> Car au destroit besoing ne li volt nus faillir (I: 16-9)

La mission spécifique du Macédonien ne se réalisera que grâce à la loyauté inconditionnelle que se vouent le roi et ses compagnons ainsi que par le refus des indignes. Le programme binaire du

---

[34] Voir chapitre IV.

prologue a déjà été mentionné mainte fois. C'est là le *modus operandi* à succès que les princes de ce monde devraient adopter. Les exhortations adressées à la fin de la branche IV aux destinataires du *RAlix* ne laissent subsister aucun doute. Ne s'imite pas une aventure (impossible d'ailleurs: Alexandre joue un rôle dans l'histoire du Salut), mais une conduite. Il y a cependant quelque chose qui cloche. Le roi, lui, obéit à ses propres normes: il est courageux, généreux et loyal; il est même prêt au sacrifice suprême. Mais pour ce qui est de ses hommes, l'affaire se présente autrement: tant que le roi modèle les comble de faveurs ou promet de les enrichir, ils sont loyaux. Les vers I: 16-9 cités il y a un instant montrent bien qu'il s'agit d'un lien contractuel: service rendu sera service récompensé. Dans les combats l'honneur et le goût du gain excusent les risques courus: on peut sortir victorieux de la rencontre avec l'ennemi (et un véritable Macédonien ne pourra être que vainqueur), mais l'épisode du Val Périlleux est une affaire toute différente. Puisqu'on y est confronté avec le surnaturel qui ne se combat pas avec l'épée ou la lance, la mort s'annonce comme inévitable. Quelle qu'en soit la raison (la simple peur ou la lâcheté) les compagnons sont incapables de s'engager dans une voie qui semble ne pas avoir d'issue. Au roi exceptionnel donc la tâche de sauver l'armée. La différence entre Alexandre et ses hommes ne saurait s'illustrer de façon plus adéquate.

Comme je l'ai dit déjà à plusieurs reprises, la *RÉALITÉ 'historique'* actorielle (celle de la Macédoine d'antan) n'entre pas en ligne de compte. Ne joue que la tension créatrice entre la *'RÉALITÉ' littéraire* et la *RÉALITÉ historique* abritant et l'auteur et ses possibles destinataires parmi lesquels peut-être des membres ou des *nourris* de la dynastie capétienne. Cette *RÉALITÉ historique* montre trois tendances à la portée vraiment dramatique: 1) une dépendance toujours plus grande des nobles (et même du roi) des prêteurs d'argent; 2) une concurrence meurtrière à l'intérieur du palais royal entre nobles et roturiers, et 3) une certaine hésitation de la part des nobles d'obéir avec trop de zèle aux désirs du roi. Il n'est pas vraiment possible de les différencier l'une de l'autre, car dans la pratique elles se télescopent. Un indice intéressant de ce problème dramatique est l'absence quasi totale, dès 1180, de signatures des grands sur les actes royaux: celles des roturiers détestés les remplacent.³⁵ Tout cela donne non seulement une plausibilité indéniable aux violentes diatribes dans nos textes contre les *usuriers*, aux insultes à l'adresse des *palatini* dociles qui, dans les cours, prennent les places des nobles, mais aussi à la glorification de la largesse princière traditionnelle pouvant neutraliser l'influence néfaste des prêteurs d'argent, à l'importance rattachée au courage des combattants, au sentiment d'honneur, etc. Ces clichés procurent le déclic de la reconnaissance indispensable à la plausibilité du narré. Je n'ai pas besoin d'insister. Ce qui dépasse quelque peu le niveau du cliché, bien qu'il y prenne ses racines, c'est le rêve de l'harmonie entre Alexandre et ses compagnons nobles. C'est cependant, on l'a vu, une harmonie aux accents curieux.

Car ce que nous peint le *RAlix*, et la même remarque peut également être faite au sujet des autres versions, c'est une loyauté totale de la part des Macédoniens toutes catégories confondues envers le roi qui tire toutes les ficelles. Mais la réalité socio-politique du 12ᵉ siècle ne prête pas facilement à l'euphorie. L'Alexandre de nos textes est un prince de la *'RÉALITÉ' littéraire*: il dispose de richesses énormes avec lesquelles il peut s'attacher les compagnons. Le malheur veut cependant que les rois de la *RÉALITÉ historique* médiévale ne disposent aucunement de pareilles possibilités financières. Ce n'est cependant pas là que se cherchera la comparaison. L'icône Alexandre suggère une qualité et non pas une quantité: il faut, comme le fait le Macédonien, donner sans penser aux conséquences. Une pareille générosité se paie: *Et pour ce fu sa gent si bien entalentee / De conquerre s'onnour en bataille joustee* (I: 110-1). Notre Alexandre est un roi qui n'a de comptes à rendre à personne. En fait il décide de tout, et il décide seul. Ici encore, les rois de la dure réalité du 12ᵉ siècle se trouvent dans une position désavantageuse: ils ne profitent aucunement d'une structure centralisatrice suffisamment fonctionnelle pour transformer l'ensemble des forces militaires disponibles en une machine de combat efficace. La *'RÉALITÉ'* du texte a beau dire que la *gent* d'Alexandre est *haitie* d'être *si ... commandee*, les sociétés française, anglaise, allemande, espagnole, etc. du 12ᵉ siècle ont des visages bien différents. Voilà pourquoi les rois préfèrent, si jamais ils trouvent une solution

---

³⁵ Bournazel 1975: 9-26, 119-25;

temporaire à la pénurie d'argent endémique, enrôler des mercenaires plus maniables que les nobles vassaux par trop jaloux de leurs privilèges et fort peu enclins à faire le *service de l'ost*.[36] Tout ceci n'a rien de surprenant: le contexte socio-politique du 12e siècle diffère bien du rêve qu'évoque le *RAlix*. Mais en l'occurrence nous avons affaire à une *'RÉALITÉ' littéraire* chantant l'entente harmonieuse entre le roi et ses compagnons nobles et cette *'REALITE*-là ignore le combattant mercenaire: les soldats dont dispose le roi sont des Grecs et des Macédoniens qui ont suivi, et cela de leur plein gré ou par intérêt, leur roi dans cette aventure pleine de promesses. Le passage nous montre d'ailleurs un autre exemple frappant de cette distanciation auctorielle dont j'ai parlé au chapitre V: le compilateur ne nous renseigne point sur la position exacte des pairs. C'est comme s'ils n'ont aucun point d'attache personnel (sous forme de terre d'origine ou de base féodale) qui les obligerait d'accomplir un *service de l'ost*.[37]

Dans ce texte destiné à mettre en lumière une *utilitas* princière proverbiale, la formule *Touz jors vesquirent d'armes, itel fu lor labor* citée plus haut met en lumière la quintessence du statut de *bellator*: le maniement des armes comme moyen de (sur)vivre. Aussi les hommes s'efforceront de donner au roi ce que sa générosité leur demande: *La richece Alixandre ... / Doit bien estre ... comparee* (I: 906-7). On a l'impression qu'ils le font de bon cœur, car ils le disent en riant (ibidem: 904). La formule souligne aussi que la collaboration étroite entre le roi et ses hommes ne manquera pas d'être couronnée de succès, mais elle suggère également que ces nobles chevaliers n'ont pas d'autres activités leur permettant de se faire une existence. Sans faire ici des rapprochements directs avec la conduite d'un Henri II Plantagenêt envers son vassal Guillaume le Maréchal, il est frappant de constater qu'Alexandre prati-

---

[36] Hallam 1985: 162-3.

[37] En littérature les rois sont toujours riches. Ce qui échappe complètement à nos auteurs/adaptateurs, c'est que les princes de l'Antiquité ont eu, eux aussi, des soucis financiers. Alexandre lui-même n'y a pas échappé: ce n'est qu'avec le butin conquis sur les ennemis qu'il a pu payer ses troupes et en enrôler des fraîches pour réparer les pertes. Sa première victoire sur Darius, à Issos, lui livre une grande partie du trésor perse et le sauve juste à temps d'une catastrophe financière (Nederlof 1986: 51).

que une politique identique envers ses hommes: pendant sa vie il ne leur donne pas les moyens permettant une éventuelle indépendance. Il leur donne d'autres récompenses politiquement moins dangereuses. C'est ainsi qu'il donne à Zéphyrus, un soldat qui lui offre les seules gouttes d'eau potable qui pouvaient se trouver dans le désert aride, une coupe d'or richement travaillée. Le roi apprécie le geste en tant que tel, mais il jette quand même l'eau: il partagera les souffrances de ses hommes (III: 1040-54). La coupe d'or reconnaît la valeur du geste du soldat, mais la reconnaissance du roi ne l'engage à rien. Il en est de même des richesses immenses trouvées dans le palais de Porus. Le roi en distribue à pleines mains (III: 954-5). C'est là le rêve des guerriers nobles qui explique que tant de jeunes *bachelers* suivront un Guillaume d'Orange dans sa guerre contre l'Infidèle dans l'espoir d'avoir une part du butin ou même un fief.[38] Dans le *RAlix* Alexandre promet la même chose aux jeunes qui n'ont pas de terres leur permettant de vivre convenablement. Ce sera avec lui qu'ils en conquerront. A condition cependant qu'ils lui obéissent (I: 639-40); et c'est ce qu'ils feront, car ce roi s'annonce vainqueur.

Il se constate cependant une différence: le Macédonien donne aux siens de quoi maintenir leur condition de noble: il leur donne de l'argent et des cadeaux, car le véritable noble doit pouvoir tenir son rang, doit pouvoir manifester une largesse et une magnificence sans bornes. Code obligeant, le noble dépensera bien vite ce qu'il aura gagné; de ce fait il restera toujours dans la dépendance. Mais il n'est point question d'une distribution en bonne et due forme de fiefs ou d'autres possessions permettant une distanciation quelconque, car un compagnon *chasé* pourrait se retirer dans ses terres nouvellement acquises ou manifester des velléités d'indépendance. Et cela, Alexandre ne semble pas le désirer. Officiellement il ne donnera des fiefs à ses pairs que lorsque la mission sera accomplie. Jusqu'à ce moment-là les compagnons seront dans une dépendance totale: le butin se distribue immédiatement, à pelletées (selon certains légistes c'est même le devoir du *victor* de le partager de façon aussi équitable que possible),[39] mais le pouvoir reste aux mains du roi. Même si Ptolémée reçoit la *rente et commandise* de

---

[38] Perrier 1931: vv. 635-67.
[39] Russell 1979: 163.

Césarée conquise sur le roi Nicolas, il ne pourra pas en disposer: le roi promet de le couronner, dans la ville même, dès que l'armée sera de retour de Perse (I: 1644-53).

Il est facile de produire d'autres exemples soulignant l'harmonie entre Alexandre et ses nobles compagnons. J'y renonce cependant. Ce qui est clair, c'est que la clef du succès se trouve dans la *liberalitas* illimitée de ce roi *nulli secundus*.[40] Cette largesse n'est pas uniquement la traduction d'un idéal politique, elle est aussi la concrétisation d'une nécessité réelle. Le compilateur a beau insister — et l'hyperbolisation en est la preuve — sur les effets positifs de ce qu'on a nommé le *compadrazgo*,[41] toujours est-il que les pairs d'Alexandre ne le suivent que parce qu'il leur donne une part du butin et qu'il leur promet une couronne de roi. Sans cela ils ne se seraient pas lancés dans les aventures qu'il leur proposait. La formule *Touz jors vesquirent d'armes, itel fu lor labor* se rapporte au roi et à ses hommes. Pour Alexandre la formule renvoie à une mission à remplir. Pour ses hommes elle évoque une réalité sociopolitique par trop cruelle. Sans dépeindre les compagnons du conquérant comme des mercenaires (c'est aller un peu loin), il est évident que, pour eux, priment les aspects matériels. Sanson, le neveu de Darius III, n'offre ses services au Macédonien que parce que son suzerain félon lui avait pris ses moyens de subsistance (I: 696-774). Ce qui dans le *RAlix* est épique, c'est le souffle de la conquête dont le roi incarne la raison d'être. Les compagnons suivent dans l'espoir bien humain d'améliorer leur sort; ce faisant ils marquent leur soumission au pouvoir royal. Et ils ne sont donc aucunement ses égaux, car la fameuse formule féodale *primus inter pares* n'est qu'un leurre politique. Vu dans cette perspective le *RAlix* pratique ce que l'on a nommé une propagande royale 'intégrative' qui vise, après l'avoir neutralisée, l'absorption de toute opposition.[42] Quoi de plus naturel?[43]

---

[40] Pour ce concept, voir Beumann 1982: 149.
[41] Burkolter 1976: 13.
[42] Foulkes 1983: 42.
[43] J'ai ignoré ici les activités constructrices du roi: l'histoire et la légende le présentent comme un grand fondateur de villes. C'est que le *RAlix* n'y fait pas vraiment attention: il n'y a que la branche IV à faire l'inventaire de ses activités de constructeur (vv. 1563 sqq). Il est indéniable que les princes du Moyen Age

X

LES COMPAGNONS[1]

A en croire le compilateur du *RAlix* le succès de l'aventure macédonienne s'expliquerait par l'entente parfaite entre le roi et ses compagnons nobles. Pour lui cette harmonie est plus qu'une formule militaire à réussite garantie: elle est l'essence même d'une société qui pourchasse la restauration de l'*ordo naturalis* chanté, entre autres, par saint Augustin. Avec ceci je ne veux point dire qu'Alexandre de Bernai a été au courant des idées de l'évêque d'Hippone (son *RAlix* n'en fournit pas d'indices), mais il est indéniable que ses idées socio-politiques ne s'éloignent pas vraiment de celles de son époque qui, du moins dans les écrits de propagande et de panégyrique, se ressentent des pensées augustiniennes (pour autant qu'on puisse parler ici vraiment d'idées formulées ou formulables en toutes lettres). Au chapitre III j'ai montré que l'idéologie véhiculée par la littérature et l'historiographie de l'époque qui nous concerne n'est en vérité qu'une collection d'idées reçues dont la mise en texte n'est pas nécessairement caractérisée par une organisation solide ou logique. La pratique nous montre un télescopage de concepts clefs à forte charge connotative dont les sens se cachent en filigrane. Il faut donc accepter la prémisse que les destinataires de l'époque auront su déchiffrer les signaux qui se trouvent dans le texte. Ne se décrit pas, du moins pas en première instance, l'objet digne d'attention; ne s'évoque que le signal qui y renvoie; le descriptif médiéval ne vise pas l'exactitude, mais le pouvoir évocateur du détail: un seul geste de largesse désintéressée suffit pour évoquer l'appartenance à l'élite, car l'épargne et l'usure dénotent le roturier indigne. Les rapports entre la littérature et la société environnante ne produisent donc jamais de reflets fidèles. Non seulement cela est impossible, mais c'est encore hautement indésirable. A l'époque qui nous concerne on cherche seulement la ressemblance du sociologiquement acceptable.[2]

C'est ce que l'on constate dans la façon dont s'évoquent les

---

font construire beaucoup, mais ils le font surtout pour des raisons utilitaires. Par contre, construire pour la seule gloire sera l'affaire des princes des siècles à venir (Langendijk 1968: 106-8; Carnazzi/Battaglia 1987: 303).

[1] Ce chapitre est une adaptation de mon étude 1982b.
[2] Ritsert 1990: 16.

liens unissant les compagnons, les *pueri nobiles* mentionnés par la Bible (I *Macch.*, I, 1-7) au conquérant. L'aventure macédonienne est présentée comme le fruit d'un dévouement exemplaire entre compagnons de route. Le roi et ses pairs acceptent tous l'obligation de sauver l'honneur et la vie du ou des compagnons. Le passage du Val Périlleux que j'a discuté au chapitre précédent montre qu'Alexandre lui-même sait en tirer les conséquences. Il n'est cependant pas question ici d'un modèle épique traditionnel mettant en scène deux héros qui se soutiennent et s'entraident en cas de problèmes. Ce modèle d'un compagnonnage à deux qui traverse toute la littérature épique (qu'on pense à Gilgamesh et son ami Enkidu, à Roland et Olivier, à Guillaume d'Orange et son neveu, etc.) ne joue pas ici. Le compagnonnage du *RAlix* est collectif et ce fait amène deux conséquences importantes: 1) les rapports entre Alexandre et tel ou tel des pairs ne sont jamais exclusifs, et 2) le fait qu'il y a douze pairs confirme et la présence et la nécessité d'une structure de commandement.[3] Ce que doivent faire les douze pairs et ce qu'ils feront effectivement, c'est obéir au roi et contribuer au succès de sa mission. Le texte suggère que les rapports entre les Macédoniens et leur roi ressemblent à la 'Blutsbrüderschaft' germanique. Et en effet, l'aventure contient quelques éléments appartenant à ce genre de compagnonnage,[4] mais même si le compilateur insiste sur le désir et l'enthousiasme des pairs de servir leur maître, toujours est-il que ceux-ci se trouvent dans une dépendance totale. Dans le chapitre précédent j'ai relevé le fait qu'Alexandre tire toutes les ficelles et qu'il refuse de doter ses compagnons de fiefs leur permettant éventuellement de pourchasser une certaine autonomie. Mais — et c'est ici que se dépiste la fonction essentielle de la *'RÉALITÉ' littéraire* — à l'intérieur du texte même la conduite discrétionnaire du roi ne pose aucun problème: c'est comme si la dépendance des nobles est naturelle: les pairs sont comme des frères et ils ne sont certainement pas des égaux, des *pares*. Le dévouement et la loyauté camouflent et neutralisent toute velléité d'indépendance. Il est évident que les pairs sont des privilégiés: le roi leur donne des cadeaux ainsi qu'une grande part du butin, mais ce sont

---

[3] Pour plus de détails sur création des 12 pairs dans les différentes réécritures étudiées ici, voir chapitre XII.
[4] Burkolter 1976: 13; Von Reitzenstein 1972.

là des dons qui ne font qu'entretenir l'amitié. En réalité les pairs vivent dans une cage dorée.

Dans la RÉALITÉ *historique* du 12ᵉ siècle les rapports entre le roi et les nobles, entre le suzerain et ses vassaux ont été fort compliqués. Les nombreux conflits que nous relatent les chroniques ou auxquels font allusion les épopées et les romans montrent que la situation est loin d'être idéale: il n'y est question que d'un jeu d'allégeances visant seulement la protection d'intérêts privés ou collectifs. Et comme ces allégeances sont presque toujours basées sur le seul accord verbal, système peu apte à promouvoir la précision, les malentendus et les conflits ont été légion, surtout au cas où un vassal dépendait de plusieurs seigneurs.[5] Bien sûr, tout ceci n'exclut pas nécessairement la possibilité d'une unanimité fonctionnelle, mais celle-ci a toujours été la conséquence de raisonnements *ad hoc*. Il n'est pas à exclure que certaines cérémonies d'investissement aient été harmonieuses et que les partis impliqués aient été sincères. Mais qu'on ne s'y trompe pas: ce qui est et reste concret, c'est le *feudum*, le fief (quel qu'en soit d'ailleurs sa nature). C'est là la quintessence du régime dit féodal dans lequel se meuvent les nobles de la société qui, vers la fin du 12ᵉ siècle, embrassent volontiers le statut de chevalier, statut qu'ils considèrent comme honorable. Cette chevalerie est également un honneur aux yeux des pairs macédoniens qui acceptent avec un certain naturel les récompenses que le roi leur donne. La chevalerie est d'autant plus importante dans la *'RÉALITÉ' littéraire* du *RAlix* qu'elle produira la récompense plus haute qu'on puisse s'imaginer: le roi promet à ses pairs de les couronner dès le moment où la mission sera accomplie; ce sera à Babylone. Bien que les rapports entre Alexandre et ses hommes soient exemplaires, les spécifications restent quand même rares: les compagnons nobles sont des chevaliers, mais on a l'impression qu'il ne s'agit que d'une qualification purement sociologique et non pas morale comme, par exemple, chez Chrétien. Tout cela n'est pas trop surprenant: la littérature et l'historiographie ne fournissent pas d'informations bien détaillées au sujet de la féodalité ni au sujet de la chevalerie. C'était bien impossible, puisque les concepts clefs étaient loin d'être clairs et montraient des différences locales énor-

---

[5] Ganshof 1964: 70-80; Bloch 1968: 299-308.

mes. Les deux *modi dicendi* mentionnés ont quand même un grand avantage: leur 'RÉALITÉ' ne vise pas la transcription d'une existence réelle, mais seulement la suggestion d'un système idéalisé et euphorique ayant une certaine utilité dans le contexte socio-politique approprié. En fait, si descriptif il y a, il sera ontologiquement métonymique.

Le paradoxe est cependant là: en littérature et en historiographie les notions de féodalité et de chevalerie sont extrêmement vagues,[6] mais malgré cela, elles ne manquent pas d'évoquer l'idée du groupe uni par une solidarité à toute épreuve. Les textes littéraires insistent volontiers sur cette idée de cohésion interne ainsi que sur le code élitaire distinguant les membres de l'*ordo* des *bellatores* des autres couches de la société. L'antagonisme sociologique suggère ainsi l'unité des partis impliqués: la noblesse est un ensemble positif, les vilains ne constituent qu'une collection d'êtres négatifs, etc. Le monde semble ainsi s'organiser sur la base d'une différence naturelle entre le Bien et le Mal. La réalité est cependant bien différente: les liens féodaux ne garantissent aucunement une bonne marche des affaires des hommes et la notion de chevalerie n'est qu'une notion passe-partout, car cette chevalerie est loin d'être un *ordene* monolithique et homogène. Cette notion couvre non seulement des fonctions fort disparates et des rôles fort divers, elle cache également les origines sociales de ses membres.[7] Car il est incorrect de considérer l'ordre des chevaliers comme une chasse réservée aux seuls membres de la noblesse: il y a des nobles qui sont chevaliers, mais il y a aussi des chevaliers qui n'appartiennent pas à la noblesse. L'auteur anonyme du *Couronnement de Louis* (deuxième quart du 12e siècle) suggère encore qu'on pouvait être admis dans l'*ordene* si certains mérites compensaient le désavantage social.[8] Et c'était en effet possible. Mais vers la fin du siècle cela change quand même, car à ce moment-là les nobles considèrent l'adoubement comme un honneur exclusif et ils s'efforcent d'en interdire l'accès aux roturiers. Ce faisant ils tentent de faire ressortir le caractère unique et sacré de leur condition. Deux éléments jouent un rôle psychologique important ici: d'abord il y a la rituali-

---

[6] Voir chapitre III.
[7] Flori 1979: 21-53; Jackson 1990: 110-1; Van Luyn 1971.
[8] Langlois 1969: vv. 1642-55.

sation parfois fort religieuse de l'adoubement qui ne manque pas de rehausser le prestige de la chevalerie et ensuite il y a le soutien de la royauté: le fait que les rois et les empereurs n'hésitent pas à faire adouber leurs fils souligne l'intérêt porté par les *bellatores* à la chevalerie comme un facteur socio-politique important pouvant distinguer les *bellatores* des autres catégories sociales.[9] Cette situation ne durera pas bien longtemps: au siècle suivant la concurrence des autres groupes sociaux se fera fort pressante.[10]

L'origine sociale n'est pas le seul élément différenciant les membres de la chevalerie: il y a des chevaliers riches et puissants, mais la plupart d'entre eux souffrent de soucis pécuniaires constants et sont forcés de louer leurs services à ceux dont la position sociale permet le maintien d'escouades de jeunes hommes dont l'efficacité au combat assure une certaine mainmise militaire et politique. La plupart des nobles se trouvent ainsi dans une position de dépendance. Cela vaut déjà pour certains chefs de clan peu dotés de biens terrestres, mais c'est surtout le cas des *juvenes*. Le droit de succession en vigueur qui prônait la dévolution exclusive des biens de famille au fils aîné qui sera le *caput mansi*, le *senior*, et ce dans le seul but d'éviter le morcellement des fiefs, privait les puînés (ces *juvenes*) de toute possibilité de s'établir eux aussi.[11] Font également partie de cette dernière catégorie ces jeunes nobles parfois de très haute extraction envoyés dans des cours illustres parfaire leur formation. Ceux-ci sont bien souvent dans une situation beaucoup

---

[9] Favier 1993: 266-7. En 1184 Frédéric I Barberousse organisa une grande fête à Mainz à l'occasion de l'adoubement de ses deux fils. Le poète Heinrich von Veldeke en parlera en des termes on ne peut plus flatteurs (Keen 1984: 22).

[10] Que ce soit en France ou dans l'Empire, partout les bourgeois enrichis tentent d'imiter le *modus vivendi* de la noblesse (Schnell 1978: 50-3; Barthélemy 1990: 149-51).

[11] Les *juvenes* constituent quand même un groupe assez hétérogène: les classifications médiévales (pour autant qu'on puisse parler de classifications: il s'en faut de beaucoup) suggèrent qu'est *juvenis* celui qui est entre 28 et 50. Du moins, c'est ce que dit un joli diagramme du *Liber Floridus* de Lambert de Saint-Omer; Mostert 1994: 307. Mais ailleurs on rencontre d'autres divisions: *puerulus, puer, adolescens, iuvenis, vir, senior, senex*; les âges correspondants seraient respectivement: 1-7, 8-14, 15-21, 22-35 (le dernier serait celui des *iuvenes*), 36-49, 50-63 et ensuite le *senex*. C'est là une division fort ancienne qui subira d'ailleurs des altérations significatives au Moyen Age (voir Duby 1978: 10-2 et Sears 1986: 41).

plus confortable, car un jour ou l'autre ils occuperont les fonctions qui leur reviennent de droit. Dans les romans de Chrétien un Erec sera roi, un Cligès empereur. Mais ce sont là des héros de romans. Les *juvenes* de la RÉALITÉ *historique* de l'époque sont bel et bien contraints de chercher des solutions pratiques. En principe il y a trois voies à suivre. A l'horizon de leurs rêves se profilera de temps en temps la silhouette d'une riche héritière dont la dot apportera, enfin, la liberté individuelle ainsi que la montée sociale. Mais les héritières sont rares, et bien souvent elles ne servent que d'enjeu dans des mariages de raison où prévaut l'intérêt politique et financier.[12] Plus réelle est l'option purement militaire d'un enrichissement grâce à de possibles conquêtes sur le voisin ennemi ou encore sur l'Infidèle. Au fond, depuis le début de l'ère des croisades, cette possibilité-là bénéficie d'une cote favorable, car elle ouvre la perspective d'un riche butin conquis sur le voisin devenu ennemi ou sur un fief taillé dans le domaine islamique même.[13] Reste la dernière option, celle d'une carrière dans l'Eglise.

La lutte dans la jungle féodale est ce qu'il y a de plus féroce. L'image de la table ronde arthurienne évoquant une égalité de principe n'est qu'un leurre littéraire: dans la réalité de tous les jours ce sont les plus forts qui tirent les ficelles. Et ce n'est pas tout: à l'exception des *magnates* suffisamment puissants pour être à l'abri, tous les nobles souffrent d'attaques venant du dehors. Ces attaques viennent de trois côtés: il y a d'abord l'Eglise qui n'entend pas démordre de ses privilèges séculiers et féodaux, mais il n'est pas impossible de s'arranger avec ses serviteurs;[14] ensuite, il y a l'autorité royale toujours plus encline à consolider, voire à agrandir

---

[12] Et elles seront encore moins accessibles si elles sont données en mariage aux roturiers indignes. La colère de notre compilateur est on ne peut plus claire: Darius III avait commis une faute extrêmement grave, car de ses *garçons* il *avoit fait de sa terre seneschaus et baillis, / Donees gentieus femes* ... (III: 173-5).

[13] Noble 1973: 367. La 'RÉALITÉ' *littéraire* combine parfois des résultats sur les deux fronts en question: les expéditions militaires victorieuses sont parfois doublées d'une heureuse aventure amoureuse: après un baptême marquant sa renaissance spirituelle, la belle sarrasine Orable (devenue Guibor) épousera Guillaume d'Orange (Régnier 1970: vv. 1862-72).

[14] Et ce malgré le mépris parfois fort évident que manifestent de temps en temps les membres de la caste des *bellatores* pour les religieux. Cf. Noble 1973: 381-2.

son pouvoir aux dépens des vassaux nobles; et en dernière instance — et c'est le comble de la misère — il y a la menace de la part de la bourgeoisie, si vraiment on peut parler déjà de 'bourgeoisie' à ce moment précis de l'histoire ainsi que celle des roturiers qui s'insinuent dans le palais royal où ils briguent les fonctions que la noblesse prétend devoir occuper. Considérés comme plus dociles et plus maniables que les nobles toujours jaloux de leurs prérogatives et de leurs intérêts, ces roturiers appelés *palatini* ou *consiliarii* sont des instruments commodes pour la royauté. C'est surtout sous le règne de Louis VII et puis sous celui de Philippe II Auguste que le phénomène des ces *homines novi* commence à prendre une ampleur inquiétante pour la noblesse.[15] L'horizon s'assombrit donc pour les *juvenes* fougueux, car il y a peu d'héritières et trop peu de guerres: la royauté supportée par l'Eglise essaie de mettre fin aux différends féodaux.[16] Et il y a une concurrence meurtrière pour l'occupation de fonctions qui, de par leur importance, devraient (selon les *juvenes* nobles, bien sûr) échoir aux seuls membres de la noblesse.

Il va de soi que les prétentions des *juvenes* trouvent leurs échos dans la littérature et l'historiographie de l'époque. Comme ces jeunes parfois bien impécunieux font partie de la caste des *bellatores* et que c'est dans cette caste-là que se trouvent leurs protecteurs qui dans la plupart des cas sont également les mécènes des auteurs/adaptateurs de romans, d'épopées ou de chroniques, il est tout à fait naturel que la littérature reflète les rêves et les soucis de ces jeunes. Aucune surprise donc si les romans de Chrétien parlent d'aventures qui promettent l'amélioration de situations individuelles. Mais l'exemplarité des héros du Champenois les rend difficilement identifiables avec les membres de la catégorie sociale qui m'occupe ici: n'est pas Lancelot ou Perceval qui veut; le premier est fils de roi, le deuxième un élu. Les *juvenes* s'identifient plus facilement

---

[15] Le problème se manifeste partout, car les rois aiment ce type de serviteurs nommés aussi *fideles regis* qui doivent à leur maître *promptum ac fidele obsequium sincerum servitium* (King 1972: 58; Türk 1977: 40-2). Au 16ᵉ siècle le juriste Guy Coquille distinguera encore les conseillers nés (= les nobles et les prélats) des conseillers faits (= les officiers provenant des couches moyennes de la société). Cf. Jacquart 1981: 279.

[16] Qu'on pense aux tentatives de limiter les guerres avec ce qu'on a appelé la Paix de Dieu ou la Trêve de Dieu. Cf. Cowdrey 1970: 48-50; *LMA*, IV: 1587-92.

avec les *bachelers* du *Charroi de Nîmes*.[17] Rien d'étonnant à ce que leur situation s'évoque également dans les textes centrés sur l'aventure du Macédonien. Dans le *RAlix* cependant semble se réaliser un rêve: Alexandre est un roi qui aime, favorise et protège ses chevaliers nobles. Le roi stimule également l'entente harmonieuse entre la royauté et l'ensemble des vassaux c.q. compagnons nobles (les *nourris*) et leur permet de mener une vie d'aventures pleine de gloire militaire productrice de *pris et los* fort lucrative: en principe le butin que fait l'armée macédonienne est immédiatement réparti parmi les compagnons et les soldats de l'armée.[18] Comme les droits du groupe sont ainsi respectés, les résultats n'en seront que meilleurs.[19] Qui plus est, ce jeune roi de Macédoine refuse la présence des roturiers, de ces *sers* de basse condition, puisqu'un recours aux serviteurs non nobles est une trappe dans laquelle périra toute royauté et avec elle la chevalerie noble. En respectant le code de l'élite, le roi fait sienne la morale ségrégative de l'*ordene* des nobles qui, dans notre *RAlix*, sont tous chevaliers. Aussi la mort du héros macédonien ne fait-elle que prouver la thèse centrale de l'œuvre: ouvrir les portes du palais aux non-nobles — et ici 'noble' doit être pris dans une acception sociale aussi bien que morale — équivaut à ouvrir les portes au malheur. L'exemple de Darius III, dont l'histoire est insérée dans le *RAlix* comme un récit dans le récit, comme une mise en abyme,[20] aurait dû avertir le Macédonien: de par leur nature les *sers* avides sont tellement astu-

---

[17] Perrier 1931: vv. 637-56. La dénomination *bacheler* peut renvoyer à de jeunes nobles ou à des (apprentis) chevaliers (Flori 1975).

[18] Dans le chapitre précédent on a vu que le roi suit en ceci une certaine politique.

[19] Les documents insistent volontiers sur le sentiment exclusif d'appartenir à un groupe social déterminé: les *milites* du duc de Normandie sont présentés comme une unité: *militia nostra*. Les textes disent qu'ils étaient fiers d'appartenir à une élite. La même attitude se repère déjà dans les chartes écrites autour de l'an mil où les grands châtelains aiment se présenter avec la formule suivante: *ego miles*. Abstraction faite de la part jouée par la rhétorique fonctionnelle bien souvent dans les chancelleries par trop dépendantes du pouvoir seigneurial, toujours est-il que ces formules sont indispensables à la cohésion psychologique de la caste. Cf. Musset 1976: 91-2; Poly/Bournazel 1991: 177.

[20] Pour le fonctionnement de la soi-disant mise en abyme, voir Dällenbach 1977: passim.

cieux qu'ils finiront par perdre même le plus averti. Les violentes diatribes contre ces aristocrates de service et d'argent font ressortir non seulement les prétentions et les espoirs des jeunes nobles de sang, mais aussi et surtout leurs frustrations.[21]

Le *RAlix* peint ainsi une entente harmonieuse entre le roi et ses inséparables compagnons, entente exemplaire qui garantira le succès des entreprises. C'est l'idée très populaire auprès des panégyristes et des auteurs à solde de la *communitas regni*, idée qui fera fortune dans les siècles subséquents où la royauté tentera d'affirmer sa position.[22] Ce qui est cependant curieux dans notre *RAlix*, c'est le fait que cette *communitas* n'est pas territoriale. Et cela, c'est bien remarquable, car le polysystème récepteur de l'époque s'intéresse surtout au télescopage de territoire, structures socio-politiques et hommes en un ensemble psychologique bien souvent doté de l'étiquette émotionnelle *natio*. Ce sera à ce moment-là que se rencontreront, et pas sans motivation, des formules comme *Rex Angliae* et un peu plus tard, *Rex Franciae*, formules évoquant l'unité territoriale et la cohésion socio-politique.[23] Les rois des siècles suivants feront de leur mieux pour que la notion de France, et je me limite à ce seul exemple, se fasse identifiable et reconnaissable. La politique de saint Louis et surtout de Philippe le Bel (1285-1314) sera entièrement entée sur l'idée que territoire et pouvoir sont un. Mais le *RAlix* ignore toute identification territoriale et socio-politique; il insiste plutôt sur cette vieille conception du lien unique entre roi et nobles, sur ce *compadrazgo* déjà mentionné. Ce qui se trouve donc à la base même de la réussite d'Alexandre (du moins, dans les textes littéraires analysés ici), c'est l'harmonie supposée entre ceux qui incarnent ou représentent le pouvoir. L'utilité positive de l'adage biblique bien connu *Ibi salus, ubi multa consilia* (*Prov.*, 11, 14) se révèle maintenant. Dans une perspective négative le rêve de

---

[21] La supériorité des nobles est perçue comme naturelle. Dans cette perspective il est utile de relever la présence dans notre texte de tant de proverbes dont le contenu est emprunté aux lois de la nature. En guise d'exemple le *A paine a on bon arbre de malvaise raïs* (III: 57). A d'autres endroits le texte foisonne de références au monde animal. Tout ceci sert à marquer le clivage naturel. Pour d'autres exemples, voir chapitre V où j'ai cité les vers IV: 1659-67 du *RAlix*.

[22] Menache 1990: 431.

[23] Guenée 1981: 158.

la *communitas* des égaux trouvera sa motivation dans la peur de l'autre.

Afin d'assurer que l'œuvre atteigne le but visé, notre compilateur fait de son mieux pour déterminer la catégorie sociale dont il prend la défense. Dès sa naissance Alexandre est entouré de nobles; ce sont les 30 *fuiz de contour* qui ont exactement le même âge que le héros et qui partageront ses peines et ses joies (I: 241).[24] Ce n'est cependant pas tout: Alexandre se fait un devoir de rassembler autour de sa personne tous les jeunes nobles dont les capacités combatives sont évidentes; ceux qu'il convoque à sa cour et qui feront partie de ses troupes d'élite sont *povres chevaliers qui n'ont mie grant terre* (I: 639). Ce faisant le compilateur confirme que naissance noble s'identifie avec conduite noble. Le lexique qu'il exploite le montre clairement. Dans la plupart des cas le substantif *chevalier* s'accompagne d'un adjectif laudatif; on rencontre les combinaisons suivantes: *vaillant chevalier* (I: 582), *bons chevaliers* (I: 2700) et ainsi de suite. La clivage social entre noblesse et classe roturière se traduit dans les oppositions que voici: *chevalier* s'oppose régulièrement à *geude de pié* (I: 916), *ceus a pié* (I: 2862), *paons* (I: 875) et *sergent* (I: 2779).[25] Ici il n'y a pas de doute: il est bel et bien question de deux catégories distinctes. Mais ailleurs l'opposition est moins claire: de temps en temps il est question d'un flou descriptif dans la détermination sémantique des statuts sociaux: tantôt le mot *chevalier* signifie 'chevalier', c'est-à-dire: combattant noble faisant officiellement partie de l'élite militaire, tantôt 'homme à cheval', et c'est le sens étymologique qui domine ici: *caballarius*.

Alexandre de Bernai ne laisse cependant subsister aucune incertitude: n'est véritable *chevalier* que celui qui est d'extraction noble. Nombreux sont les endroits où le qualificatif est ce qu'il y a

---

[24] En ceci la lignée Albéric de Pisançon: Alexandre de Bernai transforme la légende. D'après l'*Historia de Preliis*, Alexandre ne choisit pas uniquement des jeunes chevaliers, mais aussi des vieux: ceux-là *se fient trop en lor jonece*; ceux-ci *font toutes chozes par conseil* (Hilka 1984: 56-7). On ne sera pas trop étonné de voir notre compilateur faire une petite erreur: dans la branche III (v. 3669-70) il dit quand même que le pair Antigone avait la *teste florie* et *li cors* qui *li plie*. Mais Antigone est toujours qualifié de *juvenis*, concept donc assez élastique. Voir note 11 de ce chapitre.

[25] Pour ces sergents à cheval (ces *milites* et *armati* des chroniques latines), voir Contamine 1980: 583-4.

de moins équivoque: les douze pairs, qui se trouvent au sommet de la pyramide féodale, sont *frans chevaliers* (I: 214), *nobles chevaliers* (I: 646) ou *chevalier baron* (I: 693). Quant à ces jeunes nobles dénués, ces *juvenes* qu'on adoube également, ils sont *ber* (I: 1258), *franc home* (I: 1411), *haus homes* (I: 613), *fil de chastelaine* (II: 2487), *fil de vavassor* (III: 3602), *damoisaus de pris* (I: 499), *gentil danzel* (I: 703), *jovincel meschin* (II: 2213), *quens* (I: 421) ou *conte palasin* (II: 2210).[26] Le doute est exclu: ce sont des nobles. Le compilateur spécifie parfois l'origine sociale des compagnons: la qualification ontologiquement vague de *jovencel* ou de *sodoier*, terme d'ailleurs pas toujours bien positif, s'applique à un jeune homme *drus Alixandre adoubés de novel* et même aux *povres chevaliers* (III: 1996-7; I: 639, 647). Mais malgré ces quelques flottements sémantiques, l'auteur/adaptateur du *Ralix* est sûr de lui-même: la chevalerie est l'affaire des nobles.

Dans ce qui précède j'ai déjà différencié les douze pairs des autres nobles. Ce clivage n'a rien pour nous surprendre; elle correspond tout simplement à la réalité de tous les jours. Alexandre de Bernai ne peut pas ne pas ignorer la RÉALITÉ *historique* qui est la sienne ainsi que celle de ses destinataires où les grands fixent les règles du jeu. Comme la société du 12ᵉ siècle est marquée par des écarts sociaux importants, la chevalerie noble de notre texte sera caractérisée par des différences significatives. Au sommet se trouve le chevalier modèle, Alexandre lui-même, qualifié de *nobile baron* ou de *chevaliers* (IV: 699, 871). C'est que le roi a été adoubé dès sa prime jeunesse après avoir dompté, et cela déjà à l'âge de 13 ans et quelques mois, le féroce cheval Bucéphale. Cet exploit prodigieux est la preuve de sa force et de sa virilité. Dans le chapitre qui précède on a vu les compagnons de la première heure exiger que Philippe adoube son fils et qu'il se retire lui-même de la vie active: *A treze ans e cinc mois fu ses termes assis / Que chevaliers doit estre, ...* (I: 503 sqq). Le père du héros du *RAlix* fera donc ce que font les rois de l'époque qui nous concerne ici avec leurs fils (pensons à Louis VII face à Philippe Auguste, à Frédéric I Barberousse face à ses propres fils ou parents).[27] Le compilateur insiste sur les

---

[26] Pour les *domicelli* et *valetti*, des nobles pauvres, voir Contamine 1980: 586.
[27] Jackson 1990: 110.

aspects élitaires de cette chevalerie: les douze pairs d'Alexandre qui sont des chevaliers, sont *conte* (IV: 721), *fils de roi* (IV: 932, 1203), *marchis* (IV: 1290), etc. A d'autres endroits ils sont qualifiés par des adjectifs révélant leur noblesse (IV: 1233); tous sont présentés comme d'excellents *chevaliers* (IV: 1291) ou comme des *preudomme et chevalier baron* (I: 693). Il est donc question d'une certaine euphorie dans notre texte, mais celle-ci ne réussit pas à camoufler tout. Le cas de Perdiccas, un des douze pairs, est hautement illustratif ici: juste avant de mourir, Alexandre lui donne la couronne de Macédoine et lui demande d'épouser la reine Roxane qui est enceinte. Si l'enfant qu'elle porte est un mâle, Perdiccas lui abandonnera le trône; au cas où Roxane mettra au monde une fille, le pair sera roi à condition de trouver un mari qui convienne à la fille de son maître (IV: 240-50). Les autres pairs acceptent. Cependant, stupéfait de cet honneur, Perdiccas exprime sa surprise et il s'écrie: '*Et moi qui mains né iere*' (il se compare à Clitus, un autre pair), '*Moi chevaliers assés bas, / As otroié ton regne ...*' (IV: 834-6).[28] Même à l'intérieur de la caste des *magnates* il y a donc des différences sociales. Tout comme dans la RÉALITÉ historique.[29]

Au-dessous de l'élite des pairs se trouvent les chevaliers (d'extraction noble, bien sûr) qui dépendent entièrement des bonnes grâces du seigneur à qui ils ont juré fidélité. Ce sont eux qui forment la clientèle d'Alexandre. Dans la société médiévale la catégorie de jeunes nobles dotés de fiefs trop petits ou simplement dépourvus de tout moyen de subsistance constitue un danger permanent pour la paix intérieure, puisqu'elle manque d'avenir. Ce sont les *povres chevaliers* et *povres bachelers* (I: 652-3; III: 19-27) qui

---

[28] Ces vers figurent dans sa complainte devant le corps du roi (IV: 826-38).

[29] Je ne sais pas trop comment interpréter la remarque de Perdiccas. C'est que l'homme n'a pas l'âme bien royale, car, lui, il aurait accepté la proposition où Darius offrait la paix à Alexandre moyennant la moitié des terres perses et la main de sa fille (II: 2638-679). Le roi de Macédoine refuse catégoriquement. Pour ceci, voir chapitre IX. Est-ce que Perdiccas fait preuve d'une conscience sociologique véritable ou s'agit-il ici tout simplement d'une manifestation de modestie (authentique ou feinte)? Ou avons-nous affaire à un autre exemple de non-harmonisation de sources? Ou encore: serait-ce un autre exemple qu'un roi ne doit pas toujours suivre à la lettre le conseil de ses nobles? De temps en temps nos textes sont bien elliptiques.

rêvent de la possession d'un fief convenable et de revenus constants leur permettant de s'établir et de s'insérer de façon acceptable dans la vie sociale. En attendant la réalisation de ce rêve, ils espèrent pouvoir participer à un de ces adoubements collectifs, à une de ces 'Massenpromotionen' traduisant le goût de la magnificence seigneuriale. Cependant, entre la suggestion du texte littéraire, reflet d'un monde onirique, et la RÉALITÉ historique il y a une belle distance. La 'Massenpromotion' est une affaire littéraire plutôt que réelle et ce malgré l'attention qu'elle reçoit dans de grands textes comme, entre autres, le *Cligès*. C'est que les adoubements en bonne et due forme sont tout simplement des opérations trop coûteuses.[30]

Quoi qu'il en soit, le compilateur du *RAlix* reprend le rêve de ces jeunes dépourvus: lors de l'adoubement collectif qui sera aussi le sien, Alexandre prend d'abord soin des *plus povre* (I: 551), car ce seront eux qui constitueront le noyau dur de son armée. Ces hommes n'ignorent d'ailleurs pas qu'ils seront perdus sans le soutien de leur roi. Le chagrin que manifestent les pairs lors du décès de leur maître traduit surtout celui des moins favorisés, car ceux-ci se rendent bien compte de leur dénuement pécuniaire. Les pairs auront des royaumes, mais les moins importants n'auront rien. Du moins le texte ne souffle mot au sujet d'une compensation éventuelle au profit de ces moins dotés, ce qui ne veut pas dire que le texte les ignore: le cas des *povre saudoier* faisant partie de cette troupe de 700 fourrageurs macédoniens harcelés par les ennemis dans le pays de *Gadres* (branche II) mérite ici l'attention. Il y a deux jeunes hommes à mentionner: le premier s'appelle Corineüs, l'autre sera identifié comme Pirrus de Monflor. Tous les deux ont l'apparence noble: Corineüs est marqué du descriptif suivant: *Povres hom iert d'avoir, mais de corage iert ber* (v. 314); des renseignements du même type sont fournis au sujet de l'autre qui *n'avoit ensamble o lui sergant ne escuier*; ses armes étaient si mauvaises que *frans hom par droiture ne les deüst baillier* (393, 395 et 399). Pourtant son physique trahit également le *chevalier* (406), qualification qui en l'occurrence équivaut à noble. Tous les deux se révèlent être des neveux du grand Emenidus, le plus impor-

---

[30] Micha 1965: vv. 1128-32. Pour les adoubements collectifs en littérature, voir Rocher (1966).

tant des douze pairs, tous les deux mourront honorablement.[31] Pirrus, qu'Emenidus ne reconnaît pas (pendant de longues années l'homme avait été prisonnier de Darius), refusera de quitter le chaud de la bataille pour aller avertir le roi resté en arrière avec le gros de l'armée et il dira à son oncle qui le lui avait demandé:

> "Biaus sire Emenidus, ne m'en devés proier.
> Certes je ne vi onques Alixandres d'Alier,
> Ne par iteus paroles ne m'i veul acointier.
> Ja de povre home estrange ne faites messagier,
> Envoiés i plus riche, qui mieus sache plaidier (II: 427-31)

Trois remarques s'imposent ici: 1) Le chevalier qui parle n'a pas accès à l'élite dont le roi a l'habitude de s'entourer, 2) l'honneur chevaleresque prime: on ne s'adresse pas au conquérant macédonien, incarnation même du courage, avec un message si déshonorant, car le porteur du message aura abandonné le champ de bataille et 3) le constat de la différence sociale (*povre* versus *riche*) est sans aucun doute l'écho d'une réalité trop dure: dans les assemblées nobles on ne prête pas facilement l'oreille aux pauvres, aux petits, fussent-ils d'extraction noble. Ces exemples montrent que le *RAlix* reflète bel et bien les divisions sociales qui au 12e siècle marquent la caste des nobles et qui dans les siècles à venir la marqueront encore davantage. Ce qui ressort quand même de l'analyse, c'est que la condition de *chevalier* est considérée comme le couronnement d'une carrière, comme une véritable promotion sociale.[32] Voilà pourquoi les compagnons réclament l'adoubement de leur maître après son exploit héroïque face à Bucéphale. L'équation noble: chevalier dans le *RAlix* qui, il faut le rappeler, est un produit des années '80 du 12e siècle, renvoie à l'exigence de la noblesse de l'époque que l'adoubement soit réservé aux seuls membres de leur caste.

Cette prétention élitiste se reflète également dans la conduite

---

[31] Cf. respectivement les vers 849-72 et 1357-98 (identification et mort de Corineüs) ainsi que les vers 1249-74 (identification et mort de Pirrus de Monflor, l'autre neveu).

[32] Flori 1979: 21.

du protagoniste et de ses compagnons. La qualification *preudomme et chevalier baron* citée plus haut montre que le *RAlix* prône l'assimilation de *chevalerie* et vertus morales. Cette *chevalerie* est l'affaire des jeunes gens qui, vu les possibilités restreintes d'une montée sociale, doivent chercher leur salut dans les armes. Le mot *chevalerie* ne désigne donc pas uniquement la caste, mais aussi et surtout un mode de vie où domine le côté guerrier. La guerre est considérée comme un excellent moyen d'étaler sa bravoure et de s'enrichir, car le jeune combattant désire *pris de chevalerie* (I: 158). C'est presqu'un jeu: les coups que l'on assène à l'ennemi sont présentés comme des exercices de *quintaine* (I: 1030, 1036); cette chevalerie est un plaisir, un passe-temps formidable (*une jouste i ot faite dont maint orent envie* qui provoque l'admiration (III: 5546;I: 1136). Le doute n'est donc pas permis: cette chevalerie est l'apanage des jeunes dont la force physique et la fougue signalent la disponibilité d'une énergie créatrice qui dans le cas de notre *RAlix* sera aussi restauratrice.[33] Ce dernier aspect ne concerne pas uniquement les collectivités, mais peut également être individuel: le bain d'Antigonus dans la fontaine de l'éternelle jeunesse est plus qu'une restauration purement physique: il revient ... *en jovent de sa bachelerie, / En l'aé de trente ans, plains de chevalerie* (III: 3677-8).[34] L'assimilation de *jovent*, terme chargé de nombreuses connotations positives attribuées aux âmes privilégiées, à *bachelerie* et *chevalerie* ne manque pas d'importance: Alexandre lui-même appartient à cette catégorie de *juvenes*, car il mourra à l'âge de 33 ans.[35] La conclusion s'impose: la chevalerie du *RAlix* est une

---

[33] La chevalerie est entée sur des concepts clefs comme l'honneur, la vertu, la noblesse et la gloire (le *pris et los*), etc. Elle a bel et bien un côté ludique, mais cela ne cachera cependant jamais les tensions sociales où domine l'*aemulatio* (Huizinga 1974: 63; Stanesco 1988: 198-206).

[34] Si Antigone revient à l'âge de 30 ans, il aura été beaucoup plus vieux que son maître. Notre compilateur ne semble pas se rendre compte de l'inconséquence organisatrice. Voir note 13.

[35] Il n'est pas impossible que *jovent* actualise quelques-unes des connotations liées au *jovent* occitan. Pour les différentes interprétations de cette notion difficile, voir Bec 1970: 24-7. D'après le prologue Alexandre vécut *Mains de trente anz* (I: 135). A la fin de la branche IV (vv. 1560-1) le *RAlix* donne un autre calcul de l'âge d'Alexandre: ... *qant il en ot vint, si fu rois coronés, / Et douze ans regna puis, tels fu ses aés*: en additionnant 20 et 12 on obtient 32, ce qui n'est pas trop

baronie (II: 2092) à qui de droit devront incomber toutes les responsabilités politico-sociales, puisque de par son extraction noble et de par sa formation exclusive seule cette élite sera capable de saisir les conséquences morales de ses faits et gestes. C'est précisément à cette capacité unique que renvoie l'icône Alexandre: le roi est l'hyperbole des perfections dont se vantent ses pairs: il est non seulement le noble le plus important, il est également le meilleur chevalier. Il se distingue également de par le savoir immense que lui ont fourni ses précepteurs; l'instruction modèle élève le roi au-dessus des autres: en sa personne *chevalerie* et *clergie* s'embrassent.[36]

Ce que je viens de signaler ici n'est pas bien spécifique: toutes les épopées et tous les romans de l'époque insistent sur ces aspects. Le cas du *RAlix* est cependant intéressant, puisqu'on y trouve l'image d'un idéal militaire dont la renommée a traversé les siècles, l'image d'une 'condition humaine' supérieure qu'on peut et qu'on doit regretter. Les plaintes des pairs à l'occasion de la mort du roi ne sont pas uniquement inspirées par la tradition qui exigeait une *laudatio* de ce *rex utilis* par excellence; elles sont bien compréhensibles et fonctionnelles à l'intérieur de la réécriture d'Alexandre de Bernai. Quoi de plus naturel pour les *juvenes* que de pleurer la disparition de la possibilité de faire des conquêtes, de toutes ces occasions de réaliser des prouesses militaires, puisque *remeses sont les guerres* et *Prouece est refroidie* (IV: 608, 658)? Quoi de plus logique que de regretter la disparition du bonheur lié au butin qu'Alexandre avait l'habitude de répartir immédiatement parmi ses hommes? La proverbiale *largece* n'est plus (IV: 666). Aussi les vers IV: 669-70 sont-ils ce qu'il y a de plus clair:

> Et por nos faire riches preniës a rapine
> Qanque vos troviës sor la gent sarrasine.

C'en est fini du bonheur du guerrier. Ne lui reste qu'une vie *en bos et en gaudine* où il devra se nourrir *d'erbes et de racine* (IV: 671-2). Abstraction faite de l'exagération (traditionnelle dans les plain-

---

éloigné de la *RÉALITÉ historique* macédonienne. Cf. chapitre II, section 1. Pour d'autres preuves de la non-harmonisation des sources, voir chapitre VI.

[36] Pour ses connaissances de langues, voir chapitre IX, note 21.

tes), il est clair que la mort du roi détruit les espérances de ces *juvenes* qui, au fond, ne vivent que dans une dépendance totale. La mort du chef bouleverse leur existence, la ruine.

C'est ici que l'on rejoint l'autre facette de la thèse sous-jacente du *RAlix*: les diatribes violentes du compilateur à l'adresse des roturiers détenteurs de l'argent s'expliquent parfaitement bien dans la perspective de la réorientation de l'économie médiévale où le rôle majeur est dévolu à l'argent: la richesse foncière qui est celle de la noblesse ne peut aucunement concurrencer le pouvoir financier, résultat du goût de l'épargne et de l'entreprise de la bourgeoisie citadine. La conséquence en est que de nombreux nobles souffrent d'un endettement chronique et qu'ils sont contraints de vendre leurs terres aux créanciers roturiers. Pour le compilateur il n'y a pas l'ombre d'un doute: sont responsables du dénuement des nobles ces

> .... usuriers,
> Les sers de put afere, les felons pautonniers,
> Qui les tresors avoient et les mons de deniers
> Qu'il lessoient moisir a muis et a sestiers (I: 648-51)

La conduite de ces hommes qualifiés d'indignes est à l'opposé de celle de la véritable noblesse: pour celle-ci l'argent n'est qu'un moyen permettant la satisfaction du goût du faste et de la dépense, seuls critères valables, puisque tout prestige est lié à l'exercice de la *liberalitas*. Aussi la violence des expressions utilisées ici trahit-elle les frustrations d'une caste qui voit ses privilèges menacés par ces *laboratores* tant détestés. Aux yeux des nobles la cause de leur misère est à mettre sur le compte de ces *cuvert riche assis / Qui les frans chevaliers ont fez povres mendis* (I: 518-9). L'assujettissement de la caste dirigeante à l'avidité des *usuriers* sape les fondements mêmes de la société telle qu'elle est voulue par Dieu, car selon les théoriciens qui considèrent la tripartition sociale (*oratores, bellatores* et *laboratores*) comme naturelle et sacro-sainte, c'est là la vérité. Rien d'étonnant donc à ce qu'Alexandre, le *nouviaus roys de Grece* (I: 461) redresse les torts: il *desserre les granz tresors* au profit de ceux *que la povretez merre* (I: 639-44). Il prend l'argent qui manque à ceux qui, à tort, l'avaient accaparé et gardé, et il le redistribue aux jeunes chevaliers qui en ont besoin (I: 652-3). Vue dans la perspective esquissée plus haut, la *'RÉALITÉ' littéraire* nous montre un Alexandre restaurant l'*ordo naturalis* perturbé et protégeant les nobles, ses *amis*.

La lutte des *ordines* (noblesse c.q. chevalerie versus bourgeoisie montante) joue également au niveau de l'organisation de ce qui dans les siècles à venir deviendra l'Etat.[37] Le pouvoir inhérent à la richesse et à l'ambition pousse les roturiers à briguer des postes qui auparavant leur étaient inaccessibles. Comme les prétentions de cette nouvelle aristocratie risquent fort de diminuer le prestige social de l'aristocratie de sang, il ne faudra pas s'étonner de ce que l'enseignement dispensé au roi macédonien est lardé d'exhortations de protéger les intérêts de la véritable noblesse. Avec Alexandre les malheurs de la noblesse macédonienne trouveront une fin, car dès les premiers jours de sa vie, Alexandre fait preuve d'une véritable conscience de caste. car il refuse même d'être nourri par une roturière; I: 232-4) et il n'admet pas qu'un *sers de put ere* puisse devenir *ses privez* (I: 227). Le recours aux services des non-nobles traités de *cuivers losengiers, sers, malvais sergens, traïtor felon, glouton*, etc. déplaît à Dieu: *Ne crées vos cuivers ne ne vos i fiés / ... Car molt vos en harroit du ciel la maiestés* dit Darius III au Macédonien victorieux (III: 280-2). Et le Perse trahi par ces propres des *serf* savait de quoi il parlait.[38]

L'opposition nobles: non-nobles prête facilement à une exploitation morale; les indications gnomiques du prologue l'annoncent déjà: celui qui comme Darius se fie aux *fieus de ses garçons* et les élève au rang de *seneschaus et baillis* (III: 173-4) devra en payer la note. Ceux qui de par leur naissance et leurs qualités

---

[37] Je prends ce mot dans une acception neutre. L'Etat moderne ne verra le jour qu'au 16ᵉ siècle.

[38] Les textes ne laissent que deviner l'envergure du conflit qui oppose les différentes couches de la société. C'est ainsi que la nouvelle du meurtre, en 1127/8, du comte Charles le Bon dans l'église de Saint-Donatien de Bruges, le 2 mars 1127, affaire considérée d'ailleurs comme une trahison abjecte (le texte parle d'*infamia traditionis*, p. 22) se répand vite. L'affaire a eu un tel impact qu'il nous en est resté plusieurs relations (cf. Pirenne 1891: i-ii; 22). On en rencontre encore un écho dans l'*Alexandreis* de Gautier de Châtillon, texte contemporain de notre *RAlix*: *Hoc habitu quondam Burkardum Flandria uidit / Soluentem meritis occiso consule penas / Quem rota penalis tanto pro crimine torsit / Totaque confregit Ludewico uindice membra* (Colker 1978, VIII: 168-71; Streckenbach 1990: 146).

morales doivent occuper les postes importants ne manqueront pas d'abandonner leur maître injuste au moment crucial. La réaction des barons perses devant le *malvais segnor* qui à leurs yeux n'est qu'un félon (il ne *nourrit* pas ses compagnons nobles) est significative:

> .... Musart somes et sot
> Qui ci somes o Dayre, qui nos desheritot
> Et tant nos tenoit vieus et si nos abaissot
> Que ses malvais sergans deseur nos alevot; (III: 240-3).[39]

Aussi refusent-ils de risquer leur vie pour un seigneur pareil et plient-ils, comme l'avait fait Sanson, bagage. Un plus grand échec du système féodal est impensable; c'est la faillite de la relation personnelle entre suzerain et vassaux, car Darius avait privé (cf. ... *qui nos desheritot*) les nobles de ce qui leur revenait de par la nature même de leur statut de noble. Logiquement Darius devait être le vainqueur de la bataille contre l'armée d'Alexandre; il avait trente fois plus d'hommes que son adversaire macédonien. Mais ce n'est pas la quantité qui compte, mais la qualité. Alexandre le lui avait bien montré.[40] La grande erreur de Darius vient du fait qu'il a donné la préférence à des conseillers non nobles.[41]

Les besoins et les exigences de l'élite sociale que le *RAlix* se fait un devoir de présenter comme une caste moralement unie (pensons à la loyauté envers le suzerain, le sentiment d'honneur chevaleresque et l'enthousiasme guerrier) se traduisent dans l'indispensable rêve de la largesse seigneuriale. Mais dans la pratique la

---

[39] L'adjectif *vieus* du vers 242 n'est pas à prendre au pied de la lettre ici: il n'est pas impossible qu'il incarne tout ce qui est opposé à *jovent*, notion évoquant non seulement une noblesse, mais aussi une disponibilité conforme à la norme dont le héros est l'incarnation même.

[40] C'est l'interprétation de l'épisode où Darius envoie une charge de *graine novele menue de pavot* à son adversaire pour que celui-ci se rende compte des forces innombrables qu'il peut aligner. Alexandre lui renvoie une gantée de poivre: *Si com cist tans de poivre est or plus fort a boivre / De voste graine douce ... / Est ma gens fors et dure ...* (II: 2521-3).

[41] La solitude de Darius abandonné par les siens sera également celle de quelques rois médiévaux. Pour ce qui arriva à Louis VII mort, voir Sassier 1991: 402.

loyauté se garantit par la reconnaissance, matérielle surtout, du maître. La générosité proverbiale d'Alexandre est l'assise de son empire; c'est elle qui pousse les *juvenes* à le suivre, puisqu'il leur donne ce dont ils rêvent et ce qu'il leur faut pour mener la vie des nobles: chiens, oiseaux, pelisses, chevaux et objets précieux et *pour ce fu sa gent si bien entalentee / De conquerre s'onnour en bataille joustee* (I: 105-11). La logique du raisonnement est imbattable. Aussi l'Alexandre du *RAlix* n'a-t-il aucune peine à rassembler des troupes pour une expédition dont le but est de secouer le joug perse et de restaurer en même temps la félicité macédonienne d'antan assimilée ici à une ère où la largesse royale retournera (après une absence néfaste sous le régime de Philippe). La magnanimité d'Alexandre rétablit le bonheur.[42] Il n'en est pas ainsi de Darius. Sa préférence pour les non-nobles réduit l'enthousiasme de ses vassaux, leur enlève jusqu'à la volonté même de respecter le contrat avec leur maître. C'est ce qui explique qu'il doit recourir aux menaces lors de la convocation de ses barons (II: 2548; III: 168). Mais à l'intérieur de la bâtisse féodale où le suzerain n'est pas toujours le plus fort (pensons, entre autres, à Philippe II Auguste face à ce vassal incontrôlable qu'est le Plantagenêt), les menaces manquent bien souvent d'effet. Quelle différence avec la situation dans la Macédoine du jeune Alexandre. Celui-ci ignore ce genre de problèmes, car il sait comment en user avec ses nobles.[43]

Le rêve des *juvenes* est accentué encore d'une autre façon. Dépourvus de ressources financières convenables, ils aimeraient bien épouser une riche héritière, mais il n'y en a que fort peu qui soient accessibles et ce malgré l'extinction de nombreux lignages par déshérence masculine.[44] Les guerres contre Darius III et Porus

---

[42] La *magnanimitas* qui est la sœur de la *caritas* est considérée comme une vertu chrétienne (Beuman 1982: 164). Il est intéressant de noter que tout le monde semble vouloir suivre le Macédonien: *Li uns por sa largesce, l'autres por sa justise* (III: 5972-3). Dans notre texte la largesse est le mobile par excellence pour les jeunes combattants; la justice doit être rapprochée non pas d'opérations juridiques pures assumées par des légistes, mais de la volonté politique de rendre à la Macédoine le bonheur et l'indépendance d'antan (voir chapitre III).

[43] La situation dépeinte par le *RTCh* est différente. Voir chapitre XIII.

[44] En principe on observe une certaine discipline lignagère pour protéger les intérêts matériels du clan: il ne faut surtout pas morceler le patrimoine. Voilà pourquoi les pères ne marient pas tous leurs fils. Ces jeunes chercheront donc

les portent en Inde. Or cette Inde légendaire offre des chances inespérées. Non seulement elle a la réputation de pourvoir les voyageurs/guerriers en butin et en produits rarissimes, mais elle est également censée être le lieu où assouvir des désirs trop réprimés par une Eglise qui ne prône que la dépréciation du corps et des exigences sexuelles. Cette Inde offre ici des possibilités incroyables. Du moins, c'est ce que suggèrent les innombrables traités encyclopédiques et même les épopées et les romans de l'époque.[45] Authenticité obligeant, le *RAlix* ne fait pas exception ici: une très grande partie en est consacrée aux merveilles de l'Orient. Le compilateur exploite l'empirisme de la tradition pour garantir ses dires, puisque le mécanisme veut que plus il y a de repères connus, plus l'acceptation du message sera facile. Bien que le *RAlix* ne soit pas un roman d'amour proprement dit (il s'en faut de beaucoup), on y décèle parfois les reflets d'un mode de vie inspiré par les romans de l'époque. Il y a des chevaliers tant dans le camp du roi que dans celui des ennemis perses ou babyloniens qui portent au bout de leur lance ou à leur bras une *manche* de leur *amie*. L'exemple de Gadifer, champion des *Gadrains* et ennemi acharné des Macédoniens l'illustre bien.[46] Ce jeune héros, présenté comme *molt preus, d'un arrabi lignage*, porte à son bras *une manche s'amie*. Et le compilateur d'ajouter que cette amie *n'estoit mie garce ne povrement norrie, / Mais riche damoiselle, fille au roy d'Aumarie* (II: 1476, 1499-1501). Ce sont là des clichés appartenant à l'univers de la littérature romanesque de l'époque, mais ils prouvent que les exigences de la caste sont respectées. Abstraction faite de l'épisode où Alexandre rend visite à la reine Candace et de celui où deux de ses pairs rencontrent de belles Amazones, épisodes qui seront analysés dans le chapitre suivant, les femmes jouent un rôle très réduit dans notre texte. Elles sont plutôt considérées comme une

---

l'aventure qui, elle, demandera son tribut en vies humaines (Duby 1981: 284-8).

[45] La légende connaît plusieurs Indes. Il est intéressant de noter que les connaissances géographiques de notre compilateur sont bien traditionnelles: Porus l'Indien est accompagné de gens d'*Ethyope*, d'*Aufrique* d'*Egypte*, de *Nubie*, etc. (III: 605, 733, 803, 828). Pour ceci, voir, entre autres, Le Goff 1977; Gosman 1982: 42-3.

[46] Gadifer sera tué par Emenidus. Cet épisode provoquera les *Vœux du Paon*, l'interpolation la plus importante qu'occasionnera le *RAlix*.

récompense du guerrier victorieux; l'émir de Babylone admirant les exploits d'un de ses hommes, s'écrie: '*Cist doit avoir amor et deduit de pucelle*' (III: 7003-4). Bien que ces traits sentimentaux n'offrent qu'un intérêt narratif insignifiant, ils ne manquent pas d'illustrer la thèse centrale du texte, puisqu'ils nous rappellent le souci (ou dois-je dire: la hantise?) des *juvenes* de ne pourchasser que la main d'une noble. La remarque à propos d'Aristé, dont le texte dit qu'il est beau, mais qu'il a *une teche vilaine, / Q'il n'amast nule dame se ne fust chastelaine* (IV: 1236-7) représente dans des termes on ne peut clairs l'attitude élitaire du clan.

Ici encore on constate que le *RAlix* n'est pas uniquement l'*istoire* d'un héros du passé. La perméabilité de la littérature permet aussi la traduction des problèmes de la société contemporaine. En réorientant les données fournies par la tradition, c'est-à-dire en récrivant la *vita*, Alexandre de Bernai présente une monarchie forte et sûre d'elle-même dont l'autorité n'est aucunement contestée. C'est avec joie que les nobles du *RAlix* épousent la cause du roi qui défend leurs intérêts et fait tout son possible pour que la collaboration avec ses compagnons nobles soit harmonieuse et fructueuse. L'entente entre le roi et ses nobles ne garantit non seulement le succès des entreprises militaires, mais elle promet également un avenir à ces jeunes *bachelers* dépourvus de fiefs ou de terres. Le problème n'est pas nouveau en littérature. L'auteur anonyme du *Charroi de Nîmes* en avait déjà fait mention. Alexandre de Bernai, qui reprend la défense des jeunes nobles, s'est particulièrement efforcé de circonscrire la catégorie sociale en question. Pour lui, celle-ci se compose de jeunes nobles qui considèrent l'appartenance à la chevalerie comme un honneur, même comme un droit dont ils s'empressent avec joie d'épouser l'attitude élitaire où priment la loyauté, la fraternité, l'honneur et la volonté du sacrifice.[47]

---

[47] Sur le champ de bataille, l'honneur exerce tous ses droits. Un Dans Clin ('Clitus'?) exige l'honneur d'être au plus chaud de la bataille: *Je ferai la bataille, ... / Se tu ne la me dones, tout ton fié te guerpis* (III: 1760-1). Abstraction faite des détails (s'agit-il d'un *fié* territorial que Clitus ne possède pas encore ou d'un autre élément contractuel?), la menace de rompre le contrat avec le roi marque bien la sensibilité des nobles. L'iconographie des siècles subséquents soulignera les aspects de la fraternité et du code chevaleresque (Raynaud 1993: 61). Il n'y a

La leçon est claire: en mettant sa confiance en des serviteurs de basse condition, un roi met en jeu non seulement ses propres intérêts, mais également ceux de ses nobles compagnons qui ensemble avec lui constituent la *communitas regni* mentionnée plus haut. Qui plus est, il risque même sa vie. Que le roi *qui son roiaume veut par droit governer / Et li prince et li duc qui terre ont a garder / Et cil qui par proëce veulent riens conquester* s'inspirent de l'exemple du Macédonien et restaurent l'ordre naturel voulu par Dieu et défendu avec tant de verve par saint Augustin et les autres Pères de l'Eglise. Ce n'était qu'à cette condition-là que l'aventure macédonienne a été possible, car les compagnons nobles ont suivi leur maître avec enthousiasme: ne leur avait-il pas promis de protéger leurs intérêts et de les récompenser le moment venu? En réunissant des éléments traditionnels dans une *conjointure* (empruntons le terme à un auteur contemporain) fonctionnelle, le compilateur s'est fait le porte-parole des jeunes nobles ainsi que le défenseur zélé d'une royauté incontestée et bien consciente de ses forces. Le *RAlix* est, répétons-le, beaucoup plus que la *vita* d'un héros d'un passé lointain. L'ouvrage rend compte des conflits sociaux qui commencent à saper les fondements mêmes du polysystème sociopolitique traditionnel où la noblesse joue encore un rôle si important. Dans les siècles à venir le sang noble perdra sa valeur sociopolitique: la force de l'argent le remplacera. Comme tant d'autres créations littéraires de l'époque, le *RAlix* nous renseigne sur les premiers pas de cette aventure.

---

d'ailleurs pas que les nobles à être loyaux; tous les hommes d'Alexandre le sont, jusqu'au médecin qui refusera les richesses lui offertes par Darius, parce qu'il ne veut pas trahir son roi (ép. 15). L'épisode du Val Périlleux nous amène cependant à pourvoir la question de l'honneur et surtout celle du sacrifice de quelques points d'interrogation. Pour cet événement curieux, voir chapitre IX.

XI

LA PRÉSENCE FÉMININE[1]

D'après ce qui a été constaté dans les deux chapitres qui précèdent, il est clair que la *'RÉALITÉ' littéraire* du *RAlix* évoque un idéal socio-politique garanti par une harmonie exemplaire dans la *communitas* heureuse des *magnates*. Du moins c'est ce que suggère le compilateur Alexandre de Bernai qui fait de son mieux pour que son texte focalise ce qui pourrait intéresser ou distraire les destinataires visés: le fameux binôme *docere* et *delectare* ne s'ignore pas. En principe il est difficile sinon impossible de séparer les deux: moralisation et présentation sont une: le *bien dire et bien aprandre* de Chrétien le souligne déjà de façon satisfaisante.[2] Les aspects didactiques et leur mise en texte ont retenu déjà mon attention et comme on a pu le constater, ces aspects n'ont pour objet que le côté politique et militaire de la *vita* du Macédonien. Car malgré le fait que le texte est connu comme le roman d'Alexandre, son *modus scribendi* est épique. J'y ai déjà fait allusion. De temps en temps on repère cependant des ouvertures sur ce qui caractérise le 'genre' romanesque: à mentionner ici les longues descriptions consacrées au cérémoniel de l'adoubement, trahissant d'ailleurs l'influence du *Cligès*, et l'attention dont bénéficie la tente du roi, véritable échantillon du descriptif romanesque dont on retrouve tant d'illustrations dans les autres romans antiques.[3] Bien souvent le descriptif évoque aussi de façon directe ou indirecte des présences féminines. En ceci les textes que j'étudie ici ne font pas vraiment exception: le bastion épique encaisse des coups sentimentaux non négligeables.

Tout comme dans les premières chansons de geste la part occupée par les femmes dans le *RAlix* reste réduite. La réécriture d'Alexandre de Bernai qui, rappelons-le, semble avoir été terminée dans les années '80 du 12ᵉ siècle, période où le sentiment a bel et bien acquis ses droits de cité dans la littérature, ne vise que l'activité guerrière et le compagnonnage exemplaire et ne laisse que peu de place aux rapports avec l'autre sexe. L'aventure montre quelques

---

[1] Je reprend ici quelques données de mon étude 1981.
[2] Roques 1970: v. 12.
[3] Pensons, entre autres, à la tombe de Camille dans l'*Enéas* (Salverda de Grave, 1968,II: vv. 7531-724), à la Chambre des Beautés dans *Troie* (Constans, 1906, II: vv. 14631-958).

moments sentimentaux, mais ceux-ci ne sont que furtifs et ne conditionnent aucunement l'intrigue. Cependant — et voilà quand même leur intérêt — ces moments ne manquent pas, quelque modestes qu'ils soient, d'illustrer et de corroborer la thèse centrale axée sur l'héroïsme nobiliaire et la loyauté chevaleresque. Il est indubitable que le *RAlix* est bien loin de l'*Enéas* où l'amour d'une Didon complique l'aventure du héros et risque même de détourner ce dernier de sa mission spécifique, et même de *Troie* où les rapports entre Troïlus et Briséïde retiennent longuement l'attention de Benoît. L'influence exercée par l'autre sexe sur l'aventure que vivent les Macédoniens n'est pas bien impressionnante, il faut bien l'avouer, mais elle est quand même plus qu'un simple 'coloris courtois et galant' comme on l'a dit.[4] Bien qu'elle ne réoriente pas la macro-structure de l'ensemble, toujours est-il qu'elle conditionne certains épisodes et qu'elle confirme et nuance la thèse dominante.

Dans ce qui précède nous avons également vu — axiologie obligeant — que la mise en texte des exploits héroïques du Macédonien est essentiellement euphorique. La tradition française supprime tout ce qui pourrait ternir le blason du roi qui sait comment se comporter envers ses compagnons nobles. C'est ce qui explique que ses rapports avec ses hommes sont on ne peut plus excellents; il les protège et leur rend la position qui leur est due. Sa conduite envers les adversaires nobles subit l'impact des conceptions chevaleresques telles qu'on les rencontre, par exemple, dans les œuvres de Chrétien. C'est ainsi qu'Alexandre se conduira de façon respectueuse envers ceux qu'il vient de vaincre; une fois confronté personnellement avec Darius mourant, Alexandre manifeste une courtoisie exemplaire, lui rend les derniers honneurs et promet de le venger. Pour ce qui est de ce genre de détails, le *RAlix* ne se montre donc pas complètement imperméable aux goûts de l'époque. Il n'est cependant pas permis d'attribuer le traitement respectueux d'un vaincu au seul genre romanesque: la tradition épique est pleine d'épisodes où les vainqueurs se comportent de façon chevaleresque envers l'ennemi dont ils on triomphé. En ceci notre version ne fait que reprendre et élaborer une pratique bien connue. L'Alexandre de la tradition française du 12e siècle est un conquérant qui sait s'ar-

---

[4] Frappier 1978: 144.

rêter et qui traite les vaincus de façon honorable. Un exemple illustratif est son comportement courtois envers la mère et l'épouse de Darius III que celui-ci avait abandonnées après sa première défaite, à Issos (II: 2977-3074).

Il va de soi qu'un détail ne se mentionne que si sa mise en texte s'insère dans l'horizon d'attente des destinataires visés qui ne reconnaîtront que ce qui les intéresse. Le *RAlix* offre cette possibilité, puisqu'il vise non seulement les grands de ce monde qui sont ... *de haut parage et ont terre a baillir*, les rois, les princes et les ducs (IV: 1631, 1677-8), mais également les *gentil chevalier et li clerc sage et bon, / Les dames, les puceles, qui ont clere façon, / Qui sevent de service rendre le guerredon* (ibidem: 1652-4). Ces destinataires-là sont des gens de cour. Et la cour provoque et consomme une production littéraire qu'elle veut conforme à son univers onirique. La noblesse macédonienne de la *'RÉALITÉ' littéraire* incarne non seulement toutes les valeurs morales positives considérées comme significatives et distinctives de l'*ordo* des *bellatores*, elle est du même rang que les destinataires visés vivant dans la *RÉALITÉ historique* du 12e siècle. Les clercs, eux, ne sont pas bien nombreux dans notre texte, mais ils sont bel et bien présents; et à en juger d'après le prestige dont jouit Aristote, ils n'y ont pas la mauvaise presse qu'ils ont dans d'autres textes.[5] Et les dames et les demoiselles que rencontrent les combattants pendant leurs pérégrinations appartiennent, elles aussi, aux couches supérieures de la société; ce sont les sœurs de ces *dames* et *puceles* susmentionnées. Même les filles-fleurs qui comme des fées celtiques offrent leurs charmes aux guerriers d'Alexandre semblent posséder les qualités et les prétentions des jeunes filles nobles. Malgré ses réticences évidentes devant tout ce qui relève du domaine de l'analyse sentimentale, notre texte se conforme donc à l'hori-

---

[5] Le texte nous en fournit plusieurs indices: l'éducation modèle d'Alexandre fait de lui un exemple de cette fusion harmonieuse entre *chevalerie* et *clergie*, combinaison essentielle aux yeux des clercs, puisque la tradition dit qu'un *rex illiteratus est asinus coronatus*: la *scientia* peut mener à la *sapientia*. A côté d'Aristote, il y a aussi d'autres acteurs que l'on pourrait considérer comme des *clerc*. Qu'on pense à ces devins qui expliquent le songe du jeune Alexandre, à ceux qui commentent la naissance du monstre à Babylone (I: 250-322; IV: 15-32), aux prêtres attachés à l'oracle des arbres du Soleil et de la Lune (III: 3713-877) ou encore à ce *chapelain* qui marie deux des pairs avec deux Amazones (III: 7640-1).

zon d'attente de ce groupe de destinataires mentionné il y a quelques instants. C'est qu'il fallait bien se faire une lisibilité.

J'ai mentionné la présence de la mère et de l'épouse de Darius ainsi que les filles-fleurs. Ce sont là déjà deux catégories différentes indiquant que la présence féminine dans le *RAlix* revêt plusieurs aspects. Car il y a des dames qui jouent un certain rôle motivé de par l'histoire (sens moderne) et il y en a d'autres dont la présence s'explique ou bien par la légende ou bien par un certain automatisme descriptif. Dans la première catégorie (celle des dames dont la présence est historiquement attestable) se trouvent les dames perses que nous avons déjà rencontrées, mais aussi et surtout deux reines importantes. Il y a d'abord Olympias, la mère du roi; son rôle ne manque pas totalement d'importance narrative: à la fin du texte c'est elle qui avertit son fils de ce qu'Antipater et Divinuspater versent dans la félonie. Ensuite, il y a Roxane, son épouse, dont la présence se note parmi ceux qui pleurent la mort du héros. La deuxième catégorie nous met devant d'autres dames. Parmi celles qui doivent leur présence à l'impact de la légende, il y a la reine Candace ainsi que les Amazones dont deux demoiselles, Florés et Biautés, conquièrent le cœur de deux des pairs. Ce sont là les actrices dotées d'un nom, d'une identité. Mais il y en a aussi sans nom. Qu'on pense aux demoiselles qui vivent dans l'eau ou aux filles-fleurs; celles-là appartiennent toutes à la légende. D'autres dames ne se tiennent que dans la coulisse, ne sont évoquées qu'avec un simple trait de plume parce qu'elles font — et ici c'est l'automatisme qui joue — partie intégrante du décor chevaleresque traditionnel: ce sont les dames ou les demoiselles qu'honorent les combattants en portant leurs couleurs. La présence féminine montre donc des fluctuations considérables: il y a des dames dont le rôle est clair et il y en a d'autres dont la fonction semble moins évidente. Dans ce qui suit je passerai d'abord en revue le rôle des trois reines. Vu le fait que l'épouse Roxane a le statut le moins clair, je parlerai d'abord d'Olympias et de Candace.

Les modifications liées à la réception positive dans le domaine français sont déjà évidentes dans le portrait d'Olympias dont les éléments de base ont été fournis au chapitre VIII. Dans le chapitre sur la distanciation auctorielle (V) j'ai déjà signalé son statut instrumental à l'intérieur des différentes réécritures qui s'inspirent de la version d'Albéric qui rejettent avec véhémence tout reproche d'adultère de la part de la mère, car cela ternirait la réputation du conquérant. L'adultère et la bâtardise d'Alexandre attirent beaucoup d'attention dans les textes dérivant de la tradition latine incarnée par l'*Historia de Preliis* reprise, entre autres, par le *RTCh* de Thomas de Kent et le *RAp*, traduction/adaptation du 13ᵉ siècle.[6] L'affaire de Nectanébus relève de la légende, mais elle a eu tellement d'impact qu'on ne pouvait pas la passer sous silence. La lignée Albéric: Alexandre de Bernai qui domine la réception de l'aventure macédonienne dans la littérature française du 12ᵉ siècle rejette avec vigueur les rumeurs selon lesquelles Alexandre serait le fils illégitime d'Olympias et de Nectanébus, le dernier pharaon d'Egypte chassé par les armées du roi perse achéménide Artaxerxès III Okhos.[7] Il est vrai que les rapports entre l'Egyptien et la Macédonienne relèvent du domaine de la légende, mais il est à exclure que nos compilateurs français du 12ᵉ siècle aient été capables de séparer l'historiquement authentique du légendaire. Loin de là. Ce qui aura compté pour eux, ce n'est pas une authenticité, mais une plausibilité: un conquérant comme Alexandre ne peut pas être un bâtard, car les rois qu'ils connaissent, eux, ne peuvent laisser le trône qu'à leur fils à eux: accepter que les bâtards puissent succéder à leurs pères créerait des difficultés incontrôlables.[8] Voilà pourquoi les auteurs/adaptateurs refusent d'accepter jusqu'à la possibilité même d'un adultère commis par Olympias. Ce qui ne veut pas dire

---

[6] La version de Thomas de Kent sera discutée au chapitre XIII. Pour le *RAp*, voir mon étude 1985b.

[7] Pour l'arrière-fond historique, consulter Green 1991: 52; Lane Fox 194: 197.

[8] Ceci n'empêche aucunement qu'il y ait de nombreux bâtards qui fonctionnent bien dans la société médiévale. Car de temps en temps la morale est assez souple: dans son *Décret* Bourchard de Worms dit explicitement que les rappports sexuels en-dehors du mariage sont permis quand aucun des deux partenaires n'est marié. Mais l'homme marié qui prend l'épouse d'un autre commet un péché très grave, car il ne respecte pas le commandement de Dieu formulé dans *Exode*, 20, 14 et 17: *Non moecherabis* et ... *nec desiderabis uxorum eius* [= *proximi tui*]. La souplesse est parfois remarquable: en 1201 Innocent III légitime les bâtards de Philippe Auguste tout en faisant remarquer que le roi aurait pu faire cela lui-même, pas dans sa qualité de *pater cum filiis*, mais *tanquam princeps cum subditis*. La nuance est fascinante, car Innocent semble penser en termes verticaux, presque 'romains': le roi a des sujets (Walther 1976: 17-8). Bien sûr, tout ceci ne concerne que les hommes; les femmes doivent rester chastes (Duby 1981: 65-8, 74, 110, 276; du même 1988: 66-7).

que le problème de la bâtardise du roi est complètement éliminé: au cours de l'aventure les ennemis du roi se feront un plaisir de le lui rappeler.[9]

Afin de pouvoir cerner l'effet de la présence féminine sur la narration, je fais ici, et cela à titre d'exception, une excursion en territoire latin et je rapprocherai quelques petits passages puisés dans l'*Historia de Preliis* des passages correspondants du *RAlix*. Avec la nécessaire prudence, bien sûr: il ne peut s'agir de comparaisons en bonne et due forme destinées à illustrer une hiérarchie, travail impossible et parfaitement inutile: la légende est vraiment trop compliquée.[10] Je le fais surtout parce que de par leur envergure réduite et leur rôle narratif limité, les passages en question sont relativement contrôlables. Ce qui n'est aucunement le cas des épisodes clefs; là on devrait procéder à des comparaisons impliquant des données tellement nombreuses et disparates que tout rapprochement fonctionnel devient impossible.[11] Les différences entre les données puisées dans la seule *Historia de Preliis* et notre *RAlix* montreront que le processus d'assimilation étudié déjà dans les chapitres précédents se manifeste aussi dans les épisodes moins pertinents. Avec une évidence même plus remarquable, car ces épisodes en eux-mêmes pas trop signifiants ont été retravaillés dans la perspective de l'axiologie dominante.

L'affaire de l'adultère qu'aurait commis Olympias avec Nectanébus ne manque pas d'importance: le rôle de ce sorcier égyptien à la cour de Philippe (où il rencontre Olympias et enseigne le jeune Alexandre qui finira d'ailleurs par le tuer) sera encore évoqué lors de la présence de l'armée macédonienne en Egypte. J'y

---

[9] Je peux mentionner ici Gog et Magog qui traitent le roi de *Fil a putain ...né par enchantement* (III: 2163). Après l'oracle des arbres du Soleil et de la Lune, Porus se reprochera d'avoir servi *a fil d'enchanteor* (III: 4168) et lorsque l'émir de Babylone parle de son ennemi *bastars* (III: 5847), il pense au Macédonien. Voir aussi note 21.

[10] Pour un aperçu de cette tradition, voir chapitre II, section 2.

[11] L'*Historia de Preliis* n'est qu'un maillon de cette longue chaîne légendaire consacrée au Macédonien où Albéric et ses successeurs prennent tout simplement leur bien. Il faut cependant exclure toute filiation directe entre ce texte latin et les produits qui s'insèrent dans la lignée Albéric-Alexandre de Bernai. Par contre, Thomas de Kent, l'auteur/adaptateur du *RTCh* y puise à pleines mains. Voir chapitre XIII.

reviens dans un instant. Dans l'*Historia de Preliis (rédaction J²)* Nectanébus, arrivé à la cour de Philippe, s'enflamme d'un amour violent pour la belle reine: ... *Mox ut vidit pulchritudinem Olimpiadis, iaculatum est cor eius et exarsit in concupiscentiam illius* ... (p.8).[12] Par toutes sortes de sortilèges, il réussit à lui faire croire qu'elle mettra au monde un fils (qui sera Alexandre) dont le père sera le dieu Ammon lui-même. En vérité c'est Nectanébus qui se déguise en dragon et qui abuse de la reine. Le texte latin ne laisse subsister aucun doute: *Taliter decepta est Olimpiadis concumbens cum homine quasi cum deo* (p.22). En elle-même la formule est on ne peut plus claire: Olympias a été trompée. Ce nonobstant son attitude reste ambiguë: tantôt il semble qu'elle ignore la ruse du sorcier, tantôt on a l'impression qu'elle s'en rend compte. Mais la vérité ne se cache pas bien longtemps: un jour Alexandre se promène avec son précepteur Nectanébus. Offusqué des prétentions de l'Egyptien de pouvoir prédire l'avenir, le jeune homme le pousse du mur de la ville. C'est à ce moment-là que Nectanébus mourant lui dit qu'il est son père. Touché par cette révélation Alexandre porte la dépouille mortelle de l'enchanteur dans le palais et confronte sa mère avec les dires de l'enchanteur. Celle-ci reconnaît que Nectanébus est son père: *Nectanebus pater tuus fuit* (p.38). Aurait-elle lors de la visite du 'dieu' Ammon, deviné les tours de passe-passe de l'enchanteur et aurait-elle joué le jeu? La réponse de la reine à la révélation de l'Egyptien que le dieu Ammon l'honorerait de sa présence est quand même obscure: *si hoc veraciter probare potueris, habebo te quasi patrem pueri* (p.20), puisque la formule *quasi patrem* peut impliquer ou bien une paternité génétique ou bien une paternité exclusivement spirituelle. Quoi qu'il en soit, en accordant à Nectanébus la permission de venir coucher au palais, elle s'expose délibérément aux désirs d'un autre homme (Ammon ou, peut-être, Nectanébus). Même commis avec un 'dieu', son acte relèverait du domaine de l'adultère et c'est ce qui explique qu'elle a toute raison de craindre les réactions de Philippe parti en guerre. Mais ici encore Nectanébus intervient pour lui épargner des explica-

---

[12] La pagination renvoie à l'édition Hilka 1974. Les rééditions Hilka/Bergmeister 1976 et Hilka/Grossmann 1977 ne fournissent pas de variantes significatives ici.

tions pénibles et il a recours à toutes sortes de manœuvres pour que Philippe accepte l'intervention divine, ce qui ne l'empêchera d'ailleurs pas le roi de déplorer qu'Alexandre ne lui ressemble pas. Pour notre héros l'affaire semble avoir trouvé une solution satisfaisante: arrivé en Egypte, il y découvre la statue de Nectanébus et *proiecit se de equo in terram et amplexatus eam* [la statue] *et cepit osculari eam...* et dit ouvertement: *Nectanebus pater meus fuit* (p.76).[13]

Rien de tout cela dans la réécriture du *RAlix*. Le refus de la bâtardise y est catégorique: les rumeurs au sujet de la débauche éventuelle d'Olympias ne sont dues qu'aux jaloux qualifiés ici de *mauvese gent*, de *garçon plains d'envie*, de *bouches mesdisans* (I: 167, 174, 178). Alexandre de Bernai neutralise les effets de cette vilenie dont Olympias est la victime en faisant remarquer que toutes les dames nobles courent ce genre de risques: *N'est dame, se tant fet qu'ele se jeut ne rie / Ne moustre biau samblant, qu'el ne soit envaïe* (ibidem: 175-6). La généralisation du problème déculpabilise la reine qui de par sa naissance déteste déjà les indignes (ibidem: 167) et confirme la norme du *RAlix* si peu romanesque. Elle trahit aussi chez notre auteur/adaptateur une certaine connaissance des clichés poétiques de l'époque: les *garçons plains d'envie*, etc. sont les bien connus *lauzengier* de la poésie occitane. Ces méchants se trouvaient déjà chez Albéric (v.29), mais Alexandre de Bernai, pensant probablement aux dames et demoiselles nobles mentionnées dans l'épilogue (voir *supra*), élargit le cadre et en fait un problème purement social.[14] Deux autres moments de notre texte confir-

---

[13] La confusion règne toujours: s'agit-il d'une parenté naturelle (consanguinité), d'une paternité par alliance ou par adoption, ou encore d'une paternité spirituelle? La première possibilité serait la seule à être correcte si Olympias était effectivement coupable d'adultère. Les trois autres ne semblent pas entrer en ligne de compte: il est vrai que Nectanébus est *li mestres et privez* qui enseigne au jeune Alexandre l'astronomie ainsi que l'astrologie (I: 353-57), mais ces activités-là ne permettent aucunement une spécification de sa position. Pour le problème particulièrement épineux des différentes affinités, surtout en droit matrimonial, voir *DThC*, XI,2: 1995-2003.

[14] Dans l'*ADéca* il est également question de *losengeor*, mais là il ne s'agit que de l'aversion naturelle du jeune roi pour ce type de gens. Il n'y a aucun lien entre ces *losengeor*-là et le possible adultère d'Olympias que l'auteur anonyme de l'*ADéca* rejette d'ailleurs aussi (vv. 62 sqq).

ment, de façon rudimentaire d'ailleurs, le rejet de la paternité du sorcier: 1) le jeune roi le tue (I: 367-8) et 2) lorsque pendant son séjour en Egypte (texte: *Elite*) les habitants du pays lui montrent la statue érigée en l'honneur de Nectanébus, le plus grand savant du monde, Alexandre considère le tout comme du pur *folage* (I: 2587-96). Au chapitre VIII j'ai déjà signalé que la présence de Nectanébus à la cour de Macédoine est entourée par un halo d'incertitude: à un moment donné il est déjà dans le pays avant (!) la naissance du héros; à un autre moment le texte dit qu'il arrive après (!) sa naissance. Il va de soi que le dernier renseignement exclut la possiblité d'une infraction au code matrimonial. Le rejet de l'adultère ne fait pas disparaître les allusions au crime d'Olympias, car on relève un oubli assez curieux dans l'épisode de l'oracle des arbres du Soleil et de la Lune. Le compilateur semble y avoir oublié un peu l'axiologie de son texte: l'oracle, qui révèle au roi sa mort imminente, dit:

> Ta mere fist ton pere hontes et deshonors,
> De laide morte morra, de li n'iert dels ne plors,
> Toute dessevelie gerra es quarrefors,
> Ne la verra cil hom qui n'en pregne paors,
> Nis li oisel de l'air la mangeront et ors. (III: 3817-21)

Ce sort horrible sera effectivement celui d'Olympias (c'est, entre autres, l'*Historia de Preliis* qui le dit explicitement), mais pas à cause de son adultère. Ce sera le résultat de la vengeance effectuée par un certain Cassandre, longtemps après la mort d'Alexandre. Ce détail qui appartient à la légende et à l'histoire n'est pas repris dans notre texte.[15] Le renseignement perturbe, car selon les indications

---

[15] Il y a que deux manuscrits de la rédaction J^2 de l'*Historia de Preliis* où l'épisode de l'oracle des deux arbres annonce la mort atroce d'Olympias, mais cette fin malheureuse n'y est pas rattachée explicitement à l'adultère: *Mater tua turpissimo ac miserando quoque exitui (turpissima ac miseranda morte) insepulta iacebit in via preda avium et ferarum ...* (Hilka/Grossmann 1977: 121). Le passage du *RAlix* doit provenir d'un texte latin proche de la rédaction J^2; les vers qui suivent immédiatement le passage cité fournissent un renseignement curieux: aux vers 3822-4 il est question des sœurs d'Alexandre qui seront de *bones femes* qui *prenderont segnors* auxquels elles *porteront foi*. Ce détail surprend: le *RAlix* ne parle pas de sœurs du roi ni de frères à l'exception cependant du demi-frère du

de l'oracle Olympias est coupable et Alexandre est un bâtard. Mais ce lapsus, car c'en est un, ne tire pas vraiment à conséquence, car les renseignements fournis ailleurs excluent la possibilité que le conquérant macédonien soit un enfant illégitime. Le portrait en bonne et due forme de la reine que le compilateur avait fournie dès l'entrée en texte et qui était surchargée, voir sursignifiée d'éléments positifs (I: 149-56) était en lui-même déjà une négation de tout reproche. Philippe, *privez de li*, qui *par armes queroit pris de chevalerie* (1: 157-58), l'avait conquise de façon aussi romanesque que possible. Leur union est un mariage d'amour et les reproches d'adultère ne sont que des mensonges déshonorants puisque tout ne peut être que pour le mieux dans ce meilleur des mondes macédoniens possibles.

Une autre illustration excellente de cette approche se repère dans le passage où Alexandre apprend que son père a répudié Olympias et qu'il a conçu le projet d'épouser Cléopâtre, la fille du roi de Pincernie. Furieux, Alexandre retourne à la cour, y tue la personne responsable de la combine infâme et massacre les invités. Philippe se met en colère et veut en apprendre à son fils; les deux risquent d'en venir aux mains, mais le père tombe. Sur ce l'affaire se termine en bien: Alexandre s'occupe de son père et lui fait reprendre Olympias et renvoyer Cléopâtre. Le passage mérite un commentaire: le reproche de bâtardise est présenté comme l'œuvre méchante de *fole gent*; le père, quand même un homme intelligent (le fils le qualifie d'*hom de ... escïent*) aurait dû savoir mieux: à l'âge de Philippe on n'abandonne plus son épouse, mais on mène une vie tranquille (I: 1791-884). Ce qui est remarquable, c'est qu'Alexandre agit ici parce que l'honneur est en jeu et que Philippe est dépeint comme la victime de calomnies injustes. Pas un mot sur le possible risque encouru par le héros: bâtard ou non, une répudiation d'Olympias éliminerait toutes ses chances de succéder à son père. Le moment narratif est précieux, car il fonctionne come une mise en abyme de ce que le compilateur avait déjà annoncé dans son prologue: tous ceux qui disent du mal de la reine et donc aussi

---

roi, Philippe Arrhidée, fils de Philippe II de Macédoine et de Cléopâtre (IV: 304-320). Serait-ce la Cléopâtre qui aurait dû prendre la place d'Olympias et qui avait été chassée par Alexandre dès son retour d'Athènes (I: 1791- 884)? Dans le paragraphe qui suit je reviendrai sur la tentative de Philippe de répudier Olympias.

du fils sont des menteurs et des médisants; en agissant immédiatement et en tuant les méchants, Alexandre prouve que ceux-ci ont tort. De cette façon la vérité actorielle corrobore le métacommentaire auctoriel. Notre compilateur dore ainsi autant que possible le blason de Philippe, car tout méfait du père peut retomber sur le fils. C'est ce qui explique aussi, je pense, l'approche incertaine d'Alexandre de Bernai face à Roxane dont je parlerai tout à l'heure.

Le cas de la deuxième reine, Candace, est un autre spécimen de la réécriture caractéristique d'Alexandre de Bernai. La tradition latine la présente comme une *regina pulchra nimis* qui a déjà trois fils adultes (p. 132). En se rapprochant du royaume de Candace, Alexandre lui envoie une lettre dans laquelle il l'invite à l'accompagner au temple d'Ammon pour y faire des sacrifices.[16] La reine décline l'honneur, mais pour faire plaisir au roi, elle lui envoie de riches présents parmi lesquels une couronne pour le temple du dieu. En même temps elle envoie — et ce sans en faire mention à qui que ce soit — un peintre pour avoir le portrait du Macédonien. Lorsqu'Alexandre rencontre enfin la reine, il croit voir sa mère: *visum est illi ut matrem suam videret* (p. 32). Alexandre qui s'était présenté sous le nom d'Antigonus ne réussit pas à tromper la reine; celle-ci confronte la physionomie de son hôte avec l'image sur le portrait qu'elle s'était procuré. Démasqué, Alexandre croit à un piège et réagit de façon furieuse: s'il avait été armé, Candace aurait payé de sa vie cette 'trahison'. La reine réussit à le calmer, mais elle ne peut s'empêcher de se moquer du héros: le voilà pris par une femme:

> ... Destructor totius orbis, destructor Perside et Indie, superator Parthorum et Bactrorum quomodo sine altercatione et hominum interfectione in manibus regine Cleophilis Candacis! Unde scias, Alexander, quia nullo modo debet exaltari cor hominis in elatione pro qualicumque prosperitate que eum sequatur, neque cogitet in corde suo aliquis homo quod non inveniat alium hominem qui

---

[16] Cette présence du temple d'Ammon en Inde et un peu curieuse: en principe la légende situe le culte de ce dieu en Egypte (voir chapitre I, section 1). Il n'est pas impossible d'attribuer cette localisation erronée à la confusion régnant encore dans le domaine des connaissances géographiques de l'époque: il y une Inde en Asie, mais il y en a aussi une en Afrique. Pour un résumé de la question, voir mon étude 1982: 42-3.

eum superhabundet aut in sapientia aut in virtute. (pp. 136-7)

La morale est claire: le Macédonien trop arrogant devra reconnaître que même sa gloire à lui aura un terme, puisque tout homme trouvera son maître (*alium hominem qui eum superhabundet aut in sapientia aut in virtute*). Malgré tout cela Candace lui témoigne sa gratitude, parce qu'Alexandre avait restitué à son fils Candéolus l'épouse qu'un ennemi avait enlevée. Cette prouesse militaire d'Alexandre lui fait soupirer: *Beata fuissem ego, si cotidie te pre oculis meis habere potuissem quasi unum ex propriis filiis meis, ut tecum vicissem omnes inimicos meos* (pp. 142-4). Après avoir reçu des cadeaux, Alexandre la quitte. Pour la Candace de la tradition latine Alexandre serait un fils formidable qui lui écraserait tous ses ennemis.

Si l'on compare — et je rappelle que la comparaison boite et ne peut prêter aucunement à des conclusions péremptoires — le texte que je viens de donner avec le passage correspondant du *RAlix*, on est frappé par la différence: le *RAlix* donne d'autres renseignements: ici, c'est la reine Candace qui en apprenant l'arrivée du Macédonien victorieux tombe amoureuse du roi sans l'avoir jamais vu. C'est un *amor de lonh* renversé: la femme aime un homme pour le bien qu'elle en a entendu dire. Voici ce que dit le texte:

> Candace la roïne oï la renomee,
> Tant l'ama en son cuer a poi n'en est desvee;
> Ne puet prendre conseil comment soit sa privee,
> Et se ele l'i mande, crient que n'en soit blasmee,
> Et s'il ne vient a li, ce samblera posnee;
> Mieus vauroit estre morte qu'il l'eüst refusee. (III: 4435-40)

Elle lui envoie des messagers qui lors de leur retour lui annoncent qu'Alexandre l'aime (III: 4450-1). Bien qu'il faille faire la part des hyperboles propres au genre, il est clair que les idées ovidiennes ont pénétré ce bastion épique.[17] Bien sûr, Candace est une reine

---

[17] L'Ovide médiéval est un auteur à multiples facettes. Pour ce qui est de nos romans antiques du 12ᵉ siècle, c'est surtout l'*Enéas* qui donne le ton (Petit 1982: 240).

orientale et la tradition encyclopédique de l'époque enseigne que l'Orient est un lieu sans contraintes où les femmes sont moins difficiles à conquérir.[18] Le compilateur ne néglige ici aucunement les possibilités de fournir à ses destinataires des moments pleins de *delectatio*. J'en produirai d'autres exemples dans ce qui suit. Pour le moment il suffit de relever que la reine Candace prend bel et bien l'initiative, mais qu'elle n'oublie pas qu'elle a ses responsabilités, puisqu'elle *crient que n'en soit blasmee*. Le passage en question est une fusion heureuse entre les prétendues libertés de l'Orient exotique et la prudence réglementée que doit respecter une reine du Moyen Age occidental.

Un autre exemple de la réécriture des données traditionnelles qui prouve que l'impact romanesque n'a pas entièrement passé à côté du compilateur est fourni par le portrait que Candace a fait faire. Ce portrait fonctionne de la même façon que le peigne de Guenièvre dans le *Chevalier de la Charrete* ou les portraits dans la Salle aux Images dans le *Tristan* de Thomas.[19] Candace ne peut détourner son regard du portrait de l'homme qu'elle aime: *Sovent baise l'ymage, acole et vait entor* (ibidem: 4484); c'est l'esquisse d'un amour soumis, timide. La tradition n'abandonne cependant pas tous ses droits, car ici encore Alexandre s'est déguisé et ici encore il est découvert grâce au portrait que la reine avait réussi à obtenir. Afin d'apaiser le roi courroucé qui menace de la tuer, Candace se jette à ses genoux et implore son pardon: *Ce q'amors me fait faire ne tien a vilenie* (v. 4782). On le voit: pas de morale ici. Bien au contraire, Candace dit aimer le Macédonien et elle le lui prouve en l'invitant à se retirer tous les deux dans un endroit isolé de son palais. Un *demi jor* bien tendre scelle la rencontre des deux personnages qui là-dessus se séparent pour ne plus jamais se revoir (vv. 4780-864).[20] Il y a déjà dans Candace un peu de la grande dame

---

[18] Le Goff 1977.

[19] Roques 1958: vv. 1424-37; Wind 1960: 69-71.

[20] Selon le compilateur du *RAlix* Candace s'offre au Macédonien pour éviter que celui-ci ne meure sans héritier: *Se tu fenis sans oir, deus iert et mar i fus* (III: 4784). Au cas où Alexandre serait déjà marié avec Roxane — et nous verrons que le *RAlix* est vraiment avare de renseignements — la proposition de Candace est curieuse, car tous les problèmes de succession en ligne directe sont ignorées. La branche IV nous apprendra d'ailleurs que Roxane est enceinte. Dans sa *Venjance Alixandre* Jehan le Nevelon nous raconte qu'Alexandre a eu un fils auprès de

qui consciente de son indépendance peut, tout comme ses sœurs celtiques dans les romans bretons, se permettre certaines libertés envers l'homme qu'elle désire. Il n'est pas sans intérêt de signaler qu'elle est, elle aussi, un produit de cet Orient lointain plein de promesses pour le combattant fatigué: son indépendance évoque la légendaire disponibilité de l'Orient onirique. Cependant, comme elle a ses responsabilités de reine, elle ne peut pas rester insensible au possible qu'en-dira-t-on: sa relation avec Alexandre ne doit pas être sue des autres. Le secret du triangle se maintient: tout se déroule *dins cambra encortinada*:[21] aux yeux des destinataires l'épisode est donc hautement reconnaissable et même plausible, mais malgré les lointains échos de la lyrique troubadouresque, l'affaire fonctionne ici de façon essentiellement différente. C'est la femme qui tombe amoureuse d'un homme marié et c'est l'homme qui commet l'adultère, car à en juger d'après le texte, il n'est pas impossible qu'Alexandre soit déjà un homme marié.

Et ici nous touchons un point intéressant. Les textes en langue vulgaire entourent la position de la reine Roxane d'un halo informationnel assez flou, et ce à l'encontre des textes en latin, car dans l'*Historia de Preliis* la situation semble être claire.[22] Darius offre sa fille au Macédonien: *Roxanen filiam meam accipe tibi in coniugio ... et Alexandre eam uxorem fecit ... et precepit ut adoretur ab omnibus sicut regina* (pp. 206, 214). Alexandre y est donc bel et bien marié avec Roxane qui est la fille de Darius. Et puisque les rapports entre Candace et Alexandre y sont ceux entre une mère et son fils, le blason du roi est sans tache aucune. Mais dans le *RAlix* les relations entre les trois personnages en question sont fort obscures, car dans les fragments qui nous intéressent ici, le conquérant réagit de façon différente. Après les premières escarmou-

---

Candace; ce fils, Alior, vengera son père. J'y reviens au chapitre XIV. Thomas de Kent nous présente une version quelque peu altérée de la rencontre du roi avec Candace (voir chapitre XIII). Pour le rôle de Candace dans d'autres textes centrés sur les aventures du Macédonien, voir De Weever 1990.

[21] La formule est de Cercamon (Jeanroy 1922: 7).

[22] C'est la légende qui a produit la confusion: tantôt Roxane est la fille d'un satrape bactrien du nom d'Oxyarthès, tantôt elle est la fille de Darius III. Comme ce dernier renseignement est fourni par la tradition du Pseudo-Callisthène, il n'est pas étonnant du tout de le retrouver dans les versions étudiées ici. Voir chapitre II, sections 1 et 2.

ches entre Macédoniens et Perses, la situation s'annonce difficile pour Darius. Tentant désespérément de sauver sa tête et sa couronne, Darius propose à ses vassaux réunis en conseil d'offrir à Alexandre la main de sa fille (laquelle?) ainsi que la moitié de son empire. Ceux-ci sont d'accord (II: 2591-608). Informé de la proposition, Alexandre en discute avec ses barons; Ptolémée et Clitus laissent toute décision au roi, mais Perdiccas lui conseille d'accepter. La prise de position de ce pair amène la réponse fameuse ('Si j'étais Perdiccas, j'accepterais, mais je suis Alexandre: *Ne per ne compaignon n'avrai ja en ma vie*'; ib. 2671). Un héros exceptionnel ne partage pas. Aussi la bataille a-t-elle lieu: battu, Darius s'enfuit et abandonne sa mère, son épouse ainsi que sa fille dont nous ignorons toujours le nom. Elle n'a d'ailleurs droit qu'à un descriptif standard: elle a un *cler vis* et est *gente pucele*.

Alexandre les traite courtoisement (vv. 2969-74), fait qui n'échappe pas aux ennemis perses qui ne manquent pas de consoler leur maître: un homme comme Alexandre se conduira de façon honnête envers sa fille: ou bien il la prendra lui-même ou bien il la donnera à un duc, comte ou marquis. Malgré le fait que même les ennemis confirment la courtoisie du Macédonien, l'affaire reste dans le vague: Alexandre garde auprès de lui la fille de Darius (*q'en deüst il el faire?* se demande le compilateur; II: 3071). Celui-ci ne fournit vraiment aucune spécification au sujet des rapports entre le Macédonien et la fille de Darius III. Cela s'avère de façon prégnante dans le passage où les deux opposants se rencontrent: juste avant de pousser le dernier soupir, Darius demande à Alexandre d'épouser sa fille ou de la marier à un home de son rang (III: 272-79; 294-6). Mais encore une fois: de quelle fille s'agit-il, de Roxane ou d'une autre? Le texte ne décrit pas non plus la réaction d'Alexandre; celui-ci ne semble s'occuper que de la punition des traîtres misérables qui s'en étaient pris à la personne même de Darius III. La situation n'est pas claire du tout. Quelle surprise donc de constater dans les complaintes de la branche IV que le roi a comme *mollier* une certaine Roxane (v. 68).[23] La conclusion s'impose: le compilateur semble avoir obscurci quelque peu les rapports

---

[23] Voir également IV: 105, 196, 242, 610, etc.

matrimoniaux entre Alexandre et Roxane. Délibérément?[24] S'il avait insisté sur ces rapports comme le font les textes latins, l'affaire avec Candace aurait eu une résonance toute différente; ne dit-il pas à la reine Candace juste avant de la quitter: *'S'Alixandres mes sires* [Alexandre s'était présenté comme son pair Antigonus, et il continue à jouer le jeu] *vous avoit a oissor, / Mieus avroit esploitié que tuit si ancissor* (III: 4858-9)? Il est possible qu'il soit encore libre, mais il n'est pas à exclure non plus qu'il exprime un regret: aurai-il préféré Candace? La question restera sans réponse. Au chapitre XIII on verra que Thomas de Kent réoriente les données de la légende; chez lui Roxane ne sera même pas mentionnée. Une même observation peut se faire au sujet de l'épisode des filles-fleurs. Là encore le destinataire reste dans l'incertitude: le roi participe-t-il oui ou non aux ébats amoureux qu'offrent ces belles demoiselles de la forêt? A en juger par sa volonté d'emmener une de ces jolies créatures — entreprise impossible puisque ces dames meurent dès qu'elles quittent la forêt protectrice — on serait enclin à répondre à cette question par l'affirmative. Malheureusement les indications sont peu précises et les conclusions péremptoires sont donc à éviter. Il n'y a, je le répète, aucun indice vraiment fiable; le compilateur ne s'exprime pas, fidèle qu'il est à sa volonté de dorer le blason du roi et à ne rien dire ou suggérer qui puisse ternir sa réputation.[25]

L'épisode des Amazones appartient également à ce fonds

---

[24] Est-ce que la reine Roxane avait été épousée pour assurer la continuité de la dynastie macédonienne? Les destinataires, eux, l'auraient compris, puisque c'était là quand même le premier enjeu des contrats de mariage. Un Louis VII répudiera Aliénor parce qu'elle ne lui donne pas d'héritier mâle. Deux ans après le divorce elle épousera, comme on le sait, Henri II d'Angleterre. Voir, entre autres, Boussard 1956; Pernoud 1965; Schlight 1973.

[25] La production textuelle du 12e siècle ne représente qu'une partie infime de tout ce qui a été dit au sujet du Macédonien. Malgré le fait que le *RAlix* ne spécifie pas, la réception de la légende en territoire français fait de Roxane bel et bien la fille de Darius et l'épouse d'Alexandre. Il en est de même de la réception dans d'autres polysystèmes: pour un Marco Polo il n'y a pas de doutes (Hambis 1955: 53-5). La même certitude se dépiste dans l'iconographie: il y a de nombreuses peintures mettant en scène Alexandre et Roxane: la peinture de Sodoma (Rome, Villa Farnesina) n'est qu'une des multiples manifestations confirmant les rapports matrimoniaux entre le Macédonien et Roxane (Lane Fox, 1974: planche 18; Grell/Michel 1988).

magique de la légende. Après avoir vaincu l'émir de Babylone, Alexandre apprend qu'il n'a pas encore assujetti le monde entier, car le pays des Amazones, *uns regnes d'un flueve avironés*, une *ille* (III: 7235, 7363), ne reconnaît pas encore son autorité.[26] Dans ces conditions-là il lui est impossible de se faire couronner maître du monde entier. Aussi décide-t-il de subjuguer, de quelque façon que ce soit, cette nation féminine dont les habitantes semblent ne pas s'intéresser au mariage, puisque les rumeurs veulent qu'elles se contentent de la visite annuelle de jeunes chevaliers afin d'éviter l'extinction de la population féminine. Alertée par l'approche de l'armée macédonienne, Amable, la reine des Amazones, décide ne ne pas recourir aux armes puisqu'un songe prémonitoire lui a montré l'invincibilité du Macédonien. Aussi lui envoie-t-elle deux ambassadrices avec un tribut immense afin de calmer ses velléités belliqueuses et de prouver que l'Amazonie accepte sa seigneurie.[27] Alexandre de Bernai élabore le charmant passage dans la perspective de l'axiologie dominante qui veut que les nobles ne fréquentent que leurs égaux. Le petit épisode sentimental bat quand même une jolie brèche dans le *RAlix* si épique. Les deux ambassadrices, qui s'apellent Florés et Biautés, se dirigent tout en chantant vers le campement macédonien jusqu'au moment où elles rencontrent les pairs Clitus et Aristé. Les deux Macédoniens se comportent de façon extrêmement courtoise, ce qu'apprécient les demoiselles qui, dans la suite, ne se montrent pas trop farouches. Entre parenthèses: ce que savent déjà les destinataires, mais qu'ignorent les deux pairs d'Alexandre, c'est que les deux demoiselles sont encore vierges: *N'onques encore ne fu fraite lor chastée* (v. 7397). Elles sont ainsi ce qu'il y a de plus conforme au code de la société nobiliaire du 12ᵉ siècle.[28] Il est intéressant de noter que le discours clichématique corrobore la thèse du *RAlix*, car avant même de dire son nom, Florés révèle son statut social: *Je sui molt gentil feme et de molt haute gent* (III: 7546). Aussi Clitus n'hésite-t-il pas à lui déclarer

---

[26] Le texte insiste sur l'aspect insulaire d'*Amazoine*; cf. III: 7241, 7256, 7363, 7373-76, 7389, 7396, 7438, etc. Il en est de même des épisodes des filles-fleurs et des demoiselles aquatiques. Pour tout ceci, voir Salvat 1982; Menard 1989; Baumgartner 1988.

[27] Cette reine porte également un nom, mais son rôle est insignifiant.

[28] Duby 1981: 35-6; Laurent 1989: 22-4.

son amour.

Bien qu'on puisse parler ici de coup de foudre, il faut quand même une certaine prudence: l'épiderme noble reste sensible et le rôle sociologique de l'honneur ne saurait s'ignorer. La discussion qui s'engage entre les jeunes gens est une d'*amor et de jovent*. Ce faisant les jeunes nobles marquent non seulement leur exclusivité (III: 7539), mais ils montrent aussi que la véritable noblesse est de toutes les régions et de tous les peuples. L'acceptation de par l'élite macédonienne de cet étranger qu'était Sanson avait déjà illustré cette idée des nobles d'appartenir pour ainsi dire à une caste internationale qui ignore les frontières. Les deux demoiselles sont expertes en l'art de la conversation galante, puisqu'avec les chevaliers qui une fois l'année viennent dans leur île, les Amazones ont l'habitude de parler d'amour et de chevalerie (IV: 7244). Le fragment nous montre une petite surprise: les Macédoniens dont on n'avait vu jusqu'ici que des exploits purement héroïques se montrent, eux aussi, des hommes bien versés dans l'art de la conversation courtoise.[29] Il est évident que notre auteur/adaptateur se désaltère ici aux sources purement romanesques sans pour autant oublier l'axiologie de son texte qui ne fait qu'illustrer la maxime que les socialement indignes, les roturiers, les serfs, etc, doivent être tenus à écart.[30] Ce qui est curieux, c'est qu'Alexandre de Bernai avait déjà présenté Florés comme une demoiselle noble, mais apparemment cela ne semble pas suffire: Aristé dont la branche IV dira qu'il était beau, mais qu'il avait *une teche vilaine, / Q'il n'amast nule dame se ne fust chastelaine* (vv. 1236-7) hésite un moment et demande à Biautés si vraiment elle est

>............. fille a conte ou a duc ou a roi,
>Bien pert a la biauté certes que en vos voi
>Que estes gentil feme e de riche conroi; (III: 7560-2).

---

[29] Lors de sa rencontre avec la reine Candace, le roi avait déjà prouvé maîtriser cet art à la perfection. L'auteur/adaptateur anonyme de l'*ADéca* avait insisté sur la conversation galante comme un des arts que le jeune Alexandre devait maîtriser: *Parler ot dames corteisament d'amors* (Foulet 1965: 64, v. 55). Arsenal et Venise maintiennent cette donnée resp. 55 et 71), mais le *RAlix* l'ignore.

[30] Pour les Amazones dans les autres romans antiques, voir Petit 1983.

L'équation traditionnelle entre beauté extérieure et beauté intérieure (lire: noblesse) prouve, ici encore, sa validité. Le texte ne fournit pas la réponse précise de la demoiselle, mais le seul fait qu'Aristé dit qu'ils sont tous les deux *d'une loi* suffit:[31] la norme est sauvegardée et l'Amazone et le Macédonien peuvent s'aimer en toute tranquillité d'âme, car il s'avère qu'ils appartiennent tous les deux à la *communitas nobiliorum* 'internationale'. Clitus et Aristé, qui appartiennent à l'aristocratie de sang dont le compilateur s'est fait le chantre, trouvent leur bonheur dans le cœur des deux compagnes nobles. Le mariage qui s'annonce immédiatement évoque le rêve de tous les *juvenes* dont j'ai parlé au chapitre X. La concrétisation du bonheur est présentée comme une récompense: les deux pairs savent qu'après le couronnement du roi à Babylone ils recevront, enfin, les *honneurs* que celui-ci leur avait promis. Ce sera à ce moment-là que ces *juvenes* pourront s'établir et jouir de la récompense de leur loyauté inconditionnelle et leurs efforts inlassables. En respectant sa parole Alexandre confirmera ce que le prologue avait bien marqué: lui, il prouve comment un roi doit *ses amis garder et chierement tenir* (I: 4).

Le statut insulaire du pays des Amazones renvoie évidemment à la tradition de l'Autre Monde connue dans l'Europe du 12e siècle grâce aux nombreuses *descriptiones* de l'Orient et aux contes d'origine celtique et suggère une disponibilité et même une certaine insouciance face à une sexualité réprimée par la société chrétienne. Dans leur île les demoiselles ignorent jusqu'au formalisme même du mariage et elles préfèrent des amours libres (IV: 7245). Ce qui frappe, c'est que les demoiselles qui lorsqu'elles se trouvaient encore dans leur île ne s'intéressaient pas au mariage, acceptent

---

[31] La formule *nos somes d'une loi* (III: 7566) est traduite par Laurence Harf-Lancner par 'nous avons la même religion' (1994: 725). Comme le religieux ne joue aucun rôle ici, je pense qu'il faudra traduire ces mots plutôt par: 'nous appartenons à la même élite': Aristé désire savoir si vraiment il a affaire à une noble (ib. 7559-63). Par contre, la traduction du vers III: 7640 indiquant que le prêtre marie les Macédoniens et les Amazones *A la loi que il tienent* par 'selon la religion qu'ils partagent' (1994: 731) est correcte. Un autre indice intéressant de cette attitude ségrégative (face aux indignes!) se repère dans la présentation de Gadifer, l'ennemi que rencontrent les 700 fourrageurs macédoniens. Ce noble porte ... *une manche s'amie, / Qui n'estoit mie garce ne povrement norrie, / Mais riche damoiselle, fille au roi d'Aumarie* (II: 1499-501).

maintenant d'épouser les deux pairs d'Alexandre. Un *chapelain* les unit *A la loi que il tienent* (III: 7640-1). Cet événement produira quand même un choc, car lorsque le Macédonien annonce à la reine d'Amazonie qui lui vient rendre hommage que l'amour a triomphé des lois d'Amazonie, celle-ci réagit de façon furieuse, mais se voit contrainte de céder: la volonté d'Alexandre ne s'ignore pas. De nouveau les Macédoniens tiennent tous les atouts. Dans les déserts indiens ils avaient su dominer le merveilleux, fût-ce au prix de sacrifices parfois immenses. Ils y avaient vaincu des monstres féroces et sanguinaires. Les Amazones sont, elles aussi, des êtres merveilleux et le fait qu'elles transgressent — et ce à la simple demande des deux pairs en question — leur propre code est de nouveau une preuve de la supériorité macédonienne devant laquelle tout obstacle cède.

Appartiennent à la même catégorie de dames bienveillantes ces femmes anonymes qui font partie intégrante du décor légendaire de l'Orient. Le *RAlix* mentionne ici les demoiselles qui vivent dans l'eau (III: 2896-932) et les filles-fleurs (III: 3286-544) qui, ensemble, représentent le légendaire érotique non normatif. Celles qui en guise de poissons vivent toute nues dans l'eau ne lâchent plus les hommes qui se jettent dans leurs bras: ... *en l'eaue les traioient, / Tant les tienent sor eles qu'eles les estaingnoient* (2920-1). Le risque que les Macédoniens tombent dans le piège d'une étreinte fatale et mortelle est grand, mais l'intervention de leur maître empêche que les soldats ne se fassent tuer par ces dévoreuses d'hommes. Le passage peu important en lui-même (le tout n'occupe que 37 vers) semble renvoyer aux dangers liés à une sexualité sans limites, sans *mesure*, mais notre compilateur ne moralise pas. Pour lui, ce n'est qu'une autre *merveille* orientale (III: 2898), car de par leur statut ichtyologique les demoiselles relèvent tout juste de la faune tératologique. L'épisode des filles-fleurs (III: 3286-544) est plus intéressant. Non pas par son ampleur, car le tout n'embrasse que quelque 250 vers, mais par ses rapports avec l'axiologie du texte.

La forêt qu'habitent les demoiselles est une espèce de paradis plein de plantes exotiques où la pureté originelle ne se perd jamais: la maladie et la faim s'y ignorent; et après avoir fait l'amour, les demoiselles y récupèrent immédiatement leur virginité. De prime abord l'accès à ce paradis qui ressemble à un pays de cocagne s'annonce impossible: le pont sur le fleuve entourant la forêt est gardé par deux enfants qui menacent de tuer celui qui tenterait de passer. Le danger est cependant conjuré par un des deux guides que l'armée s'était procurés: l'homme se révèle être magicien. Ici encore les Macédoniens peuvent réaliser ce qu'ils désirent: ils sont vraiment les maîtres du monde. Les guerriers entrent dans la forêt où ils sont reçus par les demoiselles qui se comportent comme si elles étaient leurs épouses ou leurs amies. L'ambiance qui règne est celle d'un déjeuner sur l'herbe 'arcadien': on mange sur des *napes sor l'erbe a la rousee* et après on va se *deporter en la pree* où il y a des fruits à foison (III: 3474-9). Les demoiselles n'ont qu'un seul défaut, car bien qu'elles soient proches des dames et demoiselles macédoniennes par le fait qu'elles sont *Vestues comme dames* (III: 3354), elles sont quand même mi-femme mi-plante: à l'entrée de l'hiver elles entrent dans la terre et le printemps suivant elles en sortent comme des fleurs. L'image est claire: comme des fleurs elles sont totalement 'enracinées' dans l'île (puisque le fleuve entoure la forêt, nous avons affaire, ici encore, à une île); dès qu'elles en quittent l'ombre protectrice, elles seront déracinées et mourront. Inexorables les lois de l'Orient!

Il s'avère que le *RAlix* si épique n'est donc pas totalement imperméable aux affaires du cœur; l'impact de la poésie et du genre romanesque ne s'y ignore pas. Mais cet impact ne concerne que quelques épisodes isolés. Il n'est pas question du tout d'une axiologie parallèle visant l'accentuation de la *cortoisie* ou de la *fin'a-mor*. Ce n'était aucunement l'intention d'Alexandre de Bernai, car dans le cas contraire on aurait pu et dû en repérer beaucoup plus de traces. Il faut d'ailleurs se demander si ce compilateur a fait autre chose qu'intégrer ce que ses modèles préexistants lui fournissaient, car il est incontestable que les données trahissant l'influence du code sentimental ne se repèrent que dans la première branche (où elles concernent Olympias) et dans la troisième (où elles renvoient à Candace, aux Amazones Florés et Biautés ainsi qu'aux demoiselles bienveillantes). La deuxième branche ignore tout élément féminin et la quatrième n'accorde qu'un rôle tout à fait insignifiant à Roxane: elle n'y assure que sa part dans le concert de plaintes exécuté par les 12 pairs et Aristote. Il s'avère donc que la présence féminine se limite aux seuls passages livrés par la tradition: Olympias, Roxane et Candace sont des dames authentiques. La même chose peut se dire au sujet des Amazones, des demoiselles dans l'eau et de celles de la forêt qui, elles aussi, doivent leur existence et leur 'authenticité' à cet intarissable flux informationnel provenant de ces *ymagines mundi* et de ces *descriptiones terrae* qui à l'époque qui nous concerne sont à la disposition des érudits de l'Europe occidentale.

Dans ce qui précède il a déjà été constaté que le compilateur écarte ou camoufle tout ce qui nuirait au prestige de son héros. Voilà pourquoi il rejette avec tant de véhémence l'adultère éventuel d'Olympias. Voilà pourquoi il évite tout ce qui placerait son héros dans une position moins favorable face à Candace et même face aux filles-fleurs.[32] Mais pour ce qui est des rapports entre Alexandre et Roxane, il semble hésiter: est-ce que son héros est marié ou non lorsqu'il rencontre Candace et des filles-fleurs? La question restera sans réponse. Le refus de quelques données structurellement ancrées dans la tradition latine ne peut s'expliquer que si l'on tient compte de la qualité du public auquel Alexandre de Bernai aurait destiné son texte. Les transformations des fonctions ainsi que des portraits d'Olympias et de Candace que j'ai analysées ici succinctement sont sans aucun doute dues à cette volonté de plaire aux destinataires, parmi lesquels les dames et les jeunes filles nobles mentionnées à la fin de la branche IV. Ce long récit avec ses nombreux combats qui n'auront pas manqué de plaire aux *juvenes* et à tous ces autres mâles férus de gloire chevaleresque et de butin avait besoin d'un peu de couleur s'il voulait atteindre également ces *dames, les puceles, qui ont clere façon*. Une fois cette condition remplie, la réception auprès du public féminin s'en trouverait facilitée. Le résultat de cette tentative d'adapter la légende aux mœurs contemporaines est une illustration frappante de cet hybridisme foncier de la culture médiévale où se télescopent plusieurs traditions d'écriture, en l'occurrence celles des genres épique, poétique et romanesque. Les quelques concessions à la *cortoisie* — et peu importe que celles-soi soient conscientes ou non — peuvent avoir été imposées par un mécénat; elles peuvent aussi être le fruit

---

[32] A noter ici que les prêtres qui desservent l'oracle des arbres du Soleil et de la Lune disent à Alexandre: *A vallet n'a meschine se tu geü nen as, / Tant pués aler avant q'as arbres toucheras. / Et se tu nen ies chastes, ça dehors t'esteras, Tu et ti compaignon qu'aveuc toi amenas* (III: 3793-6). Le texte ne dit pas si le roi avance ou non.

d'un automatisme purement professionnel: Alexandre de Bernai se serait ainsi conformé à un horizon d'attente sans s'en rendre vraiment compte. Qui sait. Ce qui est cependant hors de doute, c'est que les retouches effectuées sur les portraits féminins sont hautement fonctionnelles, puisqu'en nuançant l'axiologie de l'héroïsme, elles en confirment l'essence même.

XII

LES VERSIONS ARSENAL ET VENISE

Le tableau synoptique du chapitre II (section 4) a déjà fait état des différences entre les différentes *vitae*, le *RAlix*, les versions Arsenal et Venise et le *RTCh*. Les deux premières sont d'auteurs/adaptateurs inconnus, le dernier est mis sur le compte de Thomas de Kent. Toutes les versions mentionnées témoignent de ce besoin que manifeste l'époque qui nous occupe de réunir toutes les aventures de tel ou tel héros.[1] Rien de bien surprenant donc si les aventures populaires du Macédonien ont été réunies, elles aussi, dans des ensembles complets et cohérents. En lui-même le mouvement n'est pas original, car les premières constructions à portée biographique concernant le Macédonien datent du début de notre ère. On n'a qu'à penser à la création du Pseudo-Callisthène et ses suites (cf. chapitre II, section 2). Cela continue jusque bien avant dans le Moyen Age. La nature même des différentes versions médiévales de la *vita* du Macédonien diffère cependant de celle des mises en cycle des chansons de geste et des romans. C'est que les ancêtres d'Alexandre le Grand n'ont pas vraiment d'importance: le héros qui de temps en temps est censé jouer un rôle dans l'histoire du Salut est trop exceptionnel. C'est lui qui occupe le devant de la scène. Cela se constate dès la création d'Albéric. Les réécritures et continuations qui suivent (*ADéca*, *FG*, *AOr*, *MortAlix*) visent toutes l'inventaire des données jugées typiques pour ce héros: chaque auteur/adaptateur prétend combler un vide informationnel.

Les versions que je viens de mentionner (l'*ADéca*, etc.) sont combinées dans des compilations à portée biographique globale. A mentionner ici les réécritures d'Alexandre de Bernai et Thomas de Kent et celles que nous ont léguées les manuscrits Arsenal, Venise et L. Cette dernière version,[2] qui semble avoir été

---

[1] Dans la pratique les mises en cycle finiront par offrir des aventures qui vont au-delà de celles du héros lui-même, puisque la perfection du fils crée l'exploit paternel. Au 16e siècle un Rabelais se verra encore contraint de sacrifier sur l'autel de la tradition: il devra raconter les exploits du père de son héros Pantagruel.

[2] Pour le manuscrit L (Paris, BN Fr. 789) qui exploite des éléments puisés dans la *Prise de Defur* et le *Voyage au Paradis terrestre*, interpolations du 13e siècle ainsi que des données empruntées au *Vengement Alixandre* de Gui de Cambrai, voir La Du 1965: 390-448.

terminée vers 1280, intègre des interpolations du 13ᵉ siècle et c'est bien la raison pour laquelle je la passe ici sous silence. Plusieurs facettes de la réécriture d'Alexandre de Bernai ont déjà retenu mon attention dans les chapitres qui précèdent, surtout aux chapitres IX-XI. Je n'y reviendrai plus. La version attribuée à Thomas de Kent m'occupera dans le chapitre qui suit. Ici j'analyse les versions que nous livrent les manuscrits Arsenal et Venise et je tenterai de circonscrire leur position dans l'ensemble de la tradition française du 12ᵉ siècle. Dans ce but je comparerai les deux versions en question avec le *RAlix*, opération bien difficile (on compare des versions fort différentes), mais quand même utile, puisqu'elle jettera une lumière plus claire sur le statut d'Arsenal et de Venise dans la tradition textuelle, et donc aussi sur celui du *RAlix*. En première instance j'étudierai les aspects quantitatifs, en deuxième instance je présenterai quelques données qualitatives.

La juxtaposition des deux versions nous confronte immédiatement avec des fluctuations textuelles importantes. Le manuscrit Arsenal (Bibliothèque de l'Arsenal, ms 3472) semble avoir être terminé dans la première moitié du 13ᵉ siècle. L'origine de son modèle qu'on devra, peut-être, situer au 12ᵉ siècle (je le nomme 'Arsenal') est difficile à établir: l'écriture d'Arsenal montre des traits du Sud-Ouest aussi bien que des caractéristiques qu'on doit situer dans le Sud-Est (Bourgogne, Haut-Dauphiné, voire l'Italie du Nord).[3] D'après les informations disponibles actuellement Venise (Venise, Museo Civico, ms VI, 665) aura vu le jour dans la première moitié du 14ᵉ siècle et cela possiblement dans un contexte vénitien.[4] L'original qui l'a provoqué, que je nomme 'Venise', est peut-être également du 12ᵉ siècle (mais je ne le dis qu'avec hésitation: il ne s'agit que de possibilités). Au chapitre VI j'ai commenté déjà quelques éléments d''Arsenal' et 'Venise' afin de déterminer autant que possible la position unique de la grande compilation d'Alexandre de Bernai qui, je le répète, finira par abriter plusieurs interpolations. Dans ce qui suit ici j'essayerai de déterminer la position spécifique des versions Arsenal et Venise. Afin d'en arriver à une mise en situation adéquate, je confronterai en première instance les deux versions avec la vulgate, en deuxième instance je m'occuperai des

---

[3] La Du 1965: 346, 286; Naudeau 1992: 156, 163.
[4] La Du 1965: xi-xii; Ross 1988: 12.

caractéristiques spécifiques des deux versions. Il va de soi que je devrai me limiter à la mention de quelques phénomènes saillants: la mouvance textuelle impressionnante interdit tout simplement un examen complet.

D'abord le signalement d'Arsenal et Venise. Celles-ci nous confrontent avec une mise en forme stylistiquement hétérogène, puisque toutes les deux reprennent les aventures de jeunesse d'après l'*ADéca* et cela dans sa structure décasyllabique même (respectivement Arsenal 1-785 et Venise 1-804). La suite nous présente les aventures en Asie du protagoniste ainsi que sa mort à Babylone. Cette partie-là est présentée en vers dodécasyllabiques. Comme Arsenal et Venise ne fournissent aucune indication pouvant motiver ou excuser cette polymétrie quand même un peu conservatrice, on ne se l'explique qu'en supposant un modèle commun assez proche de l''archétype' proposé par la critique. Cet 'archétype' aurait compris l'*ADéca*, l'*AOr* et probablement la *MortAlix*.[5] Mais cette explication qui n'en est pas vraiment une (il nous manque tout renseignement fonctionnel) ne concerne jamais les deux versions à la fois: les différences sont vraiment trop grandes.[6] A la rigueur cette situation serait celle de la version Arsenal, et dans ce qui suit je fournirai quelques indices pouvant corroborer cette idée, mais certainement pas celle de Venise. On peut accepter la suggestion que l''archétype' dont ont parlé les éditeurs des versions françaises des aventures d'Alexandre aura compris les aventures de jeunesse, celles en Inde ainsi que la mort à Babylone. Les différences parfois minimes d'avec la vulgate en sont des indices intéressants. Quoi qu'il en soit, Arsenal est à considérer comme une version relativement proche de cet 'archétype'. Venise en est cependant plus éloignée et cela pour deux raisons: 1) elle fournit les données essentielles du *Fuerre de Gadres* (= *FG*) qui dans le *RAlix* constitueront la branche II et 2) elle fait suivre sa version à elle d'un épisode décrivant la punition des assassins du roi, intervention qu'ignore Arsenal. Ce dernier élement la distingue d'ailleurs aussi du *RAlix*

---

[5] Pour ceci, voir Foulet 1965: 1-2.

[6] Comme le manuscrit offre des lacunes à l'endroit où s'enchaînent la partie décasyllabique évoquant les exploits de sa jeunesssse et la suite en dodécasyllabes décrivant les autres aventures, il faut observer une certaine prudence: il peut y avoir eu des indications qui, pour une raison ou une autre, se seront perdues.

qui ne parle pas non plus d'une vengeance de l'assassinat du roi.
C'est précisément l'épisode de la vengeance qui marque le compilateur de Venise comme un professionnel doté de certaines capacités créatrices.[7]

Arsenal occupe donc une position à part. Mais il y a plus: le maintien par le compilateur d'Arsenal de la versification de l'*ADéca* s'expliquerait peut-être par un respect (trop grand?) envers le modèle préexistant qui aurait compris l'*ADéca*, l'*AOr*, la *MortAlix* et peut-être aussi des données provenant de la compilation d'Alexandre de Bernai. En témoigneraient les derniers vers d'Arsenal fournissant la 'signature' du compilateur de la vulgate.[8] Mais le décasyllabe surprend quand même un peu dans Venise. L'auteur/adaptateur de cette version montre qu'il est bien capable de manier l'alexandrin, ce que prouvent non seulement le petit épisode de la vengeance qui ne se sera pas trouvé dans un modèle, mais aussi les nombreuses laisses intercalées dans le texte qui n'ont de pendants ni dans Arsenal ni dans la vulgate (voir *infra*). Le compilateur de Venise fait donc preuve d'une certaine créativité, fait qui ne correspond aucunement avec le conservatisme vis-à-vis de la polymétrie de la compilation. Cette curieuse non-harmonisation des sources dans Arsenal et Venise ne trouvera probablement jamais d'explication satisfaisante. D'abord parce qu'il ne nous reste aucune trace concrète de ce fameux 'archétype' évoqué par les éditeurs des versions du *Medieval French Roman d'Alexandre* et ensuite parce que les manuscrits qui nous ont conservé les versions Arsenal et Venise datent des 13e et 14e siècles. Il n'est pas à exclure que le trajet qui va de l''archétype' supposé aux versions dont je parle ait produit des interventions de la part de copistes entreprenants. Toutes les traditions manuscrites sont caractérisées par une certaine mouvance. C'est un fait. Une comparaison prudente d'Arsenal et de

---

[7] Je ne m'occuperai ici pas de la version procurée par le manuscrit Parme 1206 qui fournit une vengeance qui combine des données puisées dans le *VAj* et le *VAg* (Ross 1988: 13).

[8] Il faut bien dire que c'est là un fait bien intriguant. L'éditeur (La Du 1965: v) semble penser que cette mention est suffisamment fonctionnelle. Il ne donne cependant aucune argumentation évoquant une dette quelconque envers (une copie de) la vulgate. J'avoue ne pas pouvoir fournir d'explication satisfaisante de ce mélange curieux de sources.

Venise avec le texte d'Alexandre de Bernai nous révélera que l'ensemble de la tradition fait quand même preuve d'une certaine stabilité narrative et descriptive. Grâce à cette relative stabilité — et provisoirement je fais abstraction des chronologies flottantes dont Arsenal et Venise offrent bien des illustrations — il est possible de faire quelques remarques au sujet de la distance entre l'"archétype' proposé et les deux versions dont il est question ici.

J'ai déjà dit que des différences quantitatives séparent Arsenal et Venise du *RAlix*. En guise d'illustration deux signaux on ne peut plus clairs: dans Arsenal et Venise les aventures de jeunesse occupent 801 respectivement 804 vers, mais la vulgate y consacre 3284 vers. Pour ce qui est des aventures en Orient, on relève les différences suivantes: Arsenal donne environ 4769 vers, Venise 5539, mais la vulgate 7839.[9] Voilà des écarts impressionnants qui ne s'expliquent pas uniquement par l'introduction d'autres épisodes. La cause de ces différences réside surtout dans l'amplification d'épisodes jugés pertinents. J'en veux pour exemple l'épisode 8 de mon tableau synoptique qui traite de la création des 12 pairs ainsi que de la guerre contre Nicolas. A travers les différences énormes s'annonce une procédure: Arsenal y consacre quelque 328 vers, Venise 352, mais le *RAlix* 1073.[10] Dans quelques instants je reviendrai sur la qualité des leçons. La vulgate qui donne des leçons caractéristiques tout à fait particulières semble donc être la plus travaillée.[11] C'est là une première constatation: Arsenal et Venise s'opposent à la vulgate. Mais l'affaire est beaucoup plus compliquée que ne le suggère cette première observation. C'est qu'à l'intérieur de la série de réécritures s'inspirant de la création d'Albéric de Pisançon la version Arsenal occupe un statut relativement isolé, puisqu'elle représente un stade dans l'évolution que les versions Venise et celle du *RAlix* semblent avoir laissé derrière elles.

---

[9] Ces chiffres sont approximatifs, car le texte d'Arsenal est lacunaire et montre des fluctuations chronologiques ainsi que des déplacements inexplicables. Il en est de même de la chronologie de Venise qui est parfois fort troublée, elle aussi. Combien de stades intermédiaires y a-t-il eu? Tout ceci m'empêche de m'exprimer avec la certitude souhaitée sur les effets précis de l'amplification effectuée éventuellement par Alexandre de Bernai.

[10] Resp. Arsenal 446-774; Venise 439-791 et *RAlix*, I: 583-1656.

[11] Le *RTCh* de Thomas de Kent n'entre pas en ligne de compte ici, puisqu'il exploite des sources différentes. Voir le chapitre qui suit.

271

Une comparaison suivie des textes montrera que ces deux versions font bien souvent cause commune face aux leçons offertes par Arsenal. C'est une deuxième constatation: Arsenal s'oppose à Venise et la vulgate. Et ce n'est pas tout: comme Arsenal et Venise ont bien des choses en commun, elles doivent avoir fait partie d'une même branche. Il s'avère cependant qu'Arsenal offre des leçons que ne livre pas Venise, et cela vice-versa. A un moment donné elles se sont donc séparées l'une de l'autre. Une indication quantitative précieuse est procurée par le fait que l'ancêtre de Venise (que j'appelle 'Venise') a eu recours à une copie de la *vita* contenant le *FG*. Et c'est ici que s'impose une troisième constatation: Arsenal et Venise se distinguent (on l'a vu), mais 'Venise' est définitivement postérieure au modèle qui a précédé Arsenal (que j'appelle 'Arsenal'). Ces deux modèles qui sont purement abstraits, puisque toute preuve tangible de leur présence fait défaut, ne doivent pas être trop éloignés de ce fameux 'archétype' suggéré par la critique. Il n'est pas impossible qu'il s'agisse ici de copies de la fin du 12e siècle qui d'une façon ou d'une autre ont fini par engendrer les copies, bien réelles celles-là, d'Arsenal et de Venise.[12] Je me rends bien compte de ce que le raisonnement est purement théorique et qu'il le restera. Les seules données concrètes permettant des argumentations un peu fiables sont fournies par les témoins qui nous restent. Comme ces témoins ont été produits aux 13e et 14e siècles, mon raisonnement ne pourra espérer qu'une certaine plausibilité.

Quoi qu'il en soit, la copie inconnue de la *vita*, cet 'archétype' plus le *FG* qui a fait naître Venise doit avoir servi de base à une version (perdue?) qui, peut-être, a servi de modèle à Alexandre de Bernai. J'ignore cependant tout au sujet du nombre de stades intermédiaires entre la copie mentionnée de cet 'archétype' et le *RAlix*: il n'y a aucun signal permettant de suggérer quelque quantité que ce soit. Ce qui est sûr, c'est que le trajet n'a pas été rectiligne: la mouvance textuelle est vraiment trop importante. Heureusement il y a quelques arguments valables et même relativement fiables. Afin de cerner autant que possible l'apport des différentes versions étudiées ici, je m'occuperai de quelques données au micro-niveau

---

[12] De toute façon 'Arsenal' et 'Venise' ne pourront avoir été conçues qu'après les années '70 du 12e siècle, moment présumé de la création du *FG*, de l'*AOr* et la *MortAlix*. Voir chapitre II, section 3

permettant de deviner la position exacte de chacune des versions impliquées.[13] Afin de lever un peu le voile je me pencherai d'abord sur les différences entre Arsenal et Venise et ensuite sur celles qui à l'intérieur de la tradition manuscrite séparent la branche abritant Arsenal de celle qui loge Venise et le *RAlix*. Cependant, avant de procéder à la discussion de quelques détails relevants, il ne me semble pas inutile de rappeler les conclusions provisoires que j'ai tirées de la discussion qui précède: Arsenal et Venise se distinguent clairement du *RAlix* (première conclusion), mais de temps en temps Venise et le *RAlix* font cause commune et s'écartent considérablement des données fournies par Arsenal (deuxième conclusion). Ensuite j'ai dit qu'Arsenal et Venise s'opposent l'une à l'autre (troisième conclusion). La situation est claire: Arsenal et Venise dérivent d'un même modèle (l'"archétype"?), mais à un moment donné leurs destins se sont séparés: la tradition représentée par Venise a rejoint une branche où figurait un état de texte doté du *FG*. Ce sera là un modèle pas trop éloigné de celui qui à un moment donné inspirera directement ou non le compilateur du *RAlix*. Dans la suite Venise s'est écartée davantage de cet état de texte mentionné et elle s'est engagée dans une voie bien à elle (en témoigne sa fin tout à fait particulière). Voilà en très grandes lignes une évolution possible.[14]

Voyons d'abord les rapports entre Arsenal et Venise (constatation 3). Pour ce qui est des rapports entre ces deux versions, il faut remarquer que ceux-ci ne sont aucunement rectilignes. Arsenal

---

[13] Les volumes publiés dans la série *The Medieval French Roman d'Alexandre* nous permettent l'accès à ce grand ensemble de textes consacré au héros macédonien. C'est là un exploit plus que louable dont on ne peut être que reconnaissant. Il est cependant regrettable que l'utilisateur des différentes éditions soit confronté avec des fluctuations parfois fort considérables au niveau de l'expertise philologique. Il reste trop de points d'interrogation.

[14] L'isolement des versions 'Arsenal' et 'Venise' est quand même curieux. On ne se l'explique qu'en supposant des traditions qui pour une raison ou une autre se sont séparées pour ne jamais plus se rencontrer. 'Arsenal' semble avoir été écrit en territoire français (cf. note 3), mais l'origine de 'Venise' ne peut pas être déterminée. Le fait que Venise, le seul écho qui en subsiste, a été écrite par un copiste italien (La Du 1965: xi) et qu'elle se conserve actuellement à Venise ne dit pas grand-chose. Comme on ne dispose pas de tous les renseignements nécessaires pour analyser de façon convenable les rapports entre les différentes versions, je préfère m'abstenir de tout commentaire.

n'est pas une copie directe de Venise. Il en est de même de la relation de Venise vis-à-vis d'Arsenal. J'en veux pour preuves non seulement les renseignements quantitatifs fournis par le tableau synoptique du chapitre II (section 4), mais aussi les indications suivantes. D'abord il y a dans Arsenal des leçons qui ne figurent pas dans Venise. C'est ainsi que le texte donne dans la laisse 1: *Qui tint Espagne deci qu'en Babiloine* et insère dans la laisse 12 les vers suivants:

> En la chartra est ben enclos li chivaus
> Qui plus est fers que nulla rens charnaus,
> En une tor le tent li reis enclaus;
> En tot lo monde ne fu veüz si maus.
> Al'x lo chetera de maus,
> Jusqu'a petit le veira li chivaus.[15]

Venise ignore la leçon de la laisse 1 aussi bien que l'interpolation de la laisse 12. Le même phénomène se repère en sens inverse: dans la laisse 1 Venise mentionne *Auberin li canoine* (v. 10); dans la laisse subséquente elle mentionne un certain *clerc* du nom de *Symon* (v. 14) qui serait responsable de cette version de la *vita*. Arsenal se tait ici. Comme j'ai discuté les détails en question au chapitre VI, je ne les reprendrai plus ici. Dans la laisse 57 Venise fournit la leçon suivante (c'est notre héros qui parle):

> Car je l'apel repris de traïson
> Per foi mentire, perjurés e felon.
> Malvaisement s'est partiz del baron,
> Del rei mon pere, cui eres liges hom. (570-3)[16]

La version Arsenal ignore cette remarque d'Alexandre au sujet de la méconduite de Nicolas vis-à-vis du roi de Macédoine. Voilà des

---

[15] Ces vers sont une amplification du vers Arsenal 114: *En une chartra lo tint tis peres enclaus*, vers qui se rencontre d'ailleurs aussi dans Venise (116).

[16] Il s'agit clairement d'une erreur: Nicolas n'est pas le *liges hom* de Philippe. Aux vers Venise 439 sqq Nicolas *qui concorda al rei Daire* envoie un messager qui vient déclarer la guerre. Sans doute Nicolas représente le pouvoir perse dont la Macédoine est tributaire (cf. les vers 318-9 où Philippe rappelle à son fils la *subjection ... vers Daires*). Arsenal donne les mêmes détails (327 sqq).

différences qu'on pourrait qualifier de pertinentes et qui excluent une succession en ligne directe. Je pourrais y ajouter des centaines d'autres,[17] mais ce serait un travail inutile. Ce qu'il faut quand même relever, c'est le fait que les différences quantitatives sont doublées de variantes qualitatives corroborant la conclusion que je viens de tirer de la confrontation de ces quelques données. En guise de démonstration deux exemples. Dans la laisse Arsenal 17 Alexandre demande à son père de l'adouber: *Volet que sie chivalers o borgeis* (v. 171)? Venise donne dans la laisse correspondante (17. v. 163) la leçon que voici: *Volez que soie canoines o borgeis*? Voilà pour ce qui est du premier exemple. Le deuxième vers (679) de la laisse Arsenal 70 donne: "*Per ma fei, sire, encors dist li sordeis, ...*" (c'est Sanson qui s'adresse au roi). La laisse Venise 69 qui correspond avec Arsenal 70 donne comme deuxième vers (694): *'Oi, Al'x, que te manda li reis*. Les deux exemples montrent ainsi que les versions Arsenal et Venise exploitent toutes les deux une version de l'*ADéca*, mais que la tradition manuscrite de cette partie de la vie de notre Macédonien semble avoir connu autant de fluctuations que son héros a vécu d'aventures et d'interprétations. Comme il est impossible d'en dire plus, je ne fournirai pas d'autres exemples. Je préfère m'arrêter plutôt sur quelques erreurs d'organisation commises par le compilateur d'Arsenal, erreurs hautement signifiantes.

Aux vers 4677-755 se mentionne la naissance à Babylone de l'enfant monstrueux (l'épisode 68 du tableau synoptique). Ce qui est surprenant, c'est que l'auteur/adaptateur d'Arsenal ne continue pas son discours; il revient en arrière et termine son compte rendu de la prise de Babylone (branche III de notre *RAlix*). Quelle surprise de le voir revenir à l'épisode de la naissance de l'enfant et ses suites aux vers 5686 et suivants. C'est presque toute la *MortAlix* (branche *RAlix* IV) qui suit. Avec un peu de bonne volonté on pourrait interpréter cette doublure par un moment d'inattention de la part de l'auteur/adaptateur en train de combiner plusieurs textes qui se

---

[17] On pourrait penser encore aux yeux d'Alexandre: la tradition les veut de couleur différente. Arsenal donne effectivement: *Vars ot les oilz cume faucons müez* (71). L'élément est ignoré par Venise. Le fait que le *RAlix* passe également sous silence ce détail corrobore la thèse de la bifurcation des traditions: Arsenal d'un côté, Venise et le *RAlix* de l'autre. Voir chapitre VIII.

trouvaient dans des manuscrits séparés. La *MortAlix* se serait trouvée dans un manuscrit ou un cahier ou des cahiers isolés; au vers 4677 l'auteur/adaptateur d'Arsenal se serait trompé de manuscrit/cahier et il aurait copié le début de la *MortAlix* tout en pensant qu'il avait affaire aux dernières péripéties de la vie de son héros. Après avoir constaté son erreur, il aurait abandonné le texte de la *MortAlix* et il aurait repris le manuscrit avec l'*AOr* qu'il avait l'intention de copier. Arrivé à la fin de ce dernier texte, il aurait tout tranquillement continué sa *vita* avec le compte rendu des derniers jours sans se rappeler qu'il avait déjà inséré l'épisode 68 et une partie de 70 dans ce qui précédait.[18]

Toutes ces variations ne s'expliquent que sur la base d'une tradition manuscrite bien compliquée entre la construction 'archétypale' entrevue ou suggérée par les éditeurs et nos versions Arsenal et Venise. J'avoue que ma réponse n'apporte pas beaucoup de clarté, mais en l'état actuel de nos connaissances c'est bien tout ce que je peux dire. Comme la présente étude ne vise que l'analyse des différentes réécritures françaises du 12e siècle de la *vita* d'Alexandre le Grand, je ne poursuivrai pas l'examen des variantes séparant Arsenal de Venise, travail bien peu fonctionnel si l'on n'implique pas toutes les versions subsistantes. Ce qui est absolument hors de doute, c'est qu'Arsenal et Venise ont une source commune. Cependant cette source doit avoir engendré des copies intermédiaires qui expliquent les variations dans nos deux versions.

J'en arrive maintenant au deuxième volet de la petite enquête sur la position d'Arsenal à l'intérieur de la lignée qui va d'Albéric à ses successeurs. Arsenal s'insère dans une branche de la tradition manuscrite qui s'éloigne de la branche où ont pris place Venise et le *RAlix*. C'était là la deuxième constatation. Ici encore d'abord des renseignements quantitatifs et ensuite des données qualitatives. A côté des arguments quantitatifs au macro-niveau dont

---

[18] Arsenal offre d'autres anomalies: au beau milieu des laisses décasyllabiques la laisse 26 (vv. 251-63) se présente en alexandrins. Comme elle offre une espèce d'appel à l'attention (*Oëz, segnor, l'estoire per rime et per leoine / ...*, etc.), il n'est pas impossible qu'il s'agisse ici encore de l'impact d'un modèle autre qui, lui, était écrit en alexandrins. Il faut, je pense, exclure la possibilité que l'auteur/adaptateur d'Arsenal fasse montre ici de créativité: on en aurait repéré d'autres traces.

le tableau synoptique déjà mentionné a fait état et sur lesquels je ne reviendrai plus, il y en a d'autres au micro-niveau. En voici deux illustrations: les laisses Arsenal 106 et 107 correspondent avec Venise 228-9 et *RAlix* III: 41-2, mais Arsenal n'y donne en total que 21 vers, tandis que les autres en fournissent respectivement 35 et 31 (N.B. l'écart entre les deux versions s'explique par les différences quantitatives entre les laisses 228 et III: 41; les deux autres laisses sont de longueur égale). Arsenal 144 fournit 6 vers, les deux autres (264; III: 77) respectivement 10 et 11. L'inverse se produit aussi: Arsenal 141 donne 14 vers, les deux autres 9. Je renonce à fournir d'autres exemples. L'évidence s'annonce: Arsenal se distingue des deux autres versions. Cette conclusion se confirme par la qualité des leçons: dans la laisse 105 Arsenal parle de l'équipement coûteux d'Emenedap, un neveu de Moab qui, lui, est un *reis de Frise*. La description provoque une référence à la source:

> Janbers li Tors li dist per tote verité
> Que bien valt ses conrois une grant irité (1212-3)

Venise et le *RAlix* (laisses 227; III: 40) ignorent ce détail. En guise de conclusion de cette petite démonstration voici une autre différence: la première bataille contre les armées de Porus se termine par la prise du palais merveilleux d'un de ses vassaux. Dans Venise et le *RAlix* le texte dit clairement qu'Alexandre distribue immédiatement le butin parmi les siens (resp. Venise 236, v. 4036 et *RAlix*, III: laisse 49, v. 898: *L'escac de la bataille departa par igal*).[19] Arsenal ignore ce vers qui ne fait que souligner encore une fois que la largesse royale se trouve dans le point de mire des autres auteurs/adaptateurs. Or les conclusions qui s'imposent sont deux: 1) les différences qualitatives corroborent ce que la confrontation quantitative avait déjà montré: Arsenal se distingue clairement des deux autres versions, et 2) bien que Venise et le *RAlix* offrent de nombreuses différences (voir mon tableau synoptique), elles partagent tant de leçons qu'elles ne peuvent qu'avoir appartenu à une même branche qu'elles ont quitté quand même à partir d'un moment donné pour s'engager dans des voies différentes.

---

[19] Leçon de Venise. J'ignore ici les variantes graphiques procurées par la vulgate.

La signature spécifique d'Arsenal et de Venise évoque un stade qui connaît encore l'*ADéca* dans sa forme probablement originelle. Il s'avère maintenant comme hautement probable qu'Alexandre de Bernai a seulement récrit l'*ADéca* en vers dodécasyllabiques, fragment qu'il a d'ailleurs considérablement amplifié. Pour ce qui est des aventures de jeunesse le *RAlix* amplifie considérablement l'épisode de la guerre contre Nicolas (épisode 8 de mon tableau): dans Arsenal cette aventure occupe les vers 446-774, dans Venise les vers 439-791, mais dans le *RAlix* les vers 583-1656: c'est presque le double. C'est là la preuve d'une réécriture impressionnante. Je ne peux pas dire si cette réécriture concerne également les autres textes, le *FG*, l'*AOr* et la *MortAlix*, textes déjà disponibles en alexandrins.[20] Vu le fait qu'Arsenal et Venise donnent bien souvent les mêmes informations que le *RAlix*, il n'est pas illicite de dire que la réécriture par Alexandre de Bernai aura concerné la qualité aussi bien que la quantité. Comme Arsenal et Venise donnent la même liste de destinataires que le *RAlix* (épisode 79), il est à exclure que cette liste soit due à Alexandre de Bernai: elle doit avoir fait partie intégrante du canon avant le moment même où le compilateur de la vulgate se mette à l'œuvre. L'absence dans Venise des trois derniers vers du *RAlix* (IV: 1699-701) fournissant l'identité du compilateur Alexandre de Bernai en est un indice précieux.[21] Le tout jette maintenant une lumière intéressante sur la vulgate dont le compilateur ne semble donc pas avoir introduit beaucoup de nouveauté. L'originalité (ou plutôt: la fonctionnalité)

---

[20] Je fais abstraction ici du problème théorique de la double paternité auctorielle de la *MortAlix*, problème que j'ai discuté déjà au chapitre VI.

[21] La fin d'Arsenal (6887-90) est identique à la fin du *RAlix* (IV: 1698-71); elle mentionne *Alix' de Bernai vers Eüre* comme conteur (cf. *ce nos reconte*, v. 6888). Ceci est remarquable, car le texte d'Arsenal ne peut pas dériver directement d'une copie du *RAlix*: on aurait été confronté avec une version beaucoup moins divergente. Je ne m'explique cette curiosité qu'en supposant le recours, de par le copiste d'Arsenal qui a rédigé sa version au 13e siècle, à une collection de manuscrits isolés qu'il a tenté de combiner aussi bien que possible dans une perspective canonique, c'est-à-dire assez proche de ce qu'avait fait, entre autres, un Alexandre de Bernai. A moins que ce ne soit l'auteur/adaptateur d'"Arsenal' qui, après 1184/5 (moment de la création du *RAlix*), aura repris une version tronquée de la vulgate. Ces hypothèses expliqueraient les lacunes et les perturbations d'Arsenal signalées dans ce chapitre. Je n'en suis cependant pas bien sûr.

de sa grande compilation réside ailleurs, à savoir dans la (re)distribution des données axiologiques qui la dominent. Se dessine maintenant un profil: Alexandre de Bernai ne crée pas vraiment, mais ne fait que reprendre le déjà donné qu'il refaçonne parfois considérablement (cf. l'épisode 8 mentionné). En remplaçant le décasyllabe de l'*ADéca* par l'alexandrin, il harmonise l'ensemble qu'il dote ensuite d'un prologue qui établit des liens hautement fonctionnels entre la série de destinataires à la fin de la *vita* fournie déjà par le canon et le message qu'il veut faire passer.[22] Le compilateur de notre *RAlix* veille également à ce que les différents épisodes (les branches) s'enchaînent de façon logique et à cette fin il parsème la *vita* du conquérant de nombreux signaux corroborant l'axiologie annoncée par le prologue. En reprenant dans le prologue de sa version de la *'RÉALITÉ' historique* les marqueurs sociologiques livrés par la *MortAlix*, Alexandre de Bernai a bouclé le cercle et il a ouvert toute grande la porte à la comparaison et à la moralisation.

Dans la pratique ceci revient à dire qu'au moment de la conception de la vulgate le début REPREND ce que livrait déjà la tradition. Mais dans la *'RÉALITÉ' littéraire* — et c'est bien à elle que nous avons affaire ici — le début ANNONCE. C'est précisément cette activité on ne peut plus heureuse qui a conféré à la vulgate une aura de perfection suggérant des possibilités typologiques effectives et des possibilités moralisatrices fonctionnelles dans la *RÉALITÉ historique*. Cette distanciation auctorielle spécifique différencie le *RAlix* des autres comptes rendus de la vie d'Alexandre le Grand et explique pourquoi sa version à lui a occasionné — et ce à l'exclusion des modèles sur lesquels se baseraient Arsenal et Venise — tant de continuations. C'est un fait. La première constatation (Arsenal et Venise s'opposent à la vulgate) n'a plus besoin de commentaires: si l'on se réfère et au tableau 4 du chapitre II ainsi qu'à ce que je viens de dire ici, il sera clair que cette constatation est plus que correcte. Evidemment tout cela n'empêche aucunement

---

[22] Pour les références précises, voir le tableau synoptique du chapitre II. Comme Arsenal mentionne les destinataires aux vers 4637 et suivants, donc au beau milieu de la *vita* telle qu'elle est rendue par cette version curieuse, il est difficile de croire que cette version ait pu engendrer des possibilités typologiques. Cela sera plutôt l'affaire de Venise et du *RAlix* qui placent la liste des destinataires à la fin, endroit stratégique entre tous.

les deux autres versions d'avoir un profil bien à elles. Or il est temps de les regarder de plus près et de voir en quelle mesure leurs auteurs/adaptateurs conditionnent la perception des destinataires visés.

Arsenal et Venise combinent donc l'*ADéca* avec d'autres aventures du Macédonien. Dans ce qui précède j'ai commenté déjà plusieurs éléments de la version décasyllabique. Au chapitre VI j'ai parlé des aspects techniques de sa mise en texte, au chapitre VII j'ai discuté quelques caractéristiques de sa réécriture et au chapitre VIII j'ai présenté rapidement (l'*ADéca* suivant de très près le texte d'Albéric) l'évolution du descriptif idéologique qu'il véhicule.[23] Comme je m'occupe ici de la signature globale des versions Arsenal et Venise, il n'est que logique que je me limite à l'analyse des seuls liens axiologiques entre la première partie de la *vita* basée sur l'*ADéca* et la deuxième partie, à savoir les aventures en Asie et les derniers jours du héros. Ce n'est donc pas l'*ADéca* en tant que création individuelle qui occupera le devant de la scène, mais l'évocation des aventures de jeunesse du Macédonien en vers décasyllabiques léguée par la tradition manuscrite et insérée par les auteurs/adaptateurs d'"Arsenal" et de 'Venise' dans un ensemble à vocation biographique. De cet ensemble nos versions actuelles Arsenal et Venise sont les seuls témoins qui restent. Bien sûr, la réception de ce qui aura été l'*ADéca* a gardé certaines des caractéristiques originelles (les ressemblances entre les enregistrements faits par Arsenal d'une part et Venise de l'autre sont là pour nous en convaincre), mais du fait même que cette refaçon de l'*ADéca* se trouve être absorbée dans un ensemble à signature biographique totalisante réduit pratiquement à zéro son indépendance. Si les auteurs/adaptateurs des versions 'Arsenal' et 'Venise' ont respecté la signature spécifique de l'*ADéca*, c'est qu'ils ont accepté son message comme étant parfaitement fonctionnel dans la compilation qu'ils programmaient. Voilà pourquoi il est logique de considérer cette partie décasyllabique comme partie intégrante des ensembles conservées par Arsenal et Venise et de l'impliquer dans l'analyse des indications de régie textuelle qui se dépistent surtout au niveau de la distanciation et de la combinaison effective des

---

[23] L'*ADéca* que j'y ai commenté est d'ailleurs le résultat d'une tentative de reconstitution (Alfred Foulet 1965).

parties constituantes.

Comme le tableau synoptique du chapitre II l'a fait ressortir, les versions Arsenal et Venise n'offrent pas de prologue comme le fait le *RAlix*. Leurs entrées en texte ne nous livrent que des renseignements notant l'envergure des conquêtes d'Alexandre le Grand, l'impossibilité de s'opposer aux volontés de ce grand conquérant ainsi que des renvois aux événements météorologiques et telluriques marquant le destin unique de ce fils de Philippe de Macédoine.[24] Il n'y est aucunement question d'un métacommentaire auctoriel proposant dès l'entrée en matière une lecture jugée sociologiquement adéquate pour les grands de ce monde. La distanciation auctorielle dans nos deux versions est pratiquement réduite à zéro. A la rigueur l'invincibilité du héros pourrait être considérée comme un signal important, mais c'est un détail qui se rencontre dans les aventures de tous les héros et qui est donc peu marquant. Les entrées en texte d'Arsenal et de Venise n'offrent donc aucune allusion à la possibilité d'interpréter ce qui est offert aux destinataires comme un exemple (cf. le *RAlix*, I: 2: *bon example*). Il n'y est rien dit non plus sur l'inévitable nécessité de séparer les amis d'avec les ennemis, les bons d'avec les mauvais, etc. Dans ces débuts de texte les auteurs/adaptateurs ne s'arrêtent pas non plus sur les conséquences heureuses de la conduite modèle du roi dont la largesse illimitée et sociologiquement parfaitement adéquate (c'est-à-dire réservée aux seuls nobles!) restaure l'harmonie entre la royauté et la noblesse et rend à la Macédoine une énergie créatrice et expansionniste qu'elle avait perdue (et qu'elle perdra d'ailleurs de nouveau avec la disparition du héros). Les débuts de ces deux versions ignorent le thème de l'harmonie retrouvée, cette espèce d'âge d'or reconstitué dont parle le *RAlix*. A cet endroit précis Arsenal et Venise n'offrent donc point de métacommentaire pouvant

---

[24] Arsenal 1-19; Venise 1-31. Les autres fils engendrés auprès d'autres épouses (légitimes ou non) ne comptent pas. Antigone le Borgne aurait été, lui aussi, un fils de Philippe II de Macédoine et demi-frère de notre héros; un personnage de ce nom figure parmi les pairs qui accompagnent le fils (voir chapitre VI). S'agirait-il de la même personne? Le seul (demi-)frère qui figure effectivement dans nos textes est Philippe Arrhidée (cf. *RAlix*, IV: *Philiperideüs*; Venise 9221: *Filiparideï* et Arsenal 5972: *Filipanedeü*). Pour les données historiques, voir chapitre II, section 1.

éventuellement occasionner des approches tropologiques auprès des destinataires.

Cela change quand même un peu dès la fin des exploits de jeunesse lorsqu'il est question de la victoire sur Nicolas. L'enchaînement entre cette partie de la *vita* et les aventures en Orient est assuré par plusieurs balises vraiment fonctionnelles. On le constate à l'endroit même où l'auteur/adaptateur de Venise clôt l'épisode de la jeunesse du héros et entame l'enregistrement des premiers conflits contre Darius et les siens. N.B. la version Arsenal présente ici de grosses lacunes et n'entre donc pas en ligne de compte ici. Le compilateur de Venise garantit la transition par une laisse où s'annoncent les épisodes les plus importants: le voyage en l'air, la descente vers les fonds de la mer, le rappel de la guerre contre Nicolas,[25] la destruction de Darius et de Porus, la neutralisation de Gog et de Magog, l'oracle des arbres du Soleil et de la Lune, le test du Val Périlleux, la rencontre avec Candace, la prise de Babylone ainsi que celle de Tyr. L'enchaînement essentiellement technique assuré par cette laisse de transition (848-86) est un peu plus élaboré que dans la laisse correspondante du *RAlix* (III: 1).

En lui-même ce détail ne tire pas vraiment à conséquence, puisque la portée de l'ensemble qui suit ne s'en trouve aucunement altérée. Ce nonobstant il y a deux éléments qui méritent d'être relevés: 1) les exploits dans le ciel et dans la mer sont bel et bien annoncées (V: 854-6), mais oubliés dans ce qui suit et 2) la chronologie des épisodes clefs a été perturbée. C'est là une première donnée intéressante.[26] Mais il y en a encore une autre: d'après les indications de cette laisse de transition Alexandre descendu dans sa bathysphère aurait été trahi par un de ses hommes et il ne se serait sauvé que de justesse. Une pareille trahison ne se trouve pas dans le *RAlix* où tout est vraiment pour le mieux entre le roi et ses hommes.[27] C'est par le rappel des aventures de jeunesse et de la mena-

---

[25] Cette mention est la seule dans la liste d'exploits qui se rapporte au passé.

[26] Pour les détails, voir chapitre II, section 4.

[27] Venise dit explicitement: *Celui ont mielz se fie, en cui s'antente mist; / Que li avoit juré, áfié sil tenist / Qu'il nel laseroit tant com el vesquist, / Si largoit la chaene, dont li reis fu mout trist ... Tormenta l'en* [= Alexandre] *gita, que a dreit port lo mist.* Le roi se venge ensuite sur ce traître (vv. 857-66). Cette trahison par ses propres hommes figure déjà dans une des versions du Pseudo-Callisthène et

ce perse, rappel qui semble bien être de son cru, que l'auteur/adaptateur de Venise établit la liaison entre les différentes sources qu'il met à tribut. Ce qui ne manque pas d'intérêt ici, c'est que le retour en arrière réintroduit le père du héros et mentionne explicitement qu'Alexandre est couronné: *La corone e li ceptre li fu le jor renduz* (915). Or dans le *RAlix* Philippe ne joue plus de rôle à partir du vers I: 2188 où son fils part faire la guerre au Perse ignoble. Dans le chapitre IX où j'ai discuté quelques aspects de la royauté modèle j'ai déjà signalé le fait qu'Alexandre de Bernai ne dit rien d'une passation des pouvoirs. Venise reprend ensuite quelques laisses appartenant aux aventures en Inde où Aristote rappelle à son élève les devoirs d'un bon roi. Ce sont des données axiologiques que reprendra le *RAlix* dans la branche III. Se présente ensuite une chose assez bizarre: l'auteur/adaptateur de Venise rebrousse chemin pour nous confronter avec les péripéties du *FG*. Un même retour en arrière se repère dans cette version lors de la transition entre les aventures du *FG* et celles de l'*AOr*.

Pour ce qui est des variations quand même surprenantes dans la chronologie de ces différentes données ainsi que des raisons ayant pu motiver le compilateur de Venise d'introduire ces renseignements, je suis incapable de les expliquer. Ce qu'il est cependant utile de rappeler, c'est le fait que Venise donne les mêmes renseignements axiologiques que le *RAlix* dans les laisses correspondantes. La conclusion qui s'impose — et qui ne fait que corroborer l'impression que s'était déjà profilée (voir *supra*) — est qu'Alexandre de Bernai s'est limité à une mise en ordre adéquate des différentes sources et à amplifier des épisodes qu'il a jugés ou bien d'importance cruciale ou tout simplement intéressants. On n'a qu'à penser au différences quantitatives enregistrées dans l'épisode 8 de mon tableau synoptique. Comme Arsenal et Venise n'établissent pas de

---

elle se retrouve dans la tradition allemande: l'*Annolied* (env. 1080) et la très populaire *Kaiserchronik* (1140-50) en font mention. D'autres réécritures, parmi lesquelles l'*Alexander* d'Ulrich d'Eschenbach (environ 1287) et la *Weltchronik* de Jans Enikel (env. 1280?), attribueront la trahison à une femme. Un dessin dans un manuscrit allemand du 15e siècle montre une femme jetant la chaîne reliant la bathysphère du roi au bateau. D'après une tradition populaire cette femme serait Roxane, mais pas tous les auteurs/adaptateurs n'acceptent cette identification (Hilka 1974: xxxix-xl; Cary 1967: 237-8).

liens axiologiques, du moins pas de façon si prégnante et si efficace que le *RAlix*, entre leur entrée en texte et la fin de la *vita* où figurent d'ailleurs les mêmes données que dans la *RAlix*: le refus des indignes, la largesse proverbiale du roi ainsi que les rapports harmonieux entre le roi et ses nobles, elles n'offrent pas les mêmes possibilités tropologiques. C'est précisément le faible encadrement axiologique d'Arsenal et de Venise qui réduit le potentiel typologique de leurs versions de la *vita*. Voilà pour ce qui est des différences quantitatives qui, il faut bien le dire, ne manquent évidemment pas d'effets qualitatifs: quelle qu'en soit la cause, l'absence du renseignement pertinent ne peut pas ne pas influencer la perception qualitative.

Une comparaison qualitative de quelques épisodes des versions subsistantes nous révèle que la partie décasyllabique offre quelques différences remarquables d'avec les données correspondantes de la branche I du *RAlix*, différences qu'il n'est pas inutile de commenter, puisqu'elles font entrevoir une tendance et une spécificité qui confirment ce que j'a dit dans les chapitres précédents. La confrontation de la première partie de nos deux versions avec la branche I de la compilation d'Alexandre de Bernai montre des différences frappantes. Voici quelques données que je ne présenterai d'ailleurs pas en entier: 1) après avoir dompté Bucéphale, Alexandre demande lui-même à son père de l'adouber, mais dans le *RAlix* ce sont les nobles qui l'exigent; 2) lors du banquet en l'honneur de cet adoubement, Philippe rappelle à son fils la *subjection ... vers Daire li felon* et au vers Venise 440 le texte mentionne l'arrivée d'un messager du roi Nicolas de Césarée qui exige le tribut. Le *RAlix* ignore le renvoi à la soumission de la Macédoine à l'autorité perse et n'introduit que le messager de Nicolas dont l'intrusion provoque la colère du jeune Alexandre qui *se drece en son estage* et prononce tout un discours où perce son orgueil; 3) après le repas à l'occasion de l'adoubement les Grecs vont se divertir au jeu de la quintaine, jeu qu'Alexandre réussit à merveille et qu'il termine par un *eslais* prouvant qu'il maîtrise sa monture et les dames de dire:

> "............ Veez come est acesmez!
> Se en un lit nos avoit Deus jostez,
> Mal ait mes cuers se ja li ert veez!"

Arsenal semble donner une leçon pratiquement identique,[28] mais le *RAlix* ignore jusqu'à l'*eslais* et donc aussi le commentaire intéressé (cf. *Se en un lit* ...) de la part des dames; 4) après avoir tué Nicolas, Arsenal et Venise mentionnent la distribution par Alexandre du butin pris au roi de Césarée, mais comme je l'ai signalé au chapitre IX, l'Alexandre du *RAlix* ne distribue ici rien du tout: il y donne la ville à son pair Ptolémée tout en lui annonçant qu'il aura une couronne de roi après services rendus.[29]

Il y a donc des différences notables entre les versions Arsenal et Venise d'une part et celle du *RAlix* de l'autre. C'est un fait indéniable. J'en donne encore quelques illustrations frappantes avant de tirer une conclusion finale des analyses que je viens d'effectuer. Le compilateur du *RAlix* ne distribue non seulement de façon efficace et cohérente ses balises axiologiques, mais il amplifie aussi considérablement le texte de son modèle que ce soit au niveau de l'ensemble ou à celui du détail. La section 4 du chapitre II en a montré déjà de nombreux exemples et au début de ce chapitre j'ai fourni quelques chiffres qui nous permettent de nous faire une idée des activités amplificatrices du compilateur Alexandre de Bernai. Or le procédé est également sensible au niveau du détail. La création des pairs ainsi que la rencontre avec Sanson de Tyr en sont des exemples intéressants. Voici d'abord quelques spécifications concernant la création des 12 pairs. Aux yeux de l'auteur/adaptateur de Venise la création de la fameuse brigade des compagnons se fait à la demande de Clitus et de Ptolémée qui y voient une solution militaire adéquate pouvant garantir la victoire contre Darius: *Cil* [= les compagnons] *conduront vostre ost*.[30] C'est le jeune roi qui crée ses

---

[28] Comme l'éditeur nous confronte avec une typographie flottante signalant le changement de copiste, je préfère m'abstenir de tout commentaire.

[29] Les références sont les suivantes: exemple 1: Arsenal 169-74, Venise 160-8, *RAlix*, I: 505-21; exemple 2: Arsenal 327-45, Venise 313-33, *RAlix*, I: 583-618; exemple 3: Arsenal 409-28 (N.B. le passage correspondant d'Arsenal semble être dû à un autre copiste; La Du 1965: xv), Venise 400-18; exemple 4: Arsenal 773-79; Venise 792-98; *RAlix*, I: 1644-56.

[30] Ce seront — et je donne la graphie en ancien français — *Dan Clin, Tolomeu, Eumenedus, Sanses, Licanor, Filotes, Festion, Etoras, Antiocus, Antigonus, Predicas*. La liste du *RAlix* varie un peu: *Sanses* et *Etoras* n'y figurent pas. Pour une liste complète et une identification possible de quelques-uns de ces pairs, voir chapitre VI. L'élection des 12 compagnons est absente dans Arsenal.

12 pairs dont l'installation a lieu après la défaite de Nicolas. Chose curieuse: Aristote sera un des 12 *compagnons* (813-39). Par contre, dans la vulgate c'est Aristote qui conseille son maître de se doter d'un groupe de fidèles, de *pers qui soient compaignon* avant de se lancer dans quelque entreprise que ce soit (I: 674 sqq). Et le philosophe d'ajouter qu'Alexandre doit les aimer et leur donner régulièrement des cadeaux: *amez touz vos hommes et leur fetes don*. N'est-ce pas là la pierre angulaire de la bâtisse royale idéale? Le roi accepte le conseil et demande à son précepteur de les choisir. Chose annoncée, chose faite.

Après la nomination des pairs, l'armée macédonienne se met en route pour Césarée afin d'y anéantir le pouvoir négatif de Nicolas. La différence est nette: pour l'auteur/adaptateur de Venise la nomination des compagnons est une nécessité purement militaire. Ce détail ne manque d'ailleurs pas non plus dans le *RAlix* (I: 675), mais le commentaire d'Aristote établit un lien axiologique signifiant avec le métacommentaire du prologue recommandant la *liberalitas* comme ciment d'une harmonie socio-politique idéale. Vue dans cette perspective la leçon du *RAlix* se présente comme le fruit d'une sagesse politique reconnue par Alexandre même, puisque le jeune homme s'en remet à son maître pour ce qui est de la sélection de ces 12 compagnons. Mais c'est aussi le signal par excellence d'une perfection: la sagesse du philosophe se double de la *sapientia* du roi. Et ce n'est pas tout: le fait qu'Aristote propose la création de douze *pers* reprend une donnée essentielle de la tradition selon laquellle la naissance du héros était accompagnée de celle des *fuiz de contour*, ces *pueri nobiles* du livre des *Macchabées*.[31] En proposant la création de *pers*, c'est-à-dire d''égaux', Aristote souligne la nécessité d'une collaboration exclusive et naturelle entre le prince et les grands de la société. Il n'est donc pas sans intérêt de constater que la version Venise parle de *compagnons*, mais le *RAlix* de *pers qui soient compaignon*. Abstraction faite ici des nécessités imposées par la versification (il faut bien remplir l'alexandrin), la différence me semble fondamentale. J'ignore si Alexandre de Bernai a trouvé de l'inspiration dans une épopée mettant en scène Charlemagne et ses douze pairs. Peu importe d'ailleurs l'origine. Ce qui compte,

---

[31] Pour d'autres détails, voir chapitre X.

c'est que l'introduction des pairs semble être un produit de son invention à lui.³²

L'autre épisode mentionnant la rencontre avec Sanson, le neveu de Darius, est également chargé de marqueurs distinctifs: dans Arsenal et Venise Sanson s'est enfui de l'empire perse pour avoir tué un homme proche de l'empereur. Cet homme était un *felon*, qualification fonctionnelle dans le monde féodal dotée de connotations bien connues qui peuvent se passer ici de tout commentaire. Afin de pouvoir se venger Sanson est parti chercher refuge à la cour de Philippe de Macédoine dont le fils est dit avoir des mérites exceptionnels. Lors de leur rencontre Alexandre ne révèle pas immédiatement son identité et ce pour tester la fiabilité de ce nouvel interlocuteur. Le *RAlix*, par contre, supprime l'élément de surprise: Sanson y reconnaît tout de suite le Macédonien qu'il interpelle directement: c'est à lui [= Alexandre] qu'il s'en remet, car il a appris que le roi a l'habitude d'aider les *povres*, c'est-à-dire les pauvres nobles, bien sûr. Voilà pourquoi Sanson s'offre immédiatement comme *hom liges*.³³ La réécriture est plus que signifiante, car le compilateur de la vulgate met sur le devant de la scène deux éléments clefs de son axiologie qu'il avait déjà si soigneusement formulée dans son prologue: un bon roi s'occupe des nobles dépourvus des moyens d'existence absolument nécessaires à leur condition et il s'assure de leur *service* dévoué tout en respectant le code féodal basé, du moins en théorie, sur l'entraide volontaire et non pas sur la contrainte. L'exemple de Sanson qui offre de son plein gré ses services est une belle illustration.³⁴ Rien de tout cela dans Arsenal ou Venise. Ces deux versions insistent, elles aussi, sur le côté émotionnel de la rencontre (Alexandre et Sanson s'embrassent), mais ignorent les données axiologiques mentionnées. C'est donc bien ce qui les distingue de la vulgate. Les conséquences du remodelage des données primitives de par l'au-

---

³² Thomas de Kent, responsable du *RTCh*, ne fournit que quelques noms sans spécification aucune. Voir chapitre XIII, note 52.

³³ Les références sont les suivantes: Arsenal 505-82, Venise 501-90, *RAlix*, I: 703-34.

³⁴ Mais les actions de Sanson ne sont point désintéressées: en offrant ses services au Macédonien, il pense pouvoir récupérer ses terres. Le côté matériel est un peu escamoté ici. Domine ici l'image du roi justicier.

teur/adaptateur du *RAlix* se révèlent pleinement dans les exemples allégués ici: la vulgate accentue l'harmonie entre le roi et ses nobles.

L'Alexandre du *RAlix* est donc un roi qui peut distinguer le Bien du Mal, car grâce à l'instruction modèle il y a été préparé. Ici encore se profilent des différences non insignifiantes entre les trois versions discutées ici. Arsenal et Venise reprennent sans trop les changer, paraît-il, les données de l'*ADéca* mentionnant un enseignement fourni par plusieurs *doctors* d'astronomie; figurent au programme les arts libéraux, le jeu d'échecs, la chasse aux oiseaux, l'art de la conversation galante ainsi que du développement des compétences juridiques et militaires indispensables à un prince (Arsenal 48-57; Venise 63-73). Le *RAlix*, par contre fournit plus de détails (la laisse 15 totalise 27 vers) et met l'accent sur les connaissances des langues (le grec, l'hébreu, le chaldéen et le latin) et sur l'astronomie, mais aussi — et c'est ici que se profile la différence — sur la faculté de séparer les dignes des indignes ainsi que sur la nécessité de refuser la présence du *serf de pute ere ... / Car maint home en sont mort ... / Par losenge, par murtre, par enpoisonnement* (344-6). Il n'y est plus question de *doctors*, mais seulement d'Aristote dont les conseils et les commentaires sont si importants dans la vulgate.[35] La réorientation est plus que remarquable, car les nouvelles données s'accordent parfaitement bien avec la fonction didactique qu'Alexandre de Bernai a conférée à sa mise en texte qui est, je le rappelle: *amis garder* et *anemis grever* (I: 4-5). Ici encore l'auteur/adaptateur de la vulgate prouve qu'il a réfléchi et qu'il a conformé les données traditionnelles à la thèse centrale de sa compilation.[36]

Dans ce qui précède je suis parti de la prémisse qu'Arsenal et Venise, qui sont quand même des versions relativement tardives (13ᵉ et/ou 14ᵉ siècles?) reprennent chacune sans, paraît-il, trop de modifications une version antérieure conçue sans doute au 12ᵉ

---

[35] Pensons à la création des pairs, au commentaire moralisateur au début de la branche III et à la complainte du maître lors de la mort du roi (I: 674 sqq; III: 49-70; IV: 1018-69). Aristote, qui appartient à la RÉALITÉ *historique* macédonienne est un compagnon dans le sens fort du mot. Les *doctors* d'Arsenal et de Venise ne sont que des instruments.

[36] Simons 1994: 207.

siècle. La version 'Arsenal' semble assez proche de cet 'archétype' proposé par la critique; le fait que 'Venise' maintient le décasyllabe de l'*ADéca* prouve que cette version puise également une certaine inspiration dans la construction 'archétypale', mais elle s'en éloigne aussi de par l'introduction de laisses supplémentaires et d'un épisode décrivant la vengeance de l'assassinat du roi. La comparaison des leçons d'Arsenal et de Venise d'avec des leçons correspondantes du *RAlix* nous révèle que les deux premières versions ne semblent pas vraiment avoir changé leurs modèles 'Arsenal' et 'Venise' qui au 12e siècle ont fait partie, et ce pendant une période impossible de déterminer, d'une branche spécifique de la tradition textuelle qui d'une façon ou d'une autre prend ses origines dans la création d'Albéric. L'origine commune n'a aucunement empêché 'Arsenal' et 'Venise' de développer certaines caractéristiques bien à elles. C'est grâce à l'intégration du *FG* que 'Venise' doit être proche de la tradition où a pris naissance la vulgate. A un moment donné bien impossible de déterminer, 'Arsenal' et 'Venise' ont occasionné nos versions actuelles Arsenal et Venise. Ce sont là les grandes lignes d'une évolution qui laisse bien des questions sans réponse. Surtout Arsenal est difficile à situer: on a l'impression que la personne qui au 13e siècle a repris 'Arsenal' (ou une copie de cette version) a dû travailler avec un modèle dans un joli état de délabrement. Dans ce qui précède on a pu voir que Venise fait preuve, elle aussi, de quelques incongruités organisatrices, mais celles-ci n'altèrent pas vraiment la structure séquentielle de l'aventure. Nonobstant les petites fluctuations signalées, la suite des épisodes y est relativement conforme à ce que livrait la tradition. Les anomalies dont elle fait montre (pensons, entre autres, à la vengeance) lui confèrent cependant une certaine indépendance.

Les analyses ont mis au jour le profil d'Arsenal et de Venise. Les différences ne sont pas sans intérêt, car elles confirment ce que les discussions des chapitres précédents ont déjà montré: le *RAlix* est la seule *vita* d'Alexandre le Grand qui soit doté d'une axiologie cohérente permettant une lecture tropologique adéquate. Son prologue décrit en des termes on ne peut plus clairs une attitude modèle à adopter par les destinataires mentionnés à la fin du texte qui pourront s'inspirer de l'*utilitas* exemplaire du protagoniste de la *'RÉALITÉ' littéraire*.[37] La confrontation de quelques détails d'Arsenal et de Venise avec les leçons correspondantes de la vulgate montrent que l'auteur/adaptateur de cette dernière réécriture a fait de son mieux pour respecter l'axiologie marquée dans son prologue: chez lui la naissance du héros rétablit une harmonie perdue, un soi-disant âge d'or, restaure une énergie garante de conquêtes. Le *RAlix* est non seulement plus complet et mieux organisé que les autres versions, il est aussi beaucoup plus systématique dans l'exploitation des données clefs normatives. C'est un miroir de prince fonctionnel, car l'enseignement que dispense Aristote à son élève apprend à distinguer les bons d'avec les mauvais, les amis d'avec les ennemis, etc. Les interpolations des 13ᵉ et 14ᵉ siècles ne font que confirmer que la compilation d'Alexandre de Bernai mérite pleinement la qualification de vulgate.[38]

---

[37] Il a commis quelques petites erreurs, mais celles-ci ne tirent pas vraiment à conséquence. Voir chapitre VI.

[38] Pour la tradition manuscrite on se référera à Ross 1988: 12. Malheureusement la liste des manuscrits ne donne que de l'information sur les exemplaires dotés d'illustrations. Ce qui est sûr, c'est que le nombre de manuscrits du *RAlix* prouve bien que cette version a eu un succès énorme. La réception des données du *RAlix* dans les siècles subséquents en est une autre preuve. Arsenal et Venise, témoins isolés d'un moment spécifique de la tradition manuscrite, n'ont occasionné aucune suite.

XIII

LA VERSION DE THOMAS DE KENT[1]

Tout comme les versions offertes par le *RAlix*, Arsenal et Venise, le *RTCh* qu'on attribue traditionnellement à Thomas de Kent est un amalgame de textes d'origine et de signature bien différentes. Bien que le compilateur anglo-normand ait essayé de doter sa reconstruction de la *vita* du Macédonien d'une certaine perspective, il n'y a pas trop bien réussi, car les données axiologiques moralisatrices entrant en ligne de compte ne se trouvent qu'au début et à la fin du texte et ne sont point exploitées dans la partie intermédiaire. La première laisse de la version de Thomas fonctionne comme une espèce de prologue devant orienter les destinataires du texte; la laisse 544, l'avant-dernière dans l'édition, fournit un métacommentaire moralisateur. Il s'annonce cependant un problème: les deux lieux stratégiques ne fournissent pas la même axiologie. En ceci le *RTCh* se distingue donc clairement du *RAlix* qui non seulement fait montre d'une charpente organisatrice relativement bien soignée, mais aussi d'une axiologie cohérente et bien formulée. L'incohérence du métacommentaire dans le discours du *RTCh* est un problème en soi qu'il faut regarder de plus près.

Cependant, avant de procéder à la discussion des éléments pertinents de la version anglo-normande, il est indispensable de signaler un obstacle non négligeable. C'est que la seule édition disponible du *RTCh*, celle de Foster/Short, ne se base pas sur une version offerte par un manuscrit déterminé: les éditeurs ont tenté de reconstituer ce qui aurait pu ou dû être le *RTCh* plutôt que de s'en remettre au témoignage authentique de tel ou tel manuscrit. Voilà pourquoi ils ont cru bon rejeter/corriger certains passages de la *vita* d'Alexandre telle qu'elle est évoquée par les différentes versions du texte de Thomas de Kent et c'est bien cette prise de position-là qui explique qu'ils ont eu recours à des leçons sauvegardées dans les autres versions à tous les endroits où ils ont cru devoir déceler des 'lacunes'. La conséquence de l'opération est que le *RTCh* ne nous est que partiellement accessible.[2] C'est un problème majeur. Il s'y

---

[1] Ce chapitre élabore les données de mon étude 1988a.
[2] C'est ainsi que les éditeurs ont éliminé tout ce qui a rapport au *FG*. Le résultat dont on dispose actuellement est une édition 'à la médiévale' qui nous cache ce qui est vraiment médiéval. En ce moment on ignore donc ce que c'était

ajoute le fait que tous les manuscrits subsistants datent des 13ᵉ et 14ᵉ siècles et il n'est donc pas à exclure que le texte de Thomas ait subi des modifications (il faut bien signaler ici que le même problème vaut pour les versions du *RAlix*). Et il y en a un troisième: comme les éditeurs ont préféré fournir une version en anglo-normand, ils ont rejeté la version offerte par le ms Paris BN. f. fr. 24364 écrite en français 'continental' (fin 13ᵉ/début 14ᵉ?) et ils ont choisi le ms D (Durham Cathedral Library C.IV.27B) qui date du 14ᵉ siècle.[3] Que tout ceci pose des problèmes pour la mise en contexte du *RTCh* qui doit avoir été écrit au 12ᵉ siècle ne surprendra personne. Comme il est cependant impossible de refaire ici le travail des éditeurs, dont l'effort reste quand même méritoire, il faudra bien se contenter de ce qui est disponible.

Ce qui ne manque pas d'importance, c'est le fait que le *RTCh* nous est parvenu en cinq manuscrits parmi lesquels il y en a trois qui fournissent une version plus ou moins complète de la vie de notre héros; les deux autres manuscrits fournissent des versions tronquées: parmi ces derniers le manuscrit L ne nous est même parvenu que sous forme d'un seul feuillet. Sur les trois manuscrits qui restent et qui produisent donc une version assez complète, il y en a deux qui contiennent de nombreuses miniatures avec des légendes. Le dernier manuscrit n'a pas été doté des miniatures initialement prévues par le préparateur du manuscrit: on n'y repère que les légendes des illustrations programmées. Le nombre des miniatures dans les deux premiers manuscrits ainsi que des légendes dans le dernier est assez équilibrée (tous les moments de la *vita* devraient être illustrées), ce qui nous permet de conclure qu'il a été question dès le début de manuscrits destinés à présenter un inventaire complet des aventures du Macédonien. Il n'est pas à exclure que ces illustrations remontent à une série originale du 12ᵉ siècle.[4]

---

que le *RTCh*. Sans aucun doute les intentions des éditeurs ont été honorables, mais ils auraient quand même mieux fait de publier, et cela intégralement, le texte d'un des manuscrits subsistants. On aurait eu au moins une (des) version(s) authentique(s). Pour les lacunes en question, voir le tableau synoptique (chapitre II, section 4).

[3] Pour la description des manuscrits, voir Foster/Short, 1976, II: 3-14.
[4] C'est ce qu'il y a de plus traditionnel: les miniaturistes reprennent ou doivent reprendre les séries de leurs prédécesseurs qu'ils modifient ou adaptent dès que bon leur semble (Byrne 1981).

Quoi qu'il en soit, la longueur du texte implique déjà une dépendance certaine de l'auteur/adaptateur. Et cette dépendance, cette nécessité ou le désir de se conformer à la situation sociopolitique du moment se dépiste et se circonscrit, puisque c'est le conformisme sacro-saint qui détermine — et cela pour une large part — la façon dont des idées reçues des classes supérieures de la société s'intègrent dans les textes médiévaux et donc aussi dans le *RTCh*. Les chapitres précédents ont montré qu'il en est de même du *RAlix* et des autres réécritures de la *vita* du Macédonien. Mais quelle que soit l'interprétation qu'on collerait sur le *RTCh* (du moins, sur ce que l'on doit considérer *nolens volens* comme la version de Thomas de Kent), le résultat d'une pareille opération sera inévitablement hypothéquée: le texte dont on dispose actuellement est incomplet et rien ne permet de prétendre que l'analyse à laquelle aboutira l'opération herméneutique soit vraiment la seule à être adéquate.[5]

Avant de pouvoir me prononcer sur la portée des différences éventuelles entre le *RTCh* d'une part et celles du *RAlix*, Arsenal et Venise de l'autre ainsi que sur la ou les thèses possible(s) suggérées par la création de Thomas de Kent, il faut cerner autant que possible le moment de sa création. Or il s'avère que la datation du *RTCh* pose également des problèmes: c'est que Thomas n'exploite pas les mêmes sources que les confrères qui d'une façon ou une autre se sont inspirées de la version d'Albéric. Thomas a surtout recours au soi-disant *Iulii Valerii Epitome* et à la fameuse *Epistola Alexandri ad Aristotelem*. Ces textes — et il en est de même des œuvres de Solin, d'Orose, de saint Jérôme et d'Aethicus Ister auxquels il emprunte des données — datent des premiers siècles de notre ère, ce qui fait qu'ils sont inutilisables dans une tentative de

---

[5] Je renvoie à l'introduction des éditeurs du *RTCh* (II: 3-24). Des questions identiques jouent aussi pour les autres versions étudiées ici, mais de façon différente. Pour ce qui est du *RAlix*, je dois signaler que la première branche de l'édition utilisée dans cette étude est basée sur le ms M, les trois autres branches sur le ms G. C'est là aussi un handicap, mais un handicap motivé de par le fait qu'à l'intérieur de la tradition manuscrite le ms G offre une première branche trop altérée. Dans le cas des versions continentales on dispose quand même d'informations supplémentaires, puisque l'apparat critique en est plus riche. Et en plus: contrairement aux éditeurs du *RTCh*, ceux du *RAlix* ont motivé leur choix sur la base de critères philologiques acceptables (1937: xx-xxii).

dater un texte en langue vulgaire.[6] Les éditeurs du *RTCh* ont attiré l'attention sur le fait que Thomas montre avoir connu la chronique de Jordan Fantosme dans laquelle il est question d'événements se rapportant aux années 1173-4. Si ces données commentées par les éditeurs sont correctes, le *terminus a quo* serait 1173-4. Pour ce qui concerne le *terminus ad quem*, on est cependant dans l'incertitude totale: il est évident que Thomas a ignoré la grande compilation terminée par Alexandre de Bernai aux alentours de 1184 et qu'il n'a pas exploité non plus l'*AOr* ou la *MortAlix*, car on en aurait repéré des traces. Mais le seul fait que Thomas a ignoré le *RAlix* et les autres textes n'est d'aucune utilité pour la datation de sa réécriture.[7]

Si le moment de la création du *RTCh* est donc impossible de déterminer avec une précision désirable, la personne qui en est responsable ne l'est pas moins. Car ici encore on est dans une incertitude presque totale. Dans une laisse du manuscrit P que les éditeurs ont interpolée dans leur reconstitution, Thomas se nomme:

> Qui mun non demande, Thomas ai non de Kent.
> E pur çoe me nom en cest enbrievement.
> Ne voil qu'autre ait blasme de çoe k'a moi apent.[8]

Le compilateur y résume ce qu'il a fait et annonce la suite de son compte rendu de la *vita* du Macédonien. Il y a dans le texte plusieurs autres endroits où Thomas parle de lui-même. Aux vers 6168-9 notre auteur/adaptateur remarque au sujet de Sémiramis à qui la légende attribuait la fondation de Babylone qu'il ne parlera pas d'elle, puisque:

> Reconté ay l'estorie en un livere qe fis;
> La ou tretoy de Sire ses greignurs fez descris.

Il se peut que ce renseignement sur sa carrière professionnelle soit vrai ou que ce soit une manœuvre destinée à rehausser son statut.

---

[6] Pour ces textes, voir chapitre II, section 2.
[7] Foster/Short 1977, II: 74-6.
[8] Les laisses intercalées manquent de numérotation. Les renseignements que je discute ici se trouvent aux pages 120-1 de l'édition Foster/Short.

Quoi qu'il en soit, il est impossible d'identifier ce *livere*. A un autre moment (6581) il dit, à la troisième personne: *Ceo qe li autur dient nous reconte Thomas*, impliquant ainsi une certaine fidélité envers les sources employées.[9] Mais aux vers 6676-7 il dit ne pas raconter tout ce qu'ont dit les *autur*, car on le prendrait pour un *menteur*. Il est donc relativement difficile de déterminer l'attitude qu'aurait adoptée notre auteur/adaptateur envers les autorités dont il dit exploiter l'information.

Ce qui est quand même à relever, c'est que Thomas — et faute d'indices contraires, j'accepte que c'est lui l'auteur/adaptateur du *RTCh* — renvoie à des sources différentes. L'*estorie* lui semble être parvenue partiellement dans des textes en latin et partiellement dans des textes en langue vulgaire. Les vers 6642-44 sont ici plus que révélateurs, car Thomas y dit avoir eu recours à plusieurs *vers* ('textes'). La source latine principale (laquelle d'ailleurs?) serait *un bon livre en latin* qu'il dit avoir avoir respecté assez fidèlement pour ce qui est de la macro-structure, mais qu'il avoue avoir traduit assez librement pour ce qui est des détails, car traduire *mot por mot ... trop ireit leidement*. Au vers 6647-8 il dit même avoir *atiffé* ('orné') ses dires pour le *pleisir as oianz*. Et cette remarque-là est intéressante, puisque l'entrée en texte présente le *RTCh* comme un *deduit* ('amusement') visant une mise en forme agréable de l'histoire qui se respecte (voir *infra*). Il est donc question d'un certain interventionnisme de la part de cet auteur/adaptateur.[10] Une source importante est un texte qu'il dit avoir entendu lire en traduction: *En romanz oi l'epistre d'Alisandre retraire / qu'il tramist Aristotle son bon mestre gramaire*. Il s'agit sans aucun doute de la fameuse lettre d'Alexandre à Aristote sur les merveilles de l'Inde. Mais s'agirait-il de la version en latin, d'une traduction en langue vulgaire ou de telle ou telle version de l'*AOr*? Quant à cette dernière possibilité, il faut signaler immédiatement qu'elle est à rejeter, car abstraction faite des éléments légendaires comme les rencontres du Macédonien avec Porus et Candace, les merveilles orientales que vivent les Macédoniens dans le *RTCh* sont tout à fait différentes de celles de

---

[9] A moins que l'emploi de la troisième personne ne soit un écho d'un travail de copiste.

[10] Ceci expliquerait les libertés qu'il se serait permises, entre autres, dans l'épisode où Alexandre rencontre Candace. J'y reviens dans la suite.

l'*AOr* que reprend le *RAlix*. Et on aurait rencontré dans l'*AOr* au moins quelques-unes de ces nombreuses *auctoritates* qu'introduit ou conserve Thomas de Kent pour faire étalage de son savoir.[11] Il y a donc eu des sources ayant nécessité un transfert de latin en anglo-normand et il semble y en avoir eu d'autres ayant motivé des adaptations aux goûts de Thomas lui-même ou à ceux d'un commanditaire éventuel. C'est là tout ce que l'on peut dire.[12] Pour ce qui est de la datation du *RTCh* et de l'identité de son auteur/adaptateur, on est donc bien dans le brouillard. Dans l'état actuel des choses il est peut-être sage d'accepter les dates proposées par les éditeurs et d'attribuer la paternité de la version à ce Thomas de Kent.

A l'intérieur de la tradition en langue française du 12e siècle le *RTCh*, du moins, dans la reconstitution des éditeurs, occupe une position à part, puisqu'il ne s'inspire pas de l'*ADéca* ou de l'*AOr*, mais principalement de l'épitomé fait du texte de Julius Valerius ainsi que de la fameuse lettre qu'Alexandre est censée avoir envoyée à son maître Aristote.[13] Les différences d'avec les textes s'insérant dans la lignée Albéric: Alexandre de Bernai sont énormes. En guise d'exemple je mentionne ici que l'adultère qu'Olympias est supposée avoir commis avec le sorcier Nectanébus, violemment rejeté d'ailleurs par Albéric et ses successeurs, est accepté par Thomas: dans sa version à lui Olympias est bel et bien coupable (voir *infra*). Ce n'est pas la seule différence. Il y a aussi les premiers vers du prologue qui attirent notre attention: dès l'entrée en texte Thomas insiste sur la précarité des affaires humaines: *vie d'ome est breve e le mond laborus* (5), ce qui n'élimine d'ailleurs pas les possibilités de chercher des consolations dans les œuvres littéraires comme, par exemple, son compte rendu à lui des aventures macédoniennes. Entre parenthèses: cette ouverture mora-

---

[11] A mentionner ici: Solin (473, 1339), Orose, Isidore (1340), Josèphe (1247), saint Jérôme (1340), Aethicus Ister (6622), Pierre Alphonse (7985). Pour cette érudition de Thomas, voir Weynand 1911; Ehlert 1987: 178; Gaullier-Bougassas 1993.

[12] Voir aussi Foster/Short 1976, II: 68-73.

[13] Il s'agit respectivement du *Iulii Valerii Epitome* (Zacher 1867) et l'*Epistola ad Aristotelem* (Walther Boer 1953). Pour les sources en général, voir chapitre II, section 2.

lisatrice n'est pas sans évoquer la mention par Albéric de Pisançon, de la *vanitas vanitatum, et omnia vanitas* de l'Ecclésiaste.[14] La vision de Thomas ressemble à celle de quelques auteurs/adaptateurs allemands qui, eux, gardent une certaine distance vis-à-vis de l'hybris du Macédonien. La moralisation du prologue qui ne se retrouvera pas vraiment sur la ligne principale de la narration rencontrera son écho à la fin du texte. J'y reviens dans un instant. Pour ce qui est des aspects purement techniques, il faut constater que Thomas a, lui aussi, tenté de refaçonner l'écriture disparate de ses modèles et qu'il a opté pour le dodécasyllabe monorime qui est, comme on l'a vu, également l'instrument du *RAlix*. Se dépiste ainsi dans le *RTCh* une indéniable volonté organisatrice qui a fait impression sur les destinataires (en témoignerait la réception dans ces manuscrits richement illustrés déjà mentionnés), mais contrairement au *RAlix* la création de Thomas n'a pas engendré de suites.

La narration de Thomas est précédée et suivie par des marqueurs moralisateurs, je l'ai dit, mais une moralisation — et peu importe la façon dont elle a été formulée — n'est fonctionnelle que si elle vise un public déterminé devant ou pouvant en tirer un certain profit. Et voilà le problème: quand on se pose des questions au sujet du public éventuellement visé par Thomas, on est confronté avec une pénurie informationnelle surprenante, puisque contrairement au compilateur du *RAlix* qui identifie la catégorie de ses destinataires,[15] Thomas ne fournit guère de spécifications au sujet du public qui aurait pu ou dû être le sien. Les deux premières laisses assurant ce qu'on pourrait appeler la liaison entre le texte et son contexte ne produisent aucun élément permettant de circonscrire de façon adéquate le ou les destinataires. La première laisse ne fait qu'insister sur le *confort* et la *joie* ainsi que l'*assuagement* qu'apportent les *vers merveillus/ D'Alisandre le roy, de Daire l'orgoillus* à ceux qui sont *dolerus* et à ceux qui souffrent du *mal as amerus* (14-5; 26-7). La deuxième laisse évoque les descriptions du monde héritées des Anciens et insiste sur l'importance des signes du zodiaque et des caractéristiques des mois (32-45). Cette bipartition, l'aventure d'Alexandre le Grand d'un côté et le savoir géographique et encyclopédique de l'autre, se retrouvera dans le texte entier: sur

---

[14] Voir chapitre VI.

[15] Voir chapitre V où je donne l'inventaire complet des destinataires du *RAlix*.

les quelque 8000 vers de l'édition de Foster/Short (et je rappelle qu'elle est incomplète), plus de 3000 sont consacrés à la présentation du merveilleux oriental. En ceci le *RTCh* ne diffère pas essentiellement des autres versions étudiées ici. On a pu voir que le *RAlix* est également plein de renvois à la faune et la flore de l'Orient merveilleux (comment en pourrait-il être autrement), mais la compilation d'Alexandre de Bernai n'est aucunement présentée comme un *deduit* pouvant compenser des moments malheureux ou comme un document à intentions encyclopédiques. Il s'en faut même de beaucoup: le *RAlix* fournit une morale; c'est un *example*. C'est là une première différence de taille. Ce qui saute également aux yeux, c'est que ce prologue du *RTCh* mentionne comme destinataires éventuels l'*home chevalerus / E tuit cil qui sont de romanz coveitus* (16-7). Donc un ensemble de personnes aux caractéristiques sociologiques et culturelles distinguées composé d'hommes qui se comportent de façon chevaleresque ou de lecteurs/auditeurs portant un certain intérêt aux *romanz* ('récits', 'contes', 'histoires'). Bref, une audience qu'on pourrait rencontrer dans les cours princières de l'époque. Quant aux chevaliers, on les rencontre aussi parmi les destinataires énumérés par Alexandre de Bernai à la fin de la quatrième branche (1652), et avec un peu de bonne volonté on pourrait assimiler les personnes *de romanz couveitus* du *RTCh* avec les *clerc*, *dames* et *puceles* du *RAlix* (1652-3).

Mais — et ici se profile la distinction — le *RTCh* n'implique aucunement les *magnates* de la société: parmi les destinataires identifiés par Thomas de Kent il n'y pas de rois, de princes ou de ducs comme dans les versions d'Alexandre de Bernai et d'Arsenal et Venise. C'est là un autre élément qu'il faudra jeter dans la balance au moment où s'appréciera la portée de la *vita* anglo-normande. J'y reviens à la fin de ce chapitre. Si l'on accepte la datation proposée par les éditeurs et par la critique, il n'est pas tout à fait illicite d'établir ici encore un parallèle entre chevalerie et noblesse, puisque dans le dernier quart du 12e siècle le statut de chevalier est pratiquement le privilège exclusif de la noblesse. Or le *RTCh* contient des indices permettant cette équation: décrivant les premières escarmouches entre l'armée d'Alexandre et celle de Darius III, Thomas fait mention de l'utilité didactique de son ouvrage pour celui qui *a vasselage apent* (1323). Ceci nous permet de dire que le *RTCh* propose une conduite modèle pouvant inspirer ceux qui font partie de la caste armée de la société. Mais une remarque au sujet des compagnons de l'empereur de Perse, qualifiés de

> ... chevaler cortois, qui d'amur sunt enbuit,
> Vont chantant lur soniz, meinent lur deduit,
> Content e fabloient a tolir lur anuit (1651-3)

et cela dans un contexte où il n'est aucunement question d'*amor et militia*, provoquant traditionnellement les chants, etc., signale l'automatisme, sape la portée des connotations sociologiques qu'on peut rattacher à la qualification *chevalerus* de la première laisse.[16] La notion de chevalerie (cf. *chevalerus* et *chevaler cortois*) semble être en mal de précision. Cela s'avère également dans les énumérations des victimes des batailles. On y rencontre des formules comme *Tanz borgeis mors, tanz chevalers detrenchez* (896) et *Chevalers palmer e tanz hommes morir* (1992) et ainsi de suite. Il est fort possible que le mot *chevalers* renvoie à l'élite qu'est la chevalerie noble comme c'est le cas dans le *RAlix*, mais les flottements sémantiques sont si importants qu'il peut également signifier ici 'combattant à cheval' (< *caballarius*). A d'autres endroits l'interprète moderne est confronté avec des formules où la caste de chevaliers ne semble pas vraiment se distinguer des autres groupes de serviteurs à la cour. On le voit clairement dans l'épisode où Nectanébus déguisé en dragon sème la terreur dans le palais de Philippe: *Corent i chevaler, bacheler e sergant / ... de loinz environant* (353-4). La juxtaposition des deux premiers termes ne pose pas vraiment de problèmes, mais la présence des *sergant* peut étonner.[17]

En poussant l'analyse, on constate que le mot *chevalers* (ainsi que ses dérivés *chevalerie* et *chevalerus*) se trouve non seulement en opposition avec des mots marquant la noblesse, mais

---

[16] Tout ceci ne doit quand même pas nous faire oublier que la chevalerie de la deuxième moitié du 12ᵉ siècle est bien souvent présentée comme une élite qui aime se divertir avec des chants, des poèmes, etc. En ceci la chevalerie du *RTCh* se comporterait comme il faut (Jackson 1990: 112 sqq).

[17] A moins que ce ne soit la rime qui exerce ses contraintes: la laisse se termine en *ant*.

qu'il suggère de temps en temps aussi une équivalence avec le concept exprimé par ces derniers mots. Ainsi, avant la troisième bataille contre Darius, le roi de Macédoine dit à ses hommes:

> 'Alez moy ... par cele praierie.
> Defendez a ma gent e a ma baronie,
> As dux, as princes e a ma chevalerie ...' (3491-3).

Ceci crée l'impression que les *dux* et les *princes* ne sont pas des chevaliers, car *chevalerie* renvoie ici au gros de l'armée où, et c'est l'évidence même, il y a beaucoup de combattants à cheval. Le phrase est peu claire. Un autre exemple: lors du siège de Tyr le texte dit que les combats ont coûté la vie à *Tanz gentils chevalers e tanz barons* (1199). Ici encore il semble y avoir une différence entre *chevalers* et *barons*, mais à un autre endroit les chevaliers morts s'identifient avec les *genz reals* ('gens du roi') qui sont des *juvenceals / E fiz as princes, et nobles damoyseals* (2052-7). Et lorsque Darius compose l'ambassade qu'il désire envoyer au roi de Macédoine, il ordonne à ses nobles réunis en conseil d'élire *Doze barons ... de la chevalerie*; il s'avère que ces hommes ont tous *seignorie* de *contez e d'onors* et qu'ils ont tous *le chef chanu e la barbe florie* (1364-71). On a l'impression d'avoir affaire à de nobles vieillards qui sont tous chevaliers.[18] Il serait facile de multiplier les références, mais ce serait fastidieux. Ce qui est clair, c'est que la catégorie sociologique marquée dans la première laisse se spécifie difficilement: les automatismes ne permettent que des rapprochements prudents. Il semble pourtant que la balance penche en faveur de l'équation chevalerie: noblesse, car Thomas de Kent n'aurait jamais pu ou osé ignorer ses destinataires nobles. C'est là un argument extra-textuel qui ne manque cependant pas d'intérêt: tout comme les autres produits littéraires ou historiographiques de l'époque, le *RTCh* a dû respecter la légende et les possibilités d'intervention étaient donc marginales et l'auteur/adaptateur se sera vu contraint de produire des données permettant à une audience noble de se reconnaître dans la *'RÉALITÉ' littéraire*.

---

[18] Il n'est pas à exclure ici que la combinaison du rang social (barons et chevaliers) et physionomie (tête chauve et longue barbe) actualise le bien traditionnel binôme de *chevalerie et clergie*. Bref, des messagers comme il faut.

Deux détails corroborent ce point de vue. Lors du siège de Thèbes Alexandre tue un ennemi, *un bel damoysel / Fiz ert l'emperur e chevaler novel* (2156-7). La mort de ce noble prince prive 400 chevalers qui étaient *de son feu* de leurs moyens de subsistance: ... *puis sa mort furent de lur servise eschu* (2187-8). Ces 400 hommes appartiennent donc à cette catégorie des *juvenes* au service d'un grand. C'est le premier détail. Le deuxième concerne Alexandre lui-même: à l'âge de quinze ans il est adoubé — et dans ce texte-ci sur l'initiative de son père et pas à la demande des pairs comme dans le *RAlix*. Avec lui 100 *vallez* sont adoubés (536-48). On le constate: dans les deux cas présentés ici il y a assimilation entre chevalerie et noblesse: le roi lui-même est fait chevalier. Mais il y a des différences notables entre les différents chevaliers; il y en a qui sont puissants et riches et il y en a qui sont pauvres et qui dépendent d'un grand. Quant à cela, le *RTCh* ne diffère pas du *RAlix*. Il faut bien avouer que cela n'est pas bien surprenant à l'époque où le *RTCh* aura été conçu (1175-1185?). Ce qu'il faut cependant bien marquer, c'est que la chevalerie de Thomas de Kent n'est qu'une condition sociale, jamais une attitude. Il n'est point question ici du fameux code chevaleresque tel qu'il figure, entre autres, dans les romans arthuriens et même dans le *RAlix*. Le fait que l'adoubement d'Alexandre ne s'annonce que parce qu'il a quinze ans (532) prive ce statut vénéré de ce halo de gloire qu'il semble avoir dans la vulgate: là c'est le triomphe sur le féroce cheval Bucéphale qui amène les nobles macédoniens à exiger l'adoubement du jeune homme. Il se concrétise dans la réécriture anglo-normande une autre coutume et il se profile une autre interprétation.

Aux chapitres IX et X j'ai décrit la façon dont l'auteur/adaptateur du *RAlix* chante l'harmonie entre le roi et ses compagnons. Bien qu'Alexandre de Bernai ne perde jamais de vue que la caste des chevaliers cache des différences sociales, il ne fait qu'insister sur les mérites extraordinaires de cette élite et sur les bons rapports entre ses membres et le seigneur. Or il est frappant de constater qu'il n'en est rien dans le *RTCh*. Pour le compilateur de ce dernier texte la chevalerie et la noblesse semblent être des données abstraites, des automatismes sociaux qu'il est inutile de spécifier. Et pour ce qui concerne les rapports entre le roi Alexandre et ses nobles, il faut remarquer aussi que l'idéal d'une entente harmonieuse entre suzerain et vassaux ne joue pratiquement pas chez Thomas. Tout comme son homologue continental notre auteur/adaptateur anglo-normand évoque une royauté discrétionnaire et fort autoritaire qui exige l'obéissance des vassaux, mais l'image qu'il donne des rapports entre Alexandre et ses hommes est tout à fait autre. On le verra tout à l'heure.

Cependant, avant de m'engager dans l'examen de cette problématique, il est utile de faire l'inventaire du descriptif collé sur l'acteur Alexandre et d'analyser les possibilités connotatives liées à cette icône de l'héroïsme, puisqu'il est évident que le jeu de la royauté forte ne se joue que si le protagoniste de la *vita* en incarne tous les atouts. Dès le prologue l'Alexandre du *RTCh* est marqué de façon positive: il est *Hardiz ... conqueranz, sages e enginus* (31). Ce sont là, comme on l'a vu dans ce qui précède, les qualités clefs de l'*utilitas* royale: le courage, la volonté de se prouver dans un *regnum alienum* prometteur d'aventures ainsi que la bien traditionnelle combinaison de *fortitudo* et *sapientia* (cf. *Hardiz* versus *sages e enginus*).[19] Tout ceci n'a pas à nous étonner. Les conquêtes entreprises par Alexandre dans la péninsule grecque dans le but de consolider les assises du pouvoir domestique ainsi que les exploits en Asie aboutissant au *regnum* gréco-macédonien sont des données procurées par l'histoire et la légende. Elles ne pouvaient pas être omises ni changées, puisqu'elles étaient indissociablement liées au descriptif standard du personnage. Et l'acteur Alexandre est un acteur modèle: le descriptif physique que lui confère ou conserve Thomas de Kent est ce qu'il y a de plus positif: son éducation par 10 *mestres*, parmi lesquels le grand Aristote, lui procure le maximum de possibilités intellectuelles et pratiques; son physique même rayonne la promesse:

> Unques plus bel de ly ne fut enfes terrestre:
> Bloy peil ot e crespe, gros oilz, vair le destre,
> Cum leonine noir avoit le senestre ... (448-50)[20]

A quinze ans le héros est *Bels e hardiz, mult pruz e legers, / Mult bien portant armes, orgoillus e fiers* (533-4). L'adoubement du jeune homme provoque encore une ondée de renseignements sur la

---

[19] Pour ce *regnum alienum*, voir Harth 1982: 187.
[20] Pour les yeux d'Alexandre, voir chapitres VIII et XII.

richesse de ses vêtements ainsi que sur sa largesse naturelle du père, mais c'est tout. Il se présente maintenant une différence remarquable avec l'icône de la royauté livrée par le *RAlix*: l'Alexandre du *RTCh* n'est pas un roi dont les actions seraient à interpréter selon une axiologie éventuellement sotériologique, car l'auteur/adaptateur de cette version-là ne fait guère allusion à un consentement divin. Vu le fait que la royauté *gratia Dei* est d'une importance capitale à l'époque qui nous concerne, cela surprend quand même un peu: le panégyrique royal du moment ne fait qu'insister sur la nécessité de rapports pour ainsi dire personnels entre Dieu et celui qui prétend le représenter sur terre. Si Thomas ne met donc pas vraiment en lumière cet aspect éminemment propagandiste, il ne nous laisse pas entièrement sur notre faim, car sa version contient quand même quelques échos d'une intention divine: lors de la naissance du héros le peuple macédonien assiste aux phénomènes météorologiques et telluriques. Cela, c'est de bonne tradition. Il y a cependant un renseignement absolument curieux: lors du passage d'Alexandre à Jérusalem, le roi y est courtoisement reçu par le *prince des prestres* qui lui montre la prophétie de Daniel annonçant que par *un en Grece neez / Le pouvoir de Perse serra acraventiez*. Tout le monde est d'accord que ce *un* est Alexandre (3890-7). Le cercle est bouclé: le héros qui avec sa mission réalise la prophétie la voit motivée et confirmée par une volonté et une intention divines. Narrativement et psychologiquement la scène est remarquable. Voilà cependant tout ce qui est formulé au sujet du soutien divin.[21]

Il n'est pas nécessaire de dire que l'idéalisation de la *potestas* royale n'est efficace que si elle implique également le soutien de la noblesse: un *rex utilis* ne peut rendre efficace sa politique que s'il peut compter sur ses vassaux. La discussion des éléments pertinents du *RAlix* nous a déjà montré qu'Alexandre s'y occupe de ses hommes et qu'il s'assure de la sorte et de leur bienveillance et de leur obéissance. Mais la situation dans le *RTCh* est autre: l'Alexandre de cette version-là ne semble pouvoir profiter que de façon limitée du soutien de ses barons qui se montrent peu disposés à se manifester à la cour où ils risquent de perdent l'indé-

---

[21] Pour la prophétie de Daniel, voir chapitre V.

pendance relative qu'ils ont dans leurs propres fiefs. Voilà pourquoi l'Alexandre du *RTCh* se voit contraint de recourir aux menaces. Cela s'avère immédiatement après l'assassinat de son père par Pausanias, l'homme qui voulait enlever et épouser Olympias (voir *infra*). En convoquant ses vassaux à la cour, le jeune roi annonce ne tolérer aucune excuse:

> Car roys est de Grece; sur toz volt estre sire.
> S'il i ad nul qui voille son mandement dedire,
> Cil seit hors de sa pes, en sa guere e en sa ire. (1045-7).

De pareilles menaces ne se repèrent jamais dans le *RAlix* ou dans Arsenal et Venise où tout est harmonie (suggérée). Je l'ai dit.[22] Dès l'entrée en scène le pouvoir royal du *RTCh* s'annonce donc autoritaire; c'est le prince qui tire toutes les ficelles (je rappelle qu'ici c'est Philippe lui-même qui décide que son fils doit être adoubé et pas les vassaux). Aussi le vers de conclusion de la laisse abritant la menace citée fait-il réfléchir: les princes et les barons *Del jeuparti* (= 'dilemme') *en pensent ceo qu'il volent eslire* (1050). Il se profile ici une certaine indifférence de la part du pouvoir royal pour les intérêts spécifiques des vassaux. Bien que le système politique semble être enté sur le mode féodal (les Macédoniens et les Grecs ainsi que tous les barons vaincus dans les batailles prêtent hommage à Alexandre),[23] le véritable pouvoir semble être du côté du roi. Une même prise de position se révèle à la fin du texte où Alexandre, ayant appris de par sa mère Olympias que son vassal Antipater a l'intention de lui procurer *grant encombrers*

---

[22] Un véritable *rex utilis* n'a pas de peine à se fair obéir, mais un prince comme Darius III qui a déjà fait preuve d'une grande iniquité envers son vassal Sanson, ne pourra s'imposer que par la menace. Il est vrai qu'à un certain moment donné même l'Alexandre du *RAlix* doit faire valoir son autorité pour contraindre Antipater et Divinuspater de venir à sa cour, mais ces deux-là sont des traîtres, des vassaux *inutiles*, qui ne respectent pas les règles du jeu. On doit et peut donc traiter ces gens-là d'une façon autre. Voir chapitre XIV. Pour le même phénomène dans le *Brut* de Layamon, voir Noble 1992: 166. Pour la politique du Plantagenêt, voir Keefe 1983: 74

[23] Pour ce qui est des spécifications territoriales employées le *RTCh* montre les mêmes fluctuations que les autres textes: Philippe était le maître *de Macedoigne l'empire*, son fils est qualifié de *roys de Grece* (1040; 1045). Voir chapitre I.

(7892), procède et cette fois-ci sans procès aucun à sa destitution. Alexandre agit de façon autoritaire sans accorder à son vassal qui en tant que duc n'est quand même pas le premier venu, la moindre possibilité de défense; le texte dit sans ambages qu'Antipater *voit qu'il est deposez* (7899). Il serait peut-être possible d'expliquer la conduite sévère du roi de par le fait que le message d'Olympias est basé sur un oracle qui révèle un danger personnel pour le roi, mais une certaine 'raison d'Etat' se manifeste déjà en filigrane. La motivation en est surtout morale:

> Antipater estoit de Grece justisers,
> Un fel, un orgoillus, un juger[e]s parlers,
> E enginers e de mal fere costumers. (vv. 7894-6)[24]

Je ne peux pas dire si les destinataires ont été étonnés ou non. Il ne me semble pas exclu qu'ils aient tout bonnement accepté et l'ellipse narrative et la conduite autoritaire du roi. Il n'y a pas de raison pour supposer qu'ils s'en seraient offusqués: les qualifications négatives d'Antipater (cf. *fel*, *orgoillus*, *enginers*, etc.) engendrent quand même une compréhension. D'ailleurs, ce que suggère la *'RÉALITÉ'* littéraire n'a pas grand-chose à voir avec la *RÉALITÉ historique* du contexte.

Quelle qu'ait pu être la réaction de la part des barons anglo-normands, Thomas rend parfaitement compréhensible et acceptable la violence de la part du roi. Prime l'intérêt de la royauté. C'est ce qu'on a également vu dans la façon dont Alexandre convoque ses barons après la mort de son père. Cet épisode implique, d'un côté, la possibilité d'un refus de la part des barons et, de l'autre, l'impossibilité d'une acceptation de ce refus par le roi même. Les deux

---

[24] Le texte de Thomas correspond ici aux données de l'histoire: Antipater était effectivement gouverneur de la Macédoine. Evidemment Thomas n'aura pas été au courant de la véritable *RÉALITÉ historique* de la Macédoine du temps de Philippe II et son fils Alexandre; il aura tout simplement repris cette donnée à ses sources. Voir chapitre II, section 1. Le *RTCh* ignore Divinuspater qui est un personnage produit par la légende. Il n'est pas impossible que la qualification *justiser(s)* renvoie à la fonction de 'justiciar' ('représentant du roi') instaurée par Henri I. Vers la fin du règne de ce roi la fonction gagne tellement en importance qu'on n'a pas hésité de qualifier la personne qui l'exerçait de vice-roi (Boussard 1956: 349-51; Le Patourel 1984 (VIII: 296).

passages révèlent des tensions politiques et sociales dont on trouve d'ailleurs une confirmation à la fin du texte où Thomas de Kent dit: *Tant cum Alisandre vesqui, li baron l'enhairent* (8043).[25] La violence des sentiments qui se manifeste ici est tout à fait compréhensible: l'égalité *de jure* (dans le système dit féodal le roi est présenté comme *primus inter pares*) nécessite dans la pratique gouvernementale une violence *de facto*: c'est toujours le plus fort qui gagne. Cela s'avère dans de nombreuses chansons de geste sans aucun doute plus réalistes que la plupart des romans trop vite enclins à idéaliser ce qu'ils croient être le code de la bonne conduite.[26] Bien souvent l'épopée met en scène une royauté bénéficiant non seulement d'un consentement d'en haut, c'est-à-dire de Dieu, mais également d'un consensus d'en bas, in casu celui des *magnates*. Dans le *RAlix* ces deux facteurs jouent un rôle de la première importance, mais c'est surtout le dernier qui y a été soumis à une forte procédure de poétisation puisque dans sa *'RÉALITÉ' littéraire* à lui le compilateur de la vulgate poursuivait l'harmonie socio-politique. Thomas de Kent voit le tout d'un œil différent: la *potestas regalis* s'impose. Et cela aux dépens de la noblesse.

Cela se révèle également dans l'épisode où Philippe de Macédoine tente de répudier Olympias, la mère d'Alexandre: les bruits circulant au sujet d'un possible adultère avec Nectanébus, l'enchanteur égyptien, menacent de saper l'autorité royale et on comprend que Philippe se fait des soucis: *Pur cel esclandre fu Phelippe pensifs* (636). Aussi Philippe se décide-t-il de se débarrasser de son épouse et d'en informer ses barons. Ceux-ci n'ont qu'à entériner cette décision et à accepter qu'Olympias soit enfermée dans un des châteaux du roi (631-82).[27] C'est Cléopâtre, la nouvelle reine, qui recevra à partir de ce moment les preuves du respect que les sujets de Philippe lui doivent témoigner. Un autre épisode où c'est Alexandre lui-même qui décide montre la même

---

[25] On rencontre chez Orderic Vital une remarque pareille au sujet de Guillaume le Conquérant: tous les hommes le haïssaient et sa mort leur apporta une grande joie (Chibnall 1969, II: 312).

[26] Et ce code est un élément de la *'RÉALITÉ' littéraire*. Le cercle se boucle ainsi.

[27] Serait-ce une réminiscence du sort subi par Aliénor enfermée par Henri II? Cf. Boussard 1956: 471 sqq; Bingham 1978: 76, 98; Pernoud 1965: 177-89.

attitude. Il s'agit des séquelles de la promesse faite par Darius de donner sa fille et la moitié de son empire à celui qui tuera le roi macédonien. Un chevalier perse se déguise en soldat grec et attaque Alexandre *en my le dos*. Comme il ne réussit pas à blesser notre héros, il est capturé et envoyé *as heberges*. L'affaire se décidera le moment venu et, semble-t-il, dans les règles, car le roi *ne volt rien faire s'il n'est par jugement* (3191-2). Tout ceci évoque ainsi un certain légalisme, mais le texte réserve une surprise. Le combat terminé, il s'engage une discussion entre les barons macédoniens: le Perse aurait dû attaquer son ennemi de face, mais en s'y prenant de façon sournoise, il s'est comporté comme un félon indigne et comme un traître de sa propre caste qui, on le sait, est partisane d'un certain code d'honneur.

Ce qui est remarquable ici, c'est que la conclusion du débat des barons aboutit à un accord de principe sur une éventuelle condamnation à mort, mais le vouloir des barons a des limites: *'Bien est droit qe ly rois en face son talent, / Car voloir de prince tient l'en pur jugement'* (3287-8). C'est un écho de la fameuse maxime romaine *Quod principi placuit, legis habet vigorem*.[28] La réaction du roi est totalement à l'opposé de ce que veulent ses barons: Alexandre loue l'action du Perse, le récompense et le renvoie à son maître (3290-96). Nous sommes loin du conseil de Charlemagne et de ses barons dans la *Chanson de Roland* où l'empereur doit quand même tenir compte de ce que pensent ses barons. Se confirme encore une fois que dans le *RTCh* Alexandre semble être le *primus inter pares* féodal, mais que sa conduite est celle du prince qui tire toutes les ficelles. La *RÉALITÉ historique* prise en compte ici par la *'RÉALITÉ' littéraire* du *RTCh* montre bien que le soi-disant code féodal égalitaire ne cache qu'une inégalité de principe.[29] Il y a encore un autre détail qu'il faut mentionner: pendant sa visite à l'oracle de Tripoli Alexandre achète les services du prêtre du temple pour que celui-ci se cache dans la statue de Nectanébus, roi-enchanteur d'Egypte, pour la faire 'parler' et enlever de la sorte tout doute sur la légitimité du Macédo-

---

[28] La discussion de cette maxime formulée naguère par le légiste romain Ulpien gagnera toute son importance dans les siècles qui suivront (Quillet 1972: 78; Pennington 1993: 202-6).

[29] Fischer/Völker 1975: 83-130, surtout 87-90.

nien. Aucune surprise donc si la statue confirme que le roi est bel et bien le fils de Philippe de Macédoine (1128-58). Mais comme Thomas avait déjà annoncé en des termes on ne peut plus clairs que le roi recourt à la corruption (... *tant ly promist e tant ly dona / Qe la nuit a celees en cele ymage entra*), le destinataire peut y dépister des machinations propagandistes d'une royauté qui ne veut pas être gênée par des obstacles encombrants.

Un dernier élément concernant le statut de la royauté mérite l'attention. Dans les versions étudiées ici la cour macédonienne ne ressemble pas du tout à ce lieu idéalisé qu'est la cour arthurienne. Il s'en faut de beaucoup: la cour macédonienne est bien différente. Abstraction faite de la cérémonie du couronnement à Babylone que Thomas expédie d'ailleurs rapidement, il y a un passage fort intéressant où il s'agit d'une fête de cour qui a lieu pendant l'absence de Philippe, absence bien essentielle, car l'enchanteur Nectanébus en profitera pour séduire la reine Olympias et pour engendrer auprès d'elle Alexandre. J'y reviens dans un instant. Ce qui m'intéresse ici, c'est la fête qu'organise la reine à l'occasion de son anniversaire. Thomas parle de grandes festivités auxquelles participent les *barouns de la vile* (120) ainsi que de nombreux jeunes nobles. Tout ceci donne à Olympias la possibilité de se manifester en public et de se faire rendre les honneurs dus à son rang: *N'i ad nul si riche n'ad la dame encliné / A genouz a la terre tut desaffublé* (123-4). La scène ne manque pas de réminiscenses intertextuelles: la reine chevauche un *blanc mulet* (107) et *desur son poing* elle tient *un esperver mué* (118). Les connotations féeriques se profilent bien, mais ce n'est pas ce qu'il y a de plus important.[30] Prime ici l'autorité du roi absent qui garantit à Olympias le respect et l'obéissance des sujets. Le faste déployé par la reine symbolise le pouvoir de son époux; la cour où la *potestas* royale se dépersonnalise, se fait abstraite et se révèle être une institution qui tourne toute seule.

Ce phénomène se dépiste également dans la largesse déplo-

---

[30] Cette scène est tellement clichématique que Cléopâtre, lorsqu'elle entre en scène pour remplacer Olympias répudiée, est représentée de la même façon (721). La dame de Lanval porte, elle aussi, un *esperver sur sun poin* (Rychner 1969: 90, v. 573). Dans la tradition cet oiseau symbolise la domination de la femme (Chevalier/Gheerbrant 1982: 409).

yée par Philippe lors de l'adoubement de son fils: toute la *familia regis* et toute la compagnie qui tourne autour d'elle profite de la largesse royale et cela parce que la cour est considérée comme un ensemble cohérent, signal et siège de la puissance royale. Tous, grands et petits, sont des *curiales*, idée absolument inconcevable dans le *RAlix* qui ne voit que les grands,[31] Ce n'est même pas tout: la royauté de la 'RÉALITÉ' littéraire de notre *RTCh* s'entoure d'une aura quelque peu hiératique. Alexandre est un roi qui ne se montre pas souvent en public:

> De celer sa persone est Alisandre coustomers,
> Car quant a curt venoit estranges messagers,
> Il ne parlassent ja fors par entreparlers. (5216-8)[32]

Techniquement parlant cette attitude permet au roi de ne pas s'engager soi-même trop vite et de faire parer les premiers coups par ses compagnons. Cette tactique lui permettra également de se déguiser et de se présenter en messager auprès de Porus et plus tard auprès de Candace, car personne n'a pu le voir en personne. Evidemment c'est la légende qui parle, mais on peut aussi interpréter le détail qui fait totalement défaut dans le *RAlix*, Arsenal et Venise comme l'expression d'un pouvoir qui se veut abstrait. Et cela, c'est un fait remarquable, car au 12ᵉ siècle l'exercice du pouvoir est en principe toujours lié à la *persona* de celui qui l'incarne: ce n'est pas pour rien que les rois médiévaux voyagent tant.[33]

Si l'on tient également compte du fait que Thomas ne verse pas dans le sentimentalisme du compagnonnage, il est clair que le statut du roi est ici l'objet d'une certaine dépersonnalisation. C'est le pouvoir *in se* qui entre en scène, un pouvoir qui cherche à se

---

[31] Sauf à des moments vraiment exceptionnels. Qu'on pense à ce passage où le roi récompense le soldat Zephirus qui lui offrait les seules gouttes d'eau disponible dans le désert (*RAlix*, III: 1034-54). Mais c'est la grandeur du geste du simple soldat qui se remarque, pas le statut social de l'homme.

[32] Idem aux vers 7491-96.

[33] Ohler 1986: 145-50. La vie des hommes au service des princes est dure: un Geoffroi de Viterbe se plaint de ce qu'il passe la plus grande partie de l'année sur les routes; en tant que serviteur de l'empereur Henri IV qui visitait autant que possible les lieux importants de son empire, Geoffroi était bien obligé de suivre (Althoff 1992: 91-4).

réaliser sans l'aide du spirituel, sans compter (trop) sur une noblesse trop jalouse de son indépendance. Il s'y ajoute un autre élément troublant: selon le *RTCh* Alexandre n'a droit à la couronne que parce qu'un oracle répond à Philippe qui ne cesse d'avoir des doutes sur la légitimité de son fils que son successeur sera celui qui *primer montera ... / Sur le dos Bucifal, sanz estrius, sanz arçons* (518-20). Il sera clair que la réponse énigmatique de l'oracle laisse la voie ouverte à plusieurs interprétations, mais il est impossible d'ignorer que l'épisode implique que le fils n'est pas le successeur naturel de son père et cela, c'est hautement curieux à un moment de l'histoire où la succession royale en ligne directe ne se discute plus ni en France ni en Angleterre.[34] Les destinataires savent déjà que Bucéphale est un monstre effrayant et qu'il lui faudra un maître au-delà de la norme (car autrement le passage en question ne renverrait qu'à un simple effort hippique). Et c'est bien ce qui explique pourquoi Thomas prépare le terrain aux vers 457-75 où il décrit l'animal. Dompter cette bête — et notre héros ne le fera qu'après avoir tué Nectanébus — est donc un exploit extraordinaire où le héros se distinguera. Alexandre sera donc le successeur de son père, parce qu'il n'y aura que lui à pouvoir dompter le monstre. Mais encore une fois: le sang royal seul ne semble pas suffire. Dans cette perspective il est utile de signaler une remarque curieuse d'Alexandre lui-même lors de sa visite à la cour de Porus. Le passage nous confronte avec un petit problème: le roi qui s'est déguisé prétend être Antigonus, le chambellan de Philippe, le frère d'Alexandre qui est dépeint comme l'*Ainzneez ... qui aver dut le regné* (5261-3). L'histoire connaît bien ce Philippe Arrhidée, mais sa présence ici surprend: Thomas ne l'avait mentionné pour la première fois qu'au vers 5193: *Pheippe son frere est al conrei secont*. Le passage en question montre que Thomas a eu, lui aussi, quelques problèmes avec l'harmonisation des renseignements disparates de ses sources ainsi qu'avec la position de la reine Olympias, car avant le vers 5193 il n'a pas été question de ce frère d'Alexandre. Quelle que puisse être l'interprétation de cet épisode, toujours est-il que la seule formule *aver dut le regné* ne peut que renvoyer à la possibilité d'une succession non rectiligne. Et ce éventuellement aux dépens

---

[34] Voir chapitre IX.

d'Alexandre! Cela, c'est pour le moins curieux.

Au début de ce chapitre j'ai déjà relevé le fait que Thomas considère Olympias coupable d'adultère et en ceci il s'écarte donc des autres versions en langue française. J'ai signalé également que Thomas puise dans des sources différentes et que c'est là la raison pour laquelle il est impossible de procéder à des analyses de détail. Le *RTCh* est la seule *vita* d'Alexandre en langue française du 12ᵉ siècle à s'inspirer de l'épitomé de la version de Julius Valerius où Alexandre est bel et bien le fils de Nectanébus. Quelle que soit d'ailleurs la version dont on s'occupe, les acteurs sont toujours les mêmes et Alexandre finit toujours par tuer le sorcier, mais c'est là tout ce que les réécritures étudiées ici ont en commun. A l'encontre de ses confrères, le compilateur du *RTCh* ne change pas les données fournies par la tradition latine: avant de pousser le dernier soupir, Nectanébus révèle qu'il est le père du héros. Pour une raison ou une autre — Thomas n'entre pas dans le détail — Alexandre prend *pité* de l'homme et porte son cadavre dans le palais où il raconte tout à sa mère (499-509). L'auteur adaptateur anglo-normand semble avoir eu des problèmes avec ce passage, car à ce moment précis de l'histoire il laisse quand même subsister des doutes sur le rôle précis qu'aurait joué la reine:

> A sa mere le conte a un conseil estroit;
> Mult se merveille [= Olympias] de ceo qu'il disoit.
> Ensevelir le fet a mielz qu'il savoit. (507-9)

La tradition latine — et pour corroborer mes dires je puise ici dans la rédaction J² de l'*Historia de Preliis* aussi bien que dans le *Iulii Valerii Epitome* — parle des rapports entre la reine et le sorcier. Dans le premier texte Olympias dit: *Nectanebus pater tuus fuit*, mais dans le deuxième texte la leçon est moins claire: *Atque hoc mulier nimium admirata indicavit, quod vanis artibus lusa probri rem fecisset.*[35] La formule *Mult se merveille* peut être rapprochée de *nimium admirata* de l'épitomé, mais c'est là tout, car Thomas

---

[35] Respectivement Hilka 1974: 33; Zacher 1867: 20. Dans l'*Historia de Preliis* Alexandre qualifie la conduite de sa mère de *stultitia*. Le *RAp*, remaniement de ce texte, donne grosso modo les mêmes renseignements. Pour le rôle d'Olympias dans le *RAlix*, voir chapitre XI.

est quand même intervenu dans son texte. C'est qu'il y a une remarque curieuse dans sa version: la reine semble être fort contente de ce que l'étranger s'intéresse à elle. Thomas qui montre de temps en temps des traits fort misogynes (voir *infra*) note qu'Olympias semble s'y plaire: *Mult sovent iert priez de ceo qu'il* [= Nectanébus] *deust prier* (299); c'est la femme qui prend l'initiative; elle lui dit: *Mielz vaut l'amur de dieu qe de nul chevaler* (282). Le *sovent* du vers 299 cité il y a un instant fait réfléchir: l'adultère d'Olympias dépasse le *hic-et-nunc* et se transforme en une affaire qui durera une certaine période; l'Olympias du *RTCh* n'est donc pas la même que celle du *RALix*. L'épisode où Pausanias tente d'enlever Olympias, affaire qui se terminera avec la mort de Philippe, en fournit une autre illustration. Nous y relevons l'information que voici: Olympias mise au courant de ce que Pausanias l'aime et veut l'enlever, accepte: *Quant la dame le seit e son voler entent, / ... ly consent / Qu'aprés la mort le roy fra son comandement* (985-7).

Décidemment, nous sommes loin de la vertueuse et fidèle Olympias du *RAlix*. Il est utile de rapprocher l'attitude de Thomas face à Olympias des remarques généralisatrices qu'il débitera au début de l'aventure que vivra notre héros avec Candace. Voici d'abord les données de base: dès le premier moment la femme domine la situation; Candace dit tout de suite qu'elle aime Alexandre et qu'elle le veut comme mari (6959 sqq). Il est vrai que le *RTCh* reprend les moqueries légendaires au sujet du grand conquérant qui s'est laissé prendre par la ruse féminine (détail que le *RAlix* camoufle autant que possible), mais Thomas les neutralise immédiatement en faisant dire par la reine de façon aussi peu équivoque que possible: *Aloms ore juer suz cele cortine. / Ja nuls nel savera fors vous e ma meschine* (7749-50). Chose proposée, chose acceptée: les deux vivent des journées d'amour. Et ici encore Thomas fait durer l'affaire.[36] Cet épisode est précédé par un réqui-

---

[36] L'épitomé dit de Zacher n'offre pas d'indices fonctionnels ici. En fait, ces renseignements sont identiques à ceux de l'*Historia de Preliis* que j'ai cités au chapitre XI, car dans l'épitomé Candace dit: *"O, Alexander, o quam te vellem proprii filii mater putater, profecto reginam ac dominam gentium me adhuc utique fore sperabam."* (1867: 61). Thomas fait de Candace la maîtresse du conquérant. En ceci il agit donc de la même façon qu'Alexandre de Bernai qui limite cependant l'affaire à un seul après-midi.

sitoire contre la perfidie et la ruse féminine contre laquelle l'homme n'a aucun recours. Et les exemples de s'enchaîner: Joseph s'attira les foudres de la femme de Potiphar, Samson fut trompé par Dalila et même le sage Salomon tomba victime d'une femme et la ville de Troie fut détruite à cause des yeux d'une belle (7631- 40). Avec cette prise de position misogyne, le *RTCh* se distingue des autres versions qui dorent le blason du roi de telle façon qu'il ne peut s'entourer que de gens vertueux et donc aussi de dames au-delà de tout reproche (je rappelle que la Candace du *RAlix* fait preuve d'une grande timidité).[37]

Dans la version attribuée à Thomas on est confronté encore avec un autre détail hautement curieux que je ne m'explique pas vraiment: il n'y a pas trace dans le *RTCh* de quelque épouse que ce soit. Thomas ignore jusqu'à l'existence même de Roxane et ce malgré le fait que le *Iulii Valerii Epitome*, texte où il puise à pleines mains, l'identifie bel et bien comme la fille de Darius qu'Alexandre devrait épouser. Voici ce que dit cette version:

> Quare quaeso, ne invidias mihi sepulturam, [Darius est mortellement blessé par ses propres hommes] quam mihi cum Persis tui Macedones exsequantur. Tum Rodogunen, matrem meam, et Cilito uxorem in manus tuas commendo; filiam vero Roxanen hac prece tibi commendo, ut eam coniugio tuo dignam censeas.[38]

La version anglo-normande n'ignore cependant pas la présence d'une fille de Darius (laquelle d'ailleurs?), car l'empereur perse la promet à celui qui lui tuera le Macédonien (l'épisode en question a été discuté il y a quelques instants), mais celle qui est offerte comme épouse éventuelle d'Alexandre n'est pas la fille du Perse..., mais sa femme (3691-6).

Ecrit probablement en territoire anglo-normand pendant le règne d'Henri II Plantagenêt (1154-89), la réécriture de la *vita* du

---

[37] Voir chapitre XI.
[38] Zacher 1967: 51. L'*Historia de Preliis* (Hilka 1974: 138-9) donne à peu près les mêmes détails: Alexandre *iussit venire Roxanen filiam eius* [= Darius] *cum corona aurea ornata ex lapidibus pretiosis accipiensque eam uxorem fecit ... et precepit ut adoraretur ab omnibus sicut regina*. Cf. également ibidem: 251, 253 et 257. Les dernières pages de l'épitomé concernent la mort du roi, épisode que Thomas expédie d'ailleurs en toute vitesse.

Macédonien attribuable à Thomas de Kent met en scène une royauté exigeant de la part de la noblesse une obéissance totale *in curia* et *in expeditio*. Ce n'est pas pour rien qu'Henri II reprend la vieille coutume d'exiger de ses sujets (= les barons), lors de son couronnement, le serment de fidélité. Juré face à ce roi qui, dans la charte de son couronnement, se donne du *rex gratia Dei*, ces nobles ne deviennent pas les hommes d'un seigneur, mais les hommes du roi.[39] Il n'y est pas question du tout de cet enthousiasme naturel de cette foule innombrable de jeunes nobles en quête de moyens de survivre comme dans le *RAlix*. Qui plus est; il n'y a même pas trace des *pueri* nobles qui selon la tradition biblique seraient les compagnons de la première heure. Il va de soi que l'Alexandre du *RTCh* est entouré de nobles, la lisibilité sociale l'exige, mais son compilateur n'y parle pas de ce fameux compagnonnage épique, de ce *compadrazgo* de la tradition littéraire.[40] L'absence de ces deux facteurs si essentiels dans le *RAlix* qui chante l'harmonie entre les membres de l'élite noble est remarquable et même hautement importante, car comme il n'y a pas de support naturel produit par un amour ou d'un sentiment de caste, la royauté du *RTCh* devra se faire valoir d'une autre manière. S'il n'est donc pas question d'un support horizontal suggérant la cohésion du groupe dont, dans la 'RÉALITÉ' littéraire bien sûr, le roi est supposé être le *primus inter pares*, la solution verticale sera donc la seule alternative.

    Thomas confronte ses destinataires avec une royauté forte et discrétionnaire qui essaie de se rendre moins dépendante des volontés trop aléatoires des barons. Malgré ses traits autoritaires et déjà un peu institutionnels, le type de royauté que procure la version de Thomas est accepté par les acteurs de la *vita*. Il l'aura également été par les destinataires du texte. C'est que le *RTCh* vise la production d'un texte non seulement lisible, mais aussi fort agréable, car Thomas a *atiffé*, c'est-à-dire 'orné' son compte rendu, puisqu'il le veut *deduit* devant procurer du plaisir à ceux qui l'écou-

---

[39] Boussard 1956: 388-9.
[40] Aux vers 1771-5 le texte fournit quelques noms: *Antigonon..., un conte d'Aumarie, / Le roy Antonien, Agrippe e Julie,/ Le duc Tiberion e Marc de Romenie, / Antioche l'Ostage e Gayron de Pavie / E Tholomeu qui ot sur trestoz la mestrie*. Les seuls compagnons connus également par le *RAlix* sont Antigonus et Ptolomée. Les autres sont inidentifiables.

tent. L'excuse reflète la combinaison horatienne de l'*utile dulci*.[41] Il fait donc passer assez facilement la moralisation de l'épisode où le Macédonien exige même la soumission du Paradis terrestre. Le tribut qu'y obtient Alexandre est une pierre dont l'interprétation est la suivante: non couverte, son poids sera toujours plus grand que toutes les richesses du monde; couverte *par devant e derer*, elle pèsera moins que n'importe autre poids mis dans la balance (5552-88). A la fin de sa version Thomas y revient: vivant, Alexandre triomphera de tout et de tous, mais une fois mort, ce conquérant irrésistible ne sera plus rien. Et ici l'auteur/adaptateur anglo-normand se distingue nettement de son confrère Alexandre de Bernai qui ne moralise pas la conduite de son héros, mais seulement le polysystème socio-politique parfait qu'il représente. Le compilateur de la vulgate ne voit en Alexandre qu'un héros au-dessus de la norme qui ne meurt que parce que ce sont les autres qui ne respectent pas le code.

L'entrée en matière de la version anglo-normande est bien différente. Plus haut j'ai cité les mots clefs *deduit* et *assuagement* marquant de la part de Thomas une volonté d'entretenir son audience. J'ai signalé aussi les premiers vers où Thomas se réfère à la fugacité de tout ce que fait l'homme *penus* (11). Or le renvoi explicite dans les derniers vers du *RTCh* à la signification du tribut du maître du Paradis Terrestre: *Ore est acompliz qe fu pronosticez / ... cum devant est contez* (8017-9) ainsi qu'au contenu de la première laisse boucle le cercle et nous offre le sens que Thomas a possiblement voulu conférer à sa réécriture. L'introduction d'éléments anachroniques produit la possibilité de comparaisons heureuses. On le sait. Aussi les barons anglo-normands qui (sans doute) assistaient à la lecture de notre *RTCh* pouvaient-ils reconnaître dans les compagnons d'Alexandre des membres de leur *ordo*. Du coup — et c'est là la quintessence même de toute propagande où un seul fait véridique ou reconnu comme tel déclenche tout un mécanisme d'acceptation — ils ont pu établir des rapports entre le passé macédonien, cette *RÉALITÉ 'historique'* de la narration et leur propre présent, leur *RÉALITÉ historique* anglo-normande dominé par un Plantagenêt fort. A certains endroits de la version anglo-normande

---

[41] *Art poétique*, 343-4 (Färber/Schöne 1967: 250).

on repère les signes d'une royauté qui ne se fie qu'à elle-même et qui décide toute seule.

Si l'on pense à la situation dans les territoires soumis à l'autorité d'Henri II, on peut constater que ce roi a effectivement manifesté des tendances monarchiques (N.B. cet adjectif est d'ailleurs à employer avec une grande prudence ici: bien que les rois du 12e siècle fassent preuve de velléités discrétionnaires annonçant les tendances monarchiques de la fin du Moyen Age et du début de la Renaissance, juridiquement et pratiquement leur position est essentiellement différente.[42] Mais la théorie est malléable: à en croire Jean de Salisbury, Henri II prétendit être dans son royaume *omnia quae volebat*: roi, légat pontifical, patriarche, empereur,[43] et il n'aimait pas être contrarié; il voulait tout simplement pouvoir décider — et cela de façon exclusive (!) — de toutes choses *quae ad coronam regni pertinebant* et faire ce qui lui plaisait ou convenait.[44] Le renvoi à la couronne met en lumière la tendance déjà assez forte au 12e siècle de doter le pouvoir royal d'une aura impersonnelle pour ne pas dire transpersonnelle et cela de préférence sans le soutien des *magnates*. Et cette attitude-là, partie intégrante de la *RÉALITÉ* du polysystème du Plantagenêt se retrouve dans ce côté institutionnel déjà entrevu dans la fête qu'organise Olympias ou dans la décision arbitraire d'Alexandre dans le procès contre le chevalier perse.[45]

Je ne veux ni ne peux prétendre qu'il y a assimilation totale ou partielle entre la *'RÉALITÉ'* littéraire du *RTCh* et le contexte anglo-normand. Tout ce que je suggère ici — et la logique de la production culturelle (sens large) dans les sociétés dites autoritaires ne fait que le rendre plausible — c'est que la littérature ne peut pas ne pas refléter les exigences et les coutumes de la *RÉALITÉ historique* qui l'abrite. C'est ce qui explique les possibles rapprochements entre le texte de Thomas de Kent et les idées qu'aurait eues un

---

[42] Pour ce problème extrêmement complexe, consulter, entre autres, Parker 1983: 2-45; Krynen 1993: 345-408; Pennington 1993: 202-37.

[43] Pour ceci, voir Walther 1976: 81.

[44] Beumann 1956: 211; Hartung 1941: 16-8; Pennington 1993: 20 sqq.

[45] Evidemment tout ceci est bien beau dans la *'RÉALITÉ' littéraire*, mais au 12e siècle les rois ne peuvent pas ignorer les grands de la société. Le Plantagenêt a dû le constater à ses dépens (Keefe 1983: 94, 112).

Henri II Plantagenêt pour la littérature à thèse politique. Wace et Benoît de Sainte-Maure ont travaillé pour ce roi et ils ont écrit, eux aussi, des textes fort longs et richement illustrés comme le *RTCh*. Il y en a eu d'autres qui ont dû ou voulu mettre leur plume au service de ce roi et qui ont esssayé de conformer leurs dires aux idées du maître, puisque c'était quand même lui qui séparait l'utile du non-utile et, partant, la rémunération de la non-rémunération. C'est ainsi qu'un Giraud de Barri défend dans les premières rédactions de sa *Topographia Hibernica* les vues d'Henri II sur l'Irlande: le roi avait besoin d'excuses juridiques pour conquérir cette île. Giraud les lui livre, c'est-à-dire, il les fournit sous forme poétisée. Henri II a d'ailleurs dû être content du fait que Guiraud le présente comme un Alexandre occidental: la fonction iconique de la formule 'Notre Alexandre occidental' que lui attribue le poète se reconnaît aisément.[46]

Thomas de Kent a exploité le peu de latitude entre la légende flottante et le respect obligatoire de la tradition. Permettant à son public de se reconnaître dans les éléments nobiliaires, chevaleresques et féodaux qu'il insère dans son texte, il a assuré la lisibilité sociologique requise. Les transformations marginales qu'il semble avoir effectuées étaient acceptables, puisque plausibles et relativement conformes aux idées ayant cours dans le polysystème des Plantagenêt du 12e siècle. Pas plus que le *RAlix* ou les autres réécritures françaises, le *RTCh* ne s'exprime directement, mais joue le jeu de la comparaison implicite dont l'effet est peut-être plus efficace: un *poeta* réalise ici beaucoup plus qu'un *historicus*. De toute façon, l'évocation d'une possible comparaison entre le grand Macédonien et lui-même n'aura pas déplu à Henri II d'Angleterre, car celui-ci se considérait maître d'un grand territoire contenant plusieurs régions différentes. Ne possédait-il pas à côté de ses territoires insulaires de vastes domaines sur le continent? Henri se verrait volontiers, et cela à l'instar du grand Macédonien, un autre *imperator in regno suo* qui n'avait de comptes à rendre à personne.[47] Cela, Thomas de Kent l'aura compris.[48]

---

[46] Je me suis servi ici de la traduction d'O'Meara (1982: 124).
[47] Boussard 1956 388, 437; Kantorowicz 1957: 248.

XIV

LA VENGEANCE DE LA MORT DU ROI[1]

A l'exception de la version de Venise toutes les autres versions étudiées ici ont une fin ouverte, car l'assassinat du conquérant exemplaire reste sans conséquences.[2] Les assassins Antipater et Divinuspater (N.B. Thomas de Kent ignore ce dernier personnage) peuvent s'enfuir tranquillement sans que les pairs semblent vouloir ou pouvoir venger leur maître. Cette fin ouverte est pour le moins assez curieuse, puisque les sociétés dites féodales ont toujours considéré la trahison comme le crime le plus abject: l'*infidelitas* a été considérée comme une infraction aux normes sociales plus grave que par exemple le meurtre ou le viol, car la trahison sapait les structures mêmes de la société des hommes. Contrairement à ces autres crimes, la trahison ne se rachetait que difficilement.[3] A la base même de ces structures ne se trouvaient — et cela bien souvent nécessairement: l'alphabétisation n'en étant qu'à ses premiers débuts — que des arrangements oraux fortement ritualisés dont la parole donnée constituait pour ainsi dire le noyau dur aussi bien que

---

[48] Il est intéressant de noter que l'épitaphe d'Henri II qui mourut en 1189 fait écho aux vers 448-50 du livre X de l'*Alexandreis* de Gautier de Châtillon, vers qui soulignent le contraste entre la soif de conquérir des territoires et les quelques pieds de terre qu'on se voit réservés après la mort (Colker 1978: xv).

[1] Ce chapitre est une élaboration de mon étude 1991.

[2] La riche tradition française consacrée aux aventures du Macédonien connaît encore quelques autres textes qui d'une façon ou d'une autre mentionnent la vengeance de la mort d'Alexandre. Ce sont respectivement la vengeance du manuscrit 1206 de la Biblioteca Palatina de Parme, celle que rattache Jean Wauquelin à son *Histoire du bon roy Alixandre*, celle que contient les *Fais et concquestes du noble roy Alexandre* (éd. Liscinsky 1980); c'est également la solution proposée par l'auteur du *Renart le Contrefait* ainsi que celle que donne Jean Mansel dans son *Fleur des Histoires*. Comme ces textes ont été écrits bien longtemps après le 12ᵉ siècle, je ne les prends pas en considération ici. Voir Edwards 1926; Ham 1941, 1965.

[3] Les pardons sont bien souvent présentés comme des effets de la *pietas* ou de la *misericordia* du prince. C'était là la propagande. Mais plus souvent c'était l'opportunisme politique ou le simple besoin d'argent qui en fournissaient la motivation. Dans les cas où il était question de conflits entre clans, le pardon (royal) éventuel ne s'obtenait que si la parentèle était d'accord avec le rachat de l'insulte. Voir Bloch 1968: 190-1; Schmink 1970: 72-3. Pour la *fidelitas*, consulter, entre autres, Laingui/Lebigre 1979: 11; Fuhrmann 1994: 227-8.

la garantie.⁴ On n'a qu'à penser à la procédure de l'hommage pour s'en rendre compte. Le respect de la foi jurée bien souvent sous forme de serment faisait ainsi partie d'un code élémentaire où la parole donnée relevait de la morale et de l'honneur. Ce n'est pas pour rien que la chevalerie de la fin du 12ᵉ siècle insiste tellement sur la *fides* ou la *triuwe* par rapport au seigneur aussi bien que par rapport à l'ennemi qui se défiera toujours de façon ouverte et honnête.⁵ Il est indéniable que le non-respect de la parole donnée engendre des conséquences juridiques, mais ce ne sont pas les aspects juridiques qui font pencher la balance: ce qui compte, c'est l'effet de cette rupture de contrat. Vu le fait que les rapports sont personnels, les hommes de l'époque ne peuvent concevoir les conséquences qu'en des termes également personnels. La trahison cause donc du tort à la coutume qui fait fonctionner le polysystème.⁶

Mais il y a plus. Tout en laissant de côté ici le problème de l'hérésie considérée comme la trahison la plus infâme (le traître refuse la lumière de la foi et renie son Créateur!) et en me limitant à ce qui relève du temporel féodal,⁷ il faut constater que le non-respect de la promesse solennelle de loyauté vassalique est considéré non seulement comme un manque au code d'honneur, mais aussi comme une perturbation de l'*ordo naturalis*. Et c'est ce dernier aspect qui est peut-être le plus intéressant, car il implique — et les réactions violentes en sont des indices précieux — que le

---

⁴ Pour l'alphabétisation dans la période qui nous occupe dans la présnte étude, voir Graf 1989, I: 103-46. Pour le rituel féodal, consulter surtout Ganshof 1964: 72-5.

⁵ Jackson 1990: 107-8; Aux yeux des guerriers germaniques la 'Treubruch' ('non-respect de la parole donnée') était non seulement un crime contre le chef, mais aussi contre la communauté (Lear 1965: 87).

⁶ Dessau 1960: 23-6; King 1972: 43; Barron 1981: 188. Il est à noter d'ailleurs que l'aveu du crime et la punition qui s'ensuivait pouvaient libérer le criminel des tortures de Satan. La violence exercée contre le criminel n'était que pour son bien (Fuhrmann 1994: 223).

⁷ Ceci ne veut pas dire que les hérésies sont des affaires purement religieuses. Comme il s'agit bien souvent d'une interprétation jugée plus correcte du message biblique, il est impossible que le temporel reste à l'écart. L'hérésie cathare, par exemple, a impliqué les structures religieuses aussi bien que temporelles. Au 15ᵉ siècle hérésie et sorcellerie seront assimilées au crime de lèse-majesté. Pour ceci, voir Goglin 1976: 214-30; Favier 1984: 135-6; Demurger 1990: 200; Rapp 1991: 180-206.

traître rejette les structures socio-politiques voulues par Dieu. Des textes comme la *Chanson de Roland* ou le *Couronnement de Louis* rendent compte des effets néfastes de la trahison ainsi que de la motivation des réactions de la part des victimes. Dans ces deux textes-là on a non seulement affaire à la rupture du contrat entre vassal et suzerain (Ganelon face à Charlemagne et Richard de Rouen face à Louis) causant de par là des troubles socio-politiques, mais aussi et surtout à un rejet de la volonté divine. Indirectement la conduite de Ganelon fait du tort à la l'*institutio* plutôt qu'à la *persona* de Charlemagne, bien qu'il soit fort difficile de séparer les deux. Et dans le *Couronnement de Louis* celle de Richard mine le principe même de la royauté *gratia Dei*. Dans le *RAlix* et les autres versions étudiées ici l'assassinat du roi est également une *infidelitas*, un superbe *crimen laesae maiestatis*, voire un *sacrilegium*.[8] Il n'est donc pas surprenant de voir que la possibilité que ces crimes restent impunis est une véritable hantise.[9] Mais comment agir en cas de trahison? Au 12e siècle les instances publiques sont encore en train de se former (il n'y a pratiquement pas d'instruments administratifs et judiciaires adéquats). La personne lésée ne pourra s'en référer qu'au clan dont il fait partie intégrante et ce sera le clan qui épousera sa cause et veillera à ce qu'il soit vengé.[10] Si la trahison implique l'autorité ou la personne même du roi, métaphoriquement indiquée comme tête du corps socio-politique, elle sera aussi *crimen laesa maiestatis*. D'origine romaine, cette notion impliquait en première instance la *maiestas populi romani* (affaire purement républicaine). Ce ne fut que sous César et surtout sous Auguste que la notion fut concurrencée par celle de *maiestatis Caesaris* et

---

[8] Alcuin avait déjà rapproché le geste de l'assassin de la trahison de Judas: ... *Judae traditori sociatus sempiternis cremabitur incendis* (cité dans Schminck 1970: 25).

[9] Caraffi 1988: 239. Cela explique la fureur d'Alexandre qui se croit piégé par la reine Candace lorsqu'elle lui montre le portrait qu'elle avait fait faire de lui. Comme la pratique chevaleresque ne pouvait pas s'imaginer une confrontation sans défi préalable en bonne et due forme, Alexandre se voit menacé sans en avoir été informé. Voir chapitre XI.

[10] Et peu importe qu'il s'agisse de clans aristocratiques ou citadines: le sentiment d'appartenir à un groupe est d'une grande importance; tout affront personnel sera un affront du clan (et vice-versa) nécessitant la *vendetta* (Bloch 1968: 183 sqq; Heers 1974: 115-117).

qu'elle devint cause impériale. C'est la dernière qui finira par prendre le dessus et par adopter des traits sacraux.[11] Bien sûr, je ne suppose ici aucun lien direct entre la pensée impériale romaine et les conceptions qu'avaient les hommes du 12e siècle de la royauté par la grâce de Dieu. Il suffit de constater que ces derniers considéraient ce crime comme un péché énorme: *Punitur quia peccatum est*.[12] Quel que soit d'ailleurs le caractère ou la conséquence de la trahison, celle-ci mènera toujours à des sanctions publiques très graves aux connotations vétéro-testamentaires indéniables.[13]

Dans le *RAlix* et les autres versions étudiées ici (Arsenal, Venise, *RTCh*) il est question d'une royauté présentée comme étant *gratia Dei* qui à un certain moment est confrontée avec une trahison qui touche la personne même du roi: à l'apogée de son pouvoir (il vient d'être couronné à Babylone, centre du monde), Alexandre est empoisonné. Avec lui se termine le *regnum* gréco-macédonien qui sera suivi du *regnum* romain destiné à préparer la voie à l'Eglise triomphante. C'est bien là l'interprétation courante de l'exégèse traditionnelle: les exploits du Macédonien constituent donc un stade important dans l'histoire du salut. Aussi la plupart des textes qui présentent (une version de) la *vita* du conquérant évoquent-ils plus ou moins le halo sotériologique entourant ses activités. L'assassinat du Macédonien est donc non seulement un bouleversement radical des données gréco-macédoniennes: c'est un moment où se clôt un stade important de l'histoire du salut,[14] l'empire est sans maître, les hommes sans chef et sans source de revenus.[15] La trahison commise par Antipater et Divinuspater peut donc être vue dans la

---

[11] Bauman 1967: ix.

[12] Laingnui/Lebigre 1979: 116-7. Pour ce concept dans le droit romain et germanique, voir Laer 1965: 74, 108-22.

[13] Pour les conséquences politico-religieuses, voir Mickel 1989: 77-8; King 1972: 42-3, 129; Zacour 1976: 97-100; Kantorowicz 1957: 44-8; Myers 1934: 266; Meerbacher 1982: 339-62; Fuhrmann 1994: 231. L'idée que la tête (le prince) conditionne le corps entier (= la société) est magnifiquement valorisée dans le *Conte du Graal* où Chrétien nous peint les conséquences néfastes du malheur personnel du *Roi Pescheor* (Roach 1959: vv. 2976 sqq).

[14] Ce qui ne veut pas dire que tous les destinataires de l'époque aient pensée immédiatement à la succession des monarchies universelles. Voir pour ceci chapitres I et V.

[15] Les plaintes des pairs le soulignent bien. Voir chapitre X.

même perspective que celle de Ganelon. Et ce malgré le fait qu'Alexandre n'est pas un chrétien. Il est donc évident que les traîtres doivent être punis. Juste avant de rendre le dernier soupir dans la branche IV du *RAlix*, Alexandre dit à ses pairs qui l'entourent:

> "Querés les et si soient devant moi amené,
> Si seront li cors ars et la porre venté.
> Se vengiés m'en estoie molt me venroit a gré." (IV: 589-91)[16]

La réponse des pairs: *" ... quis les avons, mais ne sont pas trové"* (ib. 593) semble neutraliser tout désir de vengeance et l'affaire semble en rester là; le roi ne *lor* [peut] *mot respondre, tant* [a] *le cuer iré* (IV: 595) et n'insiste pas. Le compilateur n'y revient plus. Il en est pratiquement de même dans la version Arsenal où le roi ne fait qu'exhorter ses compagnons à le venger.[17] Le *RTCh* offre, ici encore, une autre leçon: le roi dit aux pairs de ne pas toucher le vin mortel, mais n'insiste pas sur une vengeance.[18]

La réception de la matière macédonienne en territoire français nous montre cependant que certains lecteurs n'ont pas été bien heureux de l'impasse et qu'ils ont tenté d'y remédier en récrivant l'histoire. En agissant de la sorte, la *'RÉALITÉ' littéraire* se conformerait aux exigences de la *RÉALITÉ historique* du 12ᵉ siècle.[19] La vengeance du régicide sera amplement décrite dans trois documents, à savoir: 1) la *VAj* écrite vers 1180-1 par Jehan le Nevelon, 2) le *VAg* qu'un certain Gui de Cambrai aurait écrit avant 1191, et 3) la version Venise conservée dans un manuscrit du 14ᵉ siècle (Venise,

---

[16] Il est curieux de constater qu'Alexandre ne donne cet ordre qu'après avoir distribué ses terres parmi ses pairs. Serait-ce un autre indice d'une combinaison moins réussie de sources?

[17] Alexandre y identifie les deux assassins et dit aux pairs: *Se vos les poëz prendre, presentez les au vent, Vengez vostre signors qui ci gist en present* (5988-9).

[18] *Antipater m'ad mort par son felon present. / Gardez ke nul n'en beive; a tuz le defent. Ocis m'ad come traitre e tut felonessement ...* (Foster/Short 1976, p. 252).

[19] L'excuse des pairs (IV: 592-3) surprend quand même: rien ne suggère qu'ils s'étaient effectivement donné la peine d'entreprendre des recherches. C'est comme s'ils sont totalement abasourdis. Serait-ce une autre preuve de la thèse centrale de notre texte que sans le roi les nobles ne valent pas grand-chose? Ce n'est pas impossible.

Museo Civico, VI, 665). Ce qui est quand même remarquable, c'est que la vengeance de la mort du roi ne s'est jamais intégrée dans le canon. Compte tenu de la date de la *VAj* (1180-1) et celle du *RAlix* (1184/5), on ne peut pas exclure la possibilité technique qu'Alexandre de Bernai ait pu faire la connaissance du texte de Jehan le Nevelon ou qu'il ait été au courant de son existence. Il l'ignore cependant complètement: le *RAlix* ne contient aucun indice qui puisse nous faire penser que son auteur/adaptateur ait jamais eu l'intention de combler la lacune qu'il avait constatée lui-même et qu'il ait pu avoir l'idée de terminer son œuvre par un épisode relatant la punition des assassins. Bien au contraire: tout semble indiquer que pour lui la *vita* du Macédonien avait en elle-même suffisamment de valeur exemplaire pour ne pas avoir besoin d'être alourdie par des séquelles qu'ignorait la tradition.[20] Le fait que le *RAlix* n'insiste pas sur la nécessité de venger l'assassinat du héros est pour le moins surprenant et mérite donc l'attention. Cependant, avant de pouvoir apprécier cette absence curieuse, il faut étudier d'abord les rapports entre Alexandre et les deux traîtres, Antipater et Divinuspater et ensuite la façon dont se motive et s'effectue la vengeance dans les trois versions présentant une vengeance. Le résultat de cette analyse illuminera de façon significative l'absence d'un pareil épisode dans la vulgate aussi bien que dans Arsenal et le *RTCh*.

L'élément clef est évidemment la lettre qu'Alexandre, arrivé à Babylone pour y être couronné, reçoit de sa mère Olympias. Celle-ci l'avertit de ce que

> ... dans Antipater, qui Sydoine tenoit
> Et trestoute l'onor et qanqu'il apendoit,
> De son service faire durement se faignoit,
> Et Divinuspater, cil qui Tyr maintenoit,
> Por son commandement riens faire ne voloit.
> Li uns parloit a l'autre et sovent conseilloit,
> Non mie de son preu, tout de fi le savoit
> ....
> Que d'iluec en avant nus d'aus gardés n'en soit,

---

[20] Ceci n'implique pas qu'Alexandre de Bernai ait effectivement connu la *Venjance* de Jehan et qu'il l'ait délibérément ignorée.

De ce qu'il ont forfait pregne vengance et droit. (III: 7730-9)

La lettre d'Olympias ne spécifie rien: comment et pourquoi les deux hommes manquent-ils à leur parole? les formules *se faignoit* (7732) et *riens faire ne voloit* (7734) ne renvoient qu'à un refus. Le vers 7736 évoque cependant une connivence entre les deux hommes, voire la possibilité d'un complot (cf. *Non mie de son preu* ...). A-lexandre, en colère, se promet d'examiner l'affaire et d'en prendre *grant vengance* (ibidem: 7744). Le compilateur nous dit que le roi se souvient maintenant de ce que dans le passé les deux hommes avaient déjà refusé de venir à sa cour.[21] Le renvoi à cette désobéissance pouvant être interprétée comme un manque de *fidelitas* tombe un peu du ciel: il n'y rien dans ce qui précède qui motive le rappel d'un fait appartenant au passé. Quelle que soit d'ailleurs le rapport qui puisse être établi avec ce qui précède, Alexandre envoie une lettre aux deux hommes, une lettre sans *salus ne amistés*, dans laquelle il leur ordonne de se présenter sans délai à sa cour (III: 7748-54).[22] Antipater et Divinuspater prennent peur — il s'avère fort curieusement qu'ils ont de quoi s'inquiéter — et ils voudraient bien ne pas venir, mais ils sont suffisamment perspicaces pour comprendre qu'on ne s'oppose pas *manu militari* au plus grand conquérant du monde. Il leur faudra donc recourir à la ruse et éliminer tous les risques:

> Rien n'i ferons par force, ja celer nel vos quier;
> S'engins ne nos aïde, force n'i a mestier,

dit Divinuspater (III: 7785-6).

Cette conduite les marque déjà: les deux hommes ne se battront pas selon le code ayant cours dans la caste des grands. Toutes les versions identifient les deux hommes comme des indignes, mais ne fournissent pas d'indications spécifiques au sujet des infractions commises. Je pense que les destinataires de nos versions n'en ont

---

[21] ... *li rois s'est porpensés / Que il une autre fois les avoit ja mandés; / Il n'i vaurent venir,* ... (ib.: 7745-7).

[22] Cette formule se trouve à l'opposé des formules de courtoisie habituellement employées dans les échanges épistolaires pour que la *captatio benevolentiae* attire effectivement l'attention du destinataire (Hoffmann 1964; Constable 1976).

pas vraiment eu besoin: la seule volonté de trahir suffit pour discréditer les deux hommes et pour moraliser leur position. Mais même si l'on fait abstraction de cette lecture parallèle qui aura sans aucun doute été celle des destinataires nobles de l'époque, l'argumentation des deux hommes surprend quand même. Après les conquêtes en Proche-Orient, Alexandre les avait investis du gouvernement de Tyr et de Sidon. Le fait que Tyr n'avait été prise qu'après d'âpres combats est un indice de l'importance de la ville et, partant, de celui qui y exercera la fonction de gouverneur.[23] Divinuspater, à qui était échu l'honneur de gouverner cette ville — du moins, c'est ce que dit Olympias dans sa lettre — ne peut donc pas être le premier venu et cela malgré le fait qu'il fait pas partie de l'élite qui entoure le roi. La même remarque doit être faite au sujet d'Antipater qui gouverne Sidon. Abstraction faite d'une erreur du compilateur (à un autre endroit Tyr est dite avoir été confiée à Antipater et non à Divinuspater),[24] il est clair que ces hommes sont des clients importants du roi. Le fait que celui-ci les reçoit avec certains égards et leur donne des cadeaux (IV: 48, 50-1) est un indice de leur importance dans le système socio-politique gréco-macédonien.[25] Le *RTCh*, lui, présente Antipater comme *de Grece justisers*.[26] Le fait que cette information est correcte (l'homme a effectivement remplacé Alexandre pendant ses expéditions en Asie)[27] ne joue pas vraiment de rôle. Ce qui compte, c'est que l'homme se montre indigne de la confiance de son maître, qu'il ne respecte pas la *fides* jurée.

---

[23] Cf I: 2679-3284 et II: 1875-2010. Les combats dont la ville de Tyr constitue l'enjeu sont interrompus par le *Fuerre de Gadres*, expédition entreprise par les Macédoniens pour se procurer les provisions nécessaires (II: 1-1874).

[24] II: 2007-8: *Li rois ama molt Tyr... / Antipater la done et mist ens en estage.* Ce n'est pas la seule inconséquence que nous livre la tradition manuscrite du *RAlix*. Je m'en tiens quand même à ce que dit l'édition utilisée. Au fond, ce qui compte, ce n'est pas le lien entre les traîtres et telle ou telle ville, mais leur comportement envers leur maître.

[25] Le fait qu'Alexandre les reçoit de cette façon pourrait nous surprendre. La RÉALITÉ *historique* montre cependant que les rois doivent quand même agir avec une certaine prudence: l'épiderme des grands (et celle des membres de leur clan) reste toujours sensible.

[26] Pour la fonction de *justiser*, voir le chapitre précédent.

[27] Voir chapitre II (section 1).

Antipater et Divinuspater ont donc une certaine importance, mais ils n'ont aucune indépendance. Quant à cela, les gens de l'époque ne se sont pas trompés: Gui de Cambrai dit au sujet des deux hommes que ce sont des serfs qu'Alexandre avait *afrankis* (v. 280). En lui-même, l'affranchissement n'avait rien d'exceptionnel. Cependant, et il faut penser à d'autres endroits où le *RAlix* profère de nombreux avertissements contre l'élévation sociale de non-nobles, le mot *afrankis* renvoie ici explicitement à une infériorité morale naturelle, puisque les deux traîtres sont dits être de basse extraction (ils sont qualifiés de *serf*). Notre texte ne fournit pas de spécifications, mais il n'est pas impossible de rapprocher le statut des deux traîtres de celui des agents seigneuriaux de la France de l'époque ou de celui des *Ministeriales* de l'Empire.[28] Quoi qu'il en soit, Gui de Cambrai les place bel et bien dans la catégorie des *servi*, terme assez flou d'ailleurs, mais chargé de connotations bien négatives.[29] Indirectement le texte confirme leur infériorité sociale, car ils ne sont pas suffisamment importants pour pouvoir être jugés par leurs pairs, droit dont bénéficient les *primates/optimates/ primi/seniores palatii*.[30]

Ce qui est évident, c'est que le complot ourdi par ces deux clients du roi est amené par leur refus d'abandonner leur position confortable: *Cis rois nos tient por fous, trop nos laissons plaissier. / Qant nos chastiaus rendons, poi faisons a proisier* (III: 7772-3). Bien que la signification exacte des vers 7732 et 7734: respectivement: *De son service faire durement se faignoit* [= Antipater] et *Por son commandement riens faire ne voloit* [= Divinuspater], ne soit pas tout à fait claire, il est hors de doute que la *privata voluntas*[31] a pris le pas sur leurs devoirs d'agents du roi. Leur *infidelitas* évidente sape les fondements même du pouvoir du Macédo-

---

[28] Cette catégorie est d'ailleurs bien loin d'être homogène (Bloch 1968: 467-73; Barthélemy 1990: 136-9).

[29] Une certaine cautèle s'impose quand même: tout le monde est bien au service de quelqu'un. Le mot *servus* ne renvoie pas à un statut social, mais à une sujétion. Employé, entre autres, dans la formule papale bien connue *servus servorum*, *servus* n'est aucunement doté de connotations négatives: on est content d'être dans la dépendance de Dieu (cf. Morard 1975: 25; Barthélemy 1990: 139).

[30] Bloch 1968: 462-4.

[31] Pour cette notion, voir chapitre III.

nien. Et ici nous touchons un point très important: le fameux concept de *crimen laesae maiestatis* donnait — et cela avec un déterminisme déjà un peu machiavélique — la précellence aux intérêts de celui qui gouverne. Mais ce concept se trouvait bel et bien en concurrence avec la notion non moins importante de *fidelitas* qui était d'origine germanique et qui permettait en cas de rupture de contrat ou d'insulte un rejet des obligations envers le maître. Les idées sont diamétralement opposées l'une à l'autre: le concept romain (c'est-à-dire son écho médiéval) prônait la toute-puissance princière impliquant un certain arbitraire, mais l'interprétation du concept germanique permettait une opposition en cas d'*infidelitas* du seigneur.[32] Il y a ainsi contradiction évidente. C'est ce qui explique les raisonnements d'Antipater et de Divinuspater que je commenterai dans un instant. Les deux traîtres sont cependant coupables et ils devront être punis, car comment en pourrait-il être autrement avec des gens qui ne pensent qu'à économiser: les deux se disent que si Alexandre venait à mourir, ils n'auraient pas à dépenser un sou (... *tost eüssons pais sans or et sans denier,* / *Peussiens la contree tenir et justicier*; III: 7777-8). C'est une mentalité d'*usurier*. Le signal est on ne peut plus clair: en pensant en des termes d'argent (ce qu'un véritable noble ne ferait jamais), Antipater et Divinuspater se placent hors du cercle royal.

Mais — et voilà ce qui nuance considérablement le problème — Alexandre devra mourir, car c'est ce que dit l'histoire du salut. Le prophète Daniel avait bel et bien placé l'aventure du Macédonien dans une perspective sotériologique, car le *regnum* gréco-macédonien préparera la voie au *regnum* romain, le plus important des quatre. Une foi réalisé, l'empire d'Alexandre n'aura donc plus de raison d'être. Du moins, si nous ajoutons foi aux informations bibliques ainsi qu'aux exégèses des Pères de l'Eglise. Dans cette perspective les traîtres ne seraient que des instruments de cette volonté divine qui avait permis l'instauration du *regnum* gréco-macédonien au dépens de celui des Mèdes et des Perses. C'est bien la raison pour laquelle le prologue du *RAlix* parlait d'une *grant seignorie* (I: 29). Cependant, comme Dieu a doté Alexandre

---

[32] Schminck 1970: 21. Pour la tyrannie comprise comme une *infidelitas* du prince vis-à-vis de son peuple, voir chapitre III.

de dons militaires exceptionnels, il est impossible que des mortels puissent terminer sa vie par le recours aux armes. Antipater et Divinuspater s'en rendent bien compte et voilà pourquoi ils auront recours au poison, l'arme des lâches et des indignes. Les deux traîtres n'ont qu'un statut narratif peu important: ce ne sont que des opposants fonctionnels que la légende incorpore dans la *vita* du Macédonien pour que sa mort s'explique de façon plus humaine, plus logique. C'est ce que l'on constate également dans l'oracle des Arbres du Soleil et de la Lune où le roi apprend déjà: *Onques ne fus vaincus ne ja ne le seras ... Sires seras du mont et a venim morras* (III: 3802; 3807).[33] Sont annoncés en même temps le lieu et le moment de sa mort ainsi que le fait que le danger viendra de l'intérieur (ib. 3839).[34] Il y est donc question d'une espèce de fatalité surhumaine, mais l'instrumentation reste bien sûr l'affaire des hommes. La remarque de Divinuspater citée plus haut: *Rien n'i ferons par force ...* souligne le statut extraordinaire du conquérant: celui-ci est invincible. Le texte du *RAlix* est clair: la seule approche effective sera la trahison. Le *RTCh* ne produit ici aucune argumentation: Antipater y opte immédiatement pour le poison. Comme les versions de Thomas et d'Arsenal ne font pas aucune mention d'une vengeance, je les laisserai de côté dans la discussion qui suit et je me limiterai à ce que dit ce qu'en dit le *RAlix*. Ensuite je me pencherai sur les descriptions de la vengeance tels qu'ils figurent dans la *VAj* de Jehan le Nevelon, le *VAg* de Gui de Cambrai et dans la version Venise.

Dans sa lettre Olympias avait fait savoir que les deux hommes manquaient de loyauté envers leur maître. A l'époque où le *RAlix* a été conçu (autour de 1184/5) le délit d'*infidelitas* était une affaire fort grave et pouvait, si du moins le seigneur avait les moyens de faire valoir son autorité, occasionner des représailles

---

[33] Voir aussi III: 3835: *Tu ne fus onc vaincus, ja ne perdras ton brin.*

[34] L'oracle (III: 3713-877) est on ne peut plus clair: militairement Alexandre ne pourra être vaincu: *Onques ne fus vaincus ne ja ne le seras, / Sires seras du mont et a venim morras* (ibidem: 3802, 3807). Le moment de sa mort est précisé: *A un an et set mois en Babiloine iras; / Mais enterra li mois quant tu i parvenras / Ne ja outre cel mois un seul jor ne vivras* (3804-6). Ces renseignements sont répétés aux vers III: 3816-30; 3832-45; dans le dernier fragment il est annoncé au roi: *Cil dont tu mains te gardes t'occiront a venin* (3839).

sévères. Il va de soi que le roi idéal qu'est Alexandre est en mesure d'agir. Pour lui ainsi que pour les destinataires du *RAlix* les deux hommes sont en faute. Mais ce n'est pas là l'idée des deux traîtres: ceux-ci cherchent à doter leur action d'une base morale: en dépit de leurs services loyaux, Alexandre les aurait traités mal:

>..................... Ci a molt male entente.
> Quant nos en son service avons mis notre entente,
> Nostre terre nous taut et retaille la rente.
> Par lui a prise mort mainte bele jovente,
> Plus a il rois destruis mien ensïent de trente. (III: 7809-13)

Cette critique mise ici dans la bouche de deux hommes qualifiés à plusieurs reprises d'assassins ou de *serf* indignes n'est pas un indice d'une réception moins favorable de la légende du Macédonien. Il est vrai que la tradition nous a légué aussi des textes qui insistent sur le fait qu'Alexandre avait été tellement ambitieux que sa mort ne pouvait être qu'une punition bien méritée.[35] Mais ce n'est pas le cas de la tradition française qui se base sur l'interprétation qu'en aurait donnée Albéric de Pisançon. Aussi est-il impossible qu'un tel reproche joue dans le *RAlix*; cette version ignore toute critique à l'égard du roi et cela explique qu'il n'y a que ces deux opposants indignes à faire des remarques négatives au sujet de la conduite d'Alexandre. Ce ne sont pas des opposants nobles comme Darius III ou Porus bien obligés de défendre leurs territoires envahis par l'étranger macédonien. Ceux-ci ne manquent pas de proférer des insultes à l'adresse du Macédonien, mais cela, ce n'est de bonne guerre. Antipater et Divinuspater se rendent bien compte de la possibilité d'une vengeance de la part des compagnons et après avoir administré le poison, ils se hâtent de vider les lieux (IV: 173-6). Ils peuvent bien s'attendre à ce que les pairs ne s'intéressent aucunement à quelque motivation que ce soit de leur action et qu'ils n'y iront pas de main morte: les compagnons les tueront sans tarder. La perspective générale du texte un peu manichéennne marquée dès le prologue (... *amis garder ... anemis grever*, I:4-5) l'indique d'ailleurs fort bien. La distinction se fera sans peine

---

[35] Cary 1967: 77 sqq.

aucune: Antipater et son compagnon sont des *anemis*.³⁶

Le *RAlix* se termine sur une longue série de plaintes où les pairs et Roxane, l'épouse du roi, expriment leur affliction. Ce que regrettent surtout les pairs, c'est la perte d'un système socio-politique qui leur garantissait un *modus vivendi* conforme à leur rang social. Au fond, la branche IV constitue ce qu'on pourrait qualifier comme un long méta-commentaire actoriel (les acteurs en étant les pairs) du leitmotiv du texte: un seigneur généreux envers ses hommes nobles réalise une harmonie socio-politique complète. Mais la *'RÉALITÉ' littéraire* de cette version ne dit rien au sujet d'une vengeance éventuelle. Seul Aristé en appelle à Dieu — et ici il est bel et bien question du Dieu chrétien qui avait sauvé Jonas du ventre de la baleine — de prendre *vengance de ciaus par qui ma joie est vaine* (IV: 1256-8).³⁷ Il semble que les pairs acceptent la mort du roi avec une résignation qui frise le fatalisme. Et cela ne peut pas ne pas surprendre, puisque leur raison d'être vient de leur être enlevée. Mais ce qui reste sans explication aucune, c'est leur immobilisme.³⁸ Dans les deux suites mentionnées, la *VAj* et le *VAg* ainsi que dans la version Venise s'enregistrent cependant des activités vengeresses de la part des compagnons et cela ce n'est pas sans intérêt. Dans ce qui suit j'analyserai d'abord les motivations produites par les auteurs des trois versions décrivant la vengeance des pairs, à savoir celle qu'on met sur le compte de Jean le Nevelon, l'autre qu'on attribue à Gui de Cambrai et en dernière instance celle que nous la version Venise. A la fin du chapitre je reviendrai sur la question provoquée par l'absence d'une vengeance dans le *RAlix*.

Constatons-le tout de suite: du point de vue littéraire, les

---

³⁶ Le fait que ce mot indique régulièrement l'*adversarius* par excellence, le Diable, le dote de nombreuses connotations négatives. Notre *RAlix* n'est cependant pas un texte chrétien.

³⁷ A noter qu'Aristé est qualifié aussi comme un homme qui, le dimanche, ne porte pas d'armes: ... *ne vaut porter armes a jor de dïemaine* (ib. 1238). C'est l'impact de la culture chrétienne de l'époque où l'Eglise tente de canaliser la violence par le biais de la Paix ou la Trêve de Dieu (Russell 1979: 34-6; 186; Flori 1983: 150-5; Favier 1984: 46-7).

³⁸ Il se peut que les pairs qui avaient assisté à l'oracle des arbres du Soleil et de la Lune aient sagement accepté la prédiction de l'oracle. Ne disent-ils pas au roi: *Mors est Adam meïsmes que Dieus fist a sa tire* (III: 3855)?

trois textes en question ne sont pas vraiment à qualifier comme des chefs-d'œuvre. Le texte de Jehan le Nevelon, la *VAj*, qui compte 1936 vers est un ramassis d'épisodes maladroitement amenés et de scènes de combat on ne peut plus traditionnelles.[39] La *VAj* dont l'auteur dit présenter de *bons vers nouviaus, car li autre sont viez* (38)[40] serait le résultat, si nous devons l'en croire, d'une grande indignation: Jehan dit avoir été *grains et iriez* à cause de la mort d'Alexandre (42) et il veut que justice soit faite. La créativité de l'auteur produit Alior, bâtard que le Macédonien aurait engendré auprès de la reine Candace (*RAlix*, III: 4429-864). Jehan décrit le chagrin de cette reine qui dit à son fils: *Encor n'est il* [= Alexandre] *vengiez, mes cuers en est irez* (125). Alior promet de s'exécuter: ... *Il sera bien vengiez*; il ira *querre les sers* et détruire leurs terres (125, 138). Que ce soit au niveau actoriel ou auctoriel, la vengeance est ici une affaire purement émotionnelle: tant que le besoin de justice n'est pas satisfait, les amis d'Alexandre seront mécontents de ce que ce manque ne soit pas comblé. Comme ce manque a été causé par les *sers/traïteur/traître*,[41] Alior convoque

---

[39] Les manuscrits parlent ou bien d'un certain Jehan le Nevelon ou bien d'un Jehan le Venelais. Il semble, mais rien n'est vraiment sûr, que Jehan le Nevelon soit le nom correct. Je n'insiste pas sur le problème de la dédicace au vers 45, problème insoluble: *Encore sera il* [= Jehan le Nevelon] *bien du conte Henri loiez*. S'agit-il d'Henri I le Libéral, comte de Champagne (1152-81) comme le prétend l'éditeur? J'hésite: Jehan le Nevelon n'apparaît dans la documentation qu'à partir de 1181; il y est présenté comme archidiacre au chapitre de la cathédrale d'Arras. La distance entre cette partie de la France actuelle et le domaine du comte de Champagne est relativement grande et rien ne nous permet en ce moment de supposer que Jehan, avant d'assumer ses fonctions à Arras, ait eu des liens avec la cour de Champagne. Que la cour d'Henri I ait joué un rôle littéraire et culturel très important est un fait bien connu (Benton 1961). La question des rapports entre notre auteur et cette cour reste cependant ouverte. Voir les renseignements fournis par l'éditeur du texte (pp. liii-lv). Une autre possibilité serait Henri II Plantagenêt, roi d'Angleterre, duc de Normandie et d'Aquitaine et comte d'Anjou qui meurt en 1189. Rien n'est cependant sûr.

[40] Cette formule suggère l'existence d'une version antérieure décrivant, elle aussi, une vengeance. Dans sa version Jehan dit (v. 41) qu'un *chanterre* lui avait conté *d'Alixandre*. Il s'agit peut-être d'une version des aventures sans vengeance. Est-ce que notre Jehan reprend ici une version perdue dont celle de Venise, où la reine Candace joue également un rôle, serait l'écho? Ou faut-il penser à un petit leurre auctoriel? J'avoue ne pas pouvoir trancher.

[41] Cf. vv. 138-41; 183-93; 225-7, etc.

les 12 pairs qui acceptent le bâtard comme successeur légitime de son père. Compte tenu du fait que le texte a été écrit autour de 1180, ce fait est quand même un peu surprenant: à ce moment de l'histoire la royauté ne peut se faire que sur la base d'une succession en ligne directe sans tache aucune. Cette entorse aux exigences ayant cours dans la dure *RÉALITÉ historique* n'est qu'à mettre sur le compte de la créativité de notre continuateur. Quoi qu'il en soit, les pairs tuent Antipater (N.B. Jehan ignore Divinuspater). L'initiative d'Alior met provisoirement fin à la guerre que se faisaient quelques-uns des pairs. Il faut dire qu'Alior, aidé en ceci par sa mère, pratique une générosité qui dépasse encore celle de son père (565-74) et c'est cette générosité qui rétablit le statu quo sociopolitique perturbé: les pairs cessent de s'entredéchirer.[42] Ici encore la *'RÉALITÉ' littéraire* camoufle.

Il est effectivement question d'un retour en arrière: lors de l'adoubement d'Alior, cérémonie fastueuse qui ressemble dans presque tous les détails à l'adoubement d'Alexandre lui-même, le passé revit. Et les pairs de dire *qu'Alixandre ont en lui* [= Alior] *recovré* (592). Il s'agit d'une espèce de réincarnation. Jehan le dit lui-même: *Bien sambla* [= Alior] *Alixandre, pour qui Diex fist vertuz* (1060). Mais c'est là tout ce qui motive les pairs. Le texte a beau souligner leur enthousiasme lors du siège de Rocheflor où réside Antipater, mais eux, ils n'avaient pris aucune initiative. La *VAj* se termine par la prise de la ville et la punition cruelle d'Antipater et de son fils Florent. Tous les pairs acceptent maintenant Alior comme suzerain:

> Tuit devinrent si home, li meillor et li pire
> Tienent le a seignor, ne le veulent desdire, (1932-3)

On le voit: la version de Jehan le Nevelon, intéressante seulement de par le fait qu'elle fait entrevoir une attitude psycho-émotionnelle d'une certaine audience face à la *vita* d'un héros modèle traîtreuse-

---

[42] Au vers 165 de la *VAj* on a déjà pu lire que même parmi les nobles privilégiés il y en a qui sont pauvres: Alior dit que parmi ses compagnons *Li plus povres* est *tres haute gent*. Tout comme dans le *RAlix* cette hiérarchie interne se conservera: lors de la distribution des richesses, Candace *A chascun a fet don selonç sa seignorie* (571). Voir aussi chapitre X.

ment assassiné, présente une fin qui satisfait un besoin de justice évident. Mais en même temps elle fait une belle entorse à l'apport de la légende, car le bâtard Alior appartient au domaine de la fantaisie. Pas un mot dans la *VAj* sur le statut particulier d'Alexandre et de l'empire gréco-macédonien. Bien sûr, il n'était point nécessaire de reprendre ce qui avait été discuté amplement par les prédécesseurs,[43] mais le respect de la légende aurait quand même nécessité une certaine argumentation. La créativité auctorielle vit cependant selon ses propres normes. Bien qu'au Moyen Age le statut auctoriel ne permet aucunement des prises de position trop différentes, toujours est-il que les auteurs/adaptateurs ont une certaine indépendance certaine vis-à-vis des sources qu'ils exploitent. Tout ce qu'on peut et doit dire, c'est que l'invention d'Alior, ruse essentiellement *ex machina*, déproblématise la *vita* du Macédonien, la transforme en simple récit d'aventures applicable, dirait-on, à n'importe quel autre héros.[44]

Le *VAg* de Gui de Cambrai dédié au comte de Clermont et son frère Simon (cf. 48-9; 51-2) et comptant 1806 vers semble avoir été écrit avant 1191.[45] Ce texte insiste également sur la désunion des pairs et sur l'impossibilité de venger la mort du roi (vv. 124-6). Nonobstant leurs différends les pairs se considèrent quand même moralement obligés de punir les traîtres. Leur loyauté personnelle envers le défunt est en jeu: *Se ne venjons sa mort poi prisomes sa vie* (180). Afin de trouver une solution honorable au problème, ils se réunissent à Alexandrie d'Egypte pour discuter le problème. Malheureusement, comme ils ignorent l'endroit où les traîtres se sont cachés, l'impasse s'annonce totale: *De vengier Alixandre estoit cescuns pensis* (287). Se présente, ici encore, une solution du type *ex machina*: dans le port d'Alexandrie arrive un navire amenant deux jeunes nobles d'Athènes, deux frères, qui apportent l'information requise: les traîtres Antipater et Divinuspater sont en Grèce, dans Arondel, un château hautement fortifié où

---

[43] Lesquels d'ailleurs? Le texte de Jehan semble avoir été terminé vers 1180, ce qui élimine, bien sûr, le *RAlix*. Faut-il penser à cette version archétypale suggérée par Armstrong c.s. (1937: 10)?

[44] Alior doit être ici à l'âge de porter des armes (15 ans au moins?). Ceci fait que la mort du roi est restée au moins 15 ans sans vengeance.

[45] Pour les deux dédicataires, voir Edwards 1965.

ils béficient du soutien de Marinde, roi de Jascles. Immédiatement on organise une expédition qui se terminera, après de nombreuses péripéties (dont l'entrée en scène de Parideüs, né de l'union de Philippe de Macédoine et de Cléopâtre, et par conséquent demi-frère du conquérant) par la punition des assassins: Antipater et Divinuspater sont pris et exécutés. Marinde a les mains coupées.

L'initiative de la vengeance est prise ici par les pairs qui pour le besoin de la cause neutralisent l'animosité qui depuis la mort d'Alexandre les avait opposés les uns aux autres. C'est la mémoire du roi qui rétablit l'unité. Temporairement, il est vrai: après avoir puni les traîtres, les pairs se referont la guerre.[46] La solution choisie par Gui de Cambrai n'est pas tout à fait irréelle: les guerres entre les compagnons d'Alexandre font partie de la tradition et il aura puisé les renseignements dont il avait besoin dans une des versions latines de la *vita* du Macédonien ou dans les commentaires des Pères de l'Eglise. Mais les actions des compagnons sont motivées ici par une loyauté vassalique, et c'était là bien un des leitmotive de la légende telle qu'elle était formulée dans la tradition textuelle qui va d'Albéric de Pisançon à Alexandre de Bernai.[47] Ici encore, la vengeance est une affaire simplement humaine et il n'est pas possible de la considérer comme instrumentale dans une perspective sotériologique.

La dernière version de la vengeance est due au compilateur responsable de la version Venise. Pour ce qui est de la paternité de cette vengeance, on reste, ici encore, dans l'incertitude; il se peut que cet auteur/adaptateur l'ait inventée de toutes pièces, mais il n'est pas à exclure non plus qu'il ait tout simplement repris une version antérieure. Le passage occupe les vers 10315-601:

> Ans que li .xii. per se fussent departiz,
> Que li duel fu passez e li granz ploreïz,
> Ec vos un chivalier qui fu granz e forniz. (10317-9)

---

[46] Cf. vv. 1745-9.

[47] Rien ne permet de dire si Gui de Cambrai a connu le *RAlix*. Le Parideüs mentionné par Gui est sans aucun doute Philippe Arrhidée, fils de Philippe et de Cléopâtre, donc demi-frère de notre héros. Le personnage qui se rencontre aussi dans le *RAlix* (IV: 313: *Philiperideüs*) appartient bel et bien à l'histoire. Voir chapitre II, section 1.

Ce qui frappe, c'est que les 12 pairs n'ont pas l'intention d'entreprendre quelque action que ce soit. Ils semblent accepter les événements tels qu'ils adviennent et vouloir vaquer à leur besognes (cf. *Ans que ... fussent departiz*). Le chevalier du vers 10319 annonce l'arrivée de Candace et révèle sans y avoir été invité le lieu où se trouvent Antipater et Divinuspater: ces deux traîtres se sont cachés dans l'île de Periz située à moins d'une journée de distance du lieu où sont les pairs où on pourra les prendre *com aucelez es niz* (103-38). L'affaire se règle en un tour de main et les deux sont pris. La nouvelle se répand rapidement et de toutes part les gens accourent *Per veïr la justice que d'els ert delivree* (10404). La reine Candace arrive et elle se plaint longuement de la mort d'Alexandre; cette action interrompt les délibérations des pairs au sujet de la façon de punir les traîtres. La version du manuscrit Venise place l'épisode de la vengeance entre l'enterrement du roi et l'énumération des villes que celui-ci avait fondées (10602-47). On a ainsi l'impression que la vengeance fait partie intégrante du canon. Rien n'est moins vrai. L'action qu'entreprennent les pairs ne semble avoir aucune motivation juridique; c'est encore une fois l'émotion et l'indignation qui procurent l'excuse. Qui plus est, les pairs sont pratiquement contraints de réagir aux révélations du messager de Candace. Le seul élément qu'il faut relever ici et qui donne quand même un faible halo moral aux actions des pairs, c'est l'assertion de l'auteur/adaptateur que *Murtres ni traïçons ni puet estre celee* et que celui qui commet des crimes pareils devra mourir. C'est, dit le texte, une vérité que proclame la *gent letree ... en l'escriture* (10388-92). Les destinataires de Venise qui sont d'ailleurs les mêmes que ceux du *RAlix* reconnaîtront cette vérité comme conforme aux idées reçues dans leur *RÉALITÉ historique*.[48]

Antipater et Divinuspater sont des traîtres coupables du plus grand crime qui puisse s'imaginer: ils tuent le roi, tête du corps socio-politique.[49] Chaque destinataire du *Vaj*, du *VAg* ou de Venise s'en rend compte. Non seulement il y a de nombreuses anticipations auctorielles dans les textes mêmes qui les marquent, mais il y a aussi et surtout les activités négatives de ces deux agents. Il est

---

[48] Pour les rapports entre le *RAlix* et cette version, voir chapitre XII.
[49] Mickel 1989: 77.

utile d'ouvrir une petite parenthèse: dans la *Chanson de Roland* Ganelon défie publiquement le neveu du roi. Juridiquement cela le rend déjà coupable puisqu'une menace proférée ouvertement est considérée preuve convaincante et il n'est plus nécessaire de prouver le fait même annoncé dans la menace.[50] Mais Ganelon n'est pas un indigne. Dans le *RAlix* l'affaire est différente, car force nous est de constater que le complot qu'ourdissent Antipater et Divinuspater ne peut pas être révélé directement aux acteurs de la *vita*. Cela se comprend. En principe, il n'y aura que les destinataires à connaître le pourquoi et le comment de l'action entreprise par les deux hommes. Dans le *RAlix* il y a le commentaire auctoriel, l'oracle des arbres du Soleil et de la Lune ainsi que la lettre d'Olympias à son fils qui renseignent le destinataire aussi bien que le roi et ses compagnons: Mais l'information n'est pas à la disposition de tous: les destinataires connaissent les traîtres, mais les acteurs de la *vita* sont moins bien renseignés. Le roi Alexandre sait seulement qu'un danger le guette et que ce danger viendra de l'intérieur. Les deux hommes sont passables de la peine capitale, puisqu'ils s'en prennent à la *maiestas* royale. Ce qui échappe un peu à l'audience du *RAlix* — et je l'ai déjà relevé plus haut — c'est la nature exacte de leur culpabilité: il semble y avoir rupture de contrat, donc *infidelitas*. Les indications textuelles sont floues: aux yeux des traîtres Alexandre aurait été injuste envers eux ainsi et de nombreux autres et ce fait expliquerait la moralisation de leur trahison (voir *supra*).

En lui-même ce comportement (malhonnête) est logique: les deux agents indignes cherchent l'excuse, mais la lettre d'Olympias suggère que l'*infidelitas* est à mettre sur leur compte à eux et non pas sur celui d'Alexandre. Bien que la situation soit peu claire, Alexandre réagit immédiatement, car en elle-même l'attitude de ces deux clients est suffisamment grave pour que le seigneur réagisse et punisse la *felonie*.[51] Rien ne nous permet cependant de supposer qu'Antipater et Divinuspater soient des nobles ou que les villes qu'ils dominent soient des fiefs fonctionnant comme enjeux dans une relation de signature féodale. D'abord il y a la terminologie employée dans le discours auctoriel aussi bien qu'actoriel qui

---

[50] Pour ceci, voir Mickel 1989: 34-5.
[51] Bloch 1968: 320-1.

interdit une pareille hypothèse: on parle de *sers*, de *traïteur*, etc. Mais ces qualifications peuvent avoir été amenées par une émotion auctoriale. Il y a aussi leurs activités: un véritable noble ne commettrait jamais un crime si sournois et si abject.[52] Dans la *'RÉALITÉ' littéraire* du *RAlix* Antipater et Divinuspater occupent des fonctions qui dans la *RÉALITÉ historique* de la France du 12ᵉ siècle ont été assumées par des agents seigneuriaux qui représentent l'autorité royale dans des fonctions et territoires déterminés. Le tout exclut cependant l'assimilation avec les membres de la noblesse qui ont des rapports privilégiés avec le seigneur/suzerain.[53]

Les traîtres se sont donc procuré une excuse valable pour agir. Dans ce qui précède j'ai déjà fait allusion à cette motivation personnelle, voir moralisatrice sur laquelle ils tentent de baser leur conduite. L'excuse alléguée ne trouve cependant aucune explication dans le texte même: il n'y a vraiment aucun indice renvoyant à un mauvais traitement de ces hommes par le roi ni de signaux permettant de circonscrire les erreurs commises par Antipater et Divinuspater. Ce qui est cependant clair, c'est que les infractions commises par ces deux agents seigneuriaux (qualifions-les désormais ainsi) doivent avoir été tellement graves qu'ils doivent craindre les conséquences de la fureur royale. Voilà pourquoi ils décident de s'en prendre à la personne même du roi. Cependant quand on veut interpréter ce fait, il faut observer une certaine prudence: Alexandre doit mourir: la *RÉALITÉ historique* (la vraie) oblige.[54] Mais quel que soit le point de vue qu'on adopte, il est impossible d'ignorer que selon les conceptions juridiques de l'époque les deux hommes sont bel et bien coupables. Le fait qu'Alexandre lui-même les désigne comme ses assassins les marque, les stigmatise aux yeux des *socii* qui n'hésitent pas de les qualifier comme des *serf*. Une

---

[52] Si jamais le noble rebelle, il le fera à visage ouvert. C'est l'idéal chevaleresque que présente la *'RÉALITÉ'* des épopées et des romans. Je n'ai pas besoin de dire que la *RÉALITÉ historique* était bien différente.

[53] Voir chapitres IX et X.

[54] Du point de vue de la psychologie narrative le problème soulevé par les traîtres Antipater et Divinuspater est identique à celui posé dans d'autres textes à coloration historique, tels que le *Roland*, l'*Enéas*, *Thèbes*, etc. La problématisation interne doit être suffisamment plausible pour masquer les entorses à la vérité factuelle de l'histoire (si jamais le destinataire médiéval a pu s'en faire une idée bien précise). Pour quelques aspects de cette problématisation, voir chapitre IV.

justice en bonne et due forme basée sur l'examen des faits sera donc superflue, car la seule accusation suffit.[55] Voilà ce qui explique dans les versions faisant état d'une vengeance la promptitude avec laquelle les pairs passent à l'attaque et sautent toute procédure légale.[56]

Après la prise des assassins — et cela vaut pour les trois documents discutés ici — il y a de longues délibérations sur la façon de les punir. Voici la fin de l'affaire dans la *VAj*: après sa capture Antipater est traité fort mal: On *li fait batre le dos d'un grant baston*, les écuyers *li poilent le grenon*, les valets *D'eve puande et forte le bagnent*, les marins *le tondent a loi de canpion ... Car ensi fait on d'oume qui maine traïson* (1504-9). Les suggestions pour une mort bien exemplaire ne manquent pas: Aristés propose une cuisson en huile bouillante, Ptolémée se déclare partisan d'un écorchement partiel à reprendre tous les jours; sur les blessures on posera une herbe qui causera des douleurs infinies (1699-719), etc. C'est l'option de Ptolémée qui est acceptée. Dans le *VAg* et Venise la créativité ne manque pas non plus. Dans le premier texte on met Antipater et son fils dans un tonneau percé de nombreux trous; à travers ces trous on les pique *De broches es costez comme rat que l'en prent* et on les brûle ensuite. Dans la version Venise les deux félons sont affamés pendant de longs jours pour qu'ils finissent par s'entredéchirer.

Le traitement que doit subir Antipater dans le *VAg* avant sa condamnation fait penser à celui de Ganelon. C'est le résultat d'une fureur populaire déchaînée qui n'a pas grand-chose à faire avec des procédures juridiques traditionnellement observées ou observables, mais plutôt avec un aspect sociologique important du système en cours: pour que le besoin de justice du peuple soit satisfait, il faut que les punitions soient publiques et surtout aussi spectaculaires que possible. C'est ce qui explique déjà les traitements féroces — et qui ne manque jamais les effets propagandistes pourchassés — auxquels sont soumis les criminels avant le moment même de leur punition:

---

[55] On le constate, entre autres, dans les ordalies où la volonté de Dieu remplace l'enquête (Davy 1984: 129-30).

[56] Il n'y que le *VAg* où les Grecs défient, avant de commencer les hostilités — et cela conformément à l'usage — leurs ennemis (729-40). Cf. Mickel 1989: 80-1.

on les humilie complètement. Comme il s'agit ici de lèse-majesté, la punition finale devra être exceptionnellement cruelle: l'écorchement, tantôt partiel, tantôt entier, est considéré comme un signal particulièrement efficace et approprié. Bien souvent il sera suivi de décapitation et d'écartelement du tronc. Pour finir on pend ou expose les membres défaits.[57] Tout ceci parce que la royauté par la grâce de Dieu, symbole et garant de l'*ordo naturalis*, a été lésée.[58] La punition cruelle infligée par le bourreau des hommes est supposée anticiper celle que subiront les criminels en enfer. La trahison d'Antipater et de Divinuspater n'est donc pas seulement un manque à la parole donnée. Loin de là: de par le fait qu'elle s'en prend à la personne du roi même, elle dépasse largement le stade du conflit entre serviteur et maître, entre sujet et roi. Elle détruit la base même d'une société voulue par Dieu. Aucune surprise donc si la *'RÉALITÉ' littéraire* épouse ici les conceptions valables dans la *RÉALITÉ historique* de la France du 12ᵉ siècle.

Les trois documents qui nous décrivent la vengeance de la part des pairs n'ont pas vraiment d'importance littéraire. Je l'ai déjà dit. Leur intérêt réside ailleurs: leurs auteurs comblent la lacune signalée dans le *RAlix* même.[59] Leurs auteurs/adaptateurs soulignent encore une fois d'une façon on ne peut plus claire la véritable portée du *RAlix*: le régime socio-politique véhiculant la destinée gréco-macédonienne est un régime où se télescopent toutes les conceptions courantes de la société française du 12ᵉ siècle sur la bonne marche des affaires terrestres. Voilà pourquoi leurs auteurs/-adaptateurs ont tenté de conformer la *'RÉALITÉ' littéraire* trop choquante aux exigences de la *RÉALITÉ historique* qui est la leur. C'est là un élément important. Mais ce qui compte dans le *RAlix* —

---

[57] Pour ceci Barron 1981.

[58] La mutilation en tant que punition d'un crime est prévu, jusqu'au 19ᵉ siècle pour le régicide qui sera assimilé au parricide (Laingui/Lebigre 1979: 127).

[59] Bien sûr, cette remarque ne vaut pas pour Jehan le Nevelon, puisque son texte semble avoir été terminé vers 1180, donc bien avant la mise par écrit de la grande compilation d'Alexandre de Bernai. Il se sera basé sur une source antérieure au *RAlix*. S'agirait-il de cette version 'archétypale' dont les versions abstraites 'Arsenal' et 'Venise' seraient des reflets? Le fait que le *RTCh* anglo-normand ignore également une vengeance de la part des compagnons s'expliquerait peut-être par la curieuse formule introduite par Thomas de Kent à la fin de sa version: *Tant cum Alisandre vesqui, li baron l'enhairent.*

et je me limite ici à la vulgate — c'est que les liens entre Alexandre et ses *magnates* trouvent leur motivation dans la loyauté et l'amitié et non pas dans des obligations féodales; ce ne sera que lorsqu'il se trouve sur son lit de mort que le roi leur donnera les royaumes qui leur assureront l'indépendance souhaitée. Ce qui est évident, c'est que le système socio-politique macédonien, cette RÉALITÉ 'historique' telle qu'elle est évoquée dans les versions commentées ici, montre déjà des traits quelque peu monarchiques: contrairement à Charlemagne ou Arthur, Alexandre peut faire ce qu'il veut; son pouvoir est totalement discrétionnaire et vise la seule protection des intérêts de ce qui deviendra la *res publica*.[60] Ce qui ne veut pas dire qu'il peut se passer du soutien de ses hommes, puisque le *RAlix* montre bien que le compagnonnage est la clef de tout succès. Mais ce pouvoir incarné par Alexandre est *gratia Dei*. La transgression du code était avant tout une affaire morale: le régicide d'Antipater et Divinuspater met fin au règne d'un 'bon' roi. Joue ici pleinement la règle *frangenti fidem, liceat fidem frangere*: les deux traîtres ayant commis une infraction au code n'auront plus aucun droit; la société le leur fera sentir.[61]

L'absence d'un épisode décrivant une vengeance dans le *RAlix* n'a pas encore été expliqué. Elle n'est peut-être pas tout à fait étonnante: le fait qu'Alexandre de Bernai n'a pas soufflé mot d'une possible vengeance de la mort du roi peut s'expliquer de deux façons. En elle-même la *vita* du Macédonien avait déjà suffisamment de valeur exemplaire pour que le régime socio-politique idéal évoqué puisse inspirer le prince qui désirerait un modèle à imiter. Ce que le compilateur du *RAlix* a voulu présenter, c'est un mode socio-politique rendu possible par la conduite modèle du héros unique qu'est Alexandre le Grand. Si jamais les rois, les princes et les ducs mentionnés à la fin du texte imitent cette conduite, tout ira mieux. C'est là un argument narratif qui pourrait s'accepter. Mais il y a encore un autre argument: comme l'histoire et la légende

---

[60] Au 12e siècle cette notion est encore bien floue: Rigord en parle dans ses *Gesta Philippi Augusti* rédigées entre 1186 et 1206. Cette *res publica* semble évoquer l'ensemble des vertus du royaume gouverné par un prince désintéressé (Krynen 1993: 53-4). La tendance de rendre le pouvoir abstrait et 'transpersonnel' se dépiste de très bonne heure en territoire anglais. Voir chapitre XIII.

[61] Meerbacher 1982: 352-3.

ignorent toute vengeance de par les pairs aidés en ceci éventuellement par une épouse, une maîtresse, un fils ou quelqu'un d'autre, notre compilateur ne disposait pas d'un texte liant de façon motivée et garantie par des *auctoritates* une vengeance de l'assassinat du héros de la *vita* qu'il reprenait. Et il n'y a pas fait attention. D'ailleurs, Alior est un bâtard. Compte tenu de son attitude face à l'adultère éventuel d'Olympias avec Nectanébus, on aurait été surpris de voir Alexandre de Bernai accepter qu'un bâtard prenne la couronne de Macédoine. L'argument me paraît solide, puisque les quatre branches du *RAlix* ne reprennent que des textes préexistants. Là non plus Alexandre de Bernai n'invente rien; il modifie et problématise là où il le faut, mais il respecte la macro-organisation des textes-source. Les analyses des chapitres VI et XII l'ont clairement montré.

Le seul désir exprimé par Alexandre de voir ses assassins punis aura suffi, puisque dans la société idéalisée qu'il représente (et cela dans un sens possiblement théâtral) la lèse-majesté ne s'accepte pas. Les motivations de la conduite des traîtres et de celle des autres sont faibles, mais cela n'aura choqué personne: la littérature et l'historiographie médiévale ne versent pas (trop) dans les nuances ou les argumentations. Bien souvent la seule suggestion suffit pour charger les icônes des renseignements adéquats: stigmatisés comme *serf* et par voie auctorielle et par voie actorielle, Antipater et Divinuspater perdent tous les droits, puisque dans une société comme il faut les traîtres n'ont pas de place.

XV

CONCLUSION

Dans les chapitres qui précèdent j'ai tenté de cerner autant que possible la position éminente du *RAlix*, cette réécriture de la vie d'Alexandre le Grand qu'Alexandre de Bernai dit de Paris aurait terminée vers 1184/5. Ce roman antique, le moins romanesque des quatre, est le point culminant d'une série impressionnante de réécritures partielles et/ou complètes des aventures du Macédonien. Comme on a pu le voir au chapitre II (section 3), cette série commence avec la création attribuée à Albéric de Pisançon (début du siècle) et se termine, probablement avant 1191, avec le *VAg* mis sur le compte de Gui de Cambrai. Albéric semble s'être concentré sur les aventures de jeunesse du héros; Gui a évoqué la vengeance de l'assassinat du héros. Entre ces deux épisodes se trouvent d'autres réécritures plus ou moins complètes, plus ou moins cohérentes de la vie du grand Macédonien. En ordre possiblement chronologique ce sont: l'*ADéca* qui décrit les aventures de jeunesse, le *FG* qui évoque les péripéties en Proche-Orient, l'*AOr* qui dresse l'inventaire des aventures en Orient et la *MortAlix* qui évoque les derniers moments de la vie du héros. A un certain moment quelques-unes de ces (ré)écritures se sont combinées en des ensembles à portée biographique. Après 1160, date présumée de sa création, l'*ADéca* semble s'être joint à un état de texte de l'*AOr* et à une version de la *MortAlix*; le résultat en serait le soi-disant 'archétype', ce stade intermédiaire supposé par les éditeurs de la série *The Medieval French Roman d'Alexandre*. Cet 'archétype' purement hypothétique (il ne nous en est resté aucune trace tangible) motiverait non seulement la facture spécifique des versions 'Arsenal' et 'Venise' dont le (dernier?) reflet se conserve dans les manuscrits Arsenal et Venise, mais il se trouve aussi sur le parcours qui aboutit au *RAlix*. L'autre *vita* complète, celle que nous a léguée un certain Thomas de Kent, a exploité d'autres sources. Rédigée probablement entre 1173/4 et 1184, elle n'a pas vraiment eu d'impact en-dehors du contexte anglo-normand et anglais.[1] C'est là sans doute une explication matérielle du fait qu'elle est restée sans suites directes en territoire

---

[1] Pour l'influence du *RTCh* sur le *Kyng Alisaunder* anglais (début 14e siècle), voir Bunt 1994: 19-26.

français, mais la raison la plus importante de son isolement relatif me semble être le fait qu'elle n'est point marquée par une axiologie effective en conditionnant la perception; il manque ainsi à ce *RTCh* les possibilités typologiques du *RAlix*. Vers 1180 il s'est introduit dans la série la *Vaj* qui évoque tout comme le *Vag* la punition des traîtres. Ce texte semble également avoir circulé dans un contexte relativement isolé, puisqu'il ne nous en est parvenu aucun écho. L'auteur/adaptateur de la vulgate a connu, directement ou non (via l'"archétype"?), la plupart des réécritures susmentionnées et il y a pris son bien; il a exploité l'*ADéca*, le *FG*, l'*AOr* et la *MortAlix*. Il a cependant ignoré (*nolens volens*?) le *RTCh*, le *VAj* ainsi que les versions 'Arsenal' et 'Venise' (si toutefois ces réécritures-là sont, comme je le suppose, du 12e siècle).

Voilà en très grandes lignes une possible évolution qui se caractérise non seulement par de nombreux vides, mais aussi par de multiples flous généalogiques. La mouvance de ces réécritures françaises des exploits du grand Macédonien s'y annonce proverbiale: rien, mais vraiment rien ne semble s'être déroulé de façon univoque ou simple. La version d'Albéric en est la première illustration frappante. Si Albéric est vraiment le premier à nous avoir légué un compte rendu en langue française d'une *vita* (en latin?) lui fournissant ce qu'il croyait être une évocation de la *RÉALITÉ historique* macédonienne, l'*ADéca* en serait une première réécriture. Malheureusement nous ignorons ce que cet Albéric, dont l'identité ainsi que l'origine nous confrontent avec de jolies énigmes, aurait voulu confier au parchemin, puisqu'il ne nous reste que 105 vers de ce qu'il a écrit. Le reste ne peut se deviner qu'à travers l'*ADéca* (1160?) et les rédactions Vorau (1150-5?) et Strasbourg (1170-5?) de l'*Alexanderlied* du curé allemand Lamprecht. Malgré les variantes textuelles vraiment énormes de ces versions, il est possible de repérer quelques données de base qui pour le nommé Albéric ainsi que pour ses successeurs auront revêtu une certaine importance. A mentionner, entre autres, l'excellence du héros, son courage proverbial, sa formation intellectuelle supérieure, son orgueil d'appartenir à la caste dominante de la société macédonienne, sa jeunesse chassant une léthargie socio-politique fatale, ses conquêtes inimitables, etc. Ces données bien traditionnelles qui constitueront le catalogue d'"idéés reçues' macédonien se repèrent toutes dans le tableau synoptique (chapitre II, section 4).

Les textes étudiés ici ont tous une signature épique: ils sont tous en laisses rimées de longueur variable. Il va de soi que ce détail influence le dire des auteurs/adaptateurs: la parataxe régit la narration où l'hyperbole règne en maîtresse. En elle-même l'hyperbole est l'outil stylistique le plus apte à évoquer rapidement l'exemplarité héroïque. C'est là un premier fait. Mais cette figure de style semble faire également partie du personnage illustre qu'est Alexandre: ce roi EST la superiorité même. Le pantonyme qui le signale suffira pour marquer la perfection incarnée. Voilà un deuxième fait. L'exploitation de l'icône 'Alexandre' n'est cependant pas toujours constante: il y a des auteurs/adaptateurs qui ont une opinion positive du héros; ceux-là s'adonneront, et ce à coeur joie, aux louanges. Mais il y en a aussi qui prennent un peu de distance vis-à-vis du héros. On n'a qu'à penser au motif de la bâtardise d'Alexandre pour s'en rendre compte: Albéric, lui, la refuse catégoriquement et ses successeurs continentaux en font de même; Thomas de Kent accepte cependant sans broncher l'adultère d'Olympias avec le sorcier égyptien Nectanébus; chez lui Alexandre est donc un bâtard. Cela ne fait que surprendre, car à l'époque qui nous concerne la succession dynastique sans tache aucune est vraiment ce qu'il y a de plus important. L'explication de la différence entre le *RAlix* et le *RTCh* pour les princes de ce monde — et je me limite à ces *vitae* complètes — réside dans le fait que l'auteur/adaptateur de la première *vita* a pris ses distances par rapport à ce que lui livraient ses modèles et qu'il a essayé de récrire le tout dans une perspective didactique: l'axiologie qu'il a introduite dans sa version à lui est tellement cohérente et conséquente que sa réécriture est effectivement un *example* (I: 2). Le compilateur du *RTCh* n'a rien fait de la sorte; pour lui les aventures du Macédonien ne sont qu'un *deduit*.[2] La différence entre les deux prises de position est donc énorme et explique les différentes distanciations. Aussi les réécritures en question s'en ressentent-elles.

Il s'est avéré également dans les chapitres qui précèdent qu'il est absolument impossible de se prononcer sur la nature exacte des liens généalogiques entre les réécritures qui ont été passées en revue ici: dans l'état actuel de nos connaissances — et tout semble

---

[2] J'en ai parlé au chapitre XIII.

indiquer que cet état est vraiment le stade final — toute discussion à ce sujet ne produira que des hypothèses peu réalistes. Un exemple frappant d'une pareille activité quand même peu fonctionnelle est la discussion au sujet des rapports entre le fameux 'archétype' et les réécritures qui d'une façon ou d'une autre s'en seraient inspirées, à savoir 'Arsenal', 'Venise' et le *RAlix*. Toute conclusion tirée de pareilles analyses relèvera du domaine de la spéculation pure et c'est bien la raison pour laquelle j'ai fait abstraction de ce genre d'investigations. Ce qui m'a intéressé dans la présente étude, c'est le statut exceptionnel du *RAlix*, car l'impact de cette réécriture modèle a été immense. Les raisons possibles de cette réception on ne peut plus positive se laissent deviner à l'aide des données analysées dans les chapitres qui précèdent. Tout comme l'Alexandre des autres traditions, celui de la tradition française représentée ici par la vulgate évoque le succès, la réussite et le bonheur. Les capacités presque surhumaines de ce roi ont fait de lui un *rex utilis* dont la conduite s'est faite icône'; presque tous les princes ont voulu être un deuxième Alexandre, puisque c'était le moyen le plus sûr (et le plus 'autoritaire') pour marquer leur propre fonctionnalité.

La fascination exercée par le roi de Macédoine qui joue également un rôle dans l'histoire du Salut, puisqu'il est le maître du troisième *regnum*, se traduit dans les innombrables créations littéraires et artistiques médiévales: des *vitae* en français, allemand, anglais, néerlandais, etc., confirment et fortifient cet engouement spécifique pour ce conquérant au-delà de la norme. C'est bien la raison pour laquelle toutes les réécritures françaises du 12ᵉ siècle nous confrontent avec une royauté idéalisée aux traits certainement discrétionnaires, mais quand même pas encore à un tel point que les rapports avec les vassaux risquent d'en être gênés et perturbés. L'Alexandre de la vulgate est le compagnon par excellence des Macédoniens nobles; il est le maître exemplaire qui sait distinguer les vrais amis des faux, ce qui revient à dire qu'il sait distinguer les nobles des non-nobles, ce qui explique que l'entente harmonieuse entre le roi et ses hommes garantira les succès souhaités. Tout ce qu'il est (ou n'est pas), tout ce qu'il fait (ou ne fait pas) sert à illustrer cette formule à succès. Le héros du *RTCh* est présenté de façon moins euphorique (à en croire Thomas, ses barons ne l'auraient pas vraiment aimé), mais il reste quand même un 'Alexandre', Et c'est ce qui compte, car l'acteur 'Alexandre' est un héros authentique non seulement parce qu'il appartient à l'Histoire, mais aussi parce qu'il est un héros typique sociologiquement acceptable dans la *RÉALITÉ 'historique'* (que l'homme médiéval identifie avec l'authentique factualité historique de la Macédoine d'antan) aussi bien que dans la *RÉALITÉ historique* du 12ᵉ siècle. La conséquence en est que ce roi de Macédoine ou de 'Grèce' est un roi de 'France' ou d''Angleterre'.[3] Ses aventures sont conformes à la marche de l'Histoire ainsi qu'à la perception médiévale de ce que c'est qu'un roi modèle. Comme cet Alexandre fait la conquête de l'Orient et y vit les aventures décrites bien des fois par les *auctoritates* de l'époque, parmi lesquelles des places d'honneur reviennent à Pline l'Ancien, Solin, Isidore et aux nombreux auteurs/adaptateurs anonymes de bestiaires et de lapidaires, sa *vita* sera donc vraie (l'Histoire et la Bible la garantissent), conforme (il est un roi modèle à la médiévale) et vérifiable (les aventures merveilleuses — et peu en importe l'origine ou la facture — se reconnaissent).

Aucune surprise donc si les exploits du héros ont séduit les hommes de l'époque qui ont situé une partie de leurs rêves dans un ailleurs onirique. C'est là une donnée importante. Mais il y a plus: le mode socio-politique de la *RÉALITÉ 'historique'* évoqué dans le *RAlix* semble être on ne peut plus conforme aux souhaits les plus intimes des princes médiévaux et des nobles qui les entourent. Evidemment, ce qu'évoquent les aventures appartient au rêve de la *'RÉALITÉ' littéraire* qui n'est que la résultante d'une perception individuelle. Qu'à cela ne tienne: pour le destinataire qui entend ou lit l'aventure magnifique du Macédonien cette *'REALITE littéraire* se fera exploitable, se fera, comme l'a voulu Alexandre de Bernai, *example* à interpréter. Non pas à imiter, car le maître de la troisième monarchie universelle voulue par Dieu n'est pas imitable. Un prince médiéval ne peut donc être qu'un autre Alexandre.[4] Ce qui est fascinant, c'est que les panégyristes hyperbolisent même l'hyperbole: là où il s'agit de l'idéalisation du CODE, tel ou tel prince sera plus fort et plus généreux que l'icône Alexandre même. C'est donc le typologique qui joue et qui est partie constituante de cet

---

[3] L'analyse de ce mécanisme spécifique a été faite au chapitre IV.

[4] En panégyrique la typologie s'exploite à cœur joie, car tout est insérable: de nombreux rois se sont fait présenter comme un deuxième David, voire comme un *alter Christus* (Steger 1961; Koch 1972: 5).

example qu'est le héros. Voilà pourquoi j'ai mis en lumière ce qui m'a semblé être la donnée clef du *RAlix*, à savoir le comportement socio-politique présenté comme garantie infaillible de succès.

C'est effectivement l'harmonie socio-politique régnant dans la *RÉALITÉ 'historique'* de la Macédoine du *RAlix* qui est censée avoir offert les garanties exclusives pour la réussite de la mission exceptionnelle de l'héros. Mais cette *RÉALITÉ* macédonienne des réécritures étudiées ici n'est qu'un leurre. Elle ne se base aucunement, on l'a vu au chapitre IV, sur un enregistrement de données ou de situations empiriquement vérifiées ou vérifiables, puisque les auteurs/adaptateurs qui ont défilé devant nos yeux ont ignoré totalement ce que c'était que la Macédoine de Philippe II et de son fils Alexandre. Ils ont pris les *'REALITES' littéraires* dont ils disposaient pour des enregistrements empiriques d'une *RÉALITÉ historique* macédonienne. Et même s'ils s'en sont rendu compte, ce que je ne crois d'ailleurs pas, ils ne se sont point intéressés au contexte précis des aventures du héros ni d'ailleurs à la *RÉALITÉ historique* qui est la leur. De prime abord cela n'a pas à nous étonner trop: un savoir archéologique et philologique vraiment adéquat et méthodologiquement fonctionnel est bien inexistant à l'époque: l'*auctoritas* suffit pour masquer d'éventuelles contradictions ou pour combler des lacunes. Mais le facteur le plus important est la peur de voir trop bien; il n'y a que fort peu d'auteurs qui osent s'engager dans la forêt périlleuse des inconséquences manifestes. Mieux vaut la contourner et se contenter de la *discordia delectans*: vouloir percer les mystères divins est non seulement impossible, mais relève aussi de l'hybris, frise même l'hérésie. A quoi bon donc risquer la confrontation avec une *auctoritas* ombrageuse (trop) vite encline à renifler l'odeur du soufre?

Le destinataire est donc contraint d'accepter l'à-peu-près des différentes *réalités* impliquées, résultantes des jeux subtils entre ce que dénote la *'RÉALITÉ' littéraire* et les connotations possibles. L'interprétation des données sera une affaire personnelle, mais sociologiquement conforme au cadre idéologique. Cependant, comme la précision descriptive et analytique s'ignore et se néglige volontiers — et cette remarque vaut pour la mise en situation des acteurs aussi bien que pour les composantes 'idéologiques' régissant ou devant régir l'enregistrement — l'interprétation de la production culturelle (sens large) de l'époque pose de sérieux problèmes. Voilà pourquoi j'ai préféré parler au chapitre III non pas d'idéologie, mais plutôt de filigrane idéologique. Cette formule rend honneur aux traditions scripturaires en vogue accordant la précellence au connotatif et non pas au dénotatif sociologiquement peut-être incommode. Quelle que soit donc l'interprétation que l'on propose, celle-ci ne sera jamais complète ni parfaite: on ne sacrifie que sur l'autel de la plausibilité, la seule déesse qu'on pourra et devra honorer.

Puisqu'il est absolument impossible de fournir des spécifications au sujet des milieux producteurs et récepteurs des différentes réécritures des *vitae* françaises du 12e siècle, j'ai opté pour une approche pouvant aboutir à une interprétation quelque peu plausible des données clefs de la grande compilation qui se trouve au centre de mon étude. A l'encontre du *RTCh*, d' 'Arsenal' et de 'Venise', le *RAlix* nous propose une *'RÉALITÉ' littéraire* à visées normatives indéniables: son compilateur le veut *example*: les faits et gestes de l'illustre Macédonien décrivent un *modus operandi* socio-politique utile pour les grands de ce monde, ces rois, princes et ducs *qui terre ont a garder* ainsi que les nobles chevaliers, les clercs sages et bons, les dames et les nobles demoiselles mentionnés à la fin de la branche IV.[5] Cette liste de destinataires n'est pas due à Alexandre de Bernai (elle appartient à la tradition, puisqu'elle figure également dans 'Arsenal' et dans 'Venise'), mais l'auteur/adaptateur du *RAlix* est le seul à en exploiter pleinement les possibilités didactiques. Dans son prologue il détermine soigneusement les critères que sa *RÉALITÉ historique* (= la France du 12e siècle) juge fonctionnels pour un exercice adéquat du pouvoir. Pensons à ces vertus princières comme la protection des amis et la destruction des ennemis, la générosité illimitée, la loyauté, la capacité d'en arriver à une entente harmonieuse avec la noblesse, les succès militaires, au sacrifice personnel, etc. Et n'oublions surtout pas la suggestion que l'aventure du Macédonien bénéficie du consentement de Dieu. Ce sera à travers la mutabilité des aventures humaines (en l'occurrence celles du Macédonien) que ces destinataires dépisteront l'immutabilité de la Vérité de tous les hommes et de toutes les époques.[6]

L'Alexandre du *RAlix* n'est pas un roi en situation: le texte

---

[5] Le passage en question se trouve au chapitre V.
[6] Melville 1982: 128.

ne fournit aucune spécification au sujet de l'organisation sociopolitique du polysystème macédonien idéalisé. L'aventure manque d'ailleurs d'éléments pouvant engendrer une procédure d'identification (éventuellement) collective, car la Macédoine de notre héros est absente. Il manque dans le *RAlix* et les autres réécritures étudiées ici une présence territoriale pouvant engendrer une émotion quelconque; il n'y est point question d'une *dulce France* comme dans la *Chanson de Roland* ou de ce qu'on appellerait par analogie — et j'invente: une *dulce Gresce* ou une *dulce Macidoine*. Les cours de roi mentionnées dans le *RAlix*, à savoir celle du père (au début) et celle du fils (à la fin) ne sont point des centres administratifs et politiques de territoires déterminés, mais ne servent qu'à consacrer des idées, des décisions: Alexandre devra remplacer le père et il se fera couronner maître du monde entier. Par contre, la cour du *RTCh* semble pouvoir être considérée comme un reflet possible d'une pratique médiévale: le seul fait qu'Olympias remplace son mari absent en est un indice important.[7] C'est là tout. Nos textes ignorent également — et c'est vraiment remarquable — la valeur symbolique attribuée déjà au 12e siècle à la couronne royale, donnée extrêmement importante en territoire capétien depuis l'avènement de Hugues Capet en 987 et également dans le territoire des Plantagenêt. La couronne qui ornera le chef du conquérant à Babylone est purement instrumentale et aucunement symbolique. L'Alexandre *nulli secundus* des réécritures étudiées ici est ainsi un roi hors situation; ce roi incarne l'expansionnisme proverbial de l'*utilitas* royale: il est un authentique modèle d'action.

Les auteurs/adaptateurs du 12e siècle qui ont défilé dans les chapitres qui précèdent n'ont pas agi comme des *historici* intéressés à l'événement particulier, mais comme des *poetae* séduits par les possibilités d'abandonner la spécification contingente au profit de la norme générale qu'elle semble cacher.[8] La *riche istoire* que nous propose Alexandre de Bernai ne sera qu'un *example* (I: 1-2) permettant à ceux qui ignorent le latin de faire la connaissance d'une

---

[7] Voir chapitre XIII.

[8] Ceci n'implique aucunement que ces auteurs/adaptateurs ont su ce qu'ils étaient en train de faire et qu'ils ont préféré sciemment la *poesia* à l'*historia* (si jamais ils étaient capables de bien distinguer les deux approches). Leurs (ré)écritures ne sont que des produits conformes.

conduite socio-politique modèle, une conduite qui - et voilà la quintessence - est conservatrice puisqu'elle vise la restauration d'un bonheur d'antan où les nobles n'avaient rien à craindre des commerçants ou des bourgeois rassemblés dans le *RAlix* sous le dénominateur négatif d'*usuriers*. Il n'y a donc chez notre compilateur aucune volonté de produire un inventaire de données historiques vérifiables; même si le rejet de ces *usuriers* est une preuve *a contrario* de leur importance et et de leur impact dans la RÉALITÉ historique contemporaine, il est plus qu'évident qu'ils n'auront pas droit à un descriptif précis qui leur rende honneur. Et il y a encore autre chose: l'apport de la tradition rend superflue toute argumentation: l'Histoire ne se reconstitue pas, l'Histoire EST. Pour le compilateur de la vulgate il ne s'est agi que de bien raconter les exploits du grand Macédonien; et ces exploits sont vrais. Ses attaques contre ces *trouveour bastart* qui ne savent organiser de façon convenable une *oevre* (I: 37, 42) sont du métier, certes, mais elles cachent aussi une volonté auctorielle évidente de mettre la RÉALITÉ historique macédonienne dans une structure porteuse de sens et garante d'un didactisme efficace.[9]

Et c'est bien ce qui distingue le *RAlix* des autres réécritures. La confrontation (prudente) de quelques données pertinentes de la vulgate avec celles des autres réécritures, et c'était là le but des chapitres VI, XII et surtout XIII, a fait ressortir que la distanciation auctorielle observée par l'auteur/adaptateur du *RAlix* se centre sur le refus de tout ce qui est négatif (pensons au rejet de la bâtardise) et à la mise en évidence de ce qui est considéré comme essentiel pour un roi qui se veut *utilis*: son Alexandre est un héros qui bénéficie du consentement de Dieu, qui refuse catégoriquement la présence des indignes, des *serf* et ne s'entoure que de nobles qui sont ses compagnons logiques, voire naturels. Un roturier indigne ne deviendra jamais un noble: les nombreux proverbes accentuant l'impossibilité de corriger la nature (cf. *Fous est qui d'esprevier cuide faire buisson*) corroborent la thèse centrale de l'œuvre que la

---

[9] Evidemment la volonté est une, la possibilité de l'atteindre est deux. La création d'Alexandre de Bernai a obtenu le respect des destinataires (les interpolations et les suites sont là pour le prouver), mais tout cela n'empêche pas que le texte (tel qu'il nous est parvenu!) montre de nombreuses déficiences organisatrices. On l'a vu aux chapitres VI-VIII.

noblesse est non seulement une condition sociale, mais aussi et surtout un état moral. Quoi donc de plus naturel que de restaurer et de promouvoir l'entente naturelle entre les grands de la société? L'euphorie règne en maîtresse: finies ces velléités d'indépendance et d'égoïsme des barons; tout est vraiment pour le mieux dans le meilleur des mondes possibles, puisque ce roi unique sait comment traiter ses compagnons. Bien qu'il soit le maître incontesté, il n'adopte jamais une conduite répressive envers ses compagnons. Le compilateur de la vulgate guide ses destinataires vers une perception positive de ce que j'ai nommé au chapitre III les 'idées reçues' du catalogue et ce à l'aide des critères formulés dans son prologue. Ce sont, je le rappelle, ces données-là qui établissent des rapports on ne peut plus clairs avec les différents groupes sociaux mentionnés à la fin de la branche IV et ce sont les seules qui comptent. L'icône 'Alexandre' que se (re)constituent le ou les destinataires ne pourra donc être que positive. Le public visé par le compilateur du *RTCh* en fera de même, mais la distanciation auctorielle y est différente, car le texte ne se veut pas un exemple garantissant la séparation des bons grains d'avec l'ivraie, mais seulement un passetemps agréable (un *deduit*). Aussi le roi du *RTCh* sera-t-il une icône différente: Histoire obligeant il est fort et imbattable, mais il lui manque la suggestion de la bienveillance divine ainsi que cette connivence heureuse du compagnonnage.

Se profile maintenant une perspective: le *RAlix* suggère que les exploits du maître du troisième *regnum* ont également bénéficié de l'approbation des *magnates* de la société macédonienne et qu'ils n'ont été réalisés que grâce à leur soutien inconditionnel. Il n'est pas nécessaire de dire que le potentiel typologique d'une pareille formule sera inépuisable. Même si son côté discrétionnaire explique le refus de pourvoir les pairs immédiatement du fief (et donc aussi de l'indépendance) qu'ils ne cessent de pourchasser, le roi réussit à maintenir l'homogénéité du groupe, puisqu'il promet de récompenser les services rendus. Dans la *RÉALITÉ historique* du 12e siècle une pareille manœuvre aurait certainement engendré des tergiversations et peut-être des défections, mais dans la *'RÉALITÉ' littéraire* elle génère l'effort et la loyauté, car la promesse du roi est une garantie suffisante. C'est là l'impression que donne l'épisode de la prise de Césarée: Ptolémée en aura la couronne où moment où cela plaira au roi. Tout cela s'accepte sans protestation aucune; tout se passe de façon naturelle et tous les ordres sont suivis *con amore*. Alexandre de Bernai récrit les données livrées par ses modèles tout en insistant sur les rapports excellents et naturels entre le roi et ses compagnons nobles. En ceci le *RAlix* est vraiment unique.

Le fait que cette réécriture est la seule à être dotée d'un prologue en bonne et due forme, d'une chronologie narrative relativement correcte et de balises axiologiques bien visibles et fonctionnelles confirme cette unicité. Les analyses qui précèdent ont révélé qu'Alexandre de Bernai est largement tributaire d'une combinaison d'épisodes à intention biographique (peut-être cet 'archétype' supposé par la critique) et que sa version à lui partage de nombreuses leçons avec 'Arsenal' et 'Venise'. Vu le fait que le compilateur du *RAlix* est surtout un régisseur, le contraire aurait surpris, mais il est hors de doute que ses capacités organisatrices dépassent de loin celles de ces concurrents. Le seul exemple de la création des 12 pairs est déjà plus que révélatrice: la vulgate double l'ampleur du passage en question et le récrit dans la perspective annoncée par le prologue; de cette façon la présence des compagnons s'intègre de façon bien naturelle dans la thèse de la vulgate. La distanciation auctorielle du *RAlix* connaît des failles, certes, mais elle est beaucoup plus consistante et cohérente que celles des autres réécritures.

Dans ce qui précède on a constaté qu'il est impossible de fournir des arguments quelque peu fiables au sujet du milieu producteur ou récepteur ou sur l'appréciation directe de ce texte important. Le personnage qui se présente comme l'auteur/adaptateur du *RAlix*, cet *Alixandres de Bernai dit de Paris*, né *vers Eüre*, est un inconnu. Son surnom *de Paris* renvoie à ce qui deviendra le siège central du pouvoir capétien. Mais rien, absolument rien ne nous permet de rapprocher ses activités d'une volonté spécifique de Philippe II Auguste. Le même raisonnement vaut pour ce qui est du *RTCh* ou de Thomas de Kent: il n'y a aucun moyen de rattacher de façon univoque cette *vita* au pouvoir d'un Henri II Plantagenêt ou de mettre son auteur/adaptateur dans ce contexte. Tout ce qu'on peut donc dire au sujet de l'origine de ces textes, c'est qu'il n'y a que des possibilités: le polysystème 'macédonien' a des traits féodaux et chevaleresques. Cela, c'est indéniable, mais ne dit pas grand-chose. Les renvois à une 'France' élue (*RAlix*) pourraient se rapporter à une Ile-de-France capétienne; il en est de même des vagues ressemblances entre la situation d'Olympias et celle d'Aliénor, reine d'Angleterre dans le *RTCh*. Tout est possible, mais rien n'est sûr. Ce qui est cependant hors de doute, c'est que ces romans antiques si peu romanesques n'auront certainement pas déplu aux deux rois mentionnés (si vraiment ils en ont fait la connaissance), puisque le pouvoir qu'incarne le Macédonien est incontesté et imbattable. Ce roi modèle est respecté par ses barons et, paraît-il, par Dieu (du moins, dans le *RAlix*). Qu'est-ce qu'un roi de l'époque aurait pu désirer de plus? D'autres catégories sociologiques ont pu trouver du leur dans les deux réécritures importantes que sont le *RTCh* et le *RAlix*, et leurs interprétations auront produit d'autres *réalités*.

La création attribuée à Thomas de Kent se veut *confort* pour les tristes et *joie* pour les *dolerus*. Bref, un *deduit* pour ceux qui sont chevaleresques et qui aiment les *romanz*. Le héros que peint Thomas n'est pas vraiment aimé: le compilateur anglo-normand suggère même que les barons *enhaïrent* le roi. La vulgate, par contre, est positive: elle se veut non seulement *example* pour ceux qui détiennent les clefs du pouvoir, mais aussi pour les *dames*, *puceles* et *clerc*, etc. L'Alexandre de ce grand texte est aimé de ses compagnons; il est l'icône d'une perfection royale et sociologique dont on doit pleurer la disparition. Rien d'étonnant à ce que l'on venge son assassinat, rien d'étonnant non plus à ce que l'on invente (sens médiéval) d'autres aventures de ce *rex utilis* proverbial. Les nombreuses interpolations des 13ᵉ et 14ᵉ siècles aussi bien que les mises en prose du 15ᵉ en sont des illustrations éloquentes. Dans les chapitres qui précèdent j'ai plusieurs fois souligné le fait que la réécriture de cette *matiere de Rome* était conditionnée par toute une série d'interventions collectives ou individuelles dont chacune a exigé son dû. Toute interprétation n'a donc pu être que l'affaire d'un *hic-et-nunc*: Alexandre, roi type, est un modèle de tous les moments et de tous les pays. Chacun l'interprétera donc à sa guise. La présente étude ne saura s'interpréter autrement: tout texte s'interprète *per modum rei accipientis et non receptae*.[10]

---

[10] Hamesse 1974: 232.

INDEX DES NOMS PROPRES

Le présent inventaire ne livre pas les noms propres dont les occurrences sont trop nombreuses, Ont été omis ainsi les renvois à *Alexandre, Darius III, Macédoine, Grèce, Alexandre de Bernai (dit de Paris), Thomas de Kent*, etc. ainsi qu'aux réécritures discutées ici. Sauf rare exception les graphies flottantes en ancien français ont été supprimées. Les renseignements du tableau synoptique (chapitre II, section 4) n'ont pas été incorporés dans la liste.

Abélard 53
Achéron 121
Achille 113, 178, 207
Adamnan 174
Adhémar de Chabannes 176
Aegyptiis/ Aegyptum: Egypte
Aethicus Isther 30, 292, 295
Afrique 120, 125, 138, 153, 171, 172, 240, 253, 273
Agrippe (pair) 138, 313
Alains 72
Alcuin 319
Alenie 137, 184, 185
Alexander (Rudolf von Ems) 125
Alexander (Ulrich von Eschenbach) 282
Alexanderlied 119, 120, 121, 123, 124, 161, 342
Alexandre Aegos (fils d'Alexandre) 27
Alexandre (roi d'Epire) 21, 121
Alexandreis 12, 31, 237, 317
Alexandrie 26, 27, 332
Aliénor 62, 258, 305, 352
Alier (région) 233
Alior (fils d'Alexandre) 256, 330, 331, 332, 340
Amable (reine d'Amazonie) 259
Amazones 3, 48, 127, 142, 208, 240, 245, 246, 258, 259, 260, 261, 262, 263, 264
Amazonie 208, 259, 262
Ammon 26, 125, 207, 249, 253
Amyntas (roi de Macédoine) 121
Anabase d'Alexandre le Grand 29
Anchise 109
Ancien Testament 74
Angleterre 69, 88, 97, 125, 113, 258, 309, 316, 330, 345, 352
Anjou 17, 330
Annolied 282
Ansoi (royaume) 137
Antigonus (pair) 26, 136, 137, 138, 137, 138, 229, 234, 253, 258, 280, 284, 309, 313
Antioche (ville) 77
Antioche (chevalier), 313
Antiochus (pair) 129, 136, 137, 138, 284
Antipater 26, 28, 94, 109, 115, 129, 136, 138, 140, 151, 162, 163, 164, 165, 187, 246, 303, 304, 317, 320,, 321, 322, 323, 324, 325, 326, 327, 328, 329, 331, 332, 333, 334, 335, 336, 336, 338, 339, 340
Antonien (roi) 138, 313
Aquitaine 17, 330
Araine (ville) 159, 205
Arcage (région) 212
Archipoète 73
Arculfe (évêque) 174
Aridés (pair) 136, 137
Aristé (pair) 136, 137, 241, 259, 260, 261, 329
Aristobule 28
Aristote 26, 78, 130, 137, 138, 201, 202, 212, 245, 263, 282, 285, 287, 289, 294, 295, 301
Arondel 332
Arras 330
Arrien 28, 29
Artaxerxès 121, 247
Arthur (roi) 56, 152, 185, 191, 339
Asie 7, 171, 172, 173, 191, 253, 268, 279, 301, 324
Athènes 28, 74, 185, 202, 252, 332

Athis et Prophilias 128
Auberin (chanoine) 120, 27
Auguste (empereur) 319
Aumarie (royaume) 240, 261, 313
Babylone 13, 26, 27, 51, 120, 123, 124, 135, 138, 143, 144, 160, 164, 174, 187, 188, 201, 208, 222, 241, 245, 248, 259, 261, 268, 273, 274, 281, 293, 307, 320, 322, 327, 348
Bactriane 27
Baldassare Castiglione 58, 74
Bâle 121, 123
Balés (duc) 208
Barberousse: Frédéric
Barsaentès (satrape) 27
Baudri de Bourgueil 46
Bède le Vénérable 78
Benoît de Sainte-Maure 3, 76, 96, 103, 109, 113, 142, 244, 316
Bernard Silvestre 107
Bessos (satrape) 27
Bétys (duc) 138
Biautés (Amazone) 246, 259, 260, 263
Bible 73, 105, 131, 153, 164, 221, 345
Bibliothèque historique (Diodore) 29
Blaye 100
Bourchard de Worms 247
Bourgogne 89, 267
Bouvines 100
Brabançons 64
Brahmanes 29
Briséide 113, 244
Bruges 237
Bruttiens 124
Bucéphale 26, 123, 152, 191, 196, 203, 204, 206, 210, 211, 212, 230, 233, 283, 300, 309
Calabre 124, 125
Callisthène (Pseudo) 14, 28, 29, 30, 86, 87, 105, 180, 201, 203, 256, 266, 281
Camille 13, 243
Candace 3, 142, 163, 240, 246, 253, 254, 256, 258, 260, 263, 264, 281, 294, 308, 311, 312, 319, 330, 331, 334
Candéolus 254
Capétien: Philippe II Auguste
Cappadoce 153
Cardie (royaume) 136, 137
Carthage 124, 137
Carthaginois (habitants) 124
Cassandre 28, 251
Castille 204
Caulon (pair) 137
Caulus (pair) 125, 136, 137
Cercamon 256
César (empereur) 29, 319
Césarée (ville) 137, 153, 154, 155, 159, 219, 283, 284, 285, 350
Champagne 330
Chanson d'Antioche 77, 175
Chanson de Roland 47, 58, 101, 124, 175, 190, 196, 306, 319, 335, 336, 348
Charlemagne 61, 78, 82, 93, 99, 100, 104, 124, 176, 190, 285, 306, 319, 339
Charles le Téméraire 89
Charles V (empereur) 60
Charles V (roi de France) 152
Charroi de Nîmes 58
Châteaudun 128, 129
Chaucer 177
Chéronée (ville) 26
Chevalier de la Charrete 185, 255
Chrétien de Troyes 1, 5, 10, 12, 13, 19, 46, 56, 105, 177, 185, 222, 225, 226, 243, 244, 320
Cicéron 78, 146, 178, 189
Cilicie 26, 137
Claude de Seyssel 50
Clavijo 77
Cléopâtre (reine d'Egypte) 138
Cléopâtre (fiancée de Philippe II de Macédoine) 26, 138, 185, 186, 305, 307, 333
Clermont (comte de) 332
Cligès 1, 3, 232, 243
Cligès (roi) 3, 225

Clitarque 28
Clitus (pair) 26, 27, 70, 136, 137, 231, 241, 257, 259, 261, 284
Clitus le Blanc 136
Clitus le Noir 136
Clitus (roi d'Illyrie) 136
Cola di Rienzo 73
Collatio Alexandri cum Dindimo per litteras facta 30
Collectanea rerum memorabilium 30
Commonitorium Palladii 30
Conrad II 66
Conrad de Hirschau 175
Constantin 107, 171
Conte du Graal 13, 19, 105, 177, 320
Contes de Cantorbéry 177
Corineüs (neveu d'Emenidus) 232, 233
Corneille 4
Cosmographia 30
Couronnement de Louis 58, 62, 93, 223, 319
Courtisan (Le) 58, 74
Crassus 135
Curie 90
Daire le Roux 61, 83
Dalila 312
Dan(s) Clin: Clitus
Daniel (prophète) 15, 105, 144, 183, 302, 326
Dante 56
Darès le Phrygien 6, 76
Dauphiné 120
De Institutione regia 59
Décret 247
Diable 329
Dialogo delle Lingue 74
Didon 135, 244
Dindymus (roi des Brahmanes) 29
Diodore de Sicile 29
Divinuspater 94, 109, 115, 129, 136, 138, 140, 151,162-164, 187, 246, 303, 304, 317, 320, 322-328, 331-336, 338, 339, 340

Durendal 131
Ecloga IV 10
Eginhard 78, 176
Egypte 10, 26, 28, 29, 102, 124, 125, 131, 135, 136, 38, 155, 240, 247, 28, 250, 251, 253, 306, 332
Elie (prophète) 135
Elimiotis (région) 137
Emenedap (noble) 276
Emenidus (pair) 57, 135, 136, 137, 208, 209, 211, 212, 232, 233, 240
Empire romain 55, 112, 124, 193
Enarrationes in Psalmos 72
Enéas 3, 4, 5, 6, 13, 14, 109, 112, 243, 244, 254, 336
Enée 21, 135
Enéide 5, 10, 100, 107, 109
Enkidu 221
Ephemeris belli trojani 6, 76
Epire 25, 121
Epistola Alexandri ad Aristotelem 29, 292
Erec (roi) 56, 225
Erec et Enide 56
Ermenie 137, 184
Esclavonie 185
Espaigne 124, 125
Ethyope 240
Etoras (pair) 138, 284
Etymologiae 30
Eüre 127, 277, 351
Eustache 2, 32, 86, 117, 119, 122, 129-132, 161
Fais et concquestes du noble roy Alexandre 9, 10, 317
Festion: Héphestion
Filotes (pair) 136, 138, 284
Flandres: Philippe
Fleur des Histoires 317
Florent (fils d'Antipater) 331
Florés 246, 259, 260, 263
Fra Mauro 77
France 17, 56, 60, 61, 65, 69, 81-83, 97, 99, 100, 114, 122, 125, 128, 205, 210, 228, 309, 325, 330, 336, 338, 345, 347, 348, 351

Franciade (La) 100
François I (roi de France) 152
Francs 99, 100
Frédéric I Barberousse (empereur) 224, 230
Frédéric II (empereur) 125, 126
Fuerre de Gadres 2, 32, 204, 268, 324
Gadifer 240, 261
Gadres (région) 232
Gale 125
Ganelon 61, 82, 319, 321, 335, 337
Gange 27
Gaugamèles 26
Gautier de Châtillon 12, 31, 317,
Gayron de Pavie (pair) 313, 318
Geoffroi de Viterbe 308
Geoffroi le Bel 178
Gesta Francorum et aliorum Hierosolimitarum 46, 177
Gesta Philippi Augusti 339
Gilgamesh 221
Giraud de Barri 316
Gog 173, 248, 281
Golfe Persique 27
Gordion 26
Granique 26, 136
Grant Monarchie de France 50
Guenièvre 255
Gui de Cambrai 4, 24, 33, 118, 127, 266, 321, 325, 327, 329, 332, 333, 341
Guibert de Nogent 46
Guibor (Orable) 225
Guillaume de Dôle 58
Guillaume d'Orange 152, 218, 221, 225
Guillaume le Breton 21, 100
Guillaume III de Poitiers 176
Guillaume de Rubrouck 173
Guillaume le Conquérant 305
Guillaume le Maréchal 156, 217
Guy Coquille 226
Haut-Dauphiné 267
Hector 178
Heinrich von Veldeke 224

Hellespont 26
Henri I (roi d'Angleterre) 304, 330
Henri II (roi d'Angleterre) 17, 21, 61, 62, 64, 73, 91, 113, 156, 157, 217, 258, 304, 305, 308, 312, 313, 315-317, 330, 348, 351, 352
Henri IV (empereur) 308
Héphestion (pair) 26, 27, 137, 138, 284
Hercule (dieu) 78, 207
Hercule (fils d'Alexandre) 28
Hermine: Ermenie
Hérode 135
Hippone 220
Histoire ancienne jusqu'à César 17, 31, 76
Histoire d'Alexandre (Clitarque) 28
Histoire du bon roy Alixandre 9, 10, 317
Historia de excidio Trojae 6, 76
Historia de Preliis 30, 31, 86, 108, 121, 122, 123, 124, 138, 145, 158, 180, 203, 229, 247, 248, 249, 251, 256, 310, 311, 312
Historiae Philippicae 29, 31
Historiarum adversum paganos libri septem 29
Homère 76, 96, 116
Hongrie 137
Horace 20, 146
Hugues Capet 348
Hugues de Saint-Victor 66
Ile-de-France 213, 351
Illyrie 136
Imago Mundi 77
Inde 15, 29, 32, 118, 132, 162, 240, 253, 268, 282, 294
Inde la Maior/Majeure 137, 160
Indus 27
Innocent III (paus) 247
Irlande 316
Isidore de Séville 30, 144, 173, 295, 345
Issos 26, 217, 245
Italie 9, 74, 124, 125, 138, 152, 267

Iulii Valerii Epitome 292, 295, 310, 312
Jacobites 172
Jacques (apôtre) 77
Jacques de Longuyon 9, 33, 89
Jans Enikel 282
Jascles (ville) 333
Jason 113
Jean Bodel 1, 23, 73, 77
Jean Bodin 50
Jean de Salisbury 47, 66, 73, 80, 107, 198, 315
Jean de le Mote 9, 33
Jean le Court (Brisebarre) 9, 33
Jean Mansel 317
Jean Renart 58
Jehan le Nevelon/Venelais 4, 24, 33, 118, 255, 321, 322, 327, 330, 329, 331, 332, 338
Jérusalem (céleste) 89
Jérusalem 14, 172, 174, 302
Jésus-Christ 78, 106, 172
Jeu d'Adam 12, 16
Jeu de saint Nicolas 77
Joas 197
Jocaste 112
John Lydgate 88
Joinville 59
Jonas (évêque d'Orléans) 59
Jonas 329
Jordan Fantosme 293
Joseph 312
Josèphe 295
Jovis: Zeus
Judas 319
Juifs 205
Julie 138, 313
Julius Valerius 14, 30, 86, 295, 310
Justin 29, 31
Justinien 9
Kaiserchronik 282
Kydnos 26
Kyng Alisaunder 341
Lais (Les) 168
Lambert de Saint-Omer 224
Lambert le Tort 2, 32, 86, 117, 119, 122, 127, 128, 129, 130, 131, 132, 161
Lamprecht 31, 86, 95, 119, 120, 121, 147, 161, 342
Lancelot 226
Lanval 307
Laomédon 135
Latéran 64
Laud Troy Book 88
Layamon 303
Léon (royaume) 204
Léon de Naples 30, 95, 204
Léon le Grand (pape) 94
Léonidas (pair) 26, 137
Liber Floridus 224
Licanor (pair) 136, 137, 138, 201, 284
Ligue de Corinthe 7, 26
Locis sanctis (De) 174
Louis le Débonnaire (roi des Francs) 93
Louis VI (roi de France) 62
Louis VII (roi de France) 61, 67, 99, 197, 226, 230, 238, 258
Louis IX (roi de France) 61, 59, 228
Lucain 131
Lybiens 124
Lyoines (pair) 136, 137
Magellan 64
Magog 173, 248, 281
Mainz 224
Marc (pair) 138, 313
Marco Polo 171, 258
Marie de France 12, 168
Marinde (roi) 333
Mars (dieu) 178
Mazaca (ville) 153
Médée 113
Mèdes 190, 326
Méléagant 185
Menocchio 96
Mercator 172
Mésopotamie 26
Milan 125
Moab (roi de Frise) 276

Moïse 78
Monk's Tale (The) 177
Nativitas et victoria Alexandri Magni regis 30
Naturalis Historiae 30
Néarque 27, 28
Nectanébus 29, 30, 31, 96, 98, 99, 123, 138, 185, 186, 187, 207, 247, 248, 249, 250, 251, 295, 298, 305, 306, 307, 309, 310, 311, 340, 343
Néoptolème (roi d'Epire) 25, 121
Neptune 209
Nestoriens 172, 173
Nicolas (roi) 16, 77, 123, 126, 137, 152, 153, 154, 155, 165, 185, 188, 199, 204, 209, 211, 212, 219, 270, 273, 277, 281, 283, 284, 285
Noble (roi) 59
Normandie 17, 125, 227, 330
Nubie 137, 240
Ochos (noble perse) 27
Œdipe 112
Okhos: Artaxerxes
Olivier 221
Olympias 11, 25, 26, 28, 31, 98, 99, 121, 123, 125, 138, 140, 184, 185, 186, 187, 207, 246, 247, 248, 249, 250, 251, 252, 263, 264, 295, 303, 304, 305, 307, 309, 310, 311, 315, 322, 322, 324, 327, 335, 340, 343, 348, 352
Onésicrite 28
Orable: Guibor
Oratore (De) 78
Orderic Vital 77, 90, 144, 305
Orose 17, 29, 31, 95, 105, 121, 292, 295
Ortélius 172
Otton de Freising 55
Ovide 254
Oxyarthès (satrape) 27, 256
Pacifique (Le) 64
Palestine 153
Pantagruel 266
Paradis terrestre 55, 107, 314
Parideüs: Philippe Arrhidée

Paris 62, 65, 67, 127, 128
Pâris (Troyen) 78, 178
Parménion 26, 27, 137
Parques 135
Partonopeus de Blois 91
Parysatis (princesse perse) 27
Pausanias 26, 303, 311
Pavie 66, 313
Pella 26
Perceval 10, 56, 226
Perdiccas 26, 136, 231, 257, 284
Periz (île) 334
Perrot: Pierre de Saint-Cloud
Persépolis 27, 137
Pharsales (Les) 131
Philinne (épouse de Philippe II de Macédoine) 27
Philippe, comte de Flandres 19, 84, 105, 177
Philippe II de Macédoine 11, 19, 26, 96, 121, 137, 144, 149, 152, 154, 158, 184, 185, 186, 191, 192, 195, 196, 197, 200, 201, 204, 214, 230, 248, 249, 250, 252, 273, 280, 282, 283, 286, 298, 303, 304, 305, 307, 308, 309, 311, 346,
Philippe Arrhidée (demi-frère d'Alexandre) 27, 309, 333
Philippe II Auguste (roi de France) 21, 59, 61, 91, 100, 114, 156, 157, 158, 191, 197, 205, 226, 239, 247, 351
Philippe le Bel (roi de France) 56, 62, 228,
Philippide (La) 21
Philotas (pair) 27, 137
Pierre Alphonse 295
Pierre Bersuire 109
Pierre d'Ailly 77
Pierre Damien 80
Pierre de Saint-Cloud 118, 129, 130, 131, 132, 135, 161
Pietro Bembo 74
Pilate 135
Pirrus de Monflor (neveu d'Emenidus) 232, 233

Platon 78
Pline l'Ancien 30, 173, 345
Plutarque 29
Policratique (Le) 47, 107
Polyeucte 4
Polyxène 113
Porus 27, 165, 174, 188, 190, 192, 209, 218, 239, 240, 248, 276, 281, 294, 308, 309, 328
Potiphar 312
Prêtre Jean 80, 172, 173
Preuses (les Neuf) 9
Preux (les Neuf) 9
Ptolémée 26, 28, 70, 136, 137, 138, 155, 156, 159, 172, 207, 218, 257, 284, 313, 337, 350
Puille 125
Pydna 28
Quinte-Curce 29, 105
Rabelais 266
Reims 60
Renart le Contrefait 317
Rencesvals 100
Res gestae Alexandri Magni 29, 30, 86
Richard de Rouen 319
Rigord 339
Robert le Moine 46
Rocheflor 331
Rodogune (mère de Darius) 312
Roi-Pêcheur 13
Roland 61, 99, 100, 101, 131, 200, 213, 221
Roman de Brut 100, 303
Roman de Renart 59, 130
Roman de Rou 191
Roman de Thèbes 3, 4, 5, 6, 10, 14, 83, 109, 112, 336
Roman de Tristan 255
Roman de Troie 3, 4, 5, 6, 14, 76, 96, 109, 112, 113, 142, 175, 243, 244
Romans (village) 120
Rome (ville) 77, 124, 125
Romenie (région) 313
Romulus 109
Ronsard 100
Roxane (épouse d'Alexandre) 27, 28, 130, 138, 231, 246, 253, 255, 256, 257, 258, 263, 264, 282, 312, 329
Rudolf von Ems 125
Saint Augustin 72, 77, 104, 162, 220, 242
Saint Bernard 53, 90
Saint Jérôme 192, 295
Saint Nicolas 77
Saint Paul 78
Saint Thomas (apôtre) 77
Saint-Denis (faubourg) 99
Saint-Donatien (église) 237
Saint-Omer 224
Salomon 111, 147, 148, 206, 312
Samson 312
San Pietro al Monte 89
Sanson (Perse) 68, 137, 138, 151, 208, 219, 238, 260, 274, 284, 286, 303
Satibarzanès (satrape) 27
Satan 318
Sebastien Brant 173
Sémiramis 293
Scythes 173
Sicile 29
Sicilienlant 124
Sidon 124, 138, 322, 324
Simon (clerc) 131, 273, 332
Simon (frère du comte de Clermont) 332
Sire (?) 239
Socrate 178
Sodoma 258
Sogdiane 27
Solin 30, 173, 292, 295, 345
Sparte 27
Sperone Speroni 74
Stace 5, 83
Stateira 27, 28
Strasbourg 95, 120, 121, 123, 124, 342
Suétone 78, 176
Suger 67, 69

Superior 160
Suse 27
Syrie 137
Tarentins 124
Terre sainte 191, 213
Thébaïde (La) 5, 83
Thèbes (ville) 26, 100, 300
Théodose 107, 171
Théophraste 74
Thomas (auteur) 255
Tibérion (pair) 138, 313
Tite-Live 109
Topographia Hibernica 316
Toulouse 62
Trani 152
Tripoli 306
Trogue Pompée 29, 31
Troie (ville) 100, 105, 114, 312
Troïlus 113, 244
Tyr (ville) 26, 32, 124, 126, 138, 200, 203, 208, 281, 284, 299, 322, 324
Ulpien 9, 306
Ulrich von Eschenbach 282
Val Périlleux 6, 13, 191, 203, 209, 210, 211, 212, 213, 215, 221, 242, 281
Vérone 100
Vierge (Sainte) 12, 77
Villard de Honnecourt 174
Vincennes 59
Virgile 5, 10, 78, 100, 107, 116, 178
Vorau 120, 121, 123, 124, 342
Wace 191, 316
Wauquelin 9, 131, 317
Weltchronik 282
Westminster 73
Zéphyrus (soldat) 218
Zeus 28, 207

INDEX DES NOMS D'AUTEUR

Acham 89
Agard 32
Althoff 308
Anderson 173
Ankersmit 147
Apostolides 50
Ariès 147, 171
Armstrong 127
Armstrong/Buffum/ etc. 6, 17, 32, 127, 201, 332
Armstrong/Foulet 32
Arnaud-Lindet 95, 121
Arrouye 78
Auerbach 82
Bakhtine 188
Baldwin 21, 63, 69
Bamm 25
Barron 151, 318, 338
Barthélemy 15, 155, 224, 325
Barthes 176
Bauman 320
Baumgartner (E.) 259
Baumgartner (W.) 15
Bautier 62, 156
Bayard 70, 197
Beaujour 181
Beaune 50
Beaune/D'Arbaumont 89
Bédier 99
Bender 124, 200
Benson 73
Benton 330
Berlioz 71, 103
Berry 99
Beumann 1, 67, 219, 315
Bezzola 178
Billing Ham 32
Bingham 305
Blake 177
Bloch 60, 192, 222, 317, 319, 325, 335
Blumenfeld-Kosinsky 5, 103
Bologna 205
Bordonove 21, 192, 205
Borst 53

Bournazel 68, 166, 216
Boussard 21, 48, 62, 64, 258, 304, 305, 313, 316
Boutruche 68, 195
Brackert 94
Braet 200
Bredero 73, 88, 90
Bremond/Le Goff/Schmitt 103
Brenk 12
Briant 7, 25
Brook 61
Brückner 67
Brummack 153
Brundage 165
Brunner 200
Buck 75
Bulhof 82, 88
Bumke 50, 88
Bunt 9, 342
Burke 67
Burkolter 219, 221
Buron 77
Buunk 12
Byrne 291
Calmette/Durville 89
Camille 91, 174
Caraffi 319
Carey 32
Carnazzi/Battaglia 220
Cary 17, 28, 282, 328
Casey 32
Chavanon 176
Chevalier/Gheerbrant 307
Chibnall 77, 145, 305
Christian/De la Perrière 47
Colby 181
Coleman 80
Colker 237, 317
Collet 6
Comet 80
Constable 323
Constans 6, 76, 103, 243
Contamine 229, 230
Corbett 59
Cowdrey 226

Cox-Rearick 12
Croizy-Naquet 119
Curschmann 90
Curtius 181, 190
Dällenbach 227
Davis 56
Davy 80, 337
De Certeau 16, 79, 87
De Francisci 66
De Gravière 25
De Lubac 12
De Paepe 170
De Robertis 74
De Visser-Terwisga 76
De Weever 256
Delaborde 21
Delaruelle 165
Dembowski 166
Demurger 156, 318
Denecke 172
Dessau 151, 318
Dijkstra 213
Domenec 87
Dronke 107
Duby 46, 48, 49, 53, 68, 152, 156, 196, 224, 240, 247, 259
DuCange 15
Duparc-Quioc 77
Dupront 165
Durandin 46
Edwards 317, 332
Edwards/Foulet 32, 129
Ehlert 174, 295
Erlande-Brandenburg 197
Escarpit 88
Even-Zohar 10
Favier 15, 62, 155, 224, 318, 329
Färber/Schöne 20, 314
Firth-Green 91
Fischer 50, 54, 92, 153, 306
Flori 49, 170, 195, 196, 223, 227, 233, 329
Foster/Short 119, 290, 291, 293, 295, 297, 321
Foulet 32, 117, 120, 122, 126, 129, 149, 260, 268, 279

Foulkes 46, 47, 87, 219
Foulon 191
Frappier 244
Froger 134
Frugoni 28
Fuhrmann 317, 318, 320
Ganshof 68, 222, 318
Garin 78, 122
Gaullier-Bougassas 131, 295
Genette 176
Génicot 155
Gerritsen 5, 92
Gicquel 126
Gimpel 174
Ginzburg 96
Giraud-Jung 74
Goetz 22, 72, 76, 87, 142
Goglin 53, 318
Goldman 87
Goldmann 188
Gombrich 83
Gosman 80, 89, 164, 172, 240
Gouttebroze 113
Graf 318
Green 25, 247
Grell/Michel 258
Guenée 82, 91, 99, 100, 174, 228
Halász 2
Hale 171
Hallam 70, 192, 217
Halphen 176
Ham 32, 317
Hambis 258
Hammond 7, 25, 28, 207
Hamon 13, 169, 170, 175, 187
Hannig 198
Harf-Lancner 201, 261
Harth (D.) 51, 167, 171, 301
Harth (E.) 142
Hartung 67, 315
Hauck 158
Head 175
Heers 319
Hilka 108, 128, 145, 180, 229, 282, 310, 312
Hilka/Bergmeister 249

Hilka/Grossmann 249, 251
Hobdell Jackson 183
Hoffmann 323
Holländer 207
Holz 10
Houston 202
Huizinga 234
Jackson 70, 223, 230, 298
Jacquart 226
Jauss 8
Jodogne 6
Jowett/O'Donnell 47
Jung 74, 78
Kamen 152, 204
Kantorowicz 49, 66, 71, 316, 320
Kappler/Kappler 173
Keats-Rohan 198
Keefe 73, 303, 315
Keen 195, 196, 224
Keller 91
Kelley 50
Kelly 21
Kerner 51
King (P.) 50, 56
King (P.D.) 22, 320
Kinzel 120, 121, 123, 124
Kipling 12
Knapp 94, 178
Koch 65, 345
Köhler 97, 98
Kozlowski 207
Kratz 203
Kristeva 116
Krynen 315, 339
Kugler 126
Kupčik 172
La Du 32, 107, 119, 120, 266, 267, 269, 272, 284
Laingnui/Lebigre 317, 320
Lammers 55
Lammers/Schmidt 55
Lane Fox 25, 207, 247, 258
Langendijk 220
Langlois 58, 93, 223
Langosch 73
Laumonier 100

Laurent 259
Le Goff 1, 173, 240, 255
Le Patourel 17, 304
Lecoq 12
Lear 318
Lejeune/Stiennon 100
Lemaire 47
Leporace/Almagía 77
Lewis 47
Lhotsky 76
Lièvre 4
Lindsay 16, 144
Liscinsky 317
Lombard-Jourdan 100
Lot 59, 60
Lot/Fawtier 59, 60
Luchaire 100
Lyons 3
Magill 32
Magnou-Nortier 68, 196
Marchello-Nizia 133
May 153
McNeil 74
Meerbacher 320, 339
Mehl 58
Melville 51, 348
Menache 228
Menard 259
Meyer 131, 135
Micha 3, 232
Michael 82, 97, 98
Mickel 320, 334, 335, 337
Miguelez 171
Monfrin/Samaran 109
Morard 325
Morawski 111, 133
Mostert 224
Mounin 10
Mousnier 198
Müllenmeister 172
Munk-Olsen 10
Muratova 90
Musset 227
Myers 320
Naudeau 122, 267
Nederlof 25, 217

Newman 10
Niermeyer 15
Noble 225
Noomen 12
O'Brien 25, 207
O'Meara 316
Ohler 172, 308
Ott 12
Parker 315
Patte/Patte 10
Patterson 175
Peckham/La Du 32, 107
Pédech 28
Peillard 64
Pennington 9, 47, 71, 306, 315
Pernoud 155, 258, 305
Perret 109
Perrier 153, 218, 227
Pessonneaux 95
Peters 16
Petit 5, 61, 83, 254, 260
Pinoteau 198
Pirenne 237
Poirion 77, 90, 171, 195
Poly/Bournazel 63, 227
Post 66 197
Procter 204
Quillet 65, 306
Rapp 53, 318
Raynaud 131, 241
Raynaud de Lage 6, 17, 76
Rempel 100
Richard 59, 319
Richter 170
Riley-Smith 46
Ritsert 220
Roach 13, 19, 84, 320
Roncaglia 20
Roques 46, 56, 59, 130, 185, 243, 255
Ross 17, 28, 118-120, 123, 267, 269, 289
Royer 60
Rubey 88
Rusch 83, 103
Rüsen 103
Russell 64, 165, 218, 329
Ruttmann 95, 120, 121
Rychner 168, 181, 307
Saage 171
Salvat 259
Salverda de Grave 6, 13, 243
Sassier 164, 197, 198, 238
Schaeffer 1, 5
Schirmer/Broich 113
Schlight 21, 64, 73, 258
Schmale 72
Schmelter 28
Schmidt 207
Schmink 317, 319, 326
Schmolke-Hasselmann 154
Schnell 224
Schöning 5
Schramm 51
Schroeder 9
Sears 224
Segre 159
Seibert 28
Simons 123, 161, 202, 287
Solnon 58
Spörl 72, 147
Stanesco 170, 234
Stanesco/Zink 88
Steger 345
Stewart 28
Stoneman 180, 203
Storey 55
Streckenbach 237
Sutton/Rackham 78
Tattersall 172
Teunis 200
Türk 226
Van den Broeck/Lefevere 10
Van Luyn 223
Van Peursen 189
Van Run 89
Vanderjagt 91
Vaughan 78
Vaughn 6
Vázquez de Parga 77
Viard 59, 205
Von den Brincken 172

Von Moos 102
Von Reitzenstein 221
Vovelle 91
Walther 198, 247, 315
Walther Boer 295
Weigall 28
Weiss 10
Wenseleers 130
Weynand 295
Wind 255
Wis 179
Wittlin 10
Wolff 78, 80
Yardley 25
Yates 139
Zacher 295, 311, 312
Zacour 320
Zangemeister 31, 95
Zumthor 2, 4, 8, 51, 53, 83, 174, 179
Zwierlein 12
Zycha 77

BIBLIOGRAPHIE

* Les recueils ne sont mentionnés séparément qu'au cas où ils ont occasionné plusieurs renvois.
** Au cas où la publication d'un ouvrage s'est échelonnée sur plusieurs années, la référence dans les chapitres qui précèdent et dans la bibliographie que voici ne fournira que la première année.

Abel, A.,
1955   *Le Roman d'Alexandre*, Bruxelles, 1955.
Acham, H.,
1982   'Über den Zusammenhang von Erwartungshaltung, Wirklichkeitskonzeption und Darstellungsweise in den Sozialwissenschaften', dans: Koselleck/Lutz/Rüsen (1982): 353-414.
Agard, Fr. A. (éd.),
1965   *The Medieval French Roman d'Alexandre. Vol. V. Version of Alexandre de Paris: Variants and Notes to Branch II*, New York, 1965 (= Princeton, 1942).
Althoff, G.,
1992   'Vom Zwang zur Mobilität und ihren Problemen', dans: Von Ertzdorff/Neukirch (1992): 91-111.
Anderson, A.R.,
1932   *Alexander's Gate, Gog and Magog and the enclosed Nations*, Cambridge (Mass.), 1932.
Ankersmit, F.R.,
1990   *De Navel van de Geschiedenis. Over Interpretatie, Representatie en Historische Realiteit*, Groningue, 1990.
Apostolides, J.-M.,
1981   *Le roi-machine. Spectacle et politique au temps de Louis XIV*, Paris, 1981.
Ariès, Ph.,
1986   *Le temps de l'histoire*, Paris, 1986^2.
Ariès, Ph. et Duby. G. (réd.),
1987-90 *Geschiedenis van het persoonlijk leven. Van het feodale Europa tot de renaissance* (= *Histoire de la vie privée* ...), Amsterdam, 1987-90.
Armstrong, E.C.,
1922   *The French Metrical Version of Barlaam and Josaphat, with especial Reference to the Termination in Gui de Cambrai*, Princeton/Paris, 1922.
Armstrong, E.C., Buffum, D.L., Bateman Edwards et Lowe, L.F.H. (éd.),
1937   *The Medieval French Roman d'Alexandre. Vol. II. Version of Alexandre de Paris*, Princeton, 1937.
Armstrong, E.C., Foulet, A. (éd.),
1965   *The Medieval French Roman d'Alexandre. Vol. IV. Le Roman du Fuerre de Gadres d'Eustache: Essai d'établissement de ce poème du XIIe siècle*, New York, 1965 (= Princeton, 1942).
Arnaud Lindet, M.P. (éd.),
1990-1 *Orose. Histoires (contre les païens)*, 3 tomes, Paris, 1990-1.
Arrouye, J.,

1986 'Hercule en appel (sur la façade de saint-Trophime d'Arles)', dans: *La justice au Moyen Age (Senefiance 16)*, Aix-en-Provence, 1986: 9-23.

Auerbach, E.,
1967 *Mimesis. Dargestellte Wirklichkeit in der abendländischen Literatur*, Berne/München, 1967.

Bakhtine, M.,
1978 *Esthétique et théorie du roman*, Paris, 1978.

Baldwin, J.,
1982 'L'entourage de Philippe Auguste et la famille royale', dans: Bautier (1982): 59-75.
1991 *Philippe Auguste et son gouvernement. La fondation du pouvoir royal en France au Moyen Age*, Paris, 1991.

Bamm, P.,
1965 *Alexander oder die Verwandlung der Welt*, Zürich, 1965.

Barral i Altet, X. (réd.),
1986-90 *Artisans et production artistique au Moyen Age*, 3 vol., Paris, 1986-90.

Barron, W.R.J.,
1981 'The penalties for treason in medieval life and literature', *Journal of Medieval History* 7 (1981): 187-202.

Barthélemy, D.,
1990 *L'ordre seigneurial. xie - xiie siècle*, Paris, 1990.

Barthes, R.,
1982 'Le discours de l'histoire', *Poétique* 4 (1982): 13-21.

Bateman, Edwards et Foulet, A. (éd.),
1965 *The Medieval French Roman d'Alexandre. Vol. VII. Version of Alexandre de Paris. Variants and Notes to Branch IV*, New York, 1965 (= Princeton, 1955).

Bauman, R.A.,
1967 *The Crimen Maiestatis in the Roman Republic and Augustan Principate*, Johannesburg, 1967.

Baumgartner, Emmanuele,
1984 'Texte de prologue et statuts de texte', dans: *Essor de la chanson de geste dans l'Europe et l'Orient Latin (Actes du IXe Congrès International de la Société Rencesvals pour l'étude des Epopées Romanes (Padoue/Venise 1982)*, vol. II, Modène, 1984: 465-73.
1988 'L'Orient d'Alexandre', *Bien dire et bien aprandre* 6 (1988): 7-15.
1989 'Tombeaux pour guerriers et amazones: sur un motif descriptif de l'*Enéas* et du *Roman de Troie*', *Michigan Romance Studies* 8 (1989): 37-50.

Baumgartner, Emmanuele et Harf-Lancner, Laurence (réd.),
1993 *Images de l'Antiquité dans la littérature française: le texte et son illustration*, Paris, 1993.

Baumgartner, W.,
1945 'Zu den vier Weltreichen von Daniel', *Theologische Zeitschrift* 1 (1945): 17-22.

Bautier, R.H. (réd.),

1982 *La France de Philippe Auguste. Le Temps des Mutations (Actes du Colloque international organisé par le CNRS (Paris, 1980)*, Paris, 1982.

Bautier, R.H.,
1982 'Le règne de Philippe Auguste dans l'histoire de France', dans: Bautier (1982): 11-27.
1982 'Philippe Auguste. La personnalité du roi', dans: Bautier (1982): 35-57.
1983 'La Royauté', dans: Favier (1983): 149-81.

Bayard, J.-P.,
1984 *Sacres et couronnements royaux*, Paris, 1984.

Beaujour, M.,
1981 'Some Paradoxes of Description', *Yale French Studies* 61 (1981): 27-59.

Beaune, Colette,
1985 *Naissance de la nation France*, Paris, 1985.

Beaune, H. et D'Arbaumont, J. (éd.),
1883-8 *Mémoires d'Olivier de la Marche, maître d'hôtel et capitaine des gardes de Charles le Téméraire*, 4 vol., Paris, 1883-8.

Bédier, J. (éd.),
1964 *La Chanson de Roland publiée d'après le manuscrit d'Oxford et traduite*, Paris, 1964.

Bender, K.H.,
1967 *König und Vassal. Untersuchungen zur Chanson de geste des XII. Jahrhunderts*, Heidelberg, 1967.

Benson, R.L.,
1982 'Political Renovation : Two models from Roman Antiquity', dans: Lanham, Carol, D. (réd.), *Renaissance and Renewal in the twelfth Century*, Oxford, 1982: 339-86.

Benton, J.F.,
1961 'The Court of Champagne as a Literary Centre', *Speculum* 36 (1961): 551-91.

Berlioz, J.,
1980 'Le récit efficace: l'*exemplum* au service de la prédication (XIIIe-XVe siècles)', *Mélanges de l'Ecole française de Rome* 92 (1980): 113-46.
1985 'Virgile dans la littérature des exempla (xiiie-xve siècles)', dans: *Lectures médiévales de Virgile. Actes du Colloque organisé par l'Ecole française de Rome (Rome 25-28 octobre 1982)*, Rome, 1985: 65-120.

Berry, Virginia, G. (éd.),
1948 *De Profectione Ludovici VII in Orientem*, New York, 1948.

Beumann, H.,
1956 'Zur Entwicklung transpersonaler Staatsvorstellungen' dans: Mayer, Th. (réd.), *Das Königtum. Seine geistigen und rechtlichen Grundlagen*, Lindau/Konstanz, 1956, III: 185-224.
1982 'Die Historiographie des Mittelalters als Quelle für die Ideeengeschichte des Königtums', dans: Kerner (1982): 140-83.

Bezzola, R.R.,
1982 'Die grossen Fürstenhaüser und ihr Einfluss auf die Literatur bis zum 12. Jahrhundert. Die Grafen von Anjou und die Grafen von Blois', dans:

Bumke, J. (réd.), *Literarisches Mäzenatentum*, Darmstadt, 1982: 84-167.
Billings Ham, E. (éd.),
1931   *Jehan le Nevelon. La Venjance Alixandre*, Princeton/Paris, 1931.
Bingham, Caroline,
1978   *The Crowned Lions. The Early Plantagenet Kings*, Londres/Vancouver, 1978.
Blake, N.F. (éd.),
1980   *The Canterbury Tales by Geoffrey Chaucer. Edited from the Hengwrt Manuscript*, Londres, 1980.
Bloch, M.,
1968   *La société féodale. La formation des liens de dépendance. Les classes et le gouvernement des hommes*, Paris, 1968³.
1983   *Les rois thaumaturges. Etude sur le caractère surnaturel attribué à la puissance royale particulièrement en France et en Angleterre. Nouvelle édition*, Paris, 1983 (= Paris, 1924).
Blumenfeld-Kosinsky, Renate,
1980   'Old French narrative Genres. Towards the Definition of the Roman Antique', *Romance Philology* 34 (1980): 143-59.
Bologna, C.,
1989   'La generosità di Alessandro Magno', *L'immagine riflessa* 12 (1989): 367-404.
Bordonove, G.,
1986   *Les rois qui ont fait la France. Les Capétiens. Philippe Auguste*, Paris, 1986.
Borst, A. (réd.),
1976   *Das Rittertum im Mittelalter*, Darmstadt, 1976.
Borst, A.,
1988   *Barbaren, Ketzer und Artisten. Welten des Mittelalters*, München/Zürich, 1988.
Bournazel, E.,
1975   *Le gouvernement capétien au XIIe siècle. Structures sociales et mutations institutionnelles*, Paris, 1975.
Boussard, J.,
1956   *Le gouvernement d'Henri II Plantagenêt*, Abbeville, 1956.
1957   'Les institutions de l'empire Plantagenêt', dans: Lot/Fawtier (1957), III: 35-69.
Boutruche, R.,
1968   *Seigneurie et Féodalité*, Paris, 1968.
Brackert, H.,
1968   *Rudolf von Ems. Dichtung und Geschichte*, Heidelberg, 1968.
Braet, H.,
1975   *Le songe dans la chanson de geste*, Gand, 1975.
Bredero, A. H.,
1986   *Christenheid en Christendom in de Middeleeuwen*, Kampen, 1986.
Bremond, Cl., Le Goff, J. et Schmitt, J.-Cl.,
1982   *L'exemplum*, Turnhout, 1982.

Brenk, B.,
1994 'Der Concepteur und sein Adressat oder: Von der Verhüllung der Botschaft', dans: Heinzle (1994): 421-50.
Briant, P.,
1987 *De la Grèce à l'Orient. Alexandre le Grand*, Paris, 1987.
Brook, L.C.,
1990 'La traîtrise et la vengeance: Ganelon dans les versions rimées de la *Chanson de Roland*', *Actes du XIe Congrès International de la Société Rencesvals (Barcelone, 22-27 août 1988)*, vol. I, Barcelone, 1990: 87-101.
Brückner, W.,
1966 *Bildnis und Brauch. Studien zur Bildfunktion der Effigies*, Berlin, 1966.
Brummack, J.,
1966 *Die Darstellung des Orients in den deutschen Alexandergeschichten des Mittelalters*, Berlin, 1966.
Brundage, J.A.,
1969 *Medieval Canon Law and the Crusader*, Madison, 1969.
1976 'Holy War and the Medieval Lawyers', dans: Murphy, Th. P. (réd.), *The Holy War*, Columbus, 1976: 99-140.
Brunner, O.,
1978 *Sozialgeschichte Europas im Mittelalter*, Göttingen, 1978.
Buck, A. (réd.),
1968 *Die humanistische Tradition in der Romania*, Berlin, 1968.
Bulhof, Ilse N.,
1983 'Imagination and interpretation in History', dans: Schulze, L. et Wetzels, W. (réd.), *Literature and History*, Lanham/Londres, 1983: 3-26.
Bumke, J.,
1964 *Studien zum Ritterbegriff im 12. und 13. Jahrhundert*, Heidelberg, 1983.
1979 *Mäzene im Mittelalter. Die Gönner und Auftraggeber der höfischen Literatur in Deutschland 1150-1300*, München, 1979.
Bunt, G.H.V.,
1994 *Alexander the Great in the Literature of medieval Britain*, Groningue, 1994.
Burgess, Glyn S. (réd.),
1981 *Court and Poet. Selected Proceedings of the third Congress of the International Courtly Literature Society (Liverpool, 1980)*, Liverpool, 19-81.
Burgess, Glyn, S. et Taylor, R.A. (réd.),
1985 *The Spirit of the Court. Selected Proceedings of the fourth Congress of the International Courtly Literature Society (Toronto 1983)*, Woodbridge, 1985.
Burke, P.,
1980 *Sociology and History*, Londres, 1980.
Burkolter, Verena,
1976 *The Patronage System. Theoretical Remarks*, Basel, 1976.
Buron, E. (éd.),

1930   *Ymago Mundi de Pierre d'Ailly Cardinal de Cambrai et Chancelier de l'Université de Paris (1350-1420)*, Paris, 3 tomes, 1930.

Büschinger, Danielle et Crépin, A. (réd.),
1982   *La représentation de l'Antiquité au Moyen Age. Actes du Colloque des 26, 27 et 28 mars 1981*, Vienne, 1982.

Buunk, P.,
1994   *Het imaginaire verleden. Beeldende kunst en geschiedschrijving*, Kampen, 1994.

Byrne, D.,
1981   '*Rex Imago Dei*: Charles V of France and the *Livre des propriétés des choses*', *Journal of Medieval History* 7 (1981): 97-113.

Calmette, J. et Durville, G. (éd.),
1964-5 *Philippe de Commynes. Mémoires*, Paris, 2 vol., 1964-5.

Camille, M.,
1989   *The Gothic Idol. Ideology and Image-making in Medieval Art*, Cambridge, 1989.

Caraffi, Patrizia,
1988   '*Clereçía, alegría, escriptura*. Sull'identificazione con l'eroe nel *Libro de Alexandre*', *Medioevo Romanzo* 13 (1988): 237-52.

Carey, R.J. (éd.),
1966   *Jean le Court dit Brisebarre. Le Restor du Paon*, Genève, 1966.
1972   *Jean de le Mote. Le Parfait du Paon*, Chapel Hill, 1972.

Carnazzi, G. et Battaglia, S. (éd.),
1987   *Baldassar Castiglione. Il libro del Cortegiano*, Milan, 1987.

Cary, G.,
1967   *The Medieval Alexander*. Cambridge, 1967^2.

Casey, C. (éd.),
1981   '*Les Vœux du Paon*' *by Jacques de Longuyon: an Edition of the Manuscripts of the P Redaction*, Ann Arbor, 1981.

Chavanon, J. (éd.),
1897   *Adémar de Chabannes. Chronique publiée d'après les manuscrits*, Paris, 1897.

Chevalier, J. et Gheerbrant, A.,
1982   *Dictionnaire des Symboles. Mythes, Rêves, Coutumes, Gestes, Formes, Figures, Couleurs, Nombres*, Paris, 1982^2.

Chibnall, Marjorie (éd.),
1969-80 *The Ecclesiastical History of Ordericus Vitalis*, 6 vol., Oxford, 1969-80.

Christian, J. et De la Perrière, P.,
1981   *Les origines sacrées de la royauté française*, Paris, 1981.

Colby, Alice,
1965   *The Portrait in Twelfth-Century French Literature: An Example of the Stylistic Originality of Chrétien de Troyes*, Genève, 1965.

Coleman, J.,
1992   *Ancient and Medieval Memories. Studies in the Reconstruction of the Past*, Cambridge/New York, 1992.

Colker, M.L. (éd.),

1978   *Galteri de Castellione. Alexandreis*, Padoue, 1978.
Collet, O.,
1994   'La jeunesse d'Alexandre', dans: Cerquiglini-Toulet, Jacqueline et Collet, O. (réd.), *Mélanges de philologie et de littérature médiévale offerts à Michel Burger*, Genève, 1994: 321-31.
Comet, G.,
1983   'Le temps agricole d'après les calendriers illustrés', dans: *Temps, Mémoire, Tradition au Moyen-Age (Actes du XIIIe congrès de la société des historiens médiévistes de l'enseignement supérieur public)*, Aix-en-Provence, 1983: 8-18.
Constable, G.,
1976   *Letters and Letter-Collections*, Turnhout, 1976.
Constans, L. (éd.),
1904-12 *Le Roman de Troie*, 6 vol., Paris, 1904-12.
Contamine, Ph. (réd.),
1976   *La noblesse au Moyen Age*, Paris, 1976.
1982   'L'armée de Philippe Auguste', dans: Bautier (1982): 577-94.
Corbett, N.L. (éd.),
1977   *La vie de saint Louis. Le témoignage de Jehan, seigneur de Joinville. Texte du xive siècle*, Sherbrooke, 1977.
Cowdrey, H.E.J.,
1970   'The Peace and Truce of God in the 11th Century', *Past and Present* 46 (1970): 43-67.
Cox-Rearick, Janet,
1984   *Dynasty and Destiny in Medici Art. Pontormio, Leo X and the two Cosimos*, Princeton, 1984.
Croizy-Naquet, Catherine,
1993   'La description de Babylone dans le manuscrit de Venise du Roman d'Alexandre', *Bien dire et bien aprandre* 11 (1993): 131-41.
Curschmann, M.,
1992   'Dichter *alter maere*. Zur Prologstrophe des 'Nibelungenliedes' in Spannungsfeld von mündlicher Erzählsituation und laikaler Schriftkultur', dans: Hahn/Ragotzky (1992): 55-71.
Curtius, E.R.,
1967   *Europäische Literatur und Lateinisches Mittelalter*, Berne/München, 1967^6.
Dällenbach, L.,
1977   *Le récit spéculaire: essai sur la mise en abyme*, Paris, 1977.
Davis, C.T.,
1984   *Dante's Italy and other Essays*, Philadelphie, 1984.
Davy, Marie-Madeleine,
1977   *Initiation à la symbolique romane (XIIe siècle)*, Paris, 1977.
De Certeau, M.,
1974   'L'opération historique', dans: Le Goff/ Nora (1974): 19-68.
1975   *L'écriture de l'histoire*, Paris, 1975.
De Gravière, J.P.E.,

1883-4   *Les compagnons d'Alexandre*, 5 vol., Paris, 1883-4.

De Francisci, P.,
1925   *Intorno alla massima 'princeps legibus solutus est'*, Rome, 1925.

De Lubac, H.,
1959-64   *Exégèse médiévale: les quatre sens de l'écriture*, Paris, 2 vol., 1959-64.

De Paepe, N.,
1978   'Le *Fergus* et le *Ferguut*: remaniement d'une tradition courtoise', dans: Holmes, J.S., Lambert J. et Van den Broeck, R. (réd.), *Literature and Translation. New Perspectives in literary Studies. With a basic Bibliography of Books on Translation Studies*, Louvain, 1978: 204-13.

De Robertis, D.G. (éd.),
1912   *Sperone Speroni. Dialogo delle Lingue e Dialogo della Rettorica*, Lanciano, 1912.

De Visser-Van Terwisga, Marijke (éd.),
1995   *Histoire ancienne jusqu'à César (Estoires Rogier). Edition partielle*, I, Orléans, 1995.

De Weever, Jacqueline,
1990   'Candace in the *Alexander* Romances: Variations on the Portrait Theme', *Romance Philology* 43 (1990): 529-46.

Delaborde, H.F. (éd.),
1882   *La Philippide*, 2 vol., Paris, 1882.

Delaruelle, E.,
1980   *L'idée de croisade au Moyen Age*, Turin, 1980.

Dembowski, P.F.,
1983   'Traits essentiels des récits hagiographiques', dans: Picone, M, Di Stefano, G. et Stewart, Pamela, D. (réd.), *La nouvelle. Actes du Colloque international de Montréal (McGill University, 14-16 octobre 1982), Genèse, codification et rayonnement d'un genre médiéval*, Montréal, 1983: 80-8.

Demurger, A.,
1990   *Temps de crises temps d'espoir, xive-xve siècle*, Paris, 1990.

Denecke, D.,
1992   'Straßen, Reiserouten und Routenbücher (Itinerare) im späten Mittelalter und in der Frühen Neuzeit', dans: Von Ertzdorff/Neukirch 1992: 227-53.

Dessau, A.,
1960   'L'idée de trahison au moyen âge et son rôle dans la motivation de quelques chansons de geste', *Cahiers de Civilisation Médiévale* 3 (1960): 23-6.

Domenec, J. E.,
1982   'Littérature et société médiévale. Vision d'ensemble', *Le Moyen Age* 77 (1982): 77-114.

Dronke, P.,
1985   '*Integumenta Virgilii*', dans: *Lectures médiévales de Virgile. Actes du Colloque organisé par l'Ecole française de Rome (Rome, 25-28 octobre 1982)*, Rome, 1985: 313-29.

Duby, G.,

1973 *Hommes et structures du Moyen Age*, Paris, 1973.
1976 'Die Ursprunge des Rittertums', dans: Borst (1976): 349-69.
1978 *Les trois ordres ou l'imaginaire du féodalisme*, Paris, 1978.
1979a *Seigneurs et paysans*, Paris, 1979.
1979b *Saint Bernard. L'art cistercien*, Paris, 1979.
1981 *Le chevalier, la femme et le prêtre. Le mariage dans la France féodale*, Paris, 1981.
1984 *Guillaume le Maréchal ou le meilleur chevalier du monde*, Paris, 1984.
1985 *Le dimanche de Bouvines. 27 juillet 1214*, Paris, 1985.
1988 'Wonen onder één dak', dans: Ariès/Duby 1987: 38-80.
DuCange,
1937-8 *Glossarium mediae et infimae latinitatis*, Paris, 1937-8.
Duparc-Quioc, Suzanne (éd.),
1977-8 *La Chanson d'Antioche. Edition d'après la version ancienne*, 2 vol., Paris, 1977-8.
Dupront, A. (réd.),
1985 *Saint-Jacques de Compostelle. Puissances du pèlerinage*, Turnhout, 1985.
Dupront, A.,
1969 'Guerre sainte et Chrétienté', *Cahiers de Fanjeaux* 4 (1969): 18-25.
Durandin, G.,
1982 *Les mensonges en propagande et en publicité*, Paris, 1982.
Dijkstra, Cathrynke, Th.J.,
1995 *La Chanson de Croisade. Etude thématique d'un genre hybride*, Amsterdam, 1995.
Edwards, B. (éd.),
1926 *A Classification of the Manuscripts of Gui de Cambrai's 'Vengement Alixandre'*, Princeton, 1926.
1965 *Gui de Cambrai. Le Vengement Alixandre*, New York, 1965 (= Princeton, 1928).
Edwards, B. et Foulet, A. (éd.),
1965 *The Medieval French Roman d'Alexandre. vol. VII. Variants and Notes to Branch IV*, New York, 1965 (= Princeton, 1955).
Ehlert, Trude,
1987 'Die Aufwertung der theoretischen Neugierde. Johann Hartlieb's *Alexander* zwischen theologischer Legitimation und rationaler Selbstbehauptung', *Saeculum* 38 (1987): 178-92.
1989 'Alexander und die Frauen in Spätantiken und mittelalterlichen Alexander-Erzählungen', dans: Erzgräber (1989): 82-103.
Erlande-Brandenburg, A.,
1975 *Le Roi est mort. Etude sur les funérailles, les sépultures et les tombeaux des rois de France jusqu'à la fin du xiiie xsiècle*, Genève, 1975.
Erzgräber, W. (réd.),
1989 *Kontinuität und Transformation der Antike im Mittelalter. Veröffentlichung der Kongressakten zur Freiburger Symposion des Mediaevistenverbandes*, Sigmaringen, 1989.

Escarpit, R.,
1970 *La littérature et le social. Eléments pour une sociologie de la littérature*, Paris, 1970.
Even-Zohar, Itamar,
1978 'The Position of translated Literature within the literary Polysystem', dans: Holmes, J.S., Lambert J. et Van den Broeck R., (réd.), *Literature and Translation. New Perspectives in literary Studies*, Louvain, 1978: 117-27.
Färber, H. et Schöne, W. (éd. et trad.),
1967 *Horaz. Sämtliche Werke*, München, 1967.
Favier, J. (réd.),
1983 *La France médiévale*, Paris, 1983.
Favier, J.,
1984 *Le temps des principautés de l'an mil à 1515*, Paris, 1984.
1993 *Dictionnaire de la France médiévale*, Paris, 1993.
Firth-Green, R.,
1980 *Poets and Princepleasers. Literature and the English court in the late Middle Ages*, Londres, 1980.
Fischer, H. et Völker, P.G.,
1975 'Konrad von Würzburg: "Heinrich von Kempten". Individuum und feudale Anarchie', dans: Richter (1975): 83-130.
Fischer, R.,
1993 'Eléments d'une histoire de la vision utopique', *Diogène* 163 (1993): 6-28.
Flori, J.,
1979 'Pour une histoire de la chevalerie. L'adoubement dans les romans de Chrétien de Troyes', *Romania* 100 (1979): 21-53.
1983 *L'idéologie du glaive. Préhistoire de la chevalerie*, Genève, 1983.
1990 'Lexicologie et société médiévale: les "barons" de la première croisade (Etude des termes baron, barnage, barné, baronie dans la "Chanson d'Antioche")', *Actes du XIe Congrès international de la Société Rencesvals (Barcelone, 22-27 août 1988)*, Barcelone, I, 1990: 246-73.
1995 *La Chevalerie en France au Moyen Age*, Paris, 1995.
Foster, F. et Short, I. (éd.),
1976-7 *The Anglo-Norman Alexander (Le Roman de Toute Chevalerie) by Thomas of Kent*, 2 vol., Londres, 1976-7.
Foulet, A. (éd.),
1965 *The Medieval French Roman d'Alexandre. vol III. Version of Alexandre de Paris. Variants and notes to Branch I*, New York, 1965 (= Princeton, 1949).
1969 'La date du *Roman de toute Chevalerie*', dans: *Mélanges Rita Lejeune*, 1969, II: 1205-10.
1976 *The Medieval French Roman d'Alexandre. vol. VI. Version of Alexandre de Paris: Introduction and notes to Branch III*, Princeton, 1976.
Foulkes, A.P.,
1983 *Literature and Propaganda*, Londres/New York, 1983.

Foulon, Ch.,
1959 'Wace', dans: Loomis, R.S. (réd.), *Arthurian Literature in the Middle Ages. A collaborative History*, Oxford, 1959: 94: 103.
Frappier, J. (éd.),
1964 *La Mort le Roi Artu. Roman du XIIIe siècle*, Genève, 1964.
Frappier, J.,
1978 'Le roman en vers en France au XIIe siècle', *Grundriss der romanischen Literaturen des Mittelalters*, IV, Heidelberg, 1978: 145-82.
Froger, Dom J.,
1968 *La critique des textes et son automatisation*, Paris, 1968.
Frugoni, Chiara,
1978 *La fortuna di Alessandro Magno dall'Antichità al Medioevo*, Florence, 1978.
Fuhrmann, Joëlle,
1994 'Punition de la violence par la violence: cruauté des sanctions dans le droit pénal médiéval', dans: *La violence dans le monde médiéval (Senefiance* 36), Aix-en-Provence, 1994: 219-3.
Ganshof, F.L.,
1964 *Feudalism*, Londres, 1964³.
Garin, E.,
1968 *L'Education de l'homme moderne (1400-1600)*, Paris, 1968.
1969 *Moyen Age et Renaissance*, Paris, 1969.
Gaullier-Bougassas, Catherine,
1991 'Alexandre et Candace', *Romania* 112 (1991): 18-44.
1993 'La description du monde dans le *Roman de toute chevalerie* de Thomas de Kent', *Bien dire et bien aprandre* 11 (1993): 191-205.
Genette, G.,
1972 *Figures III*, Paris, 1972.
Génicot, L.,
1982 'La noblesse dans la société médiévale. A propos des dernières études relatives aux terres d'Empire', dans: Génicot, L., *La Noblesse dans l'Occident médiéval*, Londres, 1982: 535-60.
Gerritsen, W.P.,
1967 'Les relations littéraires entre la France et les Pays-Bas au Moyen Age', *Actes du Septième Congrès International, Poitiers 27-29 mai 1965. Moyen Age et Littérature comparée*, Paris, 1967: 28-46.
1974 'Het beeld van feodaliteit en ridderschap in middeleeuwse literatuur', *Bijdragen en Mededelingen betreffende de Geschiedenis der Nederlanden*, 89 (1974): 241-61.
Gicquel, B.,
1982 'Alexandre le Grand et Frédéric de Hohenstaufen chez Rudolf von Ems', dans: Büschinger/Crépin (1982): 203-9.
Gimpel, J.,
1975 *La révolution industrielle au Moyen Age*, Paris, 1975.
Ginzburg, C.,
1980 *The Cheese and the Worms. The Cosmos of a Sixteenth-Century Miller*,

Londres/New York, 1980.
Giraud, Y. et Jung, M.-R.,
1972 *Littérature française. La Renaissance I (1480-1548)*, Paris, 1972.
Goetz, H.-W.,
1985 'Die "Geschichte" im Wissenschaftssystem des Mittelalters', dans: Schmale (1985): 165-213.
Goez, W.,
1958 *Translatio Imperii. Ein Beitrag zur Geschichte des Geschichtsdenkens und der politischen Theorien im Mittelalter und in der frühen Neuzeit*, Tübingen, 1958.
Goglin, J.-L.,
1976 *Les misérables dans l'Occident médiéval*, Paris, 1976.
Goldmann, L.,
1964 *Pour une sociologie du roman*, Paris, 1964.
Gombrich, E.H.,
1984 *Norm and Form. Studies in the Art of the Renaissance*, Oxford, 1984^4.
Gosman, M.,
1978 'Les derniers jours d'Alexandre dans le *Roman d'Alexandre*: fin d'une vie 'exemplaire', dans: Aerts, W.J., Hermans, Jos. M.M. et Visser, Elizabeth (réd.), *Alexander the Great in the Middle Ages. Ten Studies on the Last Days of Alexander in Literary and Historical Writing*, Groningue, 1978: 170-201.
1981 'L'élément féminin dans le 'Roman d'Alexandre. Olympias et Candace', dans: Burgess (1981): 167-76.
1982a *La Lettre du Prêtre Jean. Edition des versions en ancien français et en ancien occitan. Textes et commentaires*, Groningue, 1982.
1982b 'Le Roman d'Alexandre et les 'juvenes': une approche socio-politique', *Neophilologus* 64 (1982): 328-39.
1984a 'Le début des 'Vœux du Paon': l'organisation d'une entrée en texte', *Neuphilologische Mitteilungen* 85 (1984): 353-66.
1984b 'Alexandre le Grand et le statut de la noblesse ou le playdoyer pour la permanence. Prolégomènes à l'histoire d'une légende', dans: Gosman, M. et Van Os, J.A. (réd.), *Non Nova, sed Nove. Mélanges de civilisation médiévale dédiés à Willem Noomen*, Groningue, 1984: 81-93.
1985a 'Les Fais et Concquestes du noble roy Alexandre: dérimage ou remaniement?', dans: Dees, A. (réd.), *Actes du IVe Colloque du Moyen Français (Amsterdam, 1982)*, Amsterdam, 1985: 315-26.
1985b 'Le 'Roman d'Alexandre en prose'. Un remaniement typique', *Neophilologus* 69 (1985): 332-41.
1986 'The Life of Alexander the Great in Jean de Vignay's 'Miroir Historial': the problem of textual 'equivalence'', dans: Aerts, W.J., Smits, E.R. et Voorbij, J.B. (réd.), *Vincent of Beauvais and Alexander the Great*, Groningue, 1986: 85-99.
1987a 'Au carrefour des traditions scripturaires: 'Les "Vœux du Paon" et l'apport des écritures épique et romanesque', dans: *Au carrefour des Routes d'Europe: La chanson de geste. Actes du Xe Congrès Internatio-*

nal de la société Rencesvals pour l'étude des épopées romanes (Strasbourg, 1985), Aix-en-Provence, 1987: 551-65.

1987b 'L'exploitation de la "réflexion" dans les *Vœux du Paon*. Une technique expositionnelle', Bien dire et bien aprandre 5 (1987): 73-88.

1988a 'Le *Roman de Toute Chevalerie* et le public visé. La légende au service de la royauté', Neophilologus 72 (1988): 335-43.

1988b 'La genèse du *Roman d'Alexandre* français. Quelques aspects', Bien dire et bien aprandre 6 (1988): 25-44.

1990 'La propagande de la croisade et le rôle de la chanson de geste comme porte-parole d'une idéologie non officielle', Actes du XIe Congrès international de la Société Rencesvals (Barcelone 22-27 août 1988), Barcelone, 1990: 291-306.

1991 'Pourquoi il fallait venger la mort d'Alexandre', Bien dire et bien aprandre 9 (1991): 101-14.

1992a 'La traduction italienne de l'*Historia de Praeliis*, rédaction J^2. Le respect d'une image textuelle', dans: Büschinger, Danielle et Spiewok, W. (réd.), Actes du Colloque 'L'Image' (Amiens, 1986), Amiens, 1992: 115-29.

1992b 'Le *Roman d'Alexandre* et ses interpolations du XIIIe siècle', dans: Büschinger, Danielle (réd.), Actes du Colloque 'Le Roman antique' (Amiens, 1989), Göppingen, 1992: 61-72.

1992c 'L'Historia malmenée ou l'idéalisation du pouvoir dans les romans antiques', Bien dire et bien aprandre 10 (1992): 51-63.

1993a 'Alexandre le Grand: les avatars d'un héros français', dans: Hokwerda, H., Smits, E.R. et Woesthuis, M.W. (réd.), Polyphonia Byzantina. Studies in Honour of Willem J. Aerts, Groningue, 1993: 179-88.

1993b 'Le descriptif 'idéologique' dans le *Roman d'Alexandre*', Bien dire et bien aprandre 11 (1993): 207-20.

1994 'Marco Polo's Voyages: The Conflict between Confirmation and Observation', dans: Von Martels (1994): 72-84.

1995a 'La matière "classique" dans la littérature française: le métacommentaire auctoriel (12e-16e siècles)', dans: Welkenhuysen, A., Braet, H. et Verbeke, W. (réd.), Mediaeval Antiquity, Louvain, 1995: 255-76

1995b '*Rex Franciae*'. '*Rex Francorum*': la chanson de geste et la propagande de la royauté', dans: Van Dijk, H. et Noomen, W. (réd.), Aspects de l'épopée romane, Groningue, 1995: 451-60.

1996 'Le *Roman d'Alexandre* et ses versions du XIIe siècle. Une réécriture permanente, Bien dire et bien aprandre 13 (1996): 7-23.

1997 '*Touz jors vesquirent d'armes, itel fu lor labor*: l'aventure épique dans le 'Roman d'Alexandre', dans: Chocheyras, J. (réd.), De l'aventure épique à l'aventure romanesque. Mélanges André de Mandach ??? Berne/Neuchâtel, 1997: 109-128.

1997? 'Le mythe romain et le pouvoir royal français. Alain Chartier et le rêve de la société idéale'. A paraître dans les Actes du Colloque 'Mythes troyens et histoire romaine' (Paris, Sorbonne Nouvelle, les 14 et 15 mars, 1995) .....

Gouttebroze, J.-Y.,
1981 'Henri II Plantagenêt, patron des historiographes anglo-normands de langue d'oïl', dans: Vezin, J. (réd.), *La littérature angevine médiévale*, Maulevrier, 1981: 91-109.
Graf, A.,
1989 *Storia dell'Alfabetizzazione Occidentale*, 3 vol., Bologne, 1989.
Green, P.,
1991 *Alexandre the Great. 356-323 B.C. A Historical Biography*, Berkely/Los Angeles, 1991.
Grell, Chantal et Michel, Christian,
1988 *L'Ecole des princes ou Alexandre disgracié*, Paris, 1988.
Guenée, B.,
1981 *Politique et histoire au Moyen Age. Recueil d'articles sur l'histoire politique et l'historiographie médiévale*, Paris, 1981.
1987 *L'Occident aux XIVe et XVe siècles*, Paris, 1987³.
Hahn, G. et Ragotzky, Hedda (réd.),
1992 *Grundlagen des Verstehens mittelalterlicher Literatur. Literarische Texte und ihr Historischer Erkenntiswert*, Stuttgart, 1992.
Halász, K.,
1992 *Images d'auteur dans le roman médiéval (XIIe-XIIIe siècles)*, Debrecen, 1992.
Hale, J.,
1994 *The Civilization of Europe in the Renaissance*, Londres, 1994.
Hallam, E.M.,
1980 *Capetian France 987-1328*, Londres/New York, 1980.
Halphen, L (éd. et trad.),
1923 *Eginhard. Vie de Charlemagne*, Paris, 1923.
Ham, E.B. (éd.),
1931 *Jehan le Nevelon: La Venjance Alixandre*, Princeton, 1931.
Ham, E.B.,
1941 'An eighth *Venjance Alixandre*', *Modern Language Notes* 51 (1941): 409-14.
1965 *Five Versions of the Venjance Alixandre*, New York, 1965 (= Princeton, 1935).
Hambis, L.,
1955 *Marco Polo. La description du monde. Texte intégral en français moderne avec introduction et notes*, Paris, 1955.
Hamesse, Jacqueline (éd.),
1974 *Les Auctoritates Aristotelis. Un florilège médiéval: étude historique et édition critique*, Louvain, 1974.
Hammond, N.G.L.,
1983 *Three Historians of Alexander the Great. The so-called Vulgate authors, Diodorus, Justin and Curtius*, Cambridge/Londres, 1983.
1994 *Philip of Macedon*, Londres 1994.
Hamon, Ph.,
1977 'Pour un statut sémiologique du personnage', dans: Barthes, R. (réd.),

Poétique du récit, Paris, 1977: 115-80.
1981 Introduction à l'analyse du descriptif, Paris, 1981.
Hannig, J.,
1982 Consensus Fidelium. Frühfeudale Interpretationen des Verhältnisses von Königtum und Adel am Beispiel des Frankenreichs, Stuttgart, 1982.
Harf-Lancner, Laurence (trad.),
1994 Alexandre de Paris. Le Roman d'Alexandre, Paris, 1994.
1996 'De la biographie au roman d'Alexandre: Alexandre de Paris et l'art de la conjointure', dans: Kelly, D. (réd.), The medieval Opus. Imitation, Rewriting, and Transmission in the French Tradition. Proceedings of the Symposium held at the Institute for Research in Humanities. October 5-7 1995, The University of Wisconsin-Madison, Amsterdam/Atlanta, 1996: 59-74.
Harth, D.,
1982 'Die Geschichte ist ein Text. Versuch über die Metamorphosen des historischen Diskurses', dans: Koselleck/Lutz/Rüsen (1982): 452-79.
Harth, Erica,
1983 Ideology and Culture in Seventeenth-Century France, New York, 1983.
Hartung, F.,
1941 'Die Krone als Symbol der monarchischen Herrschaft im ausgehenden Mittelalter', Abhandlungen der Preussischen Akademie der Wissenschaften (Phil. Hist. Klasse) 13 (1941): 3-46.
Hauck, K.,
1984 'Haus- und Sippengebundene Literatur mittelalterlicher Adelsgeschlechter von Adelssatiren des 11. und 12. Jarhrhunderts her erläutert', dans: Lammers (1984): 165-99.
Head, C.,
1982 Imperial Byzantine Portraits. A Verbal and Graphic Gallery, New York, 1982.
Heers, J.,
1974 Le clan familial au Moyen Age. Etude sur les structures politiques et sociales des milieux urbains, Paris, 1974.
Heinzle, J. (réd.),
1994 Modernes Mittelalter. Neue Bilder einer populären Epoche, Francfort-/Leipzig, 1994.
Hilka, A. (éd.),
1912 Li Romanz d'Athis et Prophilias (L'Estoire d'Athenes) nach allen bekannten Handschriften zum ersten Mal vollständig herausgegeben, Dresde, 2 tomes, 1912.
1974 Der altfranzösische Prosa-Alexanderroman nach der Berliner Bilderhandschrift nebst dem Lateinischen Original der Historia de Preliis, Genève, 1974 (= Halle 1920).
Hilka, A. et Bergmeister, H.J. (éd.),
1976 Historia Alexandri Magni (Historia de Preliis). Rezension J^2 (Orosius-Rezension), tome I, Meisenheim am Glan, 1976.
Hilka, A. et Grossmann, R. (éd.),

1977 *Historia Alexandri Magni (Historia de Preliis). Rezension J² (Orosius-Rezension)*, tome II, Meisenheim am Glan, 1977.
Hoffmann, H.,
1964 'Zur mittelalterlichen Brieftechnik', dans: *Spiegel der Geschichte. Festgabe für Max Braubach*, Münster, 1964: 166-78.
Holländer, H.,
1989 'Alexander: *Hybris* und *Curiositas*', dans: Erzgräber (1989): 67-79.
Holz, L.,
1985 'La redécouverte de Virgile aux VIIIe et IXe siècles', dans: *Lectures médiévales de Virgile. Actes du Colloque organisé par l'Ecole française de Rome (Rome, 25-28 octobre 1982)*, Rome, 1985: 9-30.
Houston, R.A.,
1988 *Literacy in Early Modern Europe. Culture and Education 1500-1800*, Londres/New York, 1988.
Huizinga, J.,
1974 *Homo Ludens. Proeve eener bepaling van het spelelement der cultuur*, Groningue, 1974^7.
Jackson, R.A.,
1984 *Vivat rex. Histoire des sacres et couronnements en France*, Paris, 1984.
Jackson, W.H.,
1990 'Knighthood and the Hohenstaufen Imperial Court under Frederick Barbarossa (1152-1190)', dans: Harper-Bill, C. et Harvey, Ruth (réd.), *The Ideals and Practice of Medieval Knighthood III. Papers from the fourth Strawberry Hill Conference 1988*, Woodbridge, 1990: 101-20.
Jacquart, J.,
1981 *François premier*, Paris, 1981.
Jauss, H.R.,
1970 'Littérature médiévale et théorie des genres', *Poétique* 1 (1970): 79-101.
1977 'Epos und Roman - Eine vergleichende Betrachtung an Texten des XII. Jahrhundert', dans Pfeiffer, H. (réd.), *Alterität und Modernität der mittelalterlicher Literatur*, München, 1977: 310-26.
Jodogne, O.,
1964 'Le caractère des œuvres "antiques" dans la littérature française du XIIe et XIIIe siècle,' dans: A. Fourrier (réd.), *L'Humanisme médiéval dans les littératures romanes du XIIe au XIVe siècle*, Paris, 1964: 55-83.
Jowett, G.S. et O'Donnell, Victoria,
1986 *Propaganda and Persuasion*, Londres/New Delhi, 1986.
Jung, M.-R.,
1966 *Hercule dans la littérature française du XVIe siècle. De l'Hercule courtois à l'Hercule baroque*, Paris, 1966.
Kamen, H.,
1991 *Spain 1469-1714. A Society of Conflict*, Londres, 1991^2.
Kantorowicz, E.,
1957 *The King's Two Bodies. Studies in Medieval Political Theology*, Princeton, 1957.
Kappler, Claude et Kappler, R. (trad.),

1985   *Guillaume de Rubrouck. Voyage dans l'empire mongol (1253-1255)*, Paris, 1985.
Keats-Rohan, K.S.B. (éd.),
1993   *Ioannis Saresberiensis. Policraticus I-IV*, Turnhout, 1993.
Keefe, Th. K.,
1983   *Feudal assessments and the Political Community under Henry II and his Sons*, Berkeley/Los Angeles/Londres, 1983.
Keen, M.,
1984   *Chivalry*, New Haven/Londres, 1984.
Keller, H.-E.,
1985   'Literary patronage in the time of Philip Augustus', dans: Burgess/Taylor (1985): 196-207.
Kelley, D. R.,
1983   *The Beginnings of Ideology. Consciousness and Society in the French Reformation*, Cambridge/New York, 1983.
Kelly, D.,
1978   '*Translatio Studii*: Translation, Adaptation, and Allegory in Medieval French Literature', *Philosophical Quarterly* 37 (1978): 287-310.
Kerner, M. (réd.),
1982   *Ideologie und Herrschaft im Mittelalter*, Darmstadt, 1982.
1982   'Einleitung: Zum Ideologieproblem im Mittelalter', dans: Kerner (1982): 1-59.
King, P.,
1974   *The Ideology of Order. A Comparative Analysis of Jean Bodin and Thomas Hobbes*, Londres, 1974.
King, P.D.,
1972   *Law and Society in the Visigothic Kingdom*, Cambridge, 1972.
Kinzel, K.,
1884   *Lamprechts Alexander nach den drei Texten mit dem Fragment des Alberic von Besançon und den lateinischen Quellen*, Halle, 1884.
Kipling, G.,
1977   *The Triumph of Honour. Burgundian Origins of the Elizabethan Renaissance*, La Haye, 1977.
Knapp, F.P.,
1975   *Similitudo. Stil und Erzählfunktionen von Vergleich und Exempel in der lateinischen, französischen und deutschen Grossepik des Hochmittelalters. I: Einleitung. Vorstudien. I. Hauptteil: lateinische Epik*, Stuttgart/Vienne, 1975.
Koch, G.,
1972   *Auf dem Wege zum Sacrum Imperium. Studien zur ideologischen Herrschaftsbegründungen der deutschen Zentralgewalt im 11. und 12. Jahrhundert*, Vienne, 1972.
1982   'Sacrum Imperium. Bemerkungen zur Herausbildung der staufischen Herrschaftsideologie', dans: Kerner (1982): 268-302.
Köhler, E.,
1977   'Gattungssystem und Gesellschaftssystem', *Romanistische Zeitschrift* 1

(1977): 7-22.
Koselleck, R., Lutz, H. et Rüsen, J. (réd.),
1982 *Theorie der Geschichte. Formen der Geschichtsschreibung*, München, 1982.
Kozlowski, Helen L.,
1983 *Le Roman d'Alexandre: Hero and Adventure. A symbolic interpretation*, Ann Arbor, 1983.
Kristeva, Julia,
1969 *Semiotiké. Recherches pour une sémanalyse*, Paris, 1969.
Krynen, J.,
1981 *Idéal du prince et pouvoir royal en France à la fin du Moyen Age (1380-1440). Etude de la littérature politique du temps*, Paris, 1981.
1993 *L'empire du roi. Idées et croyances politiques en France XIIIe- XVe siècle*, Paris, 1993.
Kugler, H.,
1990 'Alexander der Grosse und die Idee der Weltherrsschaftbei Rudolf von Ems', dans: Hecker, H. (réd.), *Der Herrscher. Leitbild und Abbild in Mittelalter und Renaissance*, Düsseldorf, 1990: 99-120.
Kupčik, I.,
1980 *Alte Landkarten. Von der Antike bis zum Ende des 19. Jahrhunderts*, Prague, 1980.
La Du, M.S. (éd.),
1965 *The Medieval French Roman d'Alexandre. Vol. I. Text of the Arsenal and Venice Versions*, New York, 1965 (= Princeton, 1937).
Laingui, A. et Lebigre, Arlette,
1979 *Histoire du droit pénal. I: Le droit pénal*, Paris, 1979.
Lammers, W. (éd.) et Schmidt, A. (trad.),
1974 *Ottonis episcopi Frisingensis. Chronica sive Historia de duabus Civitatibus*, Darmstadt, 1974.
Lammers, W. (réd.),
1984 *Geschichtsdenken und Geschichtsbild in Mittelalter. Ausgewählte Aufsätze und Arbeiten aus den Jahren 1933 bis 1959*, Darmstadt, 1984.
Lane Fox, R.,
1974 *Alexander the Great*, Londres, 1974.
Langendijk, Karla,
1968 *De portretten van de Medici tot omstreeks 1600*, Assen, 1968.
Langlois, E. (éd.),
1966 *Le Couronnement de Louis. Chanson de geste du XIIe siècle*, Paris, 1966^2.
Langosch, K.,
1958 *Hymnen und Vagantenlieder. Lateinische Lyrik des Mittelalters mit deutschen Versen*, Darmstadt, 1958.
Laumonier, P. (éd.),
1950 *Pierre de Ronsard. Œuvres complètes. XVI. La Franciade (1572)*, Paris, 1950.
Laurent, Sylvie,

1989   *Naître au Moyen Age. De la conception à la naissance: la grossesse et l'accouchement (XIIe-XVe siècle)*, Paris, 1989.

Le Goff, J.,
1977   'L'Occident médiéval et l'océan indien: un horizon onirique', dans: Le Goff. J., *Pour un autre Moyen Age*, Paris, 1977: 280-98.
1982   *La Civilisation de l'Occident médiéval*, Paris, 1982².
1988   *Histoire et Mémoire*, Paris, 1988⁶.

Le Goff, J. et Nora, P.,
1974   *Faire de l'Histoire. I: Nouveaux problèmes*, Paris, 1974.

Le Patourel, J.,
1984   *Feudal Empires Norman and Plantagenet*, Londres, 1984.

Lear, F.S.,
1965   *Treason in Roman and Germanic Law. Collected Papers*, Austin, 1965.

Lecoq, Danielle,
1993   'L'image d'Alexandre à travers les mappemondes médiévales (XIe-XIIIe), *Cartographia Antiqua* 2 (1993): 63-11.

Lejeune, Rita et Stiennon, J.,
1967   *La légende de Roland dans l'art du Moyen Age*, 2 tomes, Bruxelles, 1967².

Lemaire, A.,
1907   *Les lois fondamentales de la monarchie française d'après les théoriciens de l'ancien régime*, Paris, 1907.

Lewis, A.W.,
1986   *Le sang royal. La famille capétienne et l'Etat. France, x^e- xive siècle*, Paris, 1986.

Lhotsky, A.,
1977   'Otto von Freising. Seine Weltanschauung', dans: Lhotsky, A., *Aufsätze und Vorträge*, I, München, 1977: 64-81.

Lièvre, P. (éd.),
1957   *Corneille. Théâtre complet*, 2 vol., Paris, 1957.

Lindsay, W.M. (éd.),
1911   *Isidori Hispalensis episcopi Etymologiarum sive Originum*, 2 tomes, Oxford, 1911.

Liscinsky, Renée, L. (éd.),
1980   *Les Fais et Concquestes du Noble Roy Alexandre. Edition du manuscrit 836 de la Bibliothèque Municipale de Besançon*, Ann Arbor, 1980.

Lombard-Jourdan, Anne,
1988   *'Montjoie et saint-Denis!' Le centre de la Gaule aux origines de Paris et de Saint-Denis*, Paris, 1988.

Lot, F.,
1904   *Fidèles ou vassaux. Essai sur la nature du lien qui unissait les grands vassaux à la royauté depuis le milieu du ixe à la fin du xiie siècle*, Paris, 1904.

Lot, F. et Fawtier, R. (réd.),
1957-62 *Histoire des institutions françaises au Moyen Age*, 3 tomes, Paris, 1957-62.

Luchaire, A.,
1982 *Philippe Auguste et son temps 1137-1226*, 3 tomes, Paris, 1982 (= Paris, 1902).
Lyons, Faith,
1973 'The chivalric Bath in the *Roman d'Alexandre* and in Chrétiens' *Cligès*', dans: *Mélanges de langue et de littérature du Moyen Age offerts à Terno Sato professeur honoraire à l'université Waseda par ses amis et ses collègues*, Vol. I, Nagoya, 1973: 85-90.
Magill, V.R.A. (éd.),
1981 *Part I of the 'Vœux du Paon' by Jacques de Longuyon: an Edition of Manuscripts S, S1, S2, S3, S4, S5, and S6*, Ann Arbor, 1981.
Magnou-Nortier, Elisabeth,
1976 *Foi et fidélité. Recherches sur l'évolution des liens personnels chez les Francs du VIIe au IXe siècle*, Toulouse, 1976.
Magoun, F.P.,
1929 *The Gests of King Alexander of Macedon*, Cambridge (Mass.), 1929.
Marchello-Nizia, Christiane,
1984 'L'historien et son prologue: forme littéraire et stratégies discursives', dans: Poirion, D. (réd.), *La chronique et l'histoire au Moyen Age. Colloque des 24 et 25 mai 1982*, Paris, 1984: 13-25.
May, H.G.;
1974 *Oxford Bible Atlas*, New York/Toronto, 1974^2.
McNeil, D.O.,
1975 *Guillaume Budé and Humanism in the Reign of Francis I*, Genève, 1975.
Meerbacher, F.,
1982 'Die Regel *Fidem frangenti fides frangitur* und ihre Anwendung', *Zeitschrift der Savigny-Stiftung für Rechtsgeschichte* 39 (1982): 339-62.
Mehl, J.-M.,
1990 *Les jeux au royaume de France du XIIIe au début du XVIe siècle*, Paris, 1990.
Melville, G.,
1982 'Wozu geschichte schreiben? Stellung und Funktion der Historie im Mittelalter', dans: Koselleck/Lutz/Rüsen (1982): 86-146.
Menache, Sophia,
1990 'A Propaganda Campaign in the reign of Philip the Fair. 1302-1303', *French History* 4 (1990): 427-54.
Menard, Ph.,
1989 'Femmes séduisantes et femmes malfaisantes: les filles-fleurs de la forêt et les créatures des eaux dans le *Roman d'Alexandre*', *Bien dire et bien aprandre* 7 (1989): 5-17.
Merkelbach, R.,
1977 *Die Quellen des griechischen Alexanderromans*, München, 1977^2.
Meyer, P.,
1970 *Alexandre le Grand dans la littérature française du Moyen Age*, 2 tomes, Paris, 1970 (= Paris, 1886).
Micha, A. (éd.),

1965   *Les romans de Chrétien de Troyes édités d'après la copie de Guyot (Bibl. nat. fr. 794). II. Cligès*, Paris, 1965.
Michael, I.,
1970   *The Treatment of Classical Material in the 'Libro de Alexandre'*, Manchester, 1970.
Mickel, E.J.,
1989   *Ganelon. Treason and the 'Chanson de Roland'*, Londres, 1989.
Miguelez, R.,
1971   'Le récit historique: légalité et signification', *Semiotica* 3 (1971): 20-36.
Monfrin, J. et Samaran, C.,
1962   'Pierre Bersuire, prieur de Saint-Eloy de Paris (1290-1362)', *Histoire littéraire de la France* 39 (1962): 301-414.
Morard, N.,
1975   'A propos d'un ouvrage récent: servage ou dépendance au Pays de Vaud', *Revue suisse d'histoire* 25 (1975): 1-36.
Morawski, J. (éd.),
1925   *Proverbes français antérieurs au XVe siècle*, Paris, 1925.
Mostert, M.,
1994   'De geschiedenis', dans: Stoffers 1994: 295-316.
Mounin, G.,
1963   *Les problèmes théoriques de la traduction*, Paris, 1963.
Mousnier, R.,
1982   *La monarchie absolue en Europe du Ve siècle à nos jours*, Paris, 1982.
Müllenmeister, H.M.,
1992   'Lust auf Reisen. Anmerkungen zu Theorien des Tourismus', dans: Von Ertzdorff/Neukirch (1992): 5-28.
Müller, C. (éd.),
1846   *Pseudo-Callisthenes*, Paris, 1846.
Munk Olsen, B.,
1985   'Virgile et la Renaissance du XIIe siècle', dans: *Lectures médiévales de Virgile. Actes du Colloque organisé par l'Ecole française de Rome (Rome, 25-28 octobre 1982)*, Rome, 1985: 31-48.
Muratova, Xenia,
1986   'Vir quidem fallax et falsidicus sed artifex praeelectus. Remarques sur l'image sociale et littéraire de l'artiste du Moyen Age', dans: Barral i Altet (1986), I: 53-72.
Musset, L.,
1976   'L'aristocratie normande au XIe siècle', dans: Contamine (1976): 71-96.
Myers, H.A.,
1934   *Medieval Kingship. the Origins and Development of Western Monarchy in all Stages from the Fall of Rome to the Fifteenth Century*, Chicago, 1934.
Naudeau, O.,
1992   'Traits du Sud-Est dans le manuscrit de l'Arsenal du *Roman d'Alexandre*', *Revue de linguistique romane* 66 (1992): 155-63.
1994   'La langue de l'*Alexandre décasyllabique*', *Revue de linguistique romane*

68 (1994): 433-60.

Nederlof, A.B.,
1986   *Alexander de Grote. Proeve van een beknopte biografie*, Velsen, 1986.

Nederman, C.J. (trad.),
1992   *John of Salisbury. Of the Frivolities of Courtiers and the Footprints of Philosophers*, Cambridge, 1992.

Newman, A.,
1980   *Mapping Translation Equivalence*, Louvain, 1980.

Niermeyer, J.F.,
1954-76 *Media latinitatis lexicon minus, lexique latin médiéval, français/anglais*, Leyde, 1954-76.

Noble, P.,
1973   'Attitudes to social Class as revealed by some of the older chansons de geste', *Romania* 94 (1973): 359-85.

Noomen, W.,
1971   *Le Jeu d'Adam. Ordo representacionis Ade*, Paris, 1971.

O'Brien, J.M.,
1992   *Alexander the Great: The Invisible Enemy. A Biography*, Londres/New York, 1992.

Ohler, N.,
1986   *Reisen im Mittelalter*, München, 1986.

O'Meara, J.J. (trad.),
1982   *Gerald of Wales. The History and Topography of Ireland*, Londres, 1982².

Parisse, M. et Barral i Altet, X. (réd.),
1992   *Le roi de France et son royaume autour de l'an Mil. Actes du Colloque Hugues Capet 987-1987*, Paris, 1992.

Patte, D. et Patte, Aline,
1978   *Pour une exégèse structurale*, Paris, 1978.

Parker, D.,
1983   *The making of French Absolutism*, Londres, 1983.

Patterson, Annabel,
1987   *Pastoral and Ideology*, Berkeley, 1987.

Peckham, L.P.G. et La Du, M.S. (éd.),
1935   *La Prise de Defur and Le Voyage d'Alexandre au Paradis Terrestre*, Princeton, 1935.

Pédech, P.,
1984   *Historiens compagnons d'Alexandre. Callisthène-Onésicrite-Néarque-Ptolémée-Aristobule*, Paris, 1984.

Peillard, L.,
1984   *Antonio Pigafetta. Relation du premier voyage autour du monde par Magellan (151-1522)*, Paris, 1984.

Pennington, K.,
1993   *The Prince and the Law. Sovereignty and Rights in the Western Legal Tradition*, Berkely/Oxford, 1993.

Pernoud, Régine,

1965   *Aliénor d'Aquitaine*, Paris, 1965.
1981   *Histoire de la bourgeoisie en France. I: Des origines aux temps modernes*, Paris, 1981.
Perret, J. (éd. et trad.),
1977-80   *Enéide*, 3 vol., Paris, 1977-80.
Perrier, J.L. (éd.),
1931   *Le Charroi de Nîmes. Chanson de geste du XIIe siècle*, Paris, 1931.
Pessonneaux, M.E. (éd. et trad.),
1861   *Œuvres complètes de Quinte-Curce avec la traduction française*, Paris, 1861.
Peters, E.,
1970   *The Shadow King. Rex utilis in Medieval Law and Literature*, New Haven, 1970.
Petit, A.,
1982   'Aspects de l'influence d'Ovide sur les romans antiques du XIIe siècle', dans: Chevallier, R. (réd.), *Présence d'Ovide*, Paris, 1982: 219-40.
1983   'Le traitement courtois du thème des Amazones d'après trois romans antiques *Enéas, Troie* et *Alexandre*', *Le Moyen Age* 89 (1983): 63-84.
1985   *L'anachronisme dans les romans antiques du XIIe siècle*, Lille, 1985.
1988   'Le pavillon d'Alexandre dans le *Roman d'Alexandre* (ms. B. Venise, Museo Civico VI, 665)', *Bien dire et bien aprandre* 6 (1988): 77-93.
Pfister, F.,
1976   *Kleine Schriften zum Alexanderroman*, Meisenheim am Glan, 1976.
Pirenne, H. (éd.),
1891   *Histoire du meurtre de Charles le Bon, comte de Flandres (1127-28) par Galbert de Bruges*, Paris, 1891.
Pinoteau, H.,
1992   'Les insignes du roi vers l'an Mil', dans: Parisse/Barral i Altet (1992): 73-88.
Poirion, D.,
1976   'De l'Enéide' à l'Enéas: mythologie et moralisation', *Cahiers de Civilisation Médiévale* 19 (1976): 213-29.
1978   'Eustache Deschamps et la société de cour'. dans: *Actes du Colloque 'Littérature et Société au Moyen Age*, Paris, 1978: 89-109.
Poirion, D. (réd.),
1982   *Précis de littérature française du Moyen Age*, Paris, 1982.
Poly, J.-P. et Bournazel, E. (réd.),
1991   *La mutation féodale, X^e - XIIe siècles*, Paris, 1991².
Post, G.,
1964   *Studies in Medieval Legal Thought. Public Law and the State (1100-1322)*, Princeton, 1964.
Procter, Evelyn, S.,
1988   *Curia y Cortes en Castilla y León. 1072-1295*, Madrid, 1988.
Quillet, Jeannine,
1972   *Les clefs du pouvoir au Moyen Age*, Paris, 1972.
Rapp, F.,

1991   *L'Eglise et le vie religieuse en Occident à la fin du Moyen Age*, Paris, 1991[4].

Raynaud, Christiane,
1992   'Une criminalité d'exception: les meurtres royaux dans le *Roman de toute Chevalerie*', dans: Garnot, B. et Fry, Rosine (réd.), *L'histoire et la criminalité de l'Antiquité au Xe siècle. Nouvelles approches. Actes du Colloque de Dijon-Chenove 3,4 et 5 octobre 1991*, Dijon, 1992: 47-59.
1993a   'Fin des temps et politique: La mort d'Alexandre au XVe siècle', dans: *Fin des temps et temps de la fin dans l'univers médiéval* (Senefiance 33), Aix-en-Provence, 1993: 357-96.
1993b   'Les représentations du pouvoir royal du XIIe au XVe siècle: le cas d'Alexandre', dans: Baumgartner/Harf-Lancner (1993): 59-72.

Raynaud de Lage, G.,
1957   'Les romans antiques dans l'Histoire ancienne jusqu'à César', *Le Moyen Age* 63 (1957): 267-309.

Raynaud de Lage, G. (éd.),
1968-9   *Le Roman de Thèbes*, 2 tomes, Paris, 1968-9.

Rempel, H.,
1989   *Die Rolandstatuen. Herkunft und geschichtliche Wandlung*, Darmstadt, 1989.

Richard, J.,
1983   *Saint-Louis. Roi d'une France féodale, soutien de la Terre sainte*, Paris, 1983.

Richter, D. (réd.),
1975   *Literatur im Feudalismus*, Stuttgart, 1975.

Richter, D.,
1975   'Ritterliche Dichtung'. Die Ritter und die Ahnengalerie des deutschen Bürgertums', dans: Richter (1975): 9-39.

Riley-Smith, J.,
1986   *The First Crusade and the Idea of Crusading*, Londres, 1986.

Ritsert, J.,
1990   *Models an Concepts of Ideology*, Amsterdam, 1990.

Roach, W. (éd.),
1959   *Chrétien de Troyes. Le Roman de Perceval ou le Conte du Graal*, Genève, 1959.

Roncaglia, A.,
1963   'L'Alexandre d'Albéric et la séparation entre chanson de geste et roman', dans: *Chanson de geste et höfischer Roman. Heidelberger Kolloquium (1961)*, Heidelberg, 1963: 37-52.

Roques, M. (éd.),
1963   *Le Roman de Renart. Première Branche. Jugement de Renart, Siège de Maupertuis, Renart teinturier. Editée d'après le manuscrit de Cangé*, Paris, 1963.
1969   *Le Roman de Renart. Branches II-VI. Le puits, La naissance. Chantecler, La mésange, Tibert, Les deux prêtres, Les béliers, La femme du vilain. Editées d'après le manuscrit de Cangé*, Paris, 1969.

1970a   *Les Romans de Chrétien de Troyes. I. Erec et Enide*, Paris, 1970.
1970b   *Les Romans de Chrétien de Troyes. III. Le Chevalier de la Charrete*, Paris, 1970.

Ross, D.J.A.,
1969   'A Thirteenth-century Anglo-Norman workshop illustrating secular literary manuscripts', dans: *Mélanges Rita Lejeune*, Gembloux, 1969, I: 689-94.
1988   *Alexander Historiatus. A Guide to medieval illustrated Alexander Literature*, Francfort, 1988².

Royer, J.P.,
1969   *L'Eglise et le Royaume de France au XIVe siècle*, Paris, 1969.

Rubey, D. R.,
1985   *Literary Texts and Social Change: Relationship between English and French medieval Romances and their Audiences*, Ann Arbor, 1985.

Rusch, G.,
1985   'The theory of History. Literary history and historiography', *Poetics* 14 (1985): 257-78.

Rüsen, J.,
1982   'Die vier Typen des historischen Erzählens', dans: Koselleck/Lutz/Rüsen (1982): 514-605.

Russell, F.H.,
1979   *The Just War in the Middle Ages*, Cambridge/Londres/New York/Melbourne, 1979.

Ruttmann, I. (éd.),
1974   *Das Alexanderlied des Pfaffen Lamprecht (Strasburger Alexander). Text. Nacherzählung. Worterklärungen*, Darmstadt, 1974.

Rychner, J. (éd.),
1969   *Les lais de Marie de France*, Paris, 1969.
1955   *La chanson de geste: essai sur l'art épique des jongleurs*, Genève, 1955.

Saage, R.,
1991   *Politische Utopien der Neuzeit*, Darmstadt, 1991.

Salvat, M.,
1982   'Amazonia: le royaume de Femmenie', dans: Büschinger/Crépin (1982): 229-41.

Salverda de Grave, J.-J. (éd.),
1964-8   *Enéas. Roman du XIIe siècle*, 2 tomes, Paris, 1964-8.

Sassier, Y.,
1991   *Louis VII*, Paris, 1991.

Schaeffer, J.M.,
1983   'Du texte au genre. Notes sur la problématique générique', *Poétique* 53 (1983): 3-18.

Schirmer W., Broich, U.,
1962   *Studien zum literarischen Patronat im England des 12. Jahrhunderts*, Cologne, 1962.

Schlight, J.,
1973   *Henry II Plantagenet*, New York, 1973.

Schmale, F.J.,
1985   *Funktion und Formen mittelalterlichen Geschichtsschreibung. Eine Einführung*, Darmstadt, 1985.
Schmelter, H.U.,
1977   *Alexander der Grosse in der Dichtung und Bildenden Kunst des Mittelalters. Die Nektanebos-Sage. Eine Untersuchung über die Wechselbeziehungen zwischen mittelalterlicher Dichtung und Bildkunst*, Bonn, 1977.
Schmidt, V.,
1995   *A Legend and its Image. The Aerial Flight of Alexander the Great in the Medieval West*, Groningue, 1995.
Schminck, C.U.,
1970   *Crimen Laesae maiestatis. Das politische Strafrecht Siziliens nach den Assisen von Ariano (1140) und den Konstitutionen von Melfi (1231)*, Aalen, 1970.
Schmolke-Hasselmann, Beate,
1980   *Der arthurische Versroman von Crestien bis Froissart: zur Geschichte einer Gattung*, Tübingen, 1980.
Schnell, R. (éd.),
1989   *Liber Alexander Magni. Die Alexandergeschichte der Handschrift Paris, Bibliothèque nationale, n.a. l. 310, Untersuchungen und Ausgabe*, München/Zürich, 1989.
Schöning, U.,
1991   *Thebenroman - Eneasroman - Trojaroman. Studien zur Rezeption der Antike in der französischen Literatur des 12. Jahrhunderts*, Tübingen, 1991.
Schramm, P.E.,
1956   *Herrschaftszeichen und Staatssymbolik*, III, Stuttgart, 1956.
Schroeder, H.,
1971   *Der Topos der Nine Worthies in Literatur und bildender Kunst*, Göttingen, 1971.
Sears, Elizabeth,
1986   *The Ages of Man. Medieval Interpretations of the Life Cycle*, Princeton, 1986.
Segre, C.,
1983   'Sull'ordine delle novelle nel *Novellino*', dans: *Dal Medioevo al Petrarca. Miscellanea di Studi in onore di V. Branca*, Milan, 1983: 129-39.
Seibert, J.,
1972   *Alexander der Grosse*, Darmstadt, 1972.
Simons, Penny,
1994   'Theme and Variations: The Education of the Hero in the *Roman d'Alexandre*', *Neophilologus* 78 (1994): 195-208.
Solnon, J.-F.,
1987   *La Cour de France*, Paris, 1987.
Spörl, J.,
1984   'Das mittelalterliche Geschichtsdenken als Forschungsaufgabe' dans: Lammers (1984): 1-29.

Stanesco, M.,
1988   Jeux d'errance du chevalier médiéval. Aspects ludiques de la fonction guerrière dans la littérature du Moyen Age flamboyant, Leyde/New York/Copenhague/ Cologne, 1988.
Stanesco, M. et Zink, M.,
1992   Histoire européenne du roman médiéval. Esquisse et perspectives, Paris, 1992.
Steger, H.,
1961   David rex et propheta. König David als vorbildliche Verkörperung des Herrschers und Dichters im Mittelalter, nach Bilddarstellungen des achten bis zwölften Jahrhunderts, Nürnber, 1961.
Stewart, A.,
1993   Faces of Power. Alexander's Image and Hellenistic Politics, Berkeley/ Los Angeles/Oxford, 1993.
Stoffers, M. (réd.),
1994   De middeleeuwse Ideeënwereld 1000-1300, Hilversum, 1994.
Stoneman, R.,
1991   The Greek Alexander Romance, Londres, 1991.
Storey, C. (éd.),
1968   La vie de saint Alexis, Oxford, 1968.
Storost, J.,
1935   Studien zur Alexandersage in der älteren italienischen Literatur, Halle, 1935.
Streckenbach, G. (trad.),
1990   Walter von Châtillon. Alexandreis. Das Lied von Alexander dem Grossen, Darmstadt, 1990.
Sutton, E.W. et Rackham, H. (éd. et trad.),
1976   Cicero. De Oratore. Books I & II, Cambridge, 1976.
Tattersall, J.,
1981   'Sphere or Disc? Allusions to the Shape of the Earth in some twelfth-century and thirteenth-century vernacular French Works', The Modern Language Review 76 (1981): 31-46.
Teunis, H.B.,
1989   'Benoit of St Maur and William the Conqueror's Amor', Anglo-Norman Studies 12 (1989): 199-209.
Türk, E.,
1977   Nugae Curialium. Le règne d'Henri II Plantagenêt (1145-89) et l'éthique politique, Genève, 1977.
Van den Broeck, R. et Lefèvere, A.,
1979   Uitnodiging tot de vertaalwetenschap, Muiderberg, 1979.
Van Luyn, P.,
1971   'Les milites dans la France du XIe siècle', Le Moyen Age 77 (1971): 5-52.
Van Peursen, C.A.,
1993   Ars inveniendi. Filosofie van de inventiviteit van Francis Bacon tot Immanuel Kant, Kampen, 1993.

Van Run, A.,
1994 'Functies en waardering van het beeld', dans: Stoffers (1994): 343-72.
Vanderjagt, A.J.,
1985 'Rudolph Agricola on ancient and medieval Philosophy', dans: Akkerman, F. et Vanderjagt, A.J. (réd.), *Rodolphus Agricola Phrisius 1444-1485. Proceedings of the International Conference at the University of Groningen, 28-30 october 1985*, Groningue, 1985: 219-28.
Vázquez de Parga, L.,
1985 'Le culte de saint Jacques', dans: Dupront (1985): 13-25.
Vaughan, R.,
1986 'The past in the middle ages', *Journal of Medieval History* 12 (1986): 1-14.
Vaughn, Beverly M.,
1979 *Structure and Meaning in the 'Roman de Troie'*, Ann Arbor, 1979.
Viard, J. (éd.),
1930 *Les Grandes Chroniques de France. VI: Louis VII le Jeune et Philippe II Auguste*, Paris, 1930.
Von den Brincken, Anna-Dorothée,
1976 'Die Kugelgestalt der Erde in der Kartographie des Mittelalters', *Archiv für Kulturgeschichte* 58 (1976): 77-95.
Von Ertzdorff, Xenia et Neukirch, D. (réd.),
1992 *Reisen und Reiseliteratur im Mittelalter und in der Frühen Neuzeit*, Amsterdam/Atlanta, 1992.
Von Martels, Z (réd.),
1994 *Travel Fact and Travel Fiction. Studies on Fiction, Literary Tradition, Scholarly Discovery and Observation in Travel Writing*, Leyde, 1994.
Von Moos, P.,
1976 'Poeta und Historicus im Mittelalter. Zum Mimesis-Problem am Beispiel einiger Urteile über Lucan', *Beiträge zur Geschichte der deutschen Sprache und Literatur* 97 (1976): 93-130.
Von Reitzenstein, A.,
1972 *Rittertum und Ritterschaft*, München, 1972.
Vovelle, M.,
1982 *Idéologies et Mentalités*, Paris, 1982.
Walther, H.G.,
1976 *Imperiales Königtum. Konziliarismus und Volkssouveränität. Studien zu den Grenzen des Mittelalterlichen Souveränitätsgedankens*, München, 1976.
Walther Boer, W. (éd.),
1953 *Epistola Alexandri ad Aristotelem ad codicem fidem edidit et commentario critico instruxit*, Leyde, 1953.
Weigall, A.,
1976 *Alexandre le Grand*, Paris, 1976
Weiss, R.,
1988 *The Renaissance Discovery of Classical Antiquity*, Oxford, 1988^2.
Wenseleers, L.,

1993   *De pels van de vos. Historische achtergronden van de middeleeuwse Reinaert-satire*, Amsterdam/Leuven, 1993.
Weynand, J.,
1911   *Der 'Roman de Toute Chevalerie' in seinem Verhältnis zu seinen Quellen*, Bonn, 1911.
Wind, Bartina H. (éd.),
1960   *Le Tristan de Thomas*, Genève, 1960.
Wis, Marjatta,
1990   'Der Pfaffe Lambrechts als Interpret eines Passus in der Alexanderdichtung Alberics von Pisançon. *Saur ab lo peyl cum de peysson'*, *Neuphilogische Mitteilungen* 91 (1990): 129-37.
Wittlin, C.J.,
1976   'Les traducteurs au Moyen Age: observations sur leurs techniques et difficultés', *Actes du XIIIe Congrès international de linguistique et de littérature. Laval 1971*, Laval, 1976, II: 601-11.
Wolff, Ph.,
1971   *Histoire de la pensée européenne. I: l'éveil intellectuel de l'Europe*, Paris, 1971.
Yardley, J. et Heckel, W. (éd. et trad.),
1984   *Quintus Curtius Rufus. The History of Alexander*, Londres, 1984.
Yates, Frances. A.,
1984   *The Art of Memory*, Londres/Melbourne/Henley, 1984.
Zacher, J. (éd.),
1867   *Julii Valerii Epitome*, Halle, 1867.
Zacour, N.,
1976   *Introduction to Medieval Institutions*, Londres, 1976.
Zangemeister, C. (éd.),
1882   *Pauli Orosii Historiarum adversum Paganos libri VII*, Vienne, 1882.
Zumthor, P.,
1972   *Essai de poétique médiévale*, Paris, 1972.
1977   'Médiéviste ou pas', *Poétique* 39 (1977): 306-21.
1981   'Intertextualité et mouvance', *Poétique* 41 (1981): 8-16.
Zwierlein, O.,
1987   *Der prägende Einfluss des antiken Epos auf die 'Alexandreis' des Walter von Châtillon*, Mainz, 1987.
Zycha, J. (éd.),
1894   *S. Aureli Augustini De Genesi ad litteram libri duodecim. Eiusdem libri capitula De Genesi af litteram inperfectus liber. Locutionem in Heptateuchum libri septem*, Prague/Vienne, Leipzig, 1894.

TABLE DES MATIÈRES

Avant-propos

Liste des abréviations utilisées

I	Introduction	1
II	La légende	25
III	Le filigrane idéologique	46
IV	Le passé et sa perception	72
V	La distanciation auctorielle	93
VI	Les compilateurs	116
VII	La réécriture	143
VIII	Le descriptif idéologique	168
IX	Le roi modèle	195
X	Les compagnons	220
XI	La présence féminine	243
XII	Les versions Arsenal et Venise	266
XIII	La version de Thomas de Kent	290
XIV	La vengeance de la mort du roi	317
XV	Conclusion	341

Index des noms propres — 353

Index des noms d'auteur — 361

Bibliographie — 366